近代日本と経済学

慶應義塾の経済学者たち

池田幸弘・小室正紀 編著

慶應義塾大学出版会

はじめに

現在は、地球規模の教育・研究の大競争時代にあり、さまざまな背景を持つ優秀な研究者が国内はもちろん国外からも必要とされている。このような変化が、研究者集団の有り方に大きな変化を与えつつあることは何人も否定できまい。人の移動は更に激しさを増し、将来、特定の大学や研究機関の名を冠した学者集団についてはおそらく語りえなくなるだろう。これは日本だけではなく万国共通に見られる現象で、教育・研究もまた、市場規模の拡大という現象からのがれることはできない。このような現象に接して、私どももいたずらに過去を美化しようとするノスタルジーは持ち合わせていない。時は過ぎゆき、時代は変わる。

そういう意味では、『近代日本と経済学――慶應義塾の経済学者たち』という本書のタイトルはやや旧式ではある。サブタイトルの慶應義塾の経済学者たちという表現は、いうまでもなく慶應義塾で教鞭をとり研究活動に従事した経済学者を意味するが、それにとどまらず、かれらがゆるやかな意味であっても一定のまとまりをもつ集団であったことが含意されている。教育的にもある枠内では、学説や理論の継承がなされていた時期の経済学が対象である。

ただ、本書が扱っている時期についても、研究は良くも悪くも個人ベースでばらばらに展開してきたという側面もまた否定できない。これは、慶應義塾の研究教育環境の開放性にもよるのであろう。当時にあっても、慶應義塾の経済学者たちという表現が実体として成立しうるかは、あるいは個々の章の担当者の間でも議論があるかもしれない。この点については、本書を手にとっていただいた読者諸賢がご自身で判断していただければと思う。

ともあれ、福沢諭吉以来の慶應義塾の経済学が、我が国における経済学の導入、展開、発展に大きく関与していることは事実である。本書のメインタイトルは、そのような編者の考えを伝えている。個々の章の著者が提供している論点にはまことに鋭いものがあり、今後の日本経済思想史研究や西欧経済学の導入史研究にも必ずや新しい視点を与えるものと自負するものである。本書からさまざまな時期における慶應義塾の経済学者の思想的格闘が読み取れれば、編者としてもこれに勝る幸せはない。

池田幸弘

目次

カバー図版解説

右図：安田靫彦画「福沢諭吉ウェーランド経済書講述の図」明治四三年、慶應義塾福沢研究センター蔵。

慶應四年、上野彰義隊の戦の最中にもかかわらず、福沢諭吉が芝新銭座の慶應義塾でウェーランドの経済書を塾生に講じている様子を描いた日本画。正面を向き英書を持つのが福沢。背景には上野の砲煙を見る塾生が描かれている。

左図：和田英作画「慶應義塾旧図書館ステンドグラス原画」明治四五年頃、慶應義塾図書館蔵。

封建時代を象徴する武士が馬を降り、知性の女神に道を譲っているところを描いたもの。和田英作は「福沢諭吉立像」も描いた洋画家。この原画を元に作成されたステンドグラスは、大正四年に旧図書館中央階段踊り場の大窓にはめられたが、昭和二〇年の空襲で焼失。現在のステンドグラスは昭和四九年に復元されたもの。

本文使用写真

各章の冒頭の人物写真は、慶應義塾福沢研究センターおよび個人所蔵のものを承諾を得て掲載した。

本文の表記について

福沢諭吉・福沢については、慶應義塾では正字の「福澤諭吉」・「福澤」を用いているが、本書では原則として人名に新字を用いることとし、福沢についても「福沢諭吉」・「福沢」とした。

序章

小室正紀

1　本書の課題

本書は、サブタイトルに示したように、もっぱら慶應義塾の教壇に立った経済学者を取り上げており、近代日本の主要な経済学者を目配りよく考察したものではない。それにもかかわらず『近代日本と経済学』と題したのは、「慶應義塾の経済学者たち」を通して、近代日本と経済学の関係が一つのケース・スタディーとして見えてくるのではないかと考えたからである。

問題は、この視点が妥当か否かである。慶應義塾は一教育研究機関にすぎない。その義塾の経済学を辿ることで、近代日本と経済学の関係がわかるのだろうかという疑問が当然あるだろう。現在の経済学研究においては、大学・研究機関を横断して学派や学会が組織されており、一大学における経済学の教育や研究を取り上げて日本の経済学を論じることはとてもできない。しかし、時代を遡れば一定の状況のもとでは、一つの教育研究機関の実績が日本全体の動向を考えるケース・スタディーに十分になりうる場合があると考えられる。

その一つは、経済学に関する学界が、現在ほどには規模が大きくなく、また多様性も限られており、それに比して、ある教育研究機関の経済学スタッフが、それなりに充実していた場合である。このような状況では、その機関の経済学が、学界全体の動向を反映する可能性がある。本書の第13章は、慶應義塾における新古典派経済学の流れを追って、「慶應義塾の新古典派経済学は、新古典派経済学全体の流れに沿って展開されており、他の個別研究機関の研究と比較して特筆すべき特徴はないと言える」（本書、三六八頁）と結論づけている。これは、義塾における新古典派研究が、日本あるいは世界における当該分野の研究を反映しているということであり、言い換えるならば、義塾における展開を追えば、学界一般における凡その動向をつかめるということである。ケース・スタディーとして成立しうる第一の根拠はここにある。

第二の場合は、ある教育研究機関が一定の個性を備えており、しかもその個性が当該学界全体の中でそれなりの存在感を持っている場合である。そのような個性ある機関が存在していたということから、近代日本の特質の一面が考えられるという事例だ。

そこで、まず、経済学の教育研究における慶應義塾の存在感について考えてみよう。義塾の創設者福沢諭吉は、J・H・バートンの政治経済学書などを翻訳し、『西洋事情 外編』として一八六八（慶応四）年に刊行している。[1]また、一八七二（明治五）年刊の『学問のすゝめ』初編では、基礎的な学習の後に学ぶべき学問として地理学、究理学（現在の物理学）、歴史学、修身学（今日で言えば近代社会論）とならんで経済学を挙げ、[2]また、一八七五（明治八）年の『文明論之概略』第六章では、経済学の創始者A・スミスを、社会的に意味のある知性の代表としている。[3]このように、福沢が早くから経済学に関心を持ち学問として重視していたことは間違いない。

そのことは教育にも反映しており、慶應義塾では早くから経済書を教材としていた。第2章第3節でも述べられているように、上野における彰義隊と明治政府軍交戦の最中にも、いつもと変わることなくウェーランド『経済書』の講述が続けられていたという。義塾草創期のこの伝説的光景は、幕末から経済学重視の教育が行われていた一証左でもある。

組織としてはどうであったか。商学を含む広い意味での経済学を、一九世紀から独立した専攻として教育の中心に置いていた高等教育機関は比較的少ない。[4]官立では一橋大学の前身である東京商業学校（後の高等商業学校）はその数少ない例の一つである。東京帝国大学では経済学は教育・研究されてはいたが、それは法科大学（後の法学部）の中においてであり、経済学科が分離新設されたのは二〇世紀になってからである。後に旧制大学となる私立の高等教育機関の場合は、多くが法律学校かミッション・スクールとして始まっており、一九世紀から経済学の専門課程が置かれていたのは、専修学校（後の専修大学）経済科、東京専門学校（後の早稲田大学）政治経済学部、慶應義塾大学部理財科、同志社（後の同志社大学）政法学校理財科などごく少数であった。これらの中でも義塾の大学部理財科は、経済学・商学を政治学や法律学からは独立した別個の学問として専攻するほぼ唯一の機関であり、経済学の教育研究組織として存在感を持っていたことは間違いない。

しかも慶應義塾は、少なくとも二〇世紀初頭までは個性が強い存在であった。[5] それは、第一には、福沢という影響力の強い思想家・教育者の私塾として始まり成長したことが大きい。一八九九（明治三二）年に福沢と門下生たちは「修身要領」という二九カ条のモラル・コードを編纂し、それを翌年には発表して、社会への広い普及を図った。[6] 福沢にしても門下生たちにしても、そのときそのときの時論は区々別々であり、福沢自身も前後矛盾する議論を述べ、主張が右や左に振れることはあった。しかし、「修身要領」にまとめられている理念は、それらの個々の時論の基底にある根本的な人間観や社会観であり、この点では福沢自身は不変であり、周りに集まる門下生たちの多くもその思想を基本的には共有していた。それは、個人主義的社会観とでも言えるもので、知的かつ経済的に自立した個人を基礎にし、その個々人の平等な関係の上に、夫婦、家族、社会、国、世界が形成されるべきだという思想であった。その内容はともあれ、当時これほど強く独自の思想性を備えたモラル・コードを持っていた教育研究機関は珍しい。

福沢は『学問のすゝめ』以来、しばしば一人称複数の「我輩」という言葉を主語にして自説を主張した。福沢が実質上の社主兼主筆であった新聞『時事新報』の社説も常に「我輩」を主語として書かれている。これは、単なる書き癖あるいは用語の好みではなく、文脈からは常に「我々同志」という意味合いが伝わってくる。その場合の同志は、刊行物の性格からして、福沢と彼の門下生に限らず、広く思想を共にする者という意味合いであろうが、その中核に当時「三田派」[7]などと呼ばれた義塾関係者がいたことは論を待たないだろう。

さらに師弟の継承関係も特色があった。本書が取り扱っている時代に関して、義塾における教育研究に最も大きな影響を与えた教師を挙げるとすれば、四名に絞ることができる。第一に挙げるべきは、言うまでもなく福沢諭吉である。二番目は大学部創設に伴ってハーバード大学から招かれたG・ドロッパーズ（在任一八八九‐九八年）とその後任のE・H・ヴィッカーズ（在任一八九八‐一九一〇年）であり、三番目としては福田徳三（在任一九〇五‐一八年）を挙げることができる。これらの四名は、慶應義塾で教育を受けた者ではない。その点で、義塾における経済学の教育研究にとって塾外研究者からの折々の影響が大きかったことは決して無視すべきではない。しかし、それ以外の多くの場合は義塾で教育を受けた者が教師となるという、いわゆる純粋培養で教師を育成することが多かった。[8]このため、義塾は、昭和戦前期までは、一つの学派とまでは言えないものの、緩やかなまとまりを維持していた。

このように慶應義塾は、経済学を重視した教育研究機関として近代日本において一定の存在感を備えていた学塾で、また他校に比較すれば、その構成員が思想的に比較的近い傾向を、ある時期までは持っていたと考えられる。そのような学塾における経済学の教育研究は近代日本にとって、どのような意味があったのか。これがケース・スタディーとして取り上げるに価すると考える第二の点である。

ただし、時代の進展とともに、当初の個性は薄れてゆく。言い換えるならば、新古典派経済学研究の場合のように義塾内の教育研究が日本全体あるいは世界の研究動向を反映するものに変わってゆく。私塾から大学へ、あるいは個性から一般性へという変化と言ってもよい。もちろん早い時期から、一般化の契機は常にあった。例えば第3章でも述べられているように、大学部創設とともに日本および世界の潮流であったドイツ歴史学派の経済学がドロッパーズにより注入されたことなども、その一つであろう。むしろ当初から、個性と一般性の緊張の中で経済学が考究されつつ、次第に一般性が強くなっていく過程が「慶應義塾の経済学」であったと言ってもよい。そして、そのような過程も含めて、義塾の経済学は、十分に近代日本と経済学の関係を考えるケース・スタディーになりうると本書は考えている。

2　教育組織の変遷

大学部開設以前の組織と経済学教育

本書の各章の内容を「慶應義塾の経済学者たち」全体の流れの中で理解するために、慶應義塾の組織がどのように変遷したかについて、ここで経済学の教育研究に関係する範囲内で概観しておこう。(9)

福沢が江戸築地鉄砲洲の中津藩江戸屋敷内に蘭学塾を開いたのは、一八五八（安政五）年だが、この塾における教育に本腰を入れて取り組み始めたのは、第2章にも述べられているように、一八六三（文久三）年にほぼ一年間をかけてヨーロッパを視察してからである。

第1章に記されているように、福沢は小幡兄弟をはじめとする数名の同志とともにチェンバーズ社の『経済書』(John Hill Burton, *Political Economy for Use in Schools and Private Instruction*, 1852）の解読に「夜となく日となく」取り組んだと回顧している。この経済学教科書は恐らく一八六三（文久三）年の欧行の際に入手したものであり、また小幡兄弟の入塾は一八六四（元治元）年六月であるから、(10) 解読への取り組みは、それ以降のことである。また、同書の翻訳を主内容とした『西洋事情　外編』は一八六七（慶応三）年一二月に脱稿しているので、(11) この間の一八六四年六月から六七年一二月が、福沢が門人たちと夢中でチェンバーズ社『経済書』に取り組んだ時期である。

その間、一八六七（慶応三）年一月から六月に福沢は二度目の渡米を体験し、その際に「大中小の辞書、地理書、歴史等は勿論、その外法律書、経済書、数学書など」（傍点は筆者、以下同）を大量に購入して来ており、「塾の何

十人と云う生徒銘々にその版本を持たして立派に修行できるようにした」という。(12)

すでに述べたように、一八六八（慶応四）年五月の「上野の戦争」のときに芝新銭座の慶應義塾では、F・ウェーランド（Francis Wayland）の「英書」（*The Elements of Political Economy*, 1837）で「経済《エコノミー》の講釈」を行っていた。(13)この書もおそらく、その渡米のときに購入したものであろう。ただし、福沢は渡米中の上司との不和が原因で帰国後謹慎処分となり、アメリカで購入した荷物も差し押さえられてしまった。この荷物が引き渡されたのは慶応四年が明けてからであったというから、「上野の戦争」のときは、福沢塾でウェーランドの経済書を読み始めてから、半年も経っていなかった頃と考えられる。

この間、一八六八（慶応四）年四月には、芝新銭座に塾を移転したのを機に「慶應義塾之記」を制定し、これを七月に印刷・配布した。この「記」により、塾を「慶應義塾」と仮に命名することと、その塾の理念が述べられた。また、入社（入学を意味する）規則、学則、日課（時間割）とその担当者も明らかにされた。教育内容は、英学塾の性格を強く残したものであり、英文法、数学の基礎を学び、場合によっては地理、物理、経済について比較的やさしい英書を「素読」し、その後の大部分の教育は、教師とともに、地理、究理（物理）、歴史、経済などの原書を会読することに当てられていた。

第2章にも述べられている通り、(14)「慶應義塾之記」は一八六八（慶応四／明治元）年の版と六九（明治二）年の版が現存しているが、元年版の日課では、福沢が「エーランド氏　経済書講義」を週三回担当しているのに対して、明治二年版では、(15)小幡篤次郎が、「経済説略素読」(16)を日曜以外の毎日、「ウエーランド氏　経済書会読」を週二回担当しており、福沢は「ウエーランド氏　修身論講義」の担当に変わっている。

一八六八（明治元）年一一月に「入社」（入学のこと）し、(17)後に義塾の教師を勤めた永田健助は、自分が入学した頃は「先生（福沢）はウエーランドの経済書を講じてゐられたが、それも久しからずに済み、次にウエーランドの修身書を始められた」(18)と後に述べている。この思い出は二つの「慶應義塾之記」の間の変化と一致しており、明治二年までには、福沢による「経済書講義」は小幡による「経済書会読」に交替したことが跡づけられる。

一八七一（明治四）年三月には義塾は芝新銭座から三田へ移転し、それを機に、それ以前の「慶應義塾之記」等を改定して、学則・規則集である「慶應義塾社中之約束」（以下「社中之約束」と略す）を定めて刊行した。これにより、義塾は福沢の私塾ではなく教員と塾生の結社「社中」であることが唱われた。

「社中之約束」は、その後の組織の変化などと共に改定が繰り返され、現在は、一八九六（明治二九）年頃刊行のものまで一九種類が残っている。これらの「社中之約束」で、教育組織と経済学教育の変遷を辿ってみよう。[19]

一八七一（明治四）年の木版本「社中之約束」には、初学の生徒は「理学初歩或ハ文典等ヲ素読」し、その後「次テ文典会読、究理書、歴史等ノ講義尚一歩ヲ進メハ経済書等稍高等ノ講義ニ出席セシム」とあり、この課程が終わると一応の終業となる。ただし、終業後も希望者は講義への出席や翻訳に従事することができた。この教程は、能力に応じた等級はあるものの学年制はまだなかった。その中で、経済学は「稍高等の講義」に位置づけられていた。

学科課程が大幅に整備されたのは、一八七三（明治六）年である。同年の「社中之約束」では、「等外」という準備等級の後、「予備等」という等級が三年、「本等」という等級が四年で、合計七年の課程となり、各年三学期の学年制が定められている。またその課程を修了した者に証書を与える卒業制度も設けられた。七四年には、「等外」を別として、予備的な課程と本科的な課程を合わせて合計凡そ五年に年数が短縮された。この卒業まで「凡そ五年」という修業年限は明治二〇年代まで変化していない。その後も、科の呼称の変更や「変則科」や「別科」などの併設課程の存廃などが繰り返されるが、一八八一（明治一四）年一二月の「社中之約束」で、「予科」（番外を含めて五等の段階）と「本科」（四等の段階）を順に進学し、「卒業年限」が「凡五ヶ年」という基本的な課程が定まり、これも明治二〇年代まで変化していない。

本科の教育は「英書訳読」が基本で、経済学関係は上級の課程に置かれていた。課程表に、ただ「経済論」とのみ書かれていて、テキストとして何を使っていたのかわからない年次もあるが、「社中之約束」から書名が判明するものもある。

それらによれば、どの年次の教程でも、経済書は課程全体の後半（予科と本科に分かれている場合は本科）で取り上げられている。テキストしては、一八七四（明治七）年までは、書名が確認できる場合は、ウェーランドの「経済論」が使われていた。一八七五～八〇年に関しては「経済論」とのみ表示されており書名が不明だが、一八八一～八四年には、本科を「四等」に等級分けし、その最初の等級で「ハウセット　経済論」を、次の等級で「ボーエン　経済論」をテキストにしていた。

「ハウセット　経済論」は、初版が一八七〇年に英国で出版されたフォーセット夫人（Millicent Garret Fawcett）の *Political Economy for Beginners* である。同書は、古典派自由主義経済学の手頃で過不足のない入門書で、二〇世紀に至るまで英国で広く読まれた。著者のフォーセット夫人は、J・S・ミルの影響を強く受けており、また、労働組合の正当性を否定せず、協同組合も高く評価していた。そのような点で、古典派経済学と言ってもウェーランドよりは一世代後の経済学者であった[20]。ちなみに、フォーセット夫人のこの教科書は、文久三年入塾の福沢の初期門下生である林正明により大意訳が『経済入門』の書名で明治六年に出版されており、また明治一〇年には、前述の福沢門下生永田健助により『宝氏経済学』として全文が翻訳出版されている（堀一九七五）[21]。フォーセット夫人の「経済論」は、早くから義塾関係者に注目されていた書であった。

ちなみに、J・S・ミルの経済書は、「社中之約束」には出てこないが、同人の『代議制統治論』（*Considerations on Representative Government*）や『自由論』（*On Liberty*）に相当する書名は、明治九年以降には本科の二等・一等などの最終等級のテキストとなっていた。また、明治八年卒業の鎌田栄吉は、最終等級が終わった後にはバックルの文明論やミルの経済論・代議政体論・自伝などを読んだと回顧している。また鎌田は、明治一〇年代頃には、義塾社中ではミルの経済書がいちばん読まれていたとも述べている[22]。フォーセット夫人の「経済論」がテキストとなっていたのは、このような義塾社中のミルを重視する思潮と関係していたのであろう。

もう一つのテキストであった「ボーエン　経済論」は、F・ボーエン（Francis Bowen）の *The Principles of Political Economy*（1856）である。ボーエンは、ハーバード大学で宗教学・道徳哲学・市民政治の教授を務めたアメリカの学者で、保護主義を唱えたアメリカの経済学者H・C・ケアリーの後継者に位置づけられている。その学説はA・スミス、R・マルサス、D・リカードなどのイギリス古典派経済学に反対し、経済問題を政府の形態や社会環境と結びつけて考えるものであった[23]。明治一〇年代の義塾で、このボーエンの経済学が同分野の教育としては最終課程に置かれていたことは注目すべきだろう。ミルの系統のテキストにより古典派経済学を学んだ上で、保護主義経済学を学ぶというカリキュラムであったのである。

大まかに言えば、大学部以前の経済学教育については、古典派経済学のウェーランドに始まり、ミルの系統の古典派に近いフォーセットや、反古典派で保護主義経済学のボーエンへという流れが確認できるのである。

大学部理財科の開設とそれ以降の組織変遷

一八九〇（明治二三）年に慶應義塾は文学科、理財科、法律科からなる課程三学年の大学部を開設した。このうち理財科が後の経済学部の前身であり、その初代の主任教師が本書第3章で取り上げられているドロッパーズである。この大学部は、経済学の教育内容や就学・修学年限から見れば大学に相当するものであったが、当時、政府の学制では「大学」と称しうるものは、帝国大学令に基づく東京帝国大学のみであり、大学部は、制度上は文部省により個別に認可された教育機関であった。

この大学部は、開設後一〇年近くは入学者が少なく、一八九六（明治二九）年には廃止論も議論されていた。入学者が少ない大きな原因は、義塾の学制にあった。大学部の開設とともに従来の課程は六年間（一八九六年からは七年間）の普通部および普通部別科に改編されたが、この普通部等と大学部との進級関係は明確でなかった。普通部の高学年（一八九六年の改定では高等科と呼ばれた）は大学部と重なっており、また普通部修了をもって慶應義塾卒業資格が付与されていたのである。そこで、一八九八（明治三一）年に、義塾全体の課程を整備し、小学校相当の幼稚舎六年、普通科（翌年「普通部」に呼称を戻す）五年、大学科（翌年「大学部」に呼称を戻す）五年と順次進学する一貫した教育体制を整えた。また従来の普通部の高学年が大学科（大学部）の最初の二年に移行し、その部分が大学部の中で専門課程の前の予科相当の内容となった。この学科課程の改定により、大学部理財科発展の基礎が固まった。

一九〇三（明治三六）年には政府により専門学校令が制定され、それまで個別に認可されていた帝国大学以外の高等教育機関が統一的な制度のもとに置かれることとなった。同令に基づき、翌一九〇四年に理財科を含む義塾大学部も学科課程を手直しし、すでに行っていた一般教育的な二年と専門教育的な三年の課程を、予科二年と本科三年と明示して呼ぶこととなった。また、その前年の一九〇三年には、大学部卒業後にさらに自主的に勉学を続けたい者に便宜を図るため、大学院の制度も設けられている。

一九〇七（明治四〇）年には、財団法人慶應義塾となるが、義塾の場合には、理念のうえでも実質的にも、一八七〇年代から法人化の方向に進んでいた。すでに述べたように、一八七一（明治四）年の「慶應義塾社中之約束」で同人組織としての理念が唱われていた。その後、一八八一（明治一四）年制定の「慶應義塾仮憲法」[24]により、卒業生などからなる慶應義塾維持金の拠出者から選ばれた「理事委員」を意思決定機関とする制度が始まり、さらにこの制度を発展的に改定した一八八九（明治二二）年制定の「慶應義塾規約」[25]によって、卒業生などからなる塾員の互選によって選ばれた「評議員会」を最高意思決定機関とする組織が整えられていた。財団法人化は、このような実質を、政府制定の制度に適合させたものと言ってよい。なお、財団法人としての組織は、第二次世界大戦後の一九五一（昭和二六）年に政府の制度制定に伴い学校法人に改編された。

一九二〇（大正九）年には、一九一八年公布の大学令に基づき、義塾の高等教育部門は旧制の総合大学となり、大学部理財科は経済学部と呼称を変更した。(26) 課程は、予科二年を三年に延長し、従来の三年課程の本科が専門課程三年の経済学部に移行した。

その後も細かな制度改定はしばしば行われたが、大きな変化は、何と言っても、第二次世界大戦後一九四九（昭和二四）年の新制大学経済学部への改編である。戦時中に、大学予科の修業年限は二年に、大学学部も二年六ヶ月に短縮されていたが、新制大学では六三三四制に合わせて、予科を教養課程として学部に吸収し、専門課程二年と合わせて四年の課程とした。これが、基本的には現在まで続いている制度である。

学科課程に関しては、旧制大学経済学部への移行とともに改定が行われ、ここで初めて選択科目として経済学史・経済史・経済政策などを履修し卒論を書く甲グループと商業・会計・保険などを履修し卒論を書かない乙グループの二系列が設定された。(27) さらに一九二九（昭和四）年の学科課程改定では、系列分けの方針が一層拡大し、必修科目も甲乙に分けられている。(28) この方向での流れはその後も進み、一九三八（昭和一三）年には、商学部分離案が教授会で協議されたが、結局、学部の分離は行わないこととなり、経済史や社会政策が必修に含まれる経済学科と、会計学や経営学が課される商業学科の二学科制が採用された。(29) この間の経緯と向井鹿松との関係については、本書第9章に詳しい。第二次世界大戦後、この経済学系と商学経営学系からなる二学科制は廃止と復活を繰り返し、方針は揺れ動いたが、最終的には、一九五七（昭和三二）年の商学部の分離開設により、二学部に専門分けされることとなった。

3　大学部開設以降の学科担当者の変遷

本書各章で取り上げている学者は限られており、慶應義塾の経済学者として検討すべき者はほかにも多い。また、今回取り上げた経済学者が、学科担当者全体の変遷の中で、どのような所に位置しているかを確認しておくことは、本書各章の理解を助けるだろう。そこで、『慶應義塾百年史　別巻（大学編）』（以下『大学編』と略す）で、理財科創設以降の同科およびその後の経済学部で学科担当者として挙げられている者を整理して、できるだけ網羅的に見ておこう。(30)

『大学編』では、大学部理財科開設から一九五七（昭和三二）年に経済学部から商学部が分離開設されるまでを、学制や教育課程の変化に従って次の一〇期に分けて記載している（ただし、①期、②期、③期……などの番号は、便宜的に本書で付けたものである）。

①期　一八九〇（明治二三）年〔理財科開設〕～
②期　一八九八（明治三一）年〔一貫教育体制の成立に伴う学科課程改定〕～
③期　一九〇三（明治三六）年〔学科課程改定〕～
④期　一九一一（明治四四）年〔学科課程改定〕～
⑤期　一九二〇（大正九）年〔大学令に基づき旧制大学経済学部に名称変更〕～
⑥期　一九二九（昭和四）年〔学科課程改定〕～
⑦期　一九三八（昭和一三）年〔学科課程改定〕～
⑧期　一九四六（昭和二一）年〔経済・商学二学科制の廃止などの学科課程改定〕～
⑨期　一九四九（昭和二四）年〔新制大学制度に対応した学科課程改定〕～
⑩期　一九五八（昭和三三）年〔商学部分離に伴う学科課程改定〕

本書では、義塾で教壇に立った経済学者が、これらの一〇期の「どの期」に科目担当者として初めて登場し、その後もふくめて「どの講義」を担当したかという観点で整理した。いわば、経済学系科目担当者のデビュー期別一覧である。また、その中でも、本書で重点的に言及されている者については頭に、▽を付した。なお整理ならびに表示は、以下の凡例によっている。

凡例

1．広義の経済学・商学系科目担当者のみを掲載し、理財科・経済学部の科目であっても法学系の科目、作文・日本作文、経済商学系ではない一般教育科目の担当者は掲載しない。
2．専門外国書講読的な科目、研究会（ゼミナール）、自由研究の担当者は他の専門科目担当者と重複している場合が多いので、これらの科目担当者としては掲載しない。
3．担当した講義名の下に（　）に入れて付記した①、②、③……等の番号は、その講義が当該学者により担当されていた期を表すものである。
4．同じ期の中での掲載順は、まず理論、経済学史、経済政策や各論の科目系担当者を挙げ、続いて統計学系科目、経済史系科目、商学経営学系科目の担当者の順に掲載した。
5．4で同じ科目系に分類された担当者の中では、『大学編』で個人別の解説が付けられている者（リストで太字の者）を先に置いた。解説が付けられている者の中では『大学編』の解説掲載順（ほぼ先任順）に並べた。それ以外の者は、同じ科目系の中では五〇音順とした。
6．③期以降に関しては、ある期に一科目のみ担当しただけで、他の期では担当者として出てこない者は、それぞれの期の末尾に、「その他」としてまとめて掲載した。
7．▽を付した者は、本書で重点的に言及されている者。
8．＊を付した者は、「講師」と付記されており非常勤講師と推定される者。ただし、『大学編』でそのような付記があるのは⑦期、⑨期、⑩期のみ。

①期（一八九〇年〜）から講義を担当した者

▽**G・ドロッパーズ**
経済学元理（①）、近世経済史（①）、財政論（①）、保護及自由貿易史（①）、経済学諸派概論（①）、保険・銀行・関税・租税各疑問研究（①）

小野英次郎　銀行論・貨幣論①、銀行論②、貨幣論②
小宮山綏介　日本経済講義①
高木正義　銀行論・貨幣論①、銀行論②、貨幣論②
永田健助　商業地理①
真中直道　経済学①

岡松経　統計学①・②
呉文聡　統計学①～④
P・マイエット　統計学①
横山雅男　統計学①・②・④～⑥

篠木伊勢松　簿記①
広部（田口）重三郎　簿記①

②期（一八九八年～）から講義を担当した者

E・H・ヴィッカーズ　経済学原理②、近世経済史②、経済学史②、財政学②、経済史③、商業政策③、社会問題③、労働問題③・④

▽**堀江帰一**　銀行論②・⑤、貨幣銀行論③・④、貨幣論⑤、財政学③～⑤、商業政策④、最近社会問題④、社会問題⑤

宇都宮鼎　貨幣論②

中隈敬蔵　　日本財政事情（②）

③期（一九〇三年〜）から講義を担当した者

▽**気賀勘重**　経済原論（③〜⑥）、工業政策（③〜⑤）、運輸交通論（③）、農工経済学（③）、
経済政策（④・⑥）、農業政策（⑤・⑥）

▽**福田徳三**　経済原論（③）、純正経済論（③）、英国経済学史（④）、近世経済史（④）、
古代中世経済史（④）、日本経済史（④）

名取和作　経済原論（③）、純正経済論（③）、商工事情（③）

堀切善兵衛　経済原論（③・④）、商業政策（④）、植民政策［植民論］（④）

田中一貞　社会学（③・④）

星野勉三　経済原論（③・④）、財政学（④）、商業政策（④）

W・W・マックラレン　経済史（③）、経済学史（④）、近世経済史（④）

岡田市治　商業実習（③・④）

その他　麻生義一郎＝商工事情（③）、渡辺亨＝商工事情（③）、吉井豊治＝商工事情（③）、
中島滋太郎＝商工事情（③）

④期（一九一一年～）から講義を担当した者

▽**高橋誠一郎**　経済原論（④～⑦）、経済原論特殊（⑥）、経済学史（④～⑦・⑨）、経済学史Ⅰ（⑩）、経済思想史（⑤・⑧）、経済学説研究［英］（⑤）、英国経済学説研究（⑥・⑦）、イギリス経済思想史（⑨）、経済学前史（⑥・⑦）

▽**小泉信三**　経済原論（④～⑥）、経済学史（④・⑤）、最近社会問題（④）、社会問題（⑤）、経済思想史（⑤）、独逸経済学説研究（⑥）、社会思想史（⑥）、社会思想特殊講義（⑦）

高城仙次郎　経済原論（④）、経済学史（④）、財政学（⑤）、国際金融及外国為替（⑤）、物価論（⑤）、経済原論特殊（⑥）

▽**阿部秀助**　経済学説（④）、経済学説研究［独］（⑤）、近世経済史（④・⑤）、古代中世経済史（④）

R・J・レー　経済学史（④）、近世経済史（④）

三辺金蔵　経済原論（④～⑦）、会計学（④～⑦）、会計学特殊講義（⑦）、会計学特殊（⑨）、株式会社会計実務（⑩）、会計監査（⑩）、経営分析（⑩）

寺島成信　商工事情（④・⑤）

伊藤万太郎　保険論（④・⑤）

その他　門野重九郎＝商工事情（④）、河合良成＝商工事情（④）、中島多嘉吉＝商工事情（④）、

根岸佶＝商工事情（④）、玉木為三郎＝保険論（④）、安東二郎＝商業実習（④）、
高久馨＝商業実習（④）、中村茂男＝商業実習（④）

⑤期（一九二〇年～）から講義を担当した者

増井幸雄　交通政策（⑤・⑥）、経済学説研究［仏］（⑤）、仏国経済学説研究（⑥）、
海運経営（⑥）、陸運経営（⑥）、海運論（⑦）、経済政策（⑦）、交通論（⑦）、
交通経済論（⑨）

▽**加田忠臣**（哲二）　経済学説研究［独］（⑤）、独逸経済学説研究（⑥・⑦）、社会学（⑤～⑦）、
社会学特殊問題（⑥）、社会学特殊講義（⑦）、植民政策（⑦）

奥井復太郎　社会政策（⑤～⑦）、都市問題（⑤・⑥・⑨）、都市経済論（⑥・⑦）、
都市経済論特殊問題（⑦）、社会政策特殊問題（⑥）、社会政策特殊講義（⑦）、
社会学（⑧）、国土計画論（⑧）

及川恒忠　支那経済事情（⑤）、経済地理特殊問題（⑥）、経済地理特殊講義（⑦）、

成瀬義春　東亜経済事情（⑦）
財政学（⑤・⑥）

▽**寺尾琢磨**　経済学説研究［仏］（⑤）、統計学（⑥～⑧）、経済統計（⑥・⑦）、経済原論（⑦）、
統計学特殊（⑧）、人口問題（⑨・⑩）

滝本誠一　近世経済史（⑤・⑥）、古代中世経済史（⑤・⑥）、日本経済史（⑤・⑥）、

▽**野村兼太郎**

近世商業史 ⑤
近世商業史 ⑤・⑥、日本経済史 ⑥・⑦・⑨・⑩、日本経済学説研究 ⑥・⑦、
日本経済思想史 ⑨・⑩、近世経済史 ⑥、古代中世経済史 ⑥、
経済史特殊問題 ⑥、一般経済史 ⑦、商業政策 ⑦、経済史特殊 ⑧

▽**向井鹿松**

経営経済学 ⑤・⑥・⑦、取引所論 ⑤・⑥、商業政策 ⑤・⑥、商事経営 ⑤、
商業経営 ⑥、貨幣論 ⑤、銀行論 ⑤、貨幣及銀行論 ⑥、
金融特殊問題 ⑥

神田孝一
工場管理 ⑤、工業経営 ⑥・⑦、
商業実習 ⑤・⑥

外記甚之助
鈴木武志
取引所論 ⑤、商工事情 ⑤

園幹治
工業政策 ⑤〜⑦、保険論 ⑤・⑥、共同海損及海上保険 ⑥、
工業政策特殊問題 ⑥、生命保険及火災保険 ⑥、保険学 ⑦〜⑩、
保険学特殊講義 ⑦、工業政策特殊講義 ⑦、工業経済学特殊 ⑧、
経済政策 ⑨、アメリカの産業と労働 ⑩、社会保険論 ⑩

高橋武美
保険論 ⑤

宮原景一
英文商業通信 ⑤・⑦、商業通信及実務 ⑥

その他
松岡正男＝植民政策 ⑤、坂口武之助＝商品学 ⑤、落合泰次郎＝商業実習 ⑤

⑥期（一九二九年～）から講義を担当した者

伊藤秀一　植民政策（⑥）、経済地理（⑥）、経済地理特殊問題（⑥）

▽**永田清**　財政学（⑥～⑧）、財政学特殊問題（⑥）、財政学特殊講義（⑦）、仏国経済学説研究（⑦）、フランス経済思想史（⑨）、経営経済学（⑧）

▽**武村忠雄**　経済原論特殊（⑥）、経済原論（⑦）、経済原論特殊講義（⑦）、景気変動論（⑦）、国防論（⑦）

金原賢之助　国際金融及外国為替（⑥・⑦）、貨幣及銀行論（⑥）、金融特殊問題（⑥）、金融論（⑦・⑧）、金融経済学（⑩）、貨幣論（⑧～⑩）、貨幣論特殊（⑧）

藤林敬三　経済心理（⑥・⑦）、経済心理特殊問題（⑦）、工業政策特殊講義（⑦）、社会政策（⑧～⑩）、社会政策特殊（⑧・⑩）、経済原論特殊（⑧）

小島栄次　経済地理（⑥～⑩）、社会政策特殊問題（⑥）、経済地理特殊問題（⑥）、経済地理特殊講義（⑦）、経済地理特殊（⑧）、社会事業概論（⑨・⑩）

高村象平　古代中世経済史（⑥・⑦）、一般経済史（⑦～⑨）、西洋経済史（⑦）、ドイツ経済思想史（⑨）、外国経済史（⑨）、アメリカ経済史（⑩）

⑦期（一九三八年～）から講義を担当した者

▽気賀健三　経済政策（⑦・⑨）、経済政策学（⑩）、経済原論特殊（⑧・⑨）、社会思想特殊（⑧）、計画経済論（⑩）

▽小池徳太郎（基之）　農業政策（⑦）、農業政策特殊講義（⑦）、農業経済学特殊（⑧）、農業経済論（⑨・⑩）

幸田成友　日本経済史 ⑦

岩田仭　商業政策 ⑦、貿易論 ⑦
小高泰雄　経営経済学 ⑦〜⑨、経営学 ⑩、会計学特殊講義 ⑦、景気変動論 ⑦、
会計学 ⑧〜⑩

その他　松田竹太郎＊＝産業技術論 ⑦、伊藤正徳＊＝国防論 ⑦、
増地庸治郎＊＝商業経営 ⑦、藤田国之助＊＝取引所論 ⑦

⑧期（一九四六年〜）から講義を担当した者

遊部久蔵　経済原論特殊 ⑧、経済原論 ⑨、経済学説 ⑨、経済学史Ⅱ ⑩、
イギリス正統派価値学説史 ⑩
伊東岱吉　日本経済論 ⑧〜⑩、工業経済学 ⑧、工業経済論 ⑨・⑩
今野源八郎　交通経済学 ⑧〜⑩、交通経済学特殊 ⑨、海運論 ⑩
鈴木諒一　日本経済論特殊 ⑧、会計学特殊 ⑧、経済統計 ⑨・⑩、経済原論 ⑩
高木寿一　財政学 ⑧〜⑩、財政学特殊 ⑧、日本経済論 ⑨、日本財政論 ⑩
▽千種義人　経済原論 ⑧〜⑩、貨幣論特殊 ⑧、計画経済論 ⑨
豊田四郎　日本経済論特殊 ⑧、経済原論特殊 ⑧
平井新　社会思想 ⑧、社会思想特殊 ⑧、社会思想史 ⑨・⑩、社会思想概論 ⑨、

町田義一郎　社会思想論（⑩）
山本登　金融論特殊（⑧）、金融経済学（⑨）、銀行論（⑨・⑩）
　世界経済論（⑧〜⑩）、世界経済論特殊（⑧）

羽原又吉　経済史特殊（⑧）、漁業史（⑨・⑩）

鈴木茂雄　会計学特殊（⑧）、経営経済学特殊（⑧）、商業学特殊（⑧）、商業学（⑨）、
　商業経済論（⑩）、配給経済論（⑨）、商業経営論（⑩）

その他　近藤康男＝農業経済学（⑧）、竹内謙二＝商業政策（⑧）

⑨期（一九四九年〜）から講義を担当した者

青沼吉松　社会学（⑨）、経済政策特殊（⑨）、産業社会学（⑩）
大熊一郎　経済原論特殊（⑨）、国民所得論（⑩）
大久保満彦＊　社会事業特殊（⑨）、ケースワーク概論（⑩）
川田寿　経済学（⑨）
中鉢正美　社会政策特殊（⑨）、社会政策（⑩）
▽福岡正夫　経済原論（⑨・⑩）、経済原論特殊（⑩）
吉田啓一　経済学（⑨）、経済原論（⑨）

▽尾崎巌　統計学⑨、経済数学⑨

▽小尾恵一郎　統計学⑨

▽辻村江太郎　統計学⑨

安川正彬　統計学⑨、標本調査論⑩

宇治順一郎　一般経済史⑨・⑩、商業史⑨・⑩、近世経済史⑨

宇尾野久　一般経済史⑨、古代中世経済史⑨

金丸平八　一般経済史⑨

小松芳喬＊　外国経済史⑨、近世経済史⑩

島崎隆夫　農業史⑨・⑩、農業経済論⑨、一般経済史⑨、日本経済史思想史特殊⑩

新保博　工業史⑨

中村勝己　工業史⑨・⑩

西村光夫＊　金融史⑨、金融政策⑩

服部謙太郎　一般経済史⑨、工業史⑨

小野寛徳＊　経営経済学特殊⑨、経営管理特殊［生産管理］⑩

小竹豊治　取引所論⑨、証券市場論⑩、企業金融論⑩

国弘員人＊　経営分析⑨、企業形態論⑩

白石孝　貿易論⑨・⑩

瀬名貞利＊　保険学特殊⑨、生命保険論⑩

高橋吉之助　簿記論（⑨・⑩）、会計学特殊（⑨）、損益計算論（⑩）、会計監査（⑩）
玉木一介＊　保険学特殊（⑨）、火災保険及新種保険（⑩）
塚原博＊　経営経済学特殊（⑨）、商品学（⑩）
森五郎　経営経済学特殊（⑨）、労務管理論（⑩）、経営管理特殊［総合管理］（⑩）
和田木松太郎　簿記論（⑨）、会計学特殊（⑨）、財務管理論（⑩）

その他　横山寧夫＝社会学（⑨）、西垣富治＊＝原価計算論（⑨）

⑩期（一九五八年）に講義を担当している者

増井健一　交通経済論、公益事業論
加藤寛　経済政策学特殊
黒川俊雄　賃金論
飯田鼎　労働運動史
矢内原勝　イギリス経済論

渡辺国広　フランス経済史

野口祐　工業経営論
片岡一郎　国内商業政策

その他

大塚金之助＊＝外国経済思想史［ドイツ］、小古間隆蔵＊＝都市社会学［都市問題］

武村忠雄＊＝現代資本主義の分析、葛城照三＊＝海上保険論、

山辺六郎＊＝原価計算論

4　大学部以降の科目内容・人事体制・研究団体・機関誌

このリストからは、時代の進展とともに専門化が進み、各論科目が増えていることが、明らかに読み取れる。また、旧制大学に名称変更する以前、明治末年の④期頃から、次第に商学経営学系の科目が充実してきており、後の商学部分離開設に至る流れも明らかである。

ただし、このリストからだけでは、科目の内容、人事体制、研究組織までは把握しがたい。そこで本書各章の理解を助けるために、必要最小限の範囲内で、これらについて補足的な説明を加えておこう。

大学部初期のドロッパーズやヴィッカーズによる講義は、第3章で明らかにされているように、ドイツ歴史学派の影響が強いものであったと考えられる。この影響は、旧制大学以降現在に至るまで経済史が必修として課され、また経済史系の科目が多く置かれているという伝統として残った。ただし旧制大学発足以来、必修として課されている経済原論は、一九七二（昭和四七）年までは古典派・新古典派系の内容の場合が多かった。経済原論とともに、経済史、経済政策、専門英書講読が、ほとんどの場合に必修として置かれ、また、専門の基礎として統計学と法学系科目が課されてきたのも一つの特色であった。

ただし、個々の教員の方法を見れば、すでに戦前期にマルクス経済学に立った研究者も登場していた。そのきっかけを作ったのは、義塾における近代経済学や経済史の展開にも影響を与えた福田徳三だと言われている。小泉信三が「一体吾々は、マルクス学というものを、最初福田博士の手解きによって学んだ」[31]と述べていることからも、

そのことがわかる。福田ばかりでなく時代思潮の影響もあったと考えられるが、戦前期において、すでに、加田忠臣、伊藤秀一、平井新、武村忠雄、藤林敬三、伊東岱吉、小池徳太郎などマルクス経済学に強い関心を持つか、あるいはその方法を基礎とする研究者が生まれていた。[32] この傾向は戦後にはさらに強まり、一九八〇年代までは学部スタッフのほぼ半ばはマルクス経済学に親近感を持っていたと言ってもよいだろう。ただし本書では、義塾におけるマルクス経済学の流れについては取り上げておらず、他日を期したいところである。

人事体制、教員養成に関しては、留学制度と第4章で取り上げている堀江帰一の影響が大きい。大学部草創期はハーバード大学から招聘したドロッパーズ、ヴィッカーズを主任教師として教育が行われたが、その時期から、義塾出身者を教員として採用し、二、三〇代で海外へ数年間留学させて、経済学専門家として育てることが続けられた。そこで大きな指導力を発揮したのが、一九〇八（明治四一）年以降、理財科主任、経済学部長として学部を指導した堀江帰一である。堀江は、自らの学部構想のもとに、各教員の留学先や専攻分野に関して誘導を行った。その結果、一九三〇（昭和五）年前後には義塾内で養成された教員が中心となり、さまざまな専門を担って学部を支えることとなった。こうした人事のあり方は、その後、卒業生を助手に採用して教員・研究者に育てる体制につながり、戦中・戦後における中断はあったものの、一九九〇年代まで存続していた。

教員組織については、大学部開設時より現在に至るまで、教授を長とする講座制がとられたことはなく、個々の教員が職位に関係なく自立してそれぞれがの専攻分野を個人として担う体制がとられてきた。講座制がとられなかったことは、学部内で教員を養成する人事体制とともに、理財科・経済学部の学風を考えるときに考慮すべき点だと言えよう。

学部内の研究団体や学術雑誌に関しては、大学部開設から現在に至るまで、いくつかの団体や雑誌が存在したが、その中で長い系譜を持つものは、団体としては理財学会、慶應義塾経済学会（以下「経済学会」）、雑誌としては『三田学会雑誌』である。[33]

理財学会は、一九〇三（明治三六）年に有志の学生が教員の協力を得て結成した経済学関係の学術研究団体であり、結成以降、例会や大会を開催し、研究報告会や講演会を行っている。報告者・講演者は塾生の場合もあったが、教員やゲストスピーカーの場合が多かった。一九一四（大正三）年には、同会は理財科学生全員と塾員（卒業生等）有志を会員とし、学術の研究を目的とする団体に改編され、同時にすでに巻を重ねていた『三田学会雑誌』の発行を引き継ぐことになった。同会は理財科・経済学部学生全員の組織として彼らの会費で維持されていたため、一方では、学生自治会的な性格を次第に強めることとなった。また他方では、経済学研究の専門化の進展とともに、講演会・研究会の報告者や『三田学会雑誌』寄稿者という点では教員に担われるようになり、教員側からは学術研究機関としての性格を求められるようになった。このため昭和初期には、両方の性格を巡って学生と教員の間で対立が生じ、両者の意図を生かす形で妥協が図られている。

このように、理財学会に関しては組織的な二面性があったため、それとは別の研究団体が求められるようになり、一九三六（昭和一一）年に結成されたのが経済学会である。同会は、義塾の大学、高等部、商工学校の経済学関係の教員等を会員としており、初期の主要活動は会員による研究報告会であった。その後、一九四六（昭和二一）年には『三田学会雑誌』の発行を理財学会から引き継いでいる。会員に関しては、戦後の学制変更等に伴い、義塾の経済学部専任者のみを会員にする組織に変わっている。一方で、理財学会は、学術研究団体としての性格を次第に薄め、一九五五（昭和三〇）年前後には経済学部学生自治会となった。

『三田学会雑誌』は、一八九九（明治三二）年に塾生の自治的な委員会により塾生の機関誌として創刊された『三田評論』（現在の『三田評論』は同名異誌）を前身とする。同誌は明治三〇年代後半頃から次第に学術的な論文を掲載するようになり、また、若手教員も論文を寄稿するようになった。このような流れを受けて、『三田評論』を廃刊し、代わりに一九〇九（明治四二）年に創刊されたのが『三田学会雑誌』である。創刊時の同誌の発行所は三田学会。三田学会は、大学部各科の学術団体である三田政治学会、理財学会、三田法学会、三田文学会が合同して学術雑誌を刊行するために結成した組織であった。当時にあっては、理財科の雑誌ではなく、大学部各科合同の雑誌であったのである。しかし、その後、次第に経済関係の論説の数が増え大正初年頃には八〇％近くの論文が経済学関係になっていた。このような事情もあり、すでに述べたように一九一四（大正三）年には発行を理財学会が担うようになった。さらに旧制大学となり、一九二一（大正一〇）年に文学部史学科が『史学』を、翌年に法学部が『法学研究』を創刊すると、『三田学会雑誌』は実質上経済学部の機関誌となった。戦後の一九四六（昭和二一）年には、すでに述べたように理財学会から経済学会が同誌の発行者を引き継ぎ、現在に至っている。

理財科・経済学部の教員・関係者の学術活動は、もちろん塾外でも行われたが、少なくとも戦前期に関しては、これらの塾内の研究団体や機関誌によって促進された部分が多かった。そのため、それらの団体や雑誌の動向を見ることが、「慶應義塾の経済学者たち」を課題とする本書の理解を助けることになるだろう。

5　本書の読み方

以上、本書の課題を述べ、また本書で取り上げている経済学者たちが籍を置いていた慶應義塾の制度的・知的環境について説明した。それらは、以下の一四の章で論じられることの共通の前提と背景である。

しかし、前提と背景を一にしているものの、本書の各章で論じられていることが互いに緊密に構成され一つの流れとなっているかと言えば、そうではない。またそれは編者の意図するところでもない。もちろん、いくつかの章を貫く緩やかな共通性を発見することはできる。例えば、福沢の保護主義的思想（第1章）、ドロッパーズにより教育されたアメリカ経由のドイツ歴史学派的な視点（第3章）、気賀勘重によって導入されたフィリッポヴィッチのフェビアン主義的色彩を帯びたドイツ歴史学派（第5章）、そして経済史学の展開（第10章）の間に歴史的に経済を見ようとする流れを読み取ることは不可能ではないだろう。

とは言うものの、本書の各章自体は、慶應義塾の経済学を貫く流れの発見を目指して書かれているわけではない。むしろ各章の著者は対象それ自体を各自の視点から分析しようとしている。その結果、慶應義塾の経済学者たちのさまざまな面や相互の違いが出て来ている。例えば、第2章は、福沢と不即不離と言われる小幡篤次郎が担った福沢とは微妙に異なる役割を明らかにしている。第4章、第5章からはともに理財科・経済学部を担った堀江帰一と気賀勘重の間の学風とキャラクターの相違が読み取れる。福田徳三についてもさまざまな面が論じられている。福田自体を主題としている第6章は、彼の厚生経済学に光を当て、第5章は、ドイツ留学時代の福田と気賀勘重の学風の違いにメスを入れ、第7章は福田と小泉信三の純粋経済理論に対する相違を示し、第10章は、慶應の経済史への福田の影響に言及し、第13章は慶應における新古典派の出発点に福田を位置づけている。とりわけ第5章は、ドイツ留学時代の福田の学位論文を取り上げ、それが「貧弱」なものであったことを指摘している。日本における経済学の展開に、極めて大きな影響力を発揮した福田を今後研究する上で、注目すべき点と言えよう。向井鹿松も多面的に取り上げられている。第9章は商学の開拓者としての向井を論じているのに対して第12章では統制経済学との関係で取り上げている。統制経済学に関しては、同じ第12章で加田哲二も分析対象となっているが、第11章では加田をドイツ経済思想史の研究者として取り上げ、その学問的限界を実証している。第13章、第14章は対象が理論と計量という相違があるが、両章とも新古典派理論に基づく研究者を扱っている。しかし第13章が、慶應の新古典派経済学者の塾外学界動向との共通性に注目しているのに対して、第14章は、「三田の計量経済学」の個性を析出している。

あるいは、従来はあまり注目されなかった所に光を当てている章もある。第5章は、経済学史上重要な対象であるにも関わらず論じられてこなかったフィリッポヴィッチを初めて本格的に研究対象とし、それを気賀勘重と関連させている。第8章は、従来は何と言っても経済学史研究者として評価されていた高橋誠一郎を取り上げ、「協同主義」の経済思想家の面を析出し彼の経済学史・浮世絵研究と結びつけている。また第10章は、野村兼太郎の経済史の出発点を、日本の伝統史学の実証や考証の洗礼を受けずに、ケンブリッジでクラッパムの数量的方法の影響を受けた所に求めており、現在の経済史研究のルーツを考えさせるものとなっている。

以上のように、本書各章は、むしろ慶應義塾の経済学を起伏に富んだ地形の拡がりに譬えるならば、各章は、その拡がりの中の14の地点（14の章）で、ボーリング調査を行ったものと言ってもよい。各地点での調査の結果からは、従来見られなかったものも含めてさまざまなものが発見され、相互の地点の違いも明らかにされている。ただ、問題は、各々のボーリングの下に、何らかの共通の地下水脈が発見できるかどうかである。地下水脈として慶應義塾の経済学なるものがあったのか。あるいはさらに、これらのボーリングで近代日本の経済学という水脈が示せるのか。これらの問いに対して本書は結論を出すことはできない。ただ水脈を考えるための多くのヒントは提供できたのではないかと思う。それらのヒントが、さらに近代日本と経済学の関係を考察することに役立つとすれば、本書を編んだ意味があったと考えている。

注

（1）バートンの経済書と『西洋事情 外編』については、本書第1章、注7。
（2）福沢諭吉『学問のすゝめ』初編（小室正紀・西川俊作校編『福沢諭吉著作集』（以下『著作集』と略す）第三巻、慶應義塾大学出版会、二〇〇二年、七‐八頁）。
（3）福沢諭吉『文明論之概略』第六章（戸沢行夫校編『著作集』第四巻、二〇〇二年、一三四頁）。
（4）経済学関係の高等教育機関についての以下の記述は、作道好男・江藤武人編『一橋大学百年史』（財界評論社、一九七五年）、東京大学百年史編纂員会編『東京大学百年史』（東京大学出版会、一九八四‐八七年）、『専修大学百年史』（専修大学出版局、一九八一年）、早稲田大学大学史編集所編『早稲田大学百年史』（早稲田大学出版部、一九七八‐九七年）、同志社社史史料編集所編『同志社百年史』（同志社、一九七九年）などによる。
（5）本書13章第7節では、新古典派経済学に即して、ある研究機関が個性を持つ原因について定義を試みている。主に明治から昭和初期を想定しているこの序章とは異なる面もあるので参照されたい。

（6）「修身要領」については、慶應義塾編『慶應義塾百年史』中巻前、一九六〇年、第三章第一節。

（7）「三田派」という呼称を使っている例としては、例えば福沢門下でもあった竹越与三郎の「福沢先生」（伊藤正雄『明治人の見た福沢諭吉』慶應義塾大学出版会、二〇〇九年）。また、山地愛山は、「慶應義塾派」と呼び（「福沢諭吉君の著述とその人物（仮題）」同上）、陸羯南は福沢周辺をまとめて「福沢氏一派」とし（「政論社会の通人（仮題）」同上）、高山樗牛は福沢周辺を「三田学風」「三田学者」と総称した（「『修身要領』の功罪（仮題）」同上）。

（8）このような「純粋培養」の人事は一九八〇年代から減少し、九〇年代末を最後として全く行われなくなった。

（9）以下の概観は、注記がないかぎりは、慶應義塾編『慶應義塾百年史』（一九六〇‐六九年）、慶應義塾編『慶應義塾史事典』（二〇〇八年）、慶應義塾『福沢諭吉事典』（二〇一〇年）による。

（10）福沢研究センター編『慶應義塾入社帳』第一巻、慶應義塾、一九八六年、一四六頁。

（11）福沢諭吉『西洋事情 外編』の「題言」の日付は「慶應三年丁卯季冬」。「季冬」は陰暦一二月。

（12）『福翁自伝』（松崎欽一校編『著作集』第一二巻、二〇〇三年、二四一頁）。

（13）同、二五四頁。

（14）前掲『慶應義塾百年史』上巻、二八一‐二八二頁。

（15）同、二六〇頁。

（16）「経済説略」は、英国の経済学者 Richard Whately（一七八七‐一八六三年）の *Easy Lessons on Money Matters: for the Use of Young People*（1849）という古典派経済学教科書を、沼津兵学校教授の渡辺一郎が抜粋して刊行した和綴英文の教科書（堀経夫『明治経済思想の研究』）。小幡は一八七〇（明治三）年に同書を『生産道案内』として翻訳刊行している。また同書の凡例で「友人渡辺一郎が翻刻せる経済説略」と記しており、小幡と渡辺の交流関係がわかる。

（17）前掲『慶應義塾入社帳』第一巻、二二七頁。

（18）石川幹明『福沢諭吉伝』第一巻、岩波書店、一九三二年、六三〇頁。

（19）以下の「社中之約束」についての記載は、米山光儀編・解題（二〇〇四）による。

（20）ここで参照したのは、*Millicent Garrett Fawcett, Political Economy for Beginners*, 4th edition, Macmillan, 1876。

（21）前掲『慶應義塾入社帳』第一巻、三頁。

（22）鎌田栄吉先生伝記及全集刊行会編『鎌田栄吉全集』第一巻、伝記編、鎌田榮吉先生伝記及全集刊行会、一九三五年、一七〇、一七七頁。

（23）R. Douglas Geivett（1999）. "Bowen, Francis". *American National Biography*. New York: Oxford University Press, pp.276–277.

(24) 前掲『慶應義塾百年史』上巻、七六九 - 七七〇頁に全文が掲載されている。
(25) 前掲『慶應義塾百年史』中巻前、三〇 - 三一頁に全文が掲載されている。
(26) 大学令第二条により、「学部ハ法学、医学、工学、文学、理学、農学、経済学及商学ノ各部トス」と定められており、「理財」という学部名は使えなかった。文部科学省ホームページ「大学令」(http://www.mext.go.jp/b_menu/hakusho/html/others/detail/1318056.htm)
(27) 一九二〇年学制改革による学科課程の全科目構成は、前掲『慶應義塾百年史』の別巻『大学編』一九六二年、二八二 - 二八三頁。
(28) 一九二九年の学科課程改定による全科目構成は、同『大学編』二九六頁。
(29) 一九三八年の学科課程改定による全科目構成は、同『大学編』三三五 - 三三六頁。
(30) 『三田学会雑誌』の執筆者や慶應義塾経済学会報告者の変遷を見ることでも、慶應義塾の経済学者を辿ることができる。ただし、同誌での執筆や同会での報告は、理財科・経済学部の専門科目担当者でなくとも行えるので、当然、科目担当者とは異なる部分がある。詳しくは、池田・小室（二〇〇七）表5（一六五頁）、表1（一八九頁）。
(31) 小泉信三「価値・価格・労働」『改造』一九三四年六月（『小泉信三全集』第七巻、文芸春秋社、一九六七年、二一二頁）。
(32) 池田・小室（二〇〇七）表5（一六五頁）によれば、伊藤秀一、平井新、藤林敬三、武村忠雄、伊東岱吉、小池徳太郎（基之）それぞれが、『三田学会雑誌』に最初に発表した論文とその年次は以下の通りである。伊藤秀一「共産主義の経済的基礎について（上）」一九二四年、平井新「科学的社会主義は如何にして可能なりや（一）」一九二四年、藤林敬三「シユバンの経済学方法論の根本思想」一九二六年、武村忠雄「独逸古典哲学よりマルクスに到る間の社会概念の発展」一九二七年、伊東岱吉「労働価値説の基本的考察」一九三二年、小池基之「帰算理論と分配論」一九三三年。
(33) 理財学会、経済学会、『三田学会雑誌』についての以下の記述は、池田・小室（二〇〇七）による。

参考文献

飯田裕康（二〇〇七）「『三田学会雑誌』のマルクス」『三田学会雑誌』一〇〇巻一号。

池田幸弘（一九九九）「シリーズ「義塾の20世紀」経済学の潮流（下）」『三田評論』一〇一九号。

池田幸弘・小室正紀（二〇〇七）「『三田学会雑誌』百年史：創刊から昭和戦前期に至るまで（小室正紀）・戦時から現在に至るまで（池田幸弘）」『三田学会雑誌』一〇〇巻一号。

井上琢智（二〇一三）「慶應義塾における経済学教育」『経済学論究』六七巻一号。

岡田康男（二〇〇七）「三田の経済史と『三田学会雑誌』」『三田学会雑誌』一〇〇巻一号。

慶應義塾編（一九六〇‐六九）『慶應義塾百年史』慶應義塾。

慶應義塾編（二〇〇八）『慶應義塾史事典』慶應義塾。

慶應義塾（二〇一〇）『福沢諭吉事典』慶應義塾。

小室正紀（一九九九）「シリーズ「義塾の20世紀」経済学の潮流（上）」『三田評論』一〇一八号。

福岡正夫（二〇〇七）「慶應義塾における理論経済学の伝統」『三田学会雑誌』一〇〇巻一号。

堀経夫（一九七五）『明治経済思想史』明治文献。

蓑谷千凰彦（二〇〇七）「慶應計量経済学派の胎動、確立および発展」『三田学会雑誌』一〇〇巻一号。

米山光儀編・解題（二〇〇四）『慶應義塾社中之約束（影印版）』慶應義塾福沢研究センター資料9、慶應義塾福沢研究センター。

第1章

福沢諭吉の経済思想

——その時論と理論と思想

小室正紀

福沢諭吉

（1835–1901）

1　はじめに

藤原昭夫は、『福沢諭吉の日本経済論』（藤原一九九八）の序章において、西欧経済学史研究に関する内田義彦の方法を批判的に検討し、福沢諭吉の経済思想を研究する参考としている。

藤原の整理によれば、内田は、経済についてのある所説を取り上げる時に、まず大きく「歴史的アプローチ」と「理論的アプローチ」に分ける。「歴史的アプローチ」とは、その所説が、なぜその時代に生まれたのかを考えることである。

それに対して「理論的アプローチ」は、経済理論の発展を一つの流れとして想定した上で、取り上げる所説が、「より発展した理論」に比較して、どこまでそれに近づいているかを検討するものである。例えば、内田の場合は、重商主義、重農主義から始まり、古典派のスミスやリカードを経てマルクスに至るという経済理論の発展史が想定されており、その流れに比較して個々の所説がどこに位置づけられるかを検討することが「理論的アプローチ」となる。

また、「歴史的アプローチ」は、さらに三種の作業に分けられる。①時論的アプローチ、②市民社会発展史論のアプローチ、③思想史的アプローチの三種である。

①の時論的アプローチは、ある思想家が、その時代の経済上の時事問題や政策課題を、どのように認識し対策を出していたかを検討すること。②の市民社会発展史論のアプローチは、①の時論を「市民社会の成立と崩壊という歴史過程」と関連させて検討すること。③の思想史的アプローチは、やはり①の時論を、その時代のより大きなビジョンなり思潮と関連させて検討することである。

しかし福沢は、西欧とは歴史も文化も異なる東アジアの後進国の思想家であり、しかも経済理論の専門家でもなかった。このため藤原は、右の内田義彦の方法を「無媒介に福沢の経済思想研究に適用するのは困難である」として、その方法を参考としつつも、当時の日本の歴史状況に合わせて視点を変更することが必要だと判断している。

藤原によれば、「理論的アプローチ」に関しては、明治期の経済論を西欧経済学の何々に比定する（比較して同様のものとして位置づける）ことはあまり意味がない。むしろ、明治期の日本に欧米から入ってきた経済学を日本の思想家がいかに咀嚼し、現実を分析する理論的な武器としてどのように活用したかを考察するべきだとする。

また、「歴史的アプローチ」のうち、①の時論的アプローチはそのままで行えるが、②、③は内田の提唱するままでは研究として不毛だと言う。②の市民社会発展史論のアプローチに関しては、日本の経済時論を西欧の市民社会の発展史に対比して考察したとしても、日本と西欧の歴史はあまりにも異なり、対比の意味がないと言う。藤原はこのような対比を「狂気の沙汰とでも呼ぶほかない」と強く否定し、むしろ日本の社会発展あるいは「日本型市民社会」の発展に経済時論を対比すべきだと主張している。

また③の「思想史的アプローチ」も藤原によれば、日本の実態に合わせて考える必要があり、福沢の場合で言えば、伝統的な儒学思想と、幕末以降に欧米から入ってきたF・ウェーランド、F・G・P・ギゾー、H・T・バックル、J・S・ミルなどの思想が、それぞれに彼の時論にどのように関係していたかを問うべきだとしている。

こうした方法を踏まえた上で、藤原は自著『福沢諭吉の日本経済論』を「時論的アプローチ」の書と位置づけ、膨大な福沢の経済論を時論として研究し、それらに一貫して流れているものを示している。同書の終章によれば、それは、日本の置かれた歴史的条件の中での「資本主義体制構築の構想」であり、内需の拡大も伴う「貿易立国」論であり、「民生安定への強い希求」であり、さらにそのために「完全雇用の保証」を至上目的とするものであった。

筆者は、方法の点でも、また福沢の経済時論に関する見方の点でも、ほぼ全面的に藤原に賛同している。ただ惜しむらくは、同氏の早すぎる逝去のため、日本型市民社会の発展との関係や思想史的アプローチ、さらに理論史的アプローチに関しては、同書で見通しを述べたのみで、藤原の研究では手つかずに終わっている。

これに対して本章では、福沢の経済思想における時論と理論と思想の関係を考察することを目的としている。ただし本章が、藤原が未完で残した部分を補って、福沢の経済思想の総体を十分に示せるかと言えば、それはなかなか難しい。まだ考察途上の点も多く、紙幅も限られており、以下で述べるのは、福沢の経済思想総体を把握するための若干の試論にすぎないことを、お断りしておかなければならない。

2　福沢諭吉の経済理論をどう考えるか

藤原は、西欧における経済学理論の発展に比較して明治期の日本の経済思想を無媒介に位置づけることは、ほとんど意味がないとした。例えば、福沢の経済思想を取り上げて、それが西欧の経済理論で言えば、重商主義なのか古典派流の自由主義経済論なのか、あるいは保護主義経済論なのかというラベル貼りを行うことが研究の目的になるべきではないというのが、藤原の主旨だろう。

筆者も同様に考えるが、ただ、やはり経済学を先導してきたのは欧米であり、明治期の経済思想を考える場合も欧米の経済理論史に比較してみることは、分析の出発点としては一定の意味がある。

福沢の経済思想を、欧米の経済理論史上へ比定することを試みた先行研究は非常に多い。福沢を自由主義経済論者とするもの、絶対主義に対応した経済論者とするもの、重商主義者とするもの、自由主義から重商主義・保護主義に転じたとするもの、自由主義から重商主義・保護主義に転じさらに再び自由主義に転じたとするものなど、多く比定が行われてきた。福沢の経済思想を考える場合、それらの先行研究に対して一定の見通しを示しておく必要はあるだろう。

この点で、最も参考となるのは杉山忠平の「福沢諭吉の経済思想」（杉山一九八六所収）である。この論文で、杉山はそれまでの先行研究を取り上げ、それぞれの研究の論理に従いつつ、その論理が矛盾していないか、また、それらの研究が福沢の所論文言を恣意的に取り上げていないかをつぶさに検討し、それぞれの説の破綻を指摘している。

その上で杉山自身は、福沢の経済思想は、西洋の重商主義と同じく富は貿易から生まれると考えるものだと性格づけている。また貿易を念頭に置いて保護政策の必要を説く福沢の主張は、「ほとんど一七世紀イギリス重商主義者たちに共通の議論」（同、一四五頁）だとも述べている。ただし、保護主義が基本でありながら、同時に自由主義の要素も否定できないなど、異質の要素が混在していることも指摘し、福沢の偉大さを認めつつも、「彼の経済思想は無残な矛盾の体系である」（同、一五一頁）と評価した。

本節では、この杉山の理論的アプローチが、はたして適切なのかという点を、特に、自由主義的な傾向が強いとしばしば言われている明治一〇年以前の福沢の議論を取り上げながら考えてみたい。

『唐人往来』・『西洋事情 外編』の位置づけ

理論史的アプローチに類する先行研究の多くで、福沢が経済について記した最初期の著作である『唐人往来』（一八六五（慶応元）年脱稿）と『西洋事情 外編』（一八六七（慶応三）年一二月脱稿、慶応四年夏刊行）の二著は、福沢の自由主義経済思想を表すものとしばしば言われてきた。

『唐人往来』が書かれた当時の日本には、開港に伴う貿易の開始により国内の有用な物品が海外へ流出してしまうという危惧があった。この危惧に対して、『唐人往来』で福沢は、輸出入品を比較検討して「双方出入の品物を較《くらぶ》るに何れが有用、何れが無用と云《い》う差別もなし。唯《ただ》余計のものと不足のものと取替るまでのことにて格別損得もあるまじ」(1)と述べ、貿易開始を支持した。交易は、価格と需給の関係で行われており、そのことで特に日本が害を蒙ることもないとも説明している。また、そのような交易を、儒学者流の非市場的な感覚で見ることについては、

「青表紙の学者達が、物知り顔にて、何は無用、何は有用、之を売《うっ》ては国の損、之を買《かっ》ては国の害など、彼是《かれこれ》言うは可笑《おか》しからずや(2)」と批判的だ。それらの主張には、自由貿易を支持する自由主義経済論的な文言が使われていると言ってよい。

また、自由経済の論理は、『西洋事情 外編』でも紹介されている。同書は、「抑《そもそ》も経済の大趣意は、人の作業を束縛するには非《あ》らずして、却《かえっ》てその天賦に従い、自由にその力を伸べしむるものなり(3)」とあるように、個人の自由な活動を経済の基本としている。他方、政府が国民のことを熱心に考えて保護的な政策を行うことには、「民の煩《わずらい》を為《な》すのみならず、有害無益、過分の労と云うべし(4)」と否定的だ。さらに貿易に関しても、「貿易富国の大道は、諸人をしてその意に任じ自由に売買をせしむるに在り(5)」と述べているように、自由貿易の原則に立っている。つまり、『西洋事情 外編』は、紛う方なき古典的な自由主義経済論の書である。

しかし、この両書の時点で福沢が、自由主義経済があるべき姿であると理論的に確信して、これらの文言を記したのか否かについては、慎重に考えなければならない。

『唐人往来』は、攘夷の感情が庶民の間でも盛んであった中で、「江戸中の爺婆《じじいばばあ》を開国に口説き落《おと》さん(6)」という意図で書かれたものであり、そもそも経済の原理を述べた書ではない。上記の引用も、日本が貿易黒字であった当時の現実を背景として、自由な貿易で損はしていないということを言っている箇所である。自由主義経済論的な文言は、その際に「爺婆」を説得するレトリックとして使われているにすぎないと考えるのがむしろ当を得ていると言えるだろう。

『西洋事情 外編』について、執筆当時の福沢の意図を考えることは、『唐人往来』の場合よりは複雑である。この書は、本人も題言で述べているように「英人チャンブル氏所撰の経済書を訳し、傍ら諸書を鈔訳《しょうやく》(7)」した翻訳書であり、杉山忠平も再三指摘しているように、そこに記されていることは、必ずしも福沢の所説であるわけではない。

しかし、それでは同書の内容が、当時の福沢の思想と全く無関係であったかと言えば、そうとは言えまい。そもそも、翻訳刊行をするということは、普通は、その書の内容が広く知られるに価すると考えるからである。また同書は、「人間交際《じんかんこうさい》の大本を云《い》えば、自由不羈《ふき》の人民相集て、力を役《えき》し心を労し、各々その功に従てその報を得、世間一般の為《た》めに設けし制度を守ることなり(8)」とあるように、人格的に自由な自立した個人を社会の出発点としている。この社会観は、文明社会についての後の福沢の考え方と同じものであり、経済に関する彼の時論や政策論がどのように変わろうとも、その思想が変わることはなかった。その点では、『西洋事情 外編』は、翻訳ではあるものの、やはり彼の思想の出発点として位置づけるべき書である。

ただし、それでは、この時点で福沢が自由主義経済論に確信を置いていたのかと言えば、それも妥当ではない。そもそも、当時の福沢が、ある経済思想に確信を持てるほどに、日本と世界の経済の実態についての具体的な知識を持っていたかといえば、それは疑問である。

むしろ、学問としての経済学の議論の進め方や儒学的社会観とは全く異質の個人主義的社会観に接した衝撃が、同書の翻訳刊行の動機と見るべきだろう。一〇年後の一八七七(明治一〇)年の三田演説会第百回において、福沢は『西洋事情 外編』を執筆した前後のことを、以下のように述べている。

「就中其経済論の如き、初は之を読むこと頗る困難なりしかども、再三再四復読して漸く其義を解すに及び、毎章毎句、耳目に新ならざるものなく、絶妙の文法、新奇の議論、心魂を驚破して食を忘るゝに至れり……此時に諭吉は正に「チャンブル」氏「エコノミー」〈西洋事情外編原書〉の翻訳に従事し、社中小幡君兄弟を始めとして数名の同志、夜となく日となく、此を談じ彼を話して余念あることなし。……当時其心魂の所在を尋れば、未だ以て田舎武士の全套を脱したる者と云ふ可らず。此田舎武士の魂を以て、偶然に西洋諸国出板の史類を読み、其治国経済修身の議論に遭ひしことなれば、一時脳中に大騒乱を起したるも亦由縁なきに非ざるなり(9)」。

ここに述べられているように、西洋の異質な考え方に接し「脳中に大騒乱を起した」ままに翻訳刊行された書が『西洋事情 外編』である。それは自由主義経済論に信を置くか否か以前の、衝撃の表明であったと考えるのが妥当なところだろう。

『学問のすゝめ』・『文明論之概略』前後の理論と思想

福沢が日本の実態を踏まえつつ自前の経済思想を展開するのは、一八七一（明治四）年から一八七六年に書かれた『学問のすゝめ』や『文明論之概略』以降である。

その『学問のすゝめ』における福沢の思想として注目すべき点は、自由な個人が集まり社会を形成することを人間の本質としていることである。例えば、同書第八編（一八七四年四月刊）では、ウェーランドの道徳哲学書『モラルサイヤンス』の主張を紹介して、「人の一身は、他人と相離れて一人前の全体を成し、自《みず》からその身を取扱い、自からその心を用い、自から一人を支配して、務《つと》むべき仕事を務むる筈《はず》のものなり[10]」と述べ、独立と自由と労働を人間の本性と認めている。また続く第九編（一八七四年五月）に「人の性は群居を好み決して独歩孤立するを得ず[11]」とあるように、その独立自由の個人が社会を形成することも人間の自然な姿と考えていた。

このような人格的自由主義・個人主義的社会観は、西欧経済学史においては、A・スミスに始まる古典派の自由主義経済論と最も通じるものがあった。このため、少なくとも『学問のすゝめ』の時期における福沢の経済思想も自由主義であったのではないかと誤解する者が、時としてある。しかし、この点は、高橋誠一郎などにより夙《つと》に否定されているように（例えば、高橋一九四四）、むしろ、この時期の福沢の経済思想は保護主義的であったと考えるべきである。

例えば、『学問のすゝめ』第七編（一八七四年三月）のいわゆる「楠公権助論」などに関する世の批判に対して反批判として書かれた「学問のすゝめの評」（同年一一月）では、当時の憂うべき問題として自由貿易の弊害を挙げて、以下のように述べている。

「我は漸次に国を開いて、徐々に文明に赴かんとすれば、彼は自由貿易の旨を主張して、一時に内地に入込《いりこ》まんとし、事々物々、彼は働《はたらき》を仕掛けて我は受け身となり、殆《ほとん》ど内外の平均を為《な》す能《あた》わず[12]」。

また、一八七四（明治七）年一〇月、一一月に明六社で、外国人に日本国内での自由な旅行・居住・営業を許すべきか否かの議論が生じた時にも、福沢は保護主義の立場をとった。この議論は、福沢と同じく洋学者で明六社の同人である西周や津田真道が、内外交流の活発化が文明の進むべき道だとして、外国人の内地旅行を許すべきだと主張したことに始まった[13]。

それに対して福沢は、翌年一月に『民間雑誌』に「外国人の内地雑居許す可らざるの論[14]」（以下「内地雑居」）を掲載し、つづいて同月『明六雑誌』に「内地旅行西先生の説を駁す[15]」（以下「内地旅行」）を発表して反論した。二編の論旨はほぼ同一であり、福沢は、外国人の内地旅行や内地雑居を許していない当時の状況でも、貿易は輸入超過であり、原料・素材を輸出し製造品を輸入しており、しかもその貿易の主導権は外国人商人が握っていると認識していた。もしこのままの状態で、「次第に我国民製産の職を奪はれ、売買の権柄を彼の一方に占めらる、ことあらば、国の財本は日に西行して、日本人は独り力役の苦界に陥る可きのみ」（「内地雑居」）というのが、福沢の危惧であった。

それでは、その原因は何かと言えば、国民の能力が未熟であり、国内法規・政令が近代化しておらず、国民の企業精神も薄弱であり、要するに外国と対等に貿易を行えるだけの国内条件が未成熟だと言う。このように彼我の能力に大きな優劣がある状態では、「徐々に国を開き、内国の有様に一歩を進れば外国貿易の路にも亦一歩を進め、内外の平均を待つの外、更に方便ある可らざるなり」（同上）というのが、福沢の判断であった。また、この判断に従い、外国人の国内での自由な経済活動につながる内地旅行や内地居住は当面は開放するべきでないというのが福沢の主張であった。

ところが、このような状況であるにもかかわらず、西や津田のように、国内での外国人と日本人の自由な交流を勧めるのは、「十二、三歳の娘の子に武蔵坊弁慶を入婿に取て雑居せしむること」（「内地旅行」）をいきなり求め、いやがる娘を「武蔵坊でも熊坂の長範でも即刻婿にせよ」（同上）と叱るようなものだと、福沢は批判している。

この主張が、保護主義であることは言うまでもなく、福沢は『学問のすゝめ』や『文明論之概略』の時期にすでに、自由主義経済論の立場をとっていなかったことは、確認しておくべきだろう。

またこの福沢の思想は、高弟で盟友とも言うべき小幡篤次郎の言葉からも傍証できる。幕末時点で、福沢は塾生と共にウェーランド経済書（*The Elements of Political Economy*）を講読し、その第一編の冒頭部分については訳稿も残した。その後、この自由主義経済論の典型とも言える著作を『英氏経済論』全九巻として一八七七年に完訳したのは小幡篤次郎であった。しかし、遅くともその時点では小幡は、ウェーランドの自由主義経済論に賛同していなかったようだ。同書第七巻（一八七七年刊）冒頭に納められている「英氏経済論　序」では、翻訳意図を次のように述べている。

「英氏（ウェーランドのこと）ノ経済ヲ論ズルヤ、自由貿易ヲ主旨ト為シ、今日ノ経済ト今日ノ道徳トハ並行シテ相戻《あいもと》ラザルノミナラズ、互ニ相輔翼《ほよく》スルノ説アルニ至テハ疑フベキモノナキニアラザレドモ立意明白ニシテ最モ初学ノ階梯《かいてい》ト為スベキ書ナレバ余逐次之ヲ訳出シ……」（小幡一八七三‐一八七七）。

つまり、自由貿易、およびその自由貿易と道徳が両立するというウェーランドの主張は、現時点では疑問がないわけではない、と小幡は述べている。当時の小幡と福沢の関係を考えれば、これは小幡のみの考えではなく福沢周辺の考え方であったと言って間違いないだろう。明治一〇年の時点では、彼らは明らかに自由主義経済論に疑問を持っていたのである。

以上見てきたように福沢は、明治初期に経済問題を本格的に考え始めると同時に、富の源泉として貿易を重視し、またその貿易を有利に進めるためには保護も必要であると考えていた。しかし、それではこの福沢の経済観を杉山のように、西洋に固有の重商主義に比定すべきか、あるいは、保護主義的要素と自由主義的要素の混在を「無残な矛盾」と考えるべきかと言えば、そこにはいささか疑問もある。

確かに西洋経済学の理論史に比定すれば、「矛盾」と言える。しかし経済思想としては、東洋の後進国日本の経済史的条件、理論史的条件、思想史的条件を総合的に考えなければならない。経済史的条件としては、当時の日本には、国際的競争力のある産業資本は未だ皆無の状況であった。そのような条件の下で、富をまずは貿易に求めるのは合理的な判断であると考えなければならない。また、先進国経済の圧倒的な強さに対峙して経済的な独立を維持するためにも何らかの保護主義は取るべき政策であったろう。

そのような経済実態の国に、先進国英国の自由主義経済論が入ってきたのである。そして、その自由主義経済論は将来の経済社会のあり方としては説得性を備えていた。この点では、自由主義経済論が地球上の何処にも存在していなかった時代の西洋の重商主義論者達とは、全く理論史的条件が異なっていたのである。そのような条件の下で、保護主義を基調としながらも、可能な場合には自由主義的経済であるべきことを唱えたとしても不思議ではない。

さらに重視すべき点は、思想史的条件だろう。上記のような経済史的条件のところに、人格的自由主義、個人主義的な社会観を文明の基本とする思想が生じた。それは江戸時代後期における身分制を否定する精神の発達と欧米思想の流入の化合物と言ってよいだろう。このような経済実態・理論・思想の三条件の結果として、福沢の場合には、極めて強い個人主義・人格的な自由主義が経済的な保護主義と同居していたのである。保護主義は、日本の独立を維持し、その下で自由な個人の自立を促進する限りにおいて必要であり、また自由な個人の自立は経済の成長を促し、いずれ自由主義経済へ結びつくはずであった。このような形で、福沢の経済思想においては、貿易重視、保護主義経済論、条件的自由主義経済論、個人主義・人格的自由主義が矛盾なく結びついていたのである。

ところで福沢の経済思想について、高橋誠一郎は「国民主義経済論」と呼んだ（高橋一九四四）[16]。それは、後進国日本の実情に基づき、先進国との競争を防止し、国民的富強を目指した経済論ということである[17]。また、野村兼太郎は、ドイツ歴史学派の創始者F・リストに通じる面があることを指摘している。本節で述べたように、福沢の経済思想が当時の日本の歴史条件の中で諸理論・諸思想が結びついて形成されたものだとすれば、杉山のように経済学理論史の観点から福沢を単に重商主義に比定するよりは、高橋や野村による性格づけの方が、福沢の経済思想を総体として捉えられるのではないだろうか。

3　松方財政批判の時論に見る経済思想

第2節で述べたことは、福沢の経済時論と経済理論と文明思想は総合的に考えなければいけないということである。そこで、本節以降では、福沢が経済時論を最も盛んに論じた松方財政の時期を事例として、それと彼の経済理論や思想がどのように結びついていたかを考えてみたい。

松方正義は、一八八一（明治一四）年から九二年まで連続して大蔵卿・大蔵大臣の職にあり、明治国家の財政方向を定めた政治家であった。この松方の財政について、福沢は九〇年五・六月の「財政始末」などで全面的に批判している。松方による八一年以来のデフレ政策は、「国中無数の家産を倒して、その成跡は国民中に貧に貧を重ね、富に富を加へて、貧富懸隔の悪風潮に一層の速力を与へた」[18]と見た。また、八七年以降は実態に合わない低金利政策を行ったためバブル経済を生み、そのことで九〇年の恐慌を来たし、結果として「徒に少数の種族に僥倖を与ふるのみにして、毫も国家に益する所なく、却て貧富懸隔の勢を養成し」[19]たと厳しく批判した。このため、九二年八月の第二次伊藤内閣組閣にあたり、松方が大蔵大臣として再任するとの説に接すると、「大蔵大臣再任の説に就いて」を発表して、「日本経済社会の利益の為めに飽くまでも大蔵大臣再任の説に反対する」[20]と明言した。

そこで、本節では、福沢の数ある松方財政批判の時論の中から、不換紙幣整理の問題、外債導入の問題、米価の問題の三点を選んで、福沢の松方批判をたどりながら、その経済思想を考えてみよう。

不換紙幣整理論

不換紙幣とは、金貨や銀貨に交換できない紙幣のことである。一九世紀後半には、多くの先進国では、金貨や銀貨に交換できる兌換紙幣が使われていた。しかし、日本は維新以来、財源が乏しく、致し方なく不換紙幣を発行して財政を賄ってきた。特に一八七七（明治一〇）年の西南戦争では戦費が膨大となり、また、その頃からは大蔵卿の大隈重信が殖産興業を目指して積極財政を進めた。これらを賄うためにも、政府の監督の下で銀行から不換紙幣が盛んに発行されたのである。

この貨幣政策は当初は順調に進んでいたが、一八八〇年頃になると、紙幣の価値が下落し始めた。日本は、主に貿易に使うために銀貨も発行していたが、その銀貨に対して、紙幣の価値の下落が進んだのである。ちなみに八〇年の場合、銀貨一円を買うためには紙幣一・四八円が必要であり、さらに八一年には、銀貨一円は紙幣一・七円という所まで、紙幣価値が下落した。その結果として、物価は紙幣を基準としていたので、八〇年頃からインフレとなった。しかも、兌換紙幣ではないため、その価値が不安定に乱変動することとなり、いずれも、日本経済に深刻な悪影響を与えていた。

そのため、この不換紙幣を整理することが課題となり、それを厳しい政策で行ったのが、一八八一年一〇月に大蔵卿に就任した松方正義であった。紙幣を整理するためには、流通している紙幣を回収するための財源が必要であり、また、新たに兌換紙幣を発行するためには、銀貨を用意しなくてはならない。その財源を、松方の政策では、増税と軍事費以外の歳出削減で賄った。また、そのようにして財源を用意しつつ、徐々に紙幣を回収した。増税と歳出削減を行い、かつ紙幣の流通量を減らすこの政策は、当然、激しいデフレを引き起こしたのである。

この不換紙幣の問題について、福沢が最初に論じたのは、インフレが進む以前の一八七八年に出版した単行本『通貨論』[21]においてであった。当時の大蔵卿大隈重信は、不換紙幣の発行により積極財政を進めていたが、同書で福沢は、大隈の政策に歩を合わせるかのように、不換紙幣を是としていた。その主張は、不換紙幣は最も進んだ貨幣であり、紙幣の発行を政府が適正にコントロールすれば、兌換制の必要はないというもので、管理通貨論の立場であった。

しかし、一八八〇年以降にインフレが進み、紙幣の乱変動も起きるようになると、福沢の考えも変わり、八二年三月には、七八年と同じ題名の「通貨論」を『時事新報』に掲載し、不換紙幣の整理を「燃眉の急務」だと主張した。この点では、当時の大蔵卿松方正義と同じ意見であったが、紙幣整理の方法については、松方の政策に真っ向から反対であり、その後この問題について、『時事新報』紙上でしばしば、松方の政策を批判して自説を展開した。

その批判は、第一には、増税と歳出削減で資金をつくり、紙幣流通量を減らす政策が厳しいデフレを招いている点だ。

また、第二の批判は、「徐々に」紙幣を回収していくという松方の政策が、紙幣の乱変動期間を長引かせて、経済に悪影響を与えているという点についてであった。経済活動を行うには、ある程度予測ができることが必要である。ところが、経済の最も基準になるべき貨幣が乱変動していては、その予測が立たない。このため、健全な投資は行われず、紙幣の相場に賭けるような投機が行われることになる。つまり、福沢の見る所では、紙幣の乱変動を放置することで、健全な企業心を損ねる結果となっていた。彼は、人々が投機に走らざるを得ないこのような状況は、「尋常正当なる商売」を妨げており「商売社会無形の禍も殆ど極に達したるもの」だと考えたのである[22]。

それでは対案として、福沢はどのように紙幣整理を行うべきだと考えていたのか。一八八三年六月の「紙幣引換を急ぐべし」[23]によれば、彼の持論は外債の発行であった。ロンドンなどの外国で国債を発行し、その借入金で紙幣を回収し銀貨を準備し、一気に兌換制を確立するという政策である。必要な借入額は五〇〇〇万円と算出しているが、八〇、八一年頃の政府の歳出が八〇〇〇万から九〇〇〇万円程度であったから、五〇〇〇万円は非常に多額ではある。しかし、福沢は、例えば醸酒税を一石あたり一円増税することで、その返済は二〇年賦で可能であることを計算して示してもいる。

この福沢の主張が発表されると、政府系の新聞『東京日々新聞』が直ちに紙上で四日にわたり反対論を展開した。これに対して、『時事新報』は、すぐに「外債を起して急に紙幣を兌換するの可否に付東京日々新聞の惑を解く」[24]を掲載し、『東京日々新聞』の議論の矛盾点を一つ一つ指摘し、また、日本の潜在的な経済成長力を見込めば外債返済の負担はさらに小さくなると主張した。

外債によって、日本の貨幣の流通量は減らさずに、租税の負担増も極力抑え、さらに、紙幣の不安定期間を最短にして一気に兌換化をする。福沢は、このような政策で、いわば経済の有効需要を損することなく、紙幣の問題を解決するべきだと主張したのである。

外債論

右に紹介したのは、不換紙幣を整理するための外債導入の主張であったが、一八八五（明治一八）年一二月の「外債論」[25]では、松方デフレからの脱却のための外債発行が提案されている。

一八八二年頃から次第に進んだデフレについて福沢は、八五年頃には、その深刻さが極に達し、日本経済の惨状は「古来未曾有の衰退に陥りたるもの」[26]であると見ていた。また、彼の考えでは、この深刻な不況の原因は、本来ならば導入するべきであった外債などの負債を不合理に忌み嫌って、増税と歳出削減により不換紙幣を整理しようとした松方の財政政策であった。

なぜ外債を不合理に忌み嫌っていたのか。一つは外債は危険であり、返済できない場合には植民地化につながるという危惧が当時の政治家に強くあったことが考えられる。そのような者を福沢は、「外債の文字を売国の文字と一対にして、外国に金を借用するの論は国を売るものなりとまでに思込んで解けざる者」[27]だと批判している。また、もう一つは、「正直質素」を尊ぶような「枝葉の道徳談」[28]に拘泥してしまい、「経済の学問」によって課題をマクロに科学的に考えることができない感覚であった。言い換えるならば、外債忌避は、節倹を尊び極力借金はするべきではないという儒学風の経済感覚がなせる業でもあると、福沢は考えていた。

このような感覚で、松方財政では外債を導入せず、厳しい増税と歳出削減で不換紙幣を整理し、一八八五年五月には日本銀行から銀兌換紙幣の発行を開始した。しかし、その結果、極めて厳しいデフレに陥っていた。このような状況に対して、八五年一二月の「外債論」では、紙幣整理のためではなく、このデフレを打開するために外債を導入すべきだと、福沢は主張したのである。

それでは、この外債によって借り入れた資金で何をするのか。第一には、日本が国内で発行している国債、公債証書を買い戻すことであった。そのことによって資金が国内市場に流れるからである。第二には、すでに計画は出来ていた中仙道鉄道（現在の信越線）を一気に着工する。これも公共事業として国内に資金が流れ、雇用を生む。

さらに、第三には企業活動への融資が提案されている。当時、外債を起債する中心地はロンドンであったが、そこでの金利は日本の国内よりもはるかに低かった。その低金利のまま、民間の経済活動に融資するという案である。福沢の見る所では、当時、日本の民間に資本が全くなかったわけではない。例えば、華族などは多額の資金を持っていた。しかし、それが投資に向かっていないことが問題であった。不況で多くの企業が潰れる状況の中で、資産家は企業活動に投資をするのではなく、安全な国債を買うか駅逓貯金（現在の郵便貯金）に資金を入れる者が多く、このために産業に資本が回らず、益々景気を悪化させていた。そのような状況を打開するために福沢は、外債で得た資金を、政府がそのままの金利で民間の企業活動に融資をするべきだと主張したのである。

これらの三つの用途が、いかにして政府主導で有効需要、ひいては雇用を創出するかという主張であったことは明らかである。この点を、「外債論」では、非常に印象深い文章で次のように述べている。

「我輩が外債論を主張して、……外資を利用せんとする其目的《その》は、日本国民をして手を空うするの禍を免かれしめ、斯民《このたみ》を無職業の塗炭に救はんと欲するに在るのみ。（外債という）借金を負へば、働く可きの仕事にありつき、又之を払ふの時節もあり。借金せざれば、手を懐にして餓死を待つのみ。餓死と借金と孰《いず》れか優さる。取捨は当局の人民に任するのみ」(29)。

最後は「当局」すなわち当事者である人民が判断すべきことと述べているが、この主張が古典的な自由主義経済論でないことは言うまでもない。しかし単純な一九世紀的な保護主義とも言えない。むしろ、マクロ経済への財政の影響を考える現代の経済政策論さえ思わせる。しかし、その比定はともあれ、福沢がこの時論で何よりも雇用の確保を第一に考えていたことは間違いないだろう。

米価論

福沢は一八八六（明治一九）年と九〇年に、米価の問題を取り上げている。

八六年は、非常な豊年で米価の下落が予想されていた。それに対して、福沢は同年八月に『時事新報』に、「米価騰貴せざれば国の経済立ち難し」(30)「米の輸出は農家を利して商売の機を促がすに足る可し」(31)「米の輸出は永久の策にあらず」(32)を相次いで社説として掲載し、政府による価格維持政策を求めた。

当時、日本の人口の七割は農民であり、福沢は、その農民の所得が多いか少ないかが、日本経済の景況を左右すると考えていた。この観点からは、農民の所得の大きな部分を占めている米の価格は高い方が好ましく、そのため彼は高米価を歓迎する議論を展開した。

その議論では、所得階層による消費の相違が説明に使われている。金持ちの場合は、所得が多少増減しても、消費に使う金額はそれほど変わらない。ところが人口の多数を占めていた貧しい農民は、少し所得が増えれば、増加分はたちどころに消費に回り、少し所得が減ればたちまち消費を減らさなければならない。彼ら一人一人の消費は少ないが、人口の七割の人々の消費であり、その合計額は大きい。したがって、もし米価が下落すれば、農民の消費が減り、国内需要が減退し、一般の商工業の不景気につながるというのが福沢の認識であった。

そこで、一八八六年の低米価に際しては、福沢は、政府が市場より高い値段で過剰米を買い取り、それを輸出することを求めた。ただし、市場より高い価格では輸出はできないので、赤字輸出をすることになる。そのための財政負担はあるが、その負担により農民を利し国内需要が拡大し経済が活発化するとすれば、この政策を実行することは「政府の義務[33]」だと論じた。しかし、これは非常時の対応であり、それが長期的に可能な政策だとは考えていない。市場より安い価格で赤字輸出を続ければ、当然その米は日本に還流してくるからだ。また、「政府が商売に手を出す」ことは「極めて宜しからざること[34]」という自由主義的な経済観もあった。したがって、この政策は短期的な非常手段としてしか使えないし、使うべきではない。そのことを踏まえた上で、八六年の状況では、その非常手段が必要だと主張したのである。

ちなみに、これらの社説より四〇日余り前の六月の社説「米麦作を断念す可し[35]」で福沢は、日本の米・麦の生産は国際競争力の点で限界があり、転換が必要になると論じている。当時の日本には関税自主権がなく、また、外洋には蒸気船航路が確立していたので、麦であればアメリカから、米であればインドや東南アジアから流入しうる。しかも、自然条件から考えて、それらの地域で生産される米や麦に、日本の米・麦は価格の点で対抗できない。したがって、長期的には米・麦の生産を減らし、国際競争しうる生産物に変えてゆかなければならない。その生産物は何か。それは、当時にあっては生糸であり、その生産には桑畑が必要だ。つまり長期的には米・麦中心の生産から桑畑などの国際競争力のある農業生産に変えていかなくてはいけないというのが福沢の「宿論[36]」であった。

一方、一八九〇年には、天候不順から米価が高騰し、これに対して政府は米価を抑える方針であった。当時は、米商会所という先物取引も行う米市場があり、政府の考えでは、米の高騰はこのような米市場で投機的な売買や買い占めが行われていることが原因であった。そこで政府は、米商会所に重税を課し、その機能を規制して、投機や買い占めのような商行為を抑える政策を採ろうとしたのである。

しかし、この高米価抑制策に対して福沢は、『時事新報』に「漫に米価の下落を祈る勿れ」[37]、「米商論」[38]を掲載して、真っ向から反対した。その理由は、以下の三点であった。第一は、高米価は収穫した米を売って地租を支払っていた農民にとって好ましいという点だ。反対に低米価ということは、重税よりも、あるいは飢饉よりも、農民にとっては厳しい。当時政府は国会議員の圧力により地租の特別減税を行ったが、福沢は、米価が一石五円から六円に値上がりしただけで、この特別減税の一〇倍以上の金額が農民の懐に入ると試算して示している。特別減税を行うよりは、米価が、高い時は自由にそのままにしておいた方がよいというのが第一の理由であった。

第二の理由は、自由主義経済論に基づくものである。当時の政府には、投機商を博奕《ばくえき》のようなことを行う「強欲なる奸商[39]」と見なして、投機を取り締まろうという感覚があった。しかし、この感覚は江戸時代以来の「古風なる士族学者流[40]」の考え方、あるいは「腐儒の言[41]」である。福沢も個人的には投機を嫌っていたが、その感覚で経済政策を行うべきではないと考えていた。経済の場には、「良商」もいるし「奸商」もいるが、ともに彼等の自由にはならない。そして詰まるところは「経済の定則」「自然の定則[42]」に従って均衡価格に落ち着くのである。先に述べた一八八六年には政府の市場介入を求めた福沢だが、九〇年には、このような自由主義経済論により政府の不介入を主張したのである。

第三番目の理由は、米の価格相場を示すという米商会所の機能である。この相場は売買の標準価格となり、それが明らかになっていれば、農民は米を商人に売る時に騙されない。狡い商人といえども、この標準価格を踏まえて買い取らなくてはならないからだ。ところが、政府の抑圧策で米商会所が機能せず標準価格がなくなれば、立場の弱い貧農は結局は米商人に買い叩かれてしまう。これが第三の理由であった。

このように一八八六年の場合も九〇年の場合も、福沢の主張の原点は、つまるところ、国内需要の観点から農民所得を第一に考えるという発想であった。それは、ただ単に農民が豊かになればいいということではなく、農民が豊かになることが日本の経済にとって重要であるという考え方であった。しかし、経済理論としては、明らかに前後で矛盾していた。低米価に対しては政府の市場介入を求め、反対に高米価に対しては市場に任せるべきだという自由主義経済論の立場をとっているのである。

ただし、それは福沢の思想があやふやであったということではないだろう。確かに彼を経済理論家と考えれば、その論理は場当たり的であったが、現実の日本経済に対峙する時に何を基本として考えるかという点では彼の思考は一貫していた。米価に関して、その基本となっていたのは、彼の言葉で言うならば、「日本は農を以て国を立るものなり、農民の休戚（ゆっくりできるか憂えるか）は一国運命の係る所」[43]という認識であり、言い換えるならば日本経済を左右するのは農民所得の多寡であるということであった。

松方財政期における経済時論の基本

三つの事例で、松方財政期における福沢の経済に関する時論を紹介した。これらの事例から彼の経済時論に共通するものとして三点を挙げることができる。

一つは、儒学流の経済政策観に対する批判である。儒学流に政治のあるべき姿について固定的な先入観を持ち、その先入観に基づいて経済政策を行ってはいけない。新たな経済学も利用し、科学的な知性で、目的に合った合理的判断をすべきだという考え方であった。

第二には、自由主義経済論にも保護主義経済論にも捉われない思考がある。本節で紹介した松方批判の三事例は、自由主義経済論の学理は認めつつも、どちらかと言えば保護主義的な主張が強く出ているものであった。しかし、全体として福沢の経済論を見てみれば、民間の活動こそが経済の基本であると常に考えており、そのような点では自由主義経済論の傾向は備えていた。

例えば、一八八七（明治二〇）年の「経済小言」では、「官」は経済の主役ではないことを次のように直裁に断言している。

「昔日の士族なり、今の官員なり、国の経済上より見れば等しく不生産の種族にして、他の人民の労力に依頼する者」(44)。

これは当時の「官」中心の意識に対する批判であると同時に、自由主義経済論と同根の思想を福沢が抱いていたことを示す一事例だろう。

しかし、だからといって経済に対する政府の役割を否定していたわけではない。本節で見た三事例でも、貨幣政策を適正に行うこと、外債を導入して景気対策を行うこと、あるいは、市場に介入しても米価を維持することについて、政府の役割は大きいと考えていた。また、本章では触れてはいないが、福沢は、鉄道に関しては、公営でも建設するべきだと主張していた。鉄道は経済のリーディング・セクターであり、鉄道建設がその他の経済に及ぼす影響は極めて大きい。したがって鉄道は、民営はもちろんのこととして、公設でも公営でも可能な者が建設をすればよいと考えていた（小室二〇〇六、九六‐九八頁）。このように、福沢は決して政府・官の役割を否定していたわけではない。自由主義経済論か保護主義経済論かという当時の経済学理論の枠組みは知悉しながらも、それらと一線を画して自らの智力で現実の経済を考えていたと言ってもよいだろう。これが第二点である。

第三は、福沢の経済論は、目的が終始一貫しているという点である。その目的は何かと言えば、所与の経済状況の中で、有効需要を維持し創出し、できるだけ完全雇用を達成することであった。その目的ための手段としては、ある時は自由主義経済を勧めるし、またある時は政府が経済に介入してもよい。ただ、目的は終始一貫しており、本節で挙げた、紙幣整理、外債、米価いずれの問題に関しても、最終的な目的は有効需要と完全雇用であったと言える。

4　むすび——なぜ完全雇用を重視したか

第2節で見たように、福沢は一八七〇年代初めに日本経済について考え始めるとすぐに、保護政策も必要と主張した。また、第3節で見たように有効需要を維持し完全雇用を目指すことを政府の役割と考えていた。それでは福沢は、なぜ保護や完全雇用を重視したのだろうか。

この点に答えるためには、経済についての時論や理論だけではなく福沢の生涯を貫く最終目標から考えてみなければならない。そして、その目標は一言で表すならば、「一身独立して一国独立する」（『学問のすゝめ』第三編）ということに尽きるだろう。

この言葉は、個人の独立と国の独立を結びつけたものであり、その双方が目的である。本章第2節で紹介した『学問のすゝめ』第八編の人間観を見ても、「一身独立」すなわち個人の独立は、それ自体が人間のあるべき姿であり文明の基本として追求すべきものであった。同時に、その「一身独立」が国の独立の不可欠の基礎にもなる。アジアで列強による植民地化が進む中で、国の独立は当時にあっては絶対的に求めるべき目標であった。この「一国独立」と「一身独立」を結びつけ両者を共に達成することが、福沢の全生涯を貫くテーマであった。したがって、彼の経済思想もそれを目指していたはずである。

それでは、この「一国独立」の出発点ともなる「一身独立」とは、どのようなものと考えられていたのだろうか。『学問のすゝめ』第三編では、次のように述べている。

「独立とは、自分にて自分の身を支配し、他に依《よ》りすがる心なきを云《い》う。自から物事の理非を弁別して処置を誤ることなき者は、他人の智恵に依らざる独立なり。自から心身を労して私立の活計を為《な》す者は、他人の財に依らざる独立なり」[45]。

ここにあるように、「一身独立」は、「他人の智恵に依らざる独立」と「他人の財に依らざる独立」からなる。「他人の智恵に依らざる独立」は、智力を備え、支配者の指示などを仰がなくても、自ら判断できることであり、知的精神的独立と言ってもよい。

他方、「他人の財に依らざる独立」は、例えば藩から世襲の禄をもらうような生活ではなく、自分で働いて生活すること、すなわち「私立の活計」を営めることであった。つまり、「一身独立」は知的精神的独立と経済的独立によって成り立つものであった。そして、その一半を担う経済的独立が、福沢にとって重要であったことは論を待たないだろう。

問題は、明治時代の現実の中で、福沢がどのような人々の「私立の活計」を特に重要な課題と考えていたかである。例えば旧大名華族は財産を持っており、当面は「他人の財に依らざる独立」はできる。あるいは、江戸時代以来の豪商など、民間で財産を持っていた者も、「私立」が可能であっただろう。また、官僚は、その地位待遇に満足していれば、ことさら「私立の活計」は目指す必要はない。

したがって、「一身独立」して日本の「一国独立」を担っていってほしいと、福沢が特に期待した人々は、実はそのような財産や地位をすでに持っていた者ではない。むしろ、財産も地位もそれほどないが、知的な向上心があり、例えば慶應義塾のような所で学び、新たな知性を持っている者である。つまり知的精神的独立の可能性はあるが、資力はない者だ。福沢は、そういう人々が新たな経済領域を開拓し「私立の活計」を得ていってほしいと考えた。資力は弱いが新しい学問を学んだ者など、比較的広範な人々が新たな営利機会に挑戦して、切磋琢磨しながら下からの力で経済を成長させていくことが、福沢の構想であった。

ところで、ここで考えられている社会が、個人の自由を基本としているとすれば、同時に、それは競争社会となり、そこでは敗者は出てくる。しかし、松方デフレのような激越な経済の変化でなければ、その敗者はまた敗者復活戦に登場できる可能性があるだろう。未熟な人々が経済活動を学びながら成長するためには、その成長までの間は、ある種の保護や、変化の緩やかさが必要となる。福沢が、そのような経済状態を求めていた可能性は高い。

そのことは、一八七二（明治五）年四月に福沢が、福沢英之助という者に宛てた書簡からも類推できる。福沢英之助は「福沢」という姓だが、親戚ではなく中津出身の初期の門下生である。幕末に幕府が幕臣の子弟を留学生として海外に派遣した際に、英之助は当時幕臣であった諭吉の弟ということにしてもらい、姓を福沢に変えてイギリスへ留学した。帰国後も、一生にわたり諭吉との付き合いは密接で、福沢は四男大四郎をこの英之助の養子にしようと考えたこともあった。そのいう点では、親戚同様に非常に親しい者であった。

書簡は、この英之助が職業相談のために福沢に出した手紙への返事である。英之助は留学もしており英語に堪能であったので、学校の教師としては、それなりの給与を得ていたし、また今後も教師を続けられる者であった。それにもかかわらず、彼は福沢に、今後、商人として経済界に進むことについて相談をしたのである。それに対して、福沢は次のように書いている。

「商人としては、とても多分の金は取れ申さず。差向き辛うじて口を糊するのミ。されども一両にても三両にても、随って、これを得れば、随ってこれを保護するの術も覚え、真に一身独立、自由自在の場合に至る可き哉(46)」。

経済人として初めは大して稼げないだろうけれども、少しずつでも稼げば、次第に事業を覚えて、いずれ経済的に「一身独立」できるかもしれないという主旨である。

この例からもわかるように、ごく僅かな元手、ごく僅かな収入で経済活動をしながら、次第に経済の担い手になっていくというのが、福沢が考えていた経済的な「一身独立」への道だと言っていいだろう。もちろん一八九〇年代になれば、状況は変わってくるが、福沢が考えていた理想は、やはり徒手空拳であっても、自分の知性のみで経済界で自己を確立できる者であった。また、できるだけそのような者が成長できる状況を守らなければならないとも考えた。それはどのような状況か。まだ「十二、三歳の娘」のような経済に未熟な者を「武蔵坊」や「熊坂の長範」のような大男とも言える外国商人と直接競わせることはできず、何らかの保護が必要となる。また、松方デフレのような経済的な激風に曝されては、結局資力のある者が生き残り、生き残った者はつぶれた者の財を合わせて、より大きな力を持つことになる。そのような激しい強者生存ではなく、むしろ有効需要や完全雇用ができるだけ守られている穏やかな変化が好ましい。そのような状況であれば、資力のない者も、適度な競争をしながら、「一身独立」をしていくことができる。

このように、福沢の思想では最も基本に「一身独立して一国独立する」という文明観があり、それを支える重要な部分として個人の経済的独立があった。その個人の経済的独立を順調に進めさせるのに鍵となっていたのが、雇用の維持であった。そのため福沢は、さまざまな経済論の中で、常に雇用を維持し促進できる方策を第一に考えていたのである。そのことを、福沢は、「外債論」の中で、経済政策の唯一の目的は「天下一夫も仕事を得ざる者なからしむる」(47)ことであると、明解な言葉で断じている。経済学理論は、自由主義経済論であれ保護主義経済論であれ、その時々にこの課題を解決しうるか否かで利用されていた。そして、時論も理論も「一身独立」という彼の不変の文明観を支えるためのものであった。その点で、福沢の経済思想は終始一貫していたと考えられる。

注

(1) 福沢諭吉『唐人往来』(松崎欽一校編『福沢諭吉著作集』(以下『著作集』と略す)第一二巻、慶應義塾大学出版会、二〇〇三年、四二九頁)。

（2）同、四三〇頁。
（3）福沢諭吉『西洋事情 外編』（マリオン・ソシエ、西川俊作校編『著作集』第一巻、二〇〇二年、一八八頁）。
（4）同、一五六頁。
（5）同、一六〇頁。
（6）福沢諭吉「福沢全集緒言」（『著作集』第一二巻、四二二頁）。
（7）「英人チャンブル氏所撰の経済書」とは、周知のようにチェンバーズ兄弟社（W. and R. Chambers）出版の経済学教科書、*Political Economy for use in schools and private instruction*。その著者は、アルバート・M・クレイグにより John Hill Burton であることが明らかにされている（「ジョン・ヒル・バートンと福沢諭吉」『福沢諭吉年鑑』一一号、福沢諭吉協会、一九八四年）。
（8）前掲『西洋事情 外編』（『著作集』第一巻、九二頁）。
（9）福沢諭吉「三田演説第百回の記」一八七七年四月（『福沢諭吉全集』（以下『全集』と略す）第四巻、岩波書店、一九五九年、四七七－四七八頁）。
（10）福沢諭吉『学問のすゝめ』（小室正紀・西川俊作校編『著作集』第三巻、二〇〇二年、八四頁）。
（11）同、九八頁。
（12）福沢諭吉「学問のすゝめの評」（『著作集』第三巻、二〇六頁）。
（13）西周は一八七七年一一月六日に明六社において「内地旅行」と題して演説し、その全文が同年一二月刊の『明六雑誌』二三号に掲載された。また、津田眞道は同年一二月の『明六雑誌』第二四号に「内地旅行論」を発表した。
（14）福沢諭吉「外国人の内地雑居許す可らざるの論」『民間雑誌』第六編、一八七五年一月（『全集』第一九巻、五一八－五二四頁）。
（15）福沢諭吉「内地旅行西先生の説を駁す」『明六雑誌』第二六号、一八七五年一月（『全集』第一九巻、五四二－五四七頁）。
（16）高橋誠一郎「『福沢諭吉経済論集』解題」（慶應義塾編『福沢選集』第四巻、慶應出版社、一九四三年、四七一頁）。
（17）野村兼太郎「『福沢諭吉選集　第三巻』解題」（福沢諭吉著作編纂会編『福沢諭吉選集』第三巻、岩波書店、一九五一年、三九九頁）。
（18）「財政始末」『時事新報』一八九〇年五・六月（『全集』第一二巻、四二八頁）。
（19）同、四三六頁。
（20）「大蔵大臣再任の説に就て」『時事新報』一八九二年八月（『全集』第一三巻、四四三頁）。
（21）福沢諭吉『通貨論』（小室正紀校編『著作集』第六巻、二〇〇三年）。

(22)「紙幣兌換遅疑するに及ばず」『時事新報』一八八四年一月(『全集』第九巻、三六七頁)。
(23)「紙幣引換を急ぐべし」『時事新報』一八八三年六月(『全集』第九巻)。
(24)「外債を起こして急に紙幣を兌換するの可否に付、東京日々新聞の惑いを解く」『時事新報』一八八三年六月(『全集』第九巻)。
(25)「外債論」『時事新報』一八八五年一二月(『全集』第一〇巻)。
(26)同、四七二頁。
(27)同、四七〇頁。
(28)同、四七二頁。
(29)同、四七七頁。
(30)「米価騰貴せざれば国の経済立ち難し」『時事新報』一八八六年八月(『全集』第一一巻)。
(31)「米の輸出は農家を利して商売の機を促がすに足る可し」『時事新報』一八八六年八月(『全集』第一一巻)。
(32)「米の輸出は永久の策にあらず」『時事新報』一八八六年八月(『全集』第一一巻)。
(33)前掲「米の輸出は農家を利して商売の機を促がすに足る可し」(『全集』第一一巻、七六頁)。
(34)前掲「米の輸出は永久の策にあらず」(『全集』第一一巻、七九頁)。
(35)「米麦作を断念す可し」『時事新報』一八八六年六月(『全集』第一一巻)。
(36)前掲「米の輸出は永久の策にあらず」(『全集』第一一巻、七六頁)。
(37)「漫に米価の下落を祈る勿れ」『時事新報』一八九〇年四月(『全集』第一二巻)。
(38)「米商論」『時事新報』一八九〇年四月(『全集』第一二巻)。
(39)同、四一七頁。
(40)前掲「漫に米価の下落を祈る勿れ」(『全集』第一二巻、四一一頁)。
(41)前掲「米商論」(『全集』第一二巻、四二一頁)。
(42)同、四一八頁。
(43)同、四一九頁。
(44)「経済小言」『時事新報』一八八七年一二月(『全集』第一一巻、四〇四頁)。
(45)前掲『学問のすゝめ』(『著作集』第三巻、一八頁)。
(46)明治五年四月二八日 福沢英之助宛て福沢書簡(『福沢諭吉書簡集』第一巻、岩波書店、二〇〇一年、二三五頁)。ただし読みやすさを考慮し、漢字を開き、送り仮名を補い、仮名遣いを変更するなどの改変を加えた。

(47) 前掲「外債論」(『全集』第一〇巻、四七一頁)。

参考文献

小幡篤次郎訳(一八七三－一八七七)『英氏経済論』小幡氏版。

慶應義塾編(一九四三)『福沢選集』第四巻、慶應出版社。

慶應義塾編(一九五九－六二)『福沢諭吉全集』第四、第九－一三、第一九巻、岩波書店。

慶應義塾編(二〇〇一)『福沢諭吉書簡集』第一巻、岩波書店。

小室正紀(二〇〇六)「松方デフレ期における福沢諭吉の経済思想——明治一六年『時事新報』社説を中心として」『福沢諭吉年鑑』三三巻。

杉山忠平(一九八六)『明治啓蒙期の経済思想』法政大学出版局。

高橋誠一郎(一九四四)『福沢諭吉——人と学説』実業之日本社。

福沢諭吉著作集編集委員会編(二〇〇二－二〇〇三)『福沢諭吉著作集』第一、第三、第四、第六、第一二巻、慶應義塾大学出版会。

福沢諭吉著作編纂会編(一九五一)『福沢諭吉選集　第三巻』岩波書店。

藤原昭夫(一九九八)『福沢諭吉の日本経済論』日本経済評論社。

第2章

近代化における小幡篤次郎の役割

西澤直子

小幡篤次郎

（1842–1905）

1　はじめに

小幡篤次郎の業績

小幡篤次郎について、現在では慶應義塾内においても、もはや知る人は少ない。しかし小幡がいなければ、福沢諭吉はおそらくこれほどの業績を残すことはできなかった。彼は、福沢の代表的著作である『学問のすゝめ』に「同著」として名を連ね、『文明論之概略』では同書に学問的に寄与した人物として、次のように登場する。

「この書を著わすに当り、往々社友に謀て或はその所見を問い、或はその嘗て読たる書中の議論を聞て益を得ること少なからず。就中、小幡篤次郎君へは特にその閲見を煩わして正刪を乞い、頗る理論の品価を増たるもの多し(1)」。

また一八八二年に発行された『時事新報』創刊号「時事新報発兌の趣旨」には次のように書かれている。

「我同志の主義にして、其論説の如きは社員の筆硯に乏しからずと雖ども、特に福澤小幡両氏の立案を乞ひ、又其検閲を煩はすことなれば、大方の君子も此新聞を見て、果して我輩の持論如何を明知して、時としては高評を賜はることもあらん(2)」。

小幡は福沢とともに論説の立案と検閲にあたり、小幡の意見は福沢の意見でもあり「我輩の持論」であった。小幡が福沢にとっても、また慶應義塾にとっても、欠くべからざる存在であったことは、当時の人びとには共有された認識であった。一八九〇年三月五日付『朝野新聞』にはすでに、「慶應義塾あることを知るもの、必ず小幡篤次郎君あることを知り。福沢翁の名を知るもの、誰か君の名を記せざらん」と記されている。

先行研究

しかしながら、彼に関する研究はほとんど行われてこなかった。近代語学会『近代語研究』編集委員会編『近代語研究 第四集』で進藤咲子が彼の『英氏経済論』の翻訳に関して解説され（進藤一九七四、五八九－五九四頁）、また近年では池田幸弘が「翻訳史のなかの経済書」『文明のサイヤンス――人文・社会科学と古典的教養』（二〇一一年、慶應義塾大学出版会）で、特に『生産道案内』を取り上げ、翻訳を通して見られる彼の経済書の理解やその翻訳の影響について論じられている。しかし思想的側面については、『近代日本研究』二一（二〇〇五年三月刊行、慶應義塾福沢研究センター）「小幡篤次郎没後百年」特集での、船木恵子「小幡篤次郎とJ・S・ミルの『宗教三論』」、住田孝太郎の「小幡篤次郎の思想像――同時代評価を手がかりに」が挙げられる程度である(3)。

彼に関する研究が進まなかった理由として、まず伝記が編纂されなかったことが挙げられる。あまりにも福沢と一体化してしまったのか、伝記が編まれた中上川彦次郎、福沢桃介等に比べて業績に遜色がないにも関わらず、これまでに編纂されることがなかった。そのため彼の略歴を知る手がかりは、「大正十五年十一月「読書週間」記念として小幡記念図書館から出された、わずか五丁の『小幡篤次郎先生小伝　並小幡記念図書館沿革概要』、あるいは系図上は甥にあたる歯科医師小幡英之助の伝記『小幡英之助先生』程度にすぎない(4)。筆者は前掲「小幡篤次郎没後百年」特集に、この二つの資料に『慶應義塾五十年史』（一九〇七年、慶應義塾）、『慶應義塾歴代役職者一覧（増補版）』（一九八〇年、慶應義塾塾監局塾史資料室）、『福沢諭吉書簡集』（全九巻、二〇〇一－二〇〇三年、岩波書店）から得られた情報を加え、略年譜を掲載したが、充分とは言えない。

また彼は『天変地異』『生産道案内』『英氏経済論』等の単行本だけでなく、『民間雑誌』や『家庭叢談』『交詢雑誌』『慶應義塾学報』等に多くの論説を寄せているが、いまだ全集も、選集すら編まれたことがない。前掲「小幡篤次郎没後百年」特集には、住田孝太郎による著作目録が収録されている。著作以外に、書簡も一〇〇通を優に超えて残っていると思われ、その一部が『近代日本研究』や『福沢研究センター通信』で紹介されている(5)。それら書簡からは、中津の士族社会とのつながりや慶應義塾教職員としての役割、女性の地位に対する考えなどが知れるので、こうした基礎的な資料が活字化されていないことも、研究が進んでいない大きな要因であろう。

本章では、彼の経済書翻訳活動を中心に、彼が福沢諭吉との関係の中で果たした役割、ひいては日本の近代化の中で果たそうとした役割について考察する。

2　生涯

慶應義塾への入学

小幡篤次郎は一八四二（天保一三）年に、福沢と同様豊前中津藩士の子として生まれた。しかし一三石二人扶持で供小姓という下士階級である福沢家に対し、小幡家は二〇〇石取供番の上士階級であった。ただ父篤蔵は、長男である篤次郎の誕生前に、藩内の政争に巻き込まれて隠居を命ぜられ、服部家より養子に入った孫兵衛がすでに家督を継いでいた。(6) ゆえに篤次郎は、長子として生まれながらも次男であり、家督を相続することができなかった。

一八五八年に福沢諭吉は、藩命により江戸築地鉄砲洲（現東京都中央区明石町）の中津藩中屋敷内で蘭学を教え始めた。同年旧暦一一月二二日付の書簡によれば、当初教師を一生の業とするつもりは毛頭なく、在任期間は三、四年程度と考えていた。(7) しかし一八六〇年に咸臨丸に乗ってアメリカへ行き、また帰国後語学力を活かして幕府にも出仕するようになると、環境は変化した。特に一八六二年に、開港開市延期交渉に向かう幕府使節団に随行し、日本を出発してから戻るまで約一年間、そのうちおよそ半年をかけてフランス・イギリス・オランダ・プロシア・ロシア・ポルトガルを見聞する機会を得たことが大きな転機となった。随行員の本務は翻訳作業であったが、彼らには加えてヨーロッパの「事情」を「探索」する訓令、すなわち「諸産物諸器械製造方、大砲小銃之製作、金銀貨幣鋳立之仕法等」といった産業や、「政事学政軍制」に関する調査が命じられた（松沢一九九三、二一四頁）。彼はヨーロッパに到着して西洋文明との格差を目の当たりにし、一カ月ほどたった五月九日（旧暦では四月一一日）には、はやくもロンドンから中津藩の重臣島津祐太郎に宛てて次のように書き送っている。

「旅行中学術研究ハ勿論、其他欧羅巴諸州之事情風習も探索可致心得……洋学御引立……先ツ当今之急務ハ富国強兵ニ御坐候。富国強兵之本ハ人物を養育すること専務ニ存候。此まで御屋敷ニて人物を引立にハ漢籍を読を先務と致来候得共、漢籍も読様ニて実地ニ施し用をなし不申」(8)。

日本にとっての「急務」は「富国強兵」であり、「富国強兵」の「本」とは人物を養育すること、それも「読様」であって実地に用をなさない漢学ではなく、洋学による人材育成こそが「急務」であると考えるに至ったのである。帰国後、彼は中津藩から預かっていた蘭学塾を、本格的な洋学塾に発展させようと企図した。当初築地鉄砲洲に置かれていた塾は、おそらく福沢の結婚を機に芝新銭座（現東京都港区浜松町）の借家に移っていた(9)。「文久三年春」（一八六三年）から設けられた、入門者を記載する「性名録」(10)を見ると、筆頭者は伊予松山藩の小林小太郎であり、他にも肥後や仙台など多くの他藩士が名を連ねている。福沢の塾が、文久三年にはすでに洋学塾として他藩からも評価を得たことが知れる。同年九月になると、幕府が治安維持のため、出府中の各藩藩士の居住地管理を厳しくしたため、彼の塾も、再び鉄砲洲の中津藩中屋敷内の五軒長屋に戻った。中屋敷に戻ってからも、継続して他藩士が入門している。

福沢が学塾としての充実を考えたときに、必要となったのは信頼できる協力者であった。ひとりの力では運営に限界があり、側にあって学究や経営を手伝ってくれる人物がいなければ、近代的な学塾としての展開は望めなかった。

そこで一八六四（元治元）年旧暦三月、母に会うために中津に帰省した際に、知人たちに優秀で堅実な青年を江戸に連れて行きたいと相談した。そのときに白羽の矢が立ったのが、小幡篤次郎であった。小幡は最初に父から四書五経を学び、のち藩儒野本白巌や藩士古宇田姑山について漢学を学んだ。野本が宇佐に隠居して塾を開くと、小幡も移り住んで学んだが、数えで一五歳頃に中津に戻り藩校進脩館に入った。一八五七（安政四）年に「句読塾頭」となり、一八六〇（万延元）年には「館務」を命ぜられ、福沢が帰省した一八六四年には「進脩館教頭」になっていた。福沢の誘いに対して小幡は、すでに漢学を充分に学んできて、今さら洋学を学び始めることには抵抗があり、またすでに父が他界していたので、母ひとりを残して上京する気にもならなかった。小幡は注意深く福沢を避けていたが、「伯母」の家で偶然出会ってしまった。『慶應義塾五十年史』にはこのときのいきさつが、次のように書かれている。

「余（小幡―筆者註）は一家の事情にて、上京し難かりしかば、努めて先生に面会するを避けしが、伯母の宅にて図らず先生に邂逅し、江戸にて書生の餓死せるを聴かず」とて、強て勧めらるゝ儘に、即ち始めて東上」[11]。

福沢は次男の扱いであるがために家督を相続できない小幡に対して、江戸に行けば生活の糧が得られると説得した。また難色を示した母親に対しては、次男である篤次郎は養子に行かない限り、一生部屋住みの身で独立できない。前途有望な青年がそれでは可哀想である。江戸には養子の口も沢山あるから、是非江戸へ出すべきであると説得した。石河幹明『福沢諭吉伝』によれば、福沢はのちに笑いながら、「養子の口を餌に」半ば江戸へ「拐」してきたと語っていたという[12]。

このとき弟の仁三郎（のち甚三郎）も、ともに上京した。仁三郎の上京が本人の意志によるものかどうかははっきりしない。前掲『福沢諭吉伝』には、「ところが篤次郎の弟に仁三郎という二十歳の少年がある。先生は此少年をも一緒に連れ帰らうと思ひ、更に、養子の口にはもう少し若い方がよいといふ者もあるから次男の方も江戸にお出しなさいと説き、母堂の同意を得て兄弟二人とも連れ帰ることにした」と書かれている[13]。しかし福沢が書いた「小幡仁三郎君記念碑誌稿」には、仁三郎が自らの意志で上京を願い、親戚の中には母を置いて兄弟二人で上京することを止める者も多かったが、仁三郎の切なる希望で実現したと書かれている。[14]

英語力の上達

ヨーロッパから戻った頃から、福沢は塾の学問を、それまでの蘭学から英学へと転換した。小幡兄弟は上京後、英語の習得に励み、著しい成長をとげた。二年後の一八六六（慶応二）年には、篤次郎が塾生の長である塾長を務め、同年幕府開成所の「英学教授手伝」（二〇人扶持金五両）にも就任した。同時に弟仁三郎も「同手伝並」（五人扶持金二両）に任じられた。[15] 篤次郎の歿後、『時事新報』に掲載された彼の逸話記事によれば、開成所への採用は「試験を受けて合格したる次第」で、「開成所にて教師を採用するに試験を行ひたるは此度が初めなりしと云ふ」とある。[16] また同記事は、次のようなエピソードも掲載している。

「先生兄弟は、生徒の質問に応ずるに懇切なりしのみならず、原文を解釈して理義甚だ明白なりしが為、生徒は自然先生兄弟の前に集まるもの多くして、一人の質問者の後には又必ず両三人の質問者ありて殆んど絶え間なく、他の諸教授のテーブルは甚だ寂寞にして、寧ろ気の毒の様なりしと云ふ」（読点は筆者）。

学生に対して分かりやすい解説をすることができたことは、確実な英語力を身につけていた証拠であり、福沢の期待通り、わずか二年ほどの間に二人は日本で屈指の英語力の持ち主となったと言えよう。一八六八年三月には兄弟で、日本で最初のイディオム・フレーズ集と言われる『英文熟語集』（尚古堂）を出版した。

人となり

前掲の「小幡先生逸話」を読むと、彼が強い意志を持った努力家であり、独立の精神を重視し、またともに勉学や仕事を為す仲間に対して思いやりを持った人物であったことがわかる。たとえば、彼は一五、六歳の頃、友人と一三里あると言われていた小倉城下へ日帰りで往復することを思い立ち、友人たちが脱落する中、みごとやり遂げたという。また一八七七年にアメリカおよびヨーロッパに墓参と視察に出かける際には、それほど余財があるわけではないから、自費ではなく「何かの名儀にて政府より費用を出さしむるに若かず」との進言に対して、「漫に政府の力に依頼するを好まず」と政府の資金に頼らず自らの負担で出かけて行った。また福沢が『時事新報』の「活字ひろいの小僧」たちと一緒に働いている「大兵の男」を見咎めたら、慣れない小僧たちを手伝っている小幡であったというエピソードも残されている(17)。

彼が「徳」の人であったことは、ジャーナリスト・政治家であり社会主義者の堺利彦が「小幡は福沢門の君子にして、福沢の名代として貴族院議員に推薦せられたる人なり。彼はその先師の重任と後輩の重望とに対し、何の職につくといえども、必ずこれをはずかしめざるべきなり」（一九〇三年六月二三日付『万朝報』）と常に真摯であったことを記し、矢野文雄が交詢社創立五〇年記念祝賀会で「小幡篤次郎氏の如き人格者は無いと思ひます。小幡氏は誠に盛徳の士でありました」と述べている例を挙げれば、すでに充分であろう(18)。

こうした彼の人となりは、福沢が描く人材を育成するための学校経営には、まさに最適であった。福沢は彼を深く信頼し、かつ福沢と邂逅以降の彼の生涯は、慶應義塾とともにあったと言える。晩年小幡が引退しようと考えると、福沢は「君にして在らざれば誰れか本山第二の住職たるものぞ」と言って引き留めた(19)。そして次の鳥谷部春汀の同時代評を読めば、彼の存在の大きさを知ることができる。

「三田の穏君子小幡篤次郎翁も亦終に過去帳に登録せられたり。慶應義塾といへば、先づ福澤先生を連想し、福澤先生の名をいへば、又必らず小幡翁を連想せざるを得ず。慶應義塾は福澤先生ありて始めて起り、其の学風は又先生に依りて造られたりき。然れども内に在りて其の校風を維持し、補養し、且つ進暢せしめたる功の大半は、之を小幡翁に帰するの至当なるを覚ゆ(20)」。

3　経済書の翻訳

経済書と修身論

小幡の業績の中から、本章では経済書の翻訳について取り上げたい。福沢諭吉がF・ウェーランド（一七九六－一八六五年。一八二六－五五年アメリカブラウン大学学長）の『経済書』（小幡訳では『英氏経済論』）に関心を抱き、戊辰戦争のさなか上野で彰義隊と明治政府軍が交戦しているときもその講義を続けたことは、慶應義塾の〝誇り〟であり、現在も五月一五日はウェーランド経済書講述記念日として、講演会が行われている。福沢は同書を、一八六七年に二度目にアメリカを訪問した際に購入した。自らの選択であったのか、図書の購入を相談した書店の勧めであったのかはわからない。ただ『福翁自伝』を読むと、このとき一行の幕府の役人がドルへの両替に際して、御用達の三井八郎右衛門の手代に平然と「安い時に買入れた弗」に両替するよう「相場外れ」を依頼し、また三井の手代もそれに応じる姿を見て、「こんな政府の立行こう筈はない」と思ったことが書かれている[21]。福沢が、これからは人びとが学問として経済の基礎を学ぶべきであると感じたのは、間違いがないであろう。

幕末維新期の慶應義塾のカリキュラムは、「芝新銭座慶應義塾之記」に掲載されている。慶応四（一八六八）年七月版と明治二（一八六九）年八月版の二種類が残存しており、そこからわかる福沢および小幡の講義を抜粋すれば、以下の通りである。

慶応四年七月版
エーランド〔ママ〕氏　経済書講義　福澤諭吉　火曜日木曜日土曜日　朝弟十時〔ママ　以下同〕ヨリ
クアツケンボス氏　合衆国歴史講義　小幡篤次郎　月曜日水曜日金曜日　朝弟十時ヨリ

コル子〔ネ〕ル氏ハイスクール　地理書素読　日曜日ノ外毎日　朝弟九時ヨリ弟十時迄
明治二年八月版
ウエーランド氏　修心〔ママ〕論講義　福澤諭吉　水曜日土曜日　第十時ヨリ
テーロル氏　万国歴史会読　月曜日木曜日　夜第六時ヨリ
ウエーランド氏　経済書会読　小幡篤次郎　月曜日木曜日　第一時ヨリ
クワツケンボス氏　合衆国歴史講義　小幡篤次郎　日曜日ノ外　毎朝弟八時ヨリ弟九時迄
歴史並窮理書素読及講義　福澤諭吉　小幡篤次郎　永島貞次郎ほか日曜日ノ外　毎朝弟九時ヨリ弟十一時迄

彰義隊が戦った五月一五日（西暦七月四日）は、ちょうど土曜日であったから、ウェーランド『経済書』の講義が行われていた。しかし明治二年になると福沢がウェーランドの『経済書』から『修心論』（以下『修身論』）の講義に変わり[22]、『経済書』は会読として小幡が担当している。新たに加わった『修身論』については、『福沢全集緒言』に次のようなエピソードが書かれている。

「明治元年の事と覚ゆ、或日小幡篤次郎氏が散歩の途中、書物屋の店頭に一冊の古本を得たりとて、塾に持帰りて之を見れば、米国出版ウェーランド編纂のモラルサイヤンスと題したる原書にして、表題は道徳論に相違なし。同志打寄り先ずその目録に従て書中の此処彼処を二、三枚ずつ熟読するに、如何にも徳義一偏を論じたるものにして甚だ面白し。斯る出版書が米国にあると云えば一日も捨置き難し早速購求せんとて、横浜の洋書店丸屋に託して同本六十部ばかりを取寄せ、モラルサイヤンスの訳字に就ても様々討議し、遂に之を修身論と訳して、直に塾の教場に用いたり[23]」。

この記事の様子では、小幡が見つけてきた『修身論』に興味をひかれた福沢が、『経済書』を小幡に譲り、自身は『修身論』の講義を始めたようである。

明治初期の知識層が経済学に関心を抱き、多くの経済書が翻訳されたのは、人びとが実用的な経済知識を欲したからと言われるが、藤原昭夫は経済理論書にも少なくない読者があったことから、実地にすぐに役立つ知識でなくとも、「先進西洋文明への知的関心、立身出世の欲求、富国強兵路線への参画、これら三者の渾然一体化した」期待に応えるものが、「資本主義社会の経済構造の仕組の平易な解説」である入門書的な経済理論書に存在していたと考察する。ウェーランドの『経済書』は「古典学派の経済学説の基礎の解説書である」とともに、「人生読本、処世訓集成の趣も兼ね備えて」おり、簡約版では一層「道徳論的色彩」が「濃厚」であった[24]。このような内容を考えれば、福沢の関心が『経済書』から『修身論』へと移行するのも、自然なことと言える。福沢は『経済書』『修身論』両論への関心を、一八七〇（明治三）年旧暦一月二二日付の書簡で、旧三田藩主九鬼隆義に次のように書き送っている。

「御閑暇之節ハ、経済論修身論之講義御聴聞被成度、其佳境ニ至てハ殆ンと眠食を忘れ候程面白きものニ御座候[25]」。

いずれの書も福沢にとって「眠食」を忘れるほどに「面白きもの」であった。

小幡の関心

小幡自身が自らも『経済書』を学ぼうと思い立ったのか、福沢から半ば押し付けられたのかは定かではないが、そもそもふと見かけた『修身論』に興味を示した小幡の関心は、どこにあったのか。

新しい時代を迎え、封建的な価値観が崩壊していく中で、人びとに必要なものは何か。その命題を考えた時に小幡は、新しい時代を受け入れるための、精神的な支柱が必須であると考えたのではないであろうか。福沢は明治初年に、「一身独立して一家独立し、一家独立して一国独立」すると説く。万機が公論によって決せられる社会となり、再び封建社会に戻ることがないよう人びとがその体制を維持するためには、他人の智恵や財によらず「一身独立」することが重要であった(26)。しかし長い間封建体制の中で他律的に生きてきた人びとにとって、「一身」を「独立」させることは容易ではなかった。自らの拠り所となるアイデンティティを、作り直さなければならないのである。二〇〇石取の上士階級に生まれ、漢学を学び藩校で教えるまでになっていながら、洋学へ転向した学問体験を持つ小幡だからこそ、近代的な思惟体系を得ることの重要さと困難さが充分に理解できた。彼がウェーランドの『修身論』に魅かれたのは、同書が近代的思考への転換に対し示唆を与えてくれると期待したからではないであろうか。

そして『修身論』が『経済書』に変わっても、前述のようなウェーランド『経済書』の特徴から、同書は小幡の関心を満たすに足りたと考えられる。彼はおそらく会読の成果として、同書の翻訳に取り組み、一八七一（明治四）年より出版を開始した。進藤咲子の指摘にあるように、翻訳文は「翻訳という作業からくる一種の制約」と考えられる「生硬」なものであるが、小幡はそのことを意識していて、「当時の識者の啓蒙的姿勢の一つの型」である、「煩瑣」とも思われる（読みではなく意味を示す）振り仮名を付す彼の翻訳のスタイルからは、振り仮名を媒体として経済学の知識を知らせようとする意図を見ることができる（進藤一九七四、五九一頁）。

彼は近代的な思考の成長には、具体的に事物の仕組みを知ることが必要であると考えていた。それは、明治への転換期に行った彼の翻訳活動から推測することができる。たとえば『天変地異』（一八六八年）においては、雷や地震、彗星、虹といった自然現象を科学的にわかりやすく解説し、『生産道案内』（一八七〇年）では初歩的な経済学を説明している。『上木自由之論』（一八七三年）では、出版の自由を論ずることを通じ、近世封建社会では論じられることがなかった権利の概念を紹介している。こうした身近な出来事を西洋的思考方法で捉えることが、封建社会から新しい社会への変革を受容する土壌を形成する、すなわち「一身」を「独立」させる思惟体系を生むと考えたのであろう。

『生産道案内』と『経済入門　一名生産道案内』

彼が翻訳した書物から、『生産道案内』(上下巻、尚古堂、慶應義塾出版局)と『経済入門　一名生産道案内』(出版人小幡篤次郎)について考えたい。『生産道案内』は一八七〇年に刊行され、『英氏経済論』同様に主に意味を表す振り仮名が丁寧に振られている。内容は凡例に「友人渡辺一郎が翻刻せる経済説略といふ英国開版の原書」を翻訳したものとあり、「マンデウール」氏の「第四リードル」から三項を加えて「欠乏」を補ったとある。[27] 追加された三項目は、第一に「通用貨幣の事」であり、そこでは貨幣を通用させることがなぜ便利なのかについて論じられている。二つ目は「外国貿易の事」であり、外国との交易が「富ミ」と「幸ヒ」をもたらす構図について、三つ目は「国内売買の事」と題され、「骨折」という言葉で労力やコストを説明し、分業の意味を解説している。分業があるからこそ、生産品の質は向上する。自分の作った物が他人のためになり、他人の作った物が自分のためになる、これより「よきはなし」と生産および流通過程について理解を求める内容である。小幡は、経済学を理解するのにこの三点が必須であると考え、追加したのであろう。

さらに本文では、「物の価」は価値やコストによって決まり、強制的に決定することはできないことや、蓄財や自由競争、私有の重要性、政府の仕組みや需要と供給のバランス、そしてまた「骨折を分つ」ことを論じている。貧富についても、五〇〇〇ポンドを所有する一軒の存在と、五〇ポンドを所有する一〇〇軒の存在がもたらす経済的効果の相違を説明し、「富人」の余剰財産があってこそ経済が発展するといった、経済学のごく初歩でありながら、封建社会の中で一般の人びとには育つことがなかった観念について説明している。

『生産道案内』は一八七七(明治一〇)年になると、『経済入門　一名生産道案内』の名前で再刊される。内容は同じであるが、後者には振り仮名がほとんど見られない。『生産道案内』では総ルビと言えるほど振られていたのに対して、後者では平均して一頁に一‐二カ所である。実は『英氏経済論』にも同様のことが言える。小幡は翻訳に一八七一年から一八七七年までかかり、一八七一年に出た一‐三までは丁寧なルビが振られているが、一八七三年に出た四‐六、一八七七年に出た七‐九ではわずかに外国の地名や読みなどに振られているにすぎない。七に書かれている小幡の序を読めば、その変化の要因が知れる。

「英氏経済論ノ始メテ我邦ニ来ルノ日ニ当テヤ、世ニ尚ホ西国ノ経済ヲ語ル者少ケレハ、読者皆其理論ノ精確ナルヲ喜テ、手暫クモ之ヲ放ツニ忍ヒザルガ如キ感ナキ者ナカリシガ、爾来名家ノ著書比々舶載セラレテ、此書ノ如キハ当時学校少年ノ読本ト為テ、世ノ士君子殆ト之ヲ顧ル者ナキニ至レリ。蓋シ英氏ノ経済ヲ論スルヤ自由貿易ヲ主旨ト為シ、今日ノ経済ト今日ノ道徳トハ並行シテ相戻ラザルノミナラス、互ニ相輔翼スルノ説アルニ至テハ疑フヘキモノナキニアラザレトモ、立意明白ニシテ最モ初学ノ階梯ト為スヘキ書ナレハ余逐次之ヲ訳出シ、今又此分配消靡ノ諸篇ヲ訳シ、以テ全部ヲ終ルニ至レリ。敢テ之ヲ世ノ士君ニ供シテ、展閲ヲ煩サント云フニ非ス。唯之ヲ初学ノ人ニ示シテ経済ノ端緒ヲ知ラシメ、且ツハ以テ此書舶載ノ始ヨリ年ヲ重ヌルコト纔ニ十一年ナルニ学業ノ進歩斯ノ如クナルヲ喜フノ意ヲ表スト云爾」（句読点は筆者による）。

熱狂的とも言える支持を得ていたウェーランドの書物であったが、日本における西洋思想の受容が進み、多くの書物が輸入されるようになると、「学校少年ノ読本」にすぎないことがわかり「世ノ士君子」には顧みられなくなった。経済と道徳が相輔翼するという説も疑われるようになってきた。しかし小幡は、同書が「初学ノ階梯」となすべき書であることは確かであり、「初学ノ人」に示して「経済ノ端緒」となすと言う。

福沢も自らが夢中になったウェーランドについて、一八七七年には三田演説会で次のように述べている。

「就中其経済論の如き、初は之を読むこと頗る困難なりしかども、再三再四復読して、漸く其義を解すに及び、毎章毎句、耳目に新ならざるものなく、絶妙の文法、新奇の議論、心魂を驚破して食を忘るゝに至れり。……兵乱漸く治らんとするに従て、世の文化は益進み、西哲の新説は日に開き、舶来の新書は月に多く、多々益新奇にして高尚ならざるはなし。蓋し余輩の心事も之がため自から高尚に進たることならん。……此地位に居て顧て前年の田舎魂を驚破したる英氏の経済修身論等を取て之を見れば、此は是れ彼の国学校生徒の読本にして、「パーレー」の歴史類は童児の為に出板したるもの、みなれども、当初余輩のためには之を許〔評〕して新芽の発生を助けたる春雨と云はざるを得ざるなり」(28)。

振り返って福沢は、「学校生徒の読本」は「世の文化」が進む中で、その萌芽を助けた春雨であったと言う。小幡と福沢では感想が少し異なっている。小幡は「学校少年ノ読本」ではあるが「初学ノ階梯」であることには相違なく、「初学ノ人」への経済学入門書としての価値を見出している。だからこそ、振り仮名を省略しても『英氏経済論』を完成まで翻訳し続け、また『生産道案内』を『経済入門』というタイトルで再版したと言えよう。そこに福沢が描く近代化を補完する、小幡の意図の一端を窺うことができる。

彼はなぜ「初学ノ人」向けの経済書が必要であると感じたのか。一八七七年は士族層の不満が反乱という形で表面化した年であった。二月から始まった西南戦争は、九月の西郷隆盛の自刃まで長引いた。福沢は一月に「分権論」を中津藩の重臣であった島津復生や板垣退助らに提示し、一一月に刊行、また六月には「旧藩情」をやはり中津の重臣たちに示している(29)。前者では、士族の中で未だ地位を得ることができないでいる人びとの力をいかに有効に活用するか、後者では学校や婚姻を通して身分意識を解消する機会が増加してきたことを述べているが、一方で重臣たちに宛てた書簡では、厳然と存在する「門閥之残夢」を払拭すべきことについて論じている(30)。

士族たちの多くが閉塞感を味わう中で、小幡は彼らが封建制度の精神的呪縛から離れ、自立する道を得るためには、形成されつつある近代社会の基礎を理解することが必須であると考えていた。二五〇年という長期にわたり、武士という身分によって生活が保障されていた士族層が、無為無策に陥らざるを得ないことを、小幡は実感として理解することができたであろう。なぜならば福沢が「旧藩情」で描いたように、下士階級では日々の生活の維持にすら内職が必要であり、同じ士族であっても上士階級と下士階級とでは、身分を失った衝撃には相違があった。小幡は上士階級の出身であったがゆえに、士族に求められる変容の辛さを、現実問題として受け止めることができた。ゆえに彼はたとえ「学校少年ノ読本」であったとしても、「初学ノ人」向けの経済書としての需要を感じたと推察される。

その証左として、一八七九年一一月二六日付『田舎新聞』第一八〇号が伝える、小幡が中津で行った次のような演説を挙げることができよう。

「小幡篤次郎先生には東京に急がるゝ事務のあればとて、当地の要件を手早く弁へ、昨朝の雨を冒して、陸路を馬関へと出発れたり。斯く急がるゝものから、去る廿二日の別筵も円応寺を借りて親戚故旧打交の会席なりき。該時先生の演説されし大要を挙れば、中津の景況も昔日と換り、港に汽船を繫ぎて航路の便を開き、陸に道路を築きて、耶馬溪に仂力を通ず。百事の改進する十年前に於ては、夢想だもなき処なり。今や斯の如き世に処しては、人心も亦た昔日の如くあるべからず。人文の開くるに従ひ、人は専務を執り、家は特業を營み、勉めて分業の利に就かざるべからず。殊に士族の業に就くや最も難しとす云々。分業の利は我之を取るを欲せざるも、世既に之を取るを以て、永く未開の世の習慣に泥みて、一人にして数業を兼ね、一店にして百貨を鬻ぐ万屋商売に従事すべからざる也云々、と懇切なる談話なりき」（。。は原文にあり）。

東京から出張して彼が行った演説の趣旨は、中津の様子も昔とは変わり、海陸の交通が発達して、一〇年前には夢にも思わなかったことが実現している。このような時代の変化を受けて、「人心」もまた昔のままであってはならない。人はそのなすべきことを行い、「家は特業を営み」「分業の利」に就くべきである。ただ、士族が「業」に就くのは難しい。すでに社会的な分業の体制は進んでいるので、ひとりで数業を兼ねるような、長い間の「未開」の習慣に固執すべきではない、というものであった。彼の演説は、この時点でも「骨折」を分つ分業の重要性について述べており、すなわち彼は中津ではまだ理解を促す状況にあると考えていた。

4　近代化における小幡篤次郎の役割

『学問のすゝめ』と『文明論之概略』

福沢諭吉が近代化構想を進めるうえで、小幡が担った役割は何であったのか。それを解く鍵は、彼が『学問のすゝめ』初編に「同著」として名を連ねていることにある。初編はその端書に、元々中津の人びとに向けて著されたものであることが書かれている。そのため、小幡を「同著」者にしたのは、下士階級の出身である福沢が、上士階級へも読者を広げるためにその名前を利用したと言われている。確かに前掲「旧藩情」には、封建社会における上士階級と下士階級の間の大きな差異が描かれ、その強い階級意識は短期間で解消できるものではないことを思わせる。福沢は『学問のすゝめ』を通じて、新しい時代を迎えて人びとがどう生きるべきか、どのように新しい社会を主体的に形成すべきかを伝えたいと考えていた。特に自ら労し自ら食うという、農工商にとっては当然の経済的自立を強く主張していることから、武士層の自覚を重要視していたことがわかる。上士階級である小幡の名前を併記することによって、読者層を広げたいと考えたことは事実であろう。

福沢は前述のように、ヨーロッパの文明を見て洋学による人材育成を急務と考え、中津藩の重臣に進言した。一八七一年になってようやく洋学校である中津市学校が開かれることになり、カリキュラムなどは慶應義塾に準じ、教員は慶應義塾から派遣されることになった。その時初代校長を務めたのは、小幡篤次郎であった。中津での人材育成を軌道に乗せるにあたり、諸事を統括する力を発揮できると考えられたのは、やはり小幡篤次郎であった。一八七八年に公立学校との合併の話が持ち上がった際にも、福沢は「些末無用の事」から争いになり「不熟不和」が起こることを心配し、仮に合併がなった場合には小幡に半年か一年の間の中津出張を依頼している[31]。福沢は、上士階級出身の小幡の調整力に期待していた。

ただ、筆者は小幡の尽力が、そうしたネットワークに関する事柄だけであったとは考えない。先述のように『文明論之概略』が小幡に「特にその閲見を煩わして正刪を乞い」、その結果「頗る理論の品価を増たるもの」が多かったように、近代化を進めるうえで知識層を形成する人びとは、少なくとも明治一〇年代までは、学問的な土壌として儒学を体系的に学んだ人びとであり、彼らを読者対象とするためには、小幡が持っていた儒学の知識は福沢にとって大きな助力になった。彼らが西洋思想を受容する過程を適切に理解できるのは、藩校で学び教える側から慶應義塾で中核を担うまでに成長した小幡であった。彼の学問的蓄積が、福沢の著作活動へ与えたものは大きい。

士族互助組織と養蚕奨励・交詢社

小幡の具体的な活動からは、彼自身が近代化においてどのような役割を果たそうとしたのかを窺い知ることができる。

着目すべきは、一つには士族層の経済的自立に関わる活動である。中津には天保年間から始まった御借上を原資として一八七一（明治四）年に結成された、士族たちの互助組織である天保義社があった。同組織は銀行類似会社として小口の貸付なども行ったが、貸付金の返済を「何トナク等閑ニ心得候」者が多く、経営は順調とは言えなかった（三木編、三宅校閲一九二六、一六頁）。借主は「御借上」を原資としていることから、借りた金も本来自分が受け取るべき金であったという意識があったようで、不振の一因は会社組織に対する理解不足と言える。その後運営方針を巡る齟齬が生じ、一八八三年には旧中津藩士間を二分するような、大きな対立にまで発展した。小幡は天保義社の円滑な運営に対して尽力し、また騒動の際には対立を解消すべく努力している（西澤一九九五）。

また中津では士族授産として、養蚕製糸業に取り組んだ。小幡が旧藩時代に重臣であった鈴木閑雲や山口広江らに宛てた書簡からは、養蚕教師の招聘や桑苗の買い付け、製糸業の伝習など、彼の尽力ぶりが窺われる。中国・九州地方の生糸の値段などの情報収集も行っており、日本最初の株式会社と言われる二本松製糸株式会社との人的つながりも確認できる（西澤二〇〇五。同二〇一四、一二一－一二二頁）。これらの活動からは、前述の経済書の翻訳にも見られるように、士族層の内実をよく知り、また自らの学問体験に合わせて、彼らの近代化の受容過程を理解することができた小幡であるからこそ、可能となった役割を見出すことができよう。

二つ目は新たな帰属意識をもたらすネットワークの形成である。福沢は「封建ノ時代」の情報について、次のように述べている。

「我封建ノ時代ニハ三百ノ諸侯各一藩ノ土地ヲ領シ、今日ヲ以テ云ヘバ恰モ一会社ノ体ヲ成シテ人心ヲ結合シ、上藩士ヨリ下領民ニ至ルマデ、有形ノ物、無形ノ事、皆一処ニ集ラザルハナシ。即チ知識交換世務諮詢ノ中心ト称ス可シ。三都ニ在ル藩邸ハ即チ其藩邑ノ支社ニシテ常ニ本社ノ「コルレスポンダント」ト為リ（中略）又三都ノ藩邸ハ以テ他各藩トノ交通ニ便利ニシテ、全国ノ景況ハ此支社ノ方便ヲ以テ本藩ニ通ズ可シ（中略）世人藩ニ表スルニ信ヲ以テスレバ、藩モ亦人ニ告ルニ信ヲ以テシ、遂ニハ人ノ言行苟モ藩ノ名義ヲ帯ルトキハ、直ニ信任確実ノ位ヲ得ルノ風ヲ成シテ、知識交換ノ事ヲ行フニ益容易ナリシガ故ナリ(32)」。

封建時代は人びとの「知識交換世務諮詢」すなわち情報ネットワークの中心に藩があり、各藩が三都（江戸、大坂、京都）に設けた藩邸は、情報収集の場となった。藩の名は情報の信憑性を保証するものでもあった。しかし明治維新によってそれが崩壊し、人びとはあたかも「会社」のごとき所属先を失い、「信任確実」なる「人ノ言行」を得ることができなくなった。

そのとき小幡は、封建的な組織とは異なる、新たな組織の発足を考えた。一八八〇（明治一三）年に「世務諮詢」を謳って発足した、会員制のクラブ交詢社である。福沢の言葉を信じれば、設立の発端は小幡篤次郎らによる「同窓会」のような組織の発案であった。

此程中より小幡其外社友四、五名の発起にて旧友結社の事を相談致居候
（明治一二年八月一五日付、猪飼麻次郎宛書簡）

義塾の同社は小幡君の発意にて同窓会の事を企、昨今略緒に就たり
（八月二八日付、奥平毎次郎宛書簡）

近日小幡篤次郎始社友三十名計の発起にて文学講究時事諮詢の為一社を結ばんとて昨今相談中、不日社則も出来可申、出来の上は必ず御報知御入社を促し候事と奉存候
（九月二二日付、原時行宛書簡）(33)

小幡は、藩に代わってそのアイデンティティを保障し、「信任確実」な情報を得ることができる組織が必要であると考えたのである。福沢が主張するように、近代は「一身独立」した個人を基礎とし、一身が独立して一家を成し、一家が独立して一国を成さなければならない。すなわち最も重要であるのは、独立した個人である。しかし人の智恵にも依らず、財にも依らず、精神的にも経済的にも自立することは容易ではない。上士階級は藩から受ける恩恵が大きく、ゆえに藩権力への依存度も高かった。（依存度が高かった）上士階級の出身である小幡であるからこそ、知識層を形成するような人びとの側に立って福沢を補完する役割を果たすことができたと言える。

5　おわりに

小幡の活動は、上士階級の出身で、かつ漢学を修めたのちに英学に転向したという、自らの立場と経験を通じて養われた思考に裏付けされたものであった。『学問のすゝめ』や『文明論之概略』の成り立ちを見れば、それは福沢の期待するところでもあり、福沢の構想に実効性を与えるものであった。しかし同時にそうした立場や経験は、

彼に苦渋も与えることになった。

福沢は、近代社会における男女の平等と一夫一婦制の確立、女性の一身独立や男女交際の重要性を説いた。小幡も、たとえば一八七八年の森村女工場の開業に際し寄せた祝文では、女性に適切な仕事を創出すべきことを論じ、一九〇〇年に宇都宮で行われた談話会では、「一夫一婦」を主題に講演し、家庭における女性の地位の向上や男女交際の充実を説いた。しかし彼は、女性の職業創出を「一身独立」ではなく「なすべからざる仕事」すなわち売春に関わるモラルに結び付けて論じ、また男女交際については「其の実地の方法如何に至ては頗る困難にして、予自身に於ても明案なきに苦しむものなり」と、頭では理解しても実行に戸惑う心情を吐露している。[34]また彼の娘は父から福沢諭吉の女性論に関する著作を受け取った際に、前書きに「読み誤って、わがまますることはならぬ」と書かれており、「やかましかった」と回想している（高橋一九七七）。

小幡は変容を理論としては理解しても、変革を全て受容することに困難や不安を感じざるを得なかった。篤次郎とともに上京した弟仁三郎は、一八七〇年末にアメリカに留学し、翌々年精神を病んで客死する。仁三郎の残した書簡からは風習の違いに戸惑い、日本人としていかに振る舞うべきかに真摯でありすぎる姿が窺われる。

士族層にとって封建的価値観からの転換は、決して容易ではなかった。福沢が近代化構想を実現しようとする過程で、近世社会の中で思惟体系を形成した人物として小幡篤次郎が担った役割は、同時代評価に見られるように、極めて重要なものであったと言わざるを得ない。

注

（1）『福沢諭吉著作集』（全一二巻、二〇〇二－二〇〇三年、慶應義塾大学出版会、以下『著作集』と略す）第四巻、七頁。
（2）『福沢諭吉全集』（全二一巻および別巻、一九六九－一九七一年、岩波書店、以下『全集』と略す）第八巻、七頁。
（3）最近では、大久保（二〇一一）の解説の中でも、宗教三論を翻訳した小幡についてふれられている。

（4）『今田見信著作集Ⅱ　小幡英之助先生』（一九七三年、医歯薬出版）、『小幡英之助先生　没後100年　顕彰　歯科祭記念誌』二〇〇九年、社団法人大分県歯科医師会・中津歯科医師会）。
（5）全文を活字化したものは四八通である。西澤（二〇〇一）一三九－一六〇頁、同（二〇〇二）二三五－二五七頁、同（二〇〇三）一三九－一六六頁、『福沢研究センター通信』一二、八頁。
（6）一八三一年に端を発し、一八三八年に最終的な処分が終わった縁辺事件と呼ばれる争いで、異なる身分間の婚姻をめぐる対立であった。身分制を固定化する方向で決着している。孫兵衛の妻は、篤蔵妹のあき。また孫兵衛兄五郎兵衛は福沢に最初に漢学を教えた人物で、弟復城は福沢の姉鐘と結婚した。中津藩は上述のように、婚姻による身分制度の揺らぎを防ごうとしたが、福沢の姉および福沢は下士でありながら、上士階級の人物（諭吉の妻錦の父は二五〇石取）と結婚したことになる。
（7）『福沢諭吉書簡集』（全九巻、二〇〇一－二〇〇三年、岩波書店、以下『書簡集』と略す）第一巻、七頁。
（8）『書簡集』第一巻、一二－一四頁。
（9）福沢の結婚の時期は、「福沢諭吉子女之伝」（『全集』別巻、一二二頁）に「文久元年の冬」と書かれている以外に記録がない。
（10）「性名録」は復刻版がある。『慶應義塾入社帳』全五巻、一九八六年、慶應義塾。
（11）『慶應義塾五十年史』一九〇七年、慶應義塾、二八七頁。
（12）石河幹明『福沢諭吉伝』第一巻、一九三二（一九八一）年、岩波書店、四二四頁。
（13）同上。
（14）『全集』第二一巻、三八六頁。
（15）『全集』第二一巻、二九〇頁。
（16）「小幡先生逸話（十）」一九〇五年五月二九日付。
（17）「小幡先生逸話（六）」「（四）」「（五）」『時事新報』一九〇五年五月二三日付、五月一八日付　五月二〇日付。
（18）『交詢社百年史』一九八三年、交詢社、三三五頁。
（19）「小幡先生逸話（九）」『時事新報』一九〇五年五月二七日付。
（20）鳥谷部春汀「物故の三名士」『春汀全集』第三巻、博文館、一九〇九年、二二八頁。
（21）『著作集』第一二巻、二〇五－二〇六頁。
（22）原題 *The elements of moral science* は『道徳科学』とも訳される。
（23）『著作集』第一二巻、四七六－四七七頁。
（24）藤原（一九九三）四八〇－四八二、四八五頁。

(25)『書簡集』第一巻、一五七頁。
(26)「中津留別の書」『著作集』第一〇巻、二頁。『学問のすゝめ』第三編、『著作集』第三巻、二八頁。
(27) 実際には、リチャード・ホェートリー (Richard Whately) の *Easy Lessons on Money Matters, Commerce, Trade Wages* の翻訳である(池田二〇一一、二四三頁)。
(28)「三田演説第百回の記」『全集』第四巻、四七七-四七八頁。
(29)「分権論」は『著作集』第七巻、二一-九八頁。「旧藩情」は同じく第九巻、二一-三〇頁。
(30) 一八七七(明治一〇)年六月二日付鈴木閑雲宛書簡。『書簡集』第二巻、一五-一六頁。
(31)『書簡集』第二巻、一〇〇-一〇二頁。
(32) 前掲『交詢社百年史』五四頁。
(33)『書簡集』第二巻、二三七、二四二、二五一頁。
(34) 西澤(二〇〇三)一四五-一四六頁。『慶應義塾学報』三六、一九〇一年、四-六頁。

参考文献

〈全集・年史〉


『慶應義塾五十年史』(一九〇七)慶應義塾。

『春汀全集』(一九〇九)第三巻、博文館。

石河幹明『福沢諭吉伝』(一九三二(一九八一))第一巻、岩波書店。

『福沢諭吉全集』(一九六九-一九七一)全二一巻および別巻、岩波書店。

『今田見信著作集Ⅱ 小幡英之助先生』(一九七三)医歯薬出版。

『慶應義塾歴代役職者一覧(増補版)』(一九八〇)慶應義塾塾監局塾史資料室。

『交詢社百年史』(一九八三)交詢社。

『慶應義塾入社帳』(一九八六)全五巻、慶應義塾。

『福沢諭吉書簡集』(二〇〇一-二〇〇三)全九巻、岩波書店。

『福沢諭吉著作集』(二〇〇二-二〇〇三)全一二巻、慶應義塾大学出版会。

『小幡英之助先生 没後100年 顕彰 歯科祭記念誌』(二〇〇九)社団法人大分県歯科医師会・中津歯科医師会。

〈論文ほか〉

池田幸弘（二〇一一）「翻訳史のなかの経済書」慶應義塾大学編『文明のサイエンス――人文・社会科学と古典的教養』慶應義塾大学出版会。

大久保正健（二〇一一）「解説」J・S・ミル著、ヘレン・テイラー編『宗教をめぐる三つのエッセイ』勁草書房。

進藤咲子（一九七四）「解説　近代語研究」『近代語研究　第四集』武蔵野書院。

住田孝太郎（二〇〇五）「小幡篤次郎の思想像――同時代評価を手がかりに」「小幡篤次郎没後百年」特集『近代日本研究』二一、慶應義塾福沢研究センター。

高橋誠一郎（一九七七）「小幡先生令嬢との対話（その二）――エピメーテウス（一五二）」『三田評論』七六七、慶應義塾。

西澤直子（一九九五）「天保義社に関わる新収福沢書翰（鈴木閑雲宛）」『近代日本研究』一三、慶應義塾福沢研究センター。

西澤直子（二〇〇一）「小幡篤次郎考Ⅰ――書簡にみられる中津士族社会との関わり」『近代日本研究』一七、慶應義塾福沢研究センター。

西澤直子（二〇〇二）「小幡篤次郎考Ⅱ――慶應義塾教職員として」『近代日本研究』一八、慶應義塾福沢研究センター。

西澤直子（二〇〇三）「小幡篤次郎考Ⅲ――「女工場の開業を祝するの文」をめぐって」『近代日本研究』一九、慶應義塾福沢研究センター。

西澤直子（二〇〇五）「資料紹介　中津出身者宛小幡篤次郎書簡」『近代日本研究』二一、慶應義塾福沢研究センター。

西澤直子（二〇一四）『福沢諭吉とフリーラヴ』慶應義塾大学出版会。

藤原昭夫（一九九三）『フランシス・ウェーランドの社会経済思想』日本経済評論社。

舩木恵子（二〇〇五）「小幡篤次郎とJ・S・ミルの『宗教三論』」「小幡篤次郎没後百年」特集『近代日本研究』二一、慶應義塾福沢研究センター。

松沢弘陽（一九九三）『近代日本の形成と西洋経験』岩波書店。


〈資料〉

小幡篤次郎訳述（一八七〇）『生産道案内』尚古堂。

小幡篤次郎抄訳（一八七七）『経済入門　一名生産道案内』出版人小幡篤次郎、売捌書林丸屋善七。

『慶應義塾学報』三六（一九〇一）慶應義塾。

三木作次郎編、三宅政治郎校閲（一九二六）『旧中津藩士族死亡弔慰資金要覧』。

『時事新報』復刻版（一九九五-）龍溪書舎。

『朝野新聞』縮刷版（一九八一-一九八四）東京大学明治新聞雑誌文庫編、ぺりかん社。

『万朝報』復刻版（一九八三-一九九三）日本図書センター。

第3章

ギャレット・ドロッパーズとドイツ経済思想

池田幸弘

ギャレット・ドロッパーズ
(1860–1927)

1　はじめに(1)

経済学の歴史にあらわれるドイツ経済思想の影響力は、一般に一八八〇年代から次第に顕著になっていくが、この影響が世界の経済的な言説においていかなる形であらわれていくのか。これは、ドイツ経済思想の研究に際し、研究者を魅惑する課題の一つである。しばしば指摘されているように、ドイツ経済思想の影響は、イギリス、アメリカ、日本をはじめとし、多岐に及んでいる。したがって、この学派の影響力を知るためには、少なくともこれら三国についてドイツとの交流史を調べなければならない。それは、個別の学者の留学先から、彼らの著作の検討、そして現実の経済政策にあらわれたドイツ経済思想の影響力にまで及ぶ調査となろう(2)。

本章は、こうした問題関心を秘めながら、そのケーススタディーとして慶應義塾でも教鞭を執ったオランダ系アメリカ人、ギャレット・ドロッパーズ（一八六〇－一九二七年）(Garrett Droppers）を取り上げる。すでに、西川俊作の論稿が教えているように、ドロッパーズは、一八八八年の秋からベルリンに滞在し、G・v・シュモラーとA・H・G・ワーグナーの講義を聴講している（西川一九八三）。

当時のベルリン大学は、時代の主流であったシュモラーとワーグナーの本拠地であり、多くの外国人留学生を引きつけた場所であった。塾の関係者でも、小泉信三がヨーロッパ遊学の過程でやはりベルリン詣でをしている。彼らを魅了したシュモラーやワーグナーの経済学はいったいどのようなものであったのか。また、帰国した留学生たちは、どのような形でドイツ経済学を著書や講義に反映させていったのだろうか。本章は、こうした問いに対し、ドロッパーズという日本の近代化にも貢献したお雇い外国人教師の経済思想を題材にしながら、答えようとしたものである。

まず、冒頭にあたり、既存のドロッパーズ研究について若干の整理をしておきたい。まず挙げておきたいのが、

「G・ドロッパーズの履歴と業績」と題された前掲の西川の論説である（西川一九八三）。西川論文はドロッパーズの自伝（『慶應義塾学報』第六号、一八八九年八月所収）、慶應義塾大学部開業式における彼の講演（『時事新報』二五八九号、一八九〇年三月一〇日所収）、さらに「日本の学校における経済学の研究」と題された講演（『慶應義塾学報』第一号、一八八九年三月所収）を再録し、ウィリアムズ大学の同窓会誌をも駆使しながら、ドロッパーズの人となりを明らかにしている。また、同時に西川論文はドロッパーズのビブリオを添付しているが、これは今日時点でもおそらくドロッパーズの著作リストとしては唯一のものであろう。ちなみに、このリストに、本章で取り上げる「財政学講義」も挙がっている。

西川の『福沢諭吉と三人の後進たち』もその中にドロッパーズ論を含んでいる。小論の見地から特に興味深いのは、次のような氏の見解である。

「おなじ年（一八九四）のはじめ、慶應義塾大学部の卒業式において、かれは "Individualism and Modern Society" と題する講演を行ない、フランス革命にはじまる自由主義の成果を認めたうえで、私益追求の弊害を指摘し、『自由』から『人間性』への移行を力説している。しかも、この運動は科学的であり、同時に倫理的なものでなければならない、というのがドロッパーズの論で、かれはそれを卒業生たちの（以後の）活躍に委ねている」（西川一九八五、七三頁）。

本章の見地からして興を引くのは、西川が言及している「個人主義と現代社会」においても、個人主義、自由主義に対する批判的な立場が表明されているという事実である。そして、この書物の別の個所で西川が語っているように、ドロッパーズは、「社会連帯」に依拠した日本の社会を高く評価していた。西洋社会が個というものに立脚した社会であるとすれば、そこに生を受けたドロッパーズがこうした日本観を持ったこと、それ自体が問題とされなければならない。以下の議論で詳しく見るように、「財政学講義」では、ドロッパーズは、自由主義の立場をイギリスの経済学者たちやＰ・ルロワボリュに代表させており、自らの立場をそれに対比させている。先に引用した西川のサマリーを含めて考えると、ドロッパーズの立場が古典的な自由主義からは隔たったものであることは、明らかである。その思想的文脈はさまざまに解する余地があろうが、本章はそのことをとりあえずドイツ経済思想との関係で見ようとしたものである。

次に挙げるのが、玉置紀夫の論考である。これは、「アメリカの教授たちの支配、慶應大学での政治経済学、一八九〇年から一九一二年まで」（Tamaki 1988）と題されたもので、ドロッパーズも考察の対象となっている。玉置論文は、本章でも重点の一つとなるドロッパーズのＪ・Ｓ・ミル理解についても言及している。玉置は、ドロッパーズの日本アジア協会での講演内容と彼の師であったラフリンが草したミル『原理』への序文を比較しつつ、ドロッパーズにおけるミル受容について論じている。また、玉置論文では、本章でもっぱら扱う堀江帰一筆のドロッパーズの講義ノートについても言及しており、この講義の編別構成に関しても紹介を行っている。

本章は、こうした先学の指摘に学びながら、ドロッパーズの「財政学講義」を分析したものである。その際の主要な関心事は、すでに述べたようにドロッパーズにおけるドイツ経済思想の受容である。先の西川論文、玉置論文が指摘しているように、彼はベルリン大学でシュモラー、ワーグナーの洗礼を受けるわけであるが、このことを具体的に考察することが本章の目的となる。

2　ドロッパーズ「財政学講義」の編別構成

ドロッパーズの講義ノートは、慶應義塾を代表する経済学者である堀江帰一がとったものである。ほかに堀江がとったノートとしては同じくドロッパーズの関税史の講義ノートが知られているが、これらは二つの別のノートとして存在しているわけではない。一つのノートの前半部分が関税史、そして後半部分が「財政学講義」にあてられているのである。「財政学講義」のノートのはじめの部分には、一八九六年との付記がなされているので、この講義は一八九六年のものであることが知られる。(3)

講義の編別構成は以下のとおりである。

準備的考察
文献と財政の歴史
国家の収入と支出についての一般的な特徴について
領地（domain）
工業用領地（industrial domain）
租税
1 正当な課税
2 遺産にたいする課税
3 複合税あるいは単一税
4 税の分類
5 イギリスの所得税
6 プロシャの所得税
7 いくつかの間接税について
8 イギリスにおける間接税
9 フランス、イギリス、アメリカ合衆国の租税の比較
10 ドイツの租税

11　アメリカ合衆国の租税
12　最適課税
国債についてのノート

ここに見られるように、「国債についてのノート」を含めて、全体は七つの部分から構成されている。そして、租税の部分がさらに十二の部分に分かれており、これが分量的には最大である。この編別構成からもわかるように、「財政学講義」というタイトルであるにもかかわらず、実際の内容は各国別の租税システムの紹介が前面に出た内容になっている。興味深いのが、それぞれの国の租税のあり方を比較しながら最適な課税のあり方をさぐるという構成になっていることである。租税の部分の論述全体がそうした傾向を示しているし、またその中の「9　フランス、イギリス、アメリカ合衆国の租税の比較」が文字どおり、国ごとの税制の比較になっている。各国の財政のあり方をふまえながら、日本の学生に財政のシステムや最も望ましい課税のあり方について伝授するのがこの講義の目的であったのだろう。特に、ドロッパーズの祖国であるアメリカ、そしていちはやく近代化をなしとげたイギリスとならんで、ドイツが重点をなしているのが、上の編別構成だけからもわかる。「6　プロシャの所得税」と「10　ドイツの租税」がそれである。ドロッパーズはドイツ人ではないから、ドロッパーズがドイツの財政のシステムについてかなりの分量をさいて説明しているのは、必ずしも自明なことではない。彼はA・ショーペンハウアーの訳者であることからもわかるように（西川一九八三による）ドイツ通であり、またドイツ語もよくできたはずである。そこには、もちろん彼の留学体験が影を落としていると考えられる。この「財政学講義」の範囲内で言うならば、ドロッパーズがベルリンで学んだドイツの政策思想が、彼の経済思想に反映している可能性は高い。また、この講義ノートにあらわれる具体的な政策論は、彼の推奨する近代化路線がドイツのそれであることを明示していると言ってよいだろう。以下で扱う鉄道の国営化論に対する彼の全幅の信頼がそのことを如実に物語っている。以下の行論は、こうしたことを「財政学講義」に内在しながら、論証することにあてられる。

3 イギリス古典派、ドイツ経済思想とドロッパーズ

明治期における日本での政策論議を見てみると、大別して、経済的自由主義、社会主義、そして保護主義ないし政府の干渉を重視する立場の三つが少なくとも看取されよう。しばしば、経済的自由主義はアングロサクソンの経済学と同一視され、保護主義ないし政府の干渉を要請する立場はドイツ歴史学派の影響下にあることが少なくなかった。リストの主著の訳者であり、同時に保護貿易の主張を行った大島貞益や、ドイツ歴史学派の強い影響を受けながらわが国の工場立法の制定にも尽力した金井延を、ここでは例として挙げておこう。もちろん、経済的自由主義とアングロサクソンの経済学との併存はあくまで一つの傾向である。また、政府の干渉を要請する立場はドイツ歴史学派の専売特許だったわけではない。つまり、イギリスの経済思想にも多くの異なったヴァリアントがあり、ドイツ人の経済思想にもさまざまな幅があることは言うまでもない。したがって、われわれは、はじめにで提起した問題に答えるためには、さしあたり、当該論者のドイツ経済思想に対する評価とともに、イギリスの経済学者に対する評価をも同時に扱わざるを得ない。われわれの主人公であるドロッパーズを扱うに際しても、同様の注意を要する。

ドロッパーズの「財政学講義」での主題は、講義のタイトルが示しているように、財政のあり方、特に租税の各国別のあり方、そしてそれをふまえての最適な課税のあり方といったものであるが、まずはじめに、彼がこの講義の中で、経済的自由主義に対してどのような評定をしているかを見ることにしよう。ドロッパーズは次のように述べて、自由放任の教義を否定している。

「今日では、個人と社会の調和についての古い教義が誤謬であることをとくに証明する必要はないであろう。非常にしばしば、個人の利益は社会のそれともろに対立する。たとえば、戦時においては、それが社会福祉にたいし非常に破壊的であるにせよ、ある階級の人々が富むことになる。また、個人が彼の利益を政府が知りうるよりはよく知悉しているというのも、常に正しいわけではない」(Droppers 1896, p. 10)。

ここで説かれているのは、自由放任の教義の限界とその理由であり、個人の利害と社会の利害が調和的であるとの見解が退けられている。これに先立つ個所で、ドロッパーズは、こうした考えの主唱者としてイギリスの経済学者を挙げている。文明社会では、政府が police, justice, defence にだけ注意すればよいというのは、まかりとおらないというのが、ドロッパーズの見解なのである (Ibid., p. 10)。police, justice, defence が、必要最小限のことは行うが、それ以上の積極的な政府の介入は求めない小さな政府を意味することは、ここで改めて述べるまでもないだろう。

それならば、ドロッパーズ自身がよしとする経済学はどのような経済学なのだろうか。

彼は基本的には、政府の干渉を重視しつつ、この関連で、こうした見解を披瀝した論者としてシュモラー、ワーグナーを挙げている(4)。

言うまでもなく、両者とも社会政策学会の論客である。特にワーグナーは、いまではほとんど忘れ去られたかのようにも思われるいわゆるワーグナーの法則の主張者である。これは、文化国家においては、不変的に財政規模の拡大が見られるという現象を指したものであり、ワーグナーはこうした現象は、一時的には国の財政赤字によって反動を受けるにせよ、かなり一般的に観察できる現象だと考えていた。このことが、相対的に大きな政府を意味することは明らかである。

この点、同じくドイツ経済思想の影響を受けた論者とドロッパーズの理解とを比較することは、彼の見地を明確にするためにも、必要な作業であろう。たとえば、先に言及した金井は、シュモラーらの新歴史学派を高く評価しつつ、イギリスの経済学を批判している。金井は、ミルやH・フォーセットを旧派と呼び、こうした旧派に固執するのは、田舎の娘がかつて東京に流行したヘアスタイルに固執するのと同じで、ばかげていると言うのである。金井が考えている今日の経済学は、むろん新歴史学派のそれであった(5)。ここでの金井の対立図式は明らかであろう。そこに見られるのは、ミルを含めたイギリス経済学に対する批判的な視点である。この金井の発言は、ここで扱っているドロッパーズの講義よりは数年前になされたものであるので、新歴史学派に対する高い評価という意味では、金井もドロッパーズも同じ空気を吸っている。しかし、ミルに対する評価という点では、両者は異なった評点を与えている。金井の厳しい評価に比べて、ドロッパーズのミルに対する高い評価はきわだっていると言ってよい。

さらに、ドロッパーズは財政学の歴史についてふれるところがあり、この過程でミルのイギリス古典派内での位置づけやドイツ経済思想との関係についても言及している。ドロッパーズは言う。

「ミル氏の一八四八年に公刊された政治経済学においては、財政学は分離されておらず、彼の経済学の中では副次的な位置を占めている。この点で、ミルはイギリス学派の伝統を継ぐものである。彼の政治経済学の第五編は、『国富論』の最後の編に対応している。しかしながら、ミルはイギリス流の自由放任論を著しく傷つけることなく、奇妙なやり方で政府と財政の影響についての全主題を拡張したのだ。この書物の中には、ミルを極端なドイツ学派の中に位置づけることを可能ならしめるような文章がある。しかし、このようなミルの急進主義は彼の書物があらわれた当時はほとんど注目されず、その時点では、相対的にわずかな影響力しか持ちえなかった。ミルは相対的にわずかな敵しかつくらないようなやり方で、彼の新奇な教義を述べる力量を持っており、彼は、敵を攻撃にする前に、多くの点において彼の敵との融合を図ったのであった」(Droppers 1896, pp.30–31)。

ここで表現されているミルの位置づけには、きわめて興味深いものがある。いくつかの点を列挙しよう。

その一。イギリスの経済学の伝統では、財政学は経済学の中で重要な位置づけを与えられているとは言い難く、ミルはそうしたイギリス経済学の伝統を継承している、というのが上の引用にあらわれたドロッパーズの見解である。こうしたイギリス経済学における財政学の扱いについては、ドロッパーズの見解は、K・ラウや彼を継承するワーグナーの所説に近い。事実、ワーグナーは『財政学』においてイギリス経済学では、財政学はそれにふさわしい扱いを受けていないとこぼしている。財政学の学問的な扱いについては、外国とドイツでは大きな隔たりがあるのというのが、ワーグナーの理解であり、リカードの課税論のように、個別問題についてはいくつかの見るべき成果があるとはいえ、全体としてはイギリス経済学では財政学は軽視されているとワーグナーは言う（Wagner 1877, p.39を参照）。上の引用にあらわれたドロッパーズの見解は、そうしたドイツ経済思想の枠組みの中で、彼が思考していたことを示している。

その二。イギリスの経済思想は、基本的には自由放任論として特徴づけられている。「イギリス流の自由放任論」という表現が、それである。

その三。ミルのイギリス古典派内での特異な立場について言及がなされている。ミルの政府論は、他の古典派の論者と比較して、よりいっそう重要な位置を占めている。右の引用でのドロッパーズのミル理解は、正鵠を射たものであるが、ここでミルの政府論について必要な限りで補足し、ミルとドロッパーズの立場が当該の論点について、どの程度近いのかを測っておこう。

すでにここまでの議論で明らかなように、全体として、この講義ノートでのドロッパーズのミルに対する評価は高いのであるが、そのことは、彼らの政策論がまったく同じであることを意味するわけではない。ドロッパーズが自由放任論を批判していたことはすでに見たとおりであるが、ミルの政策的立場はどのようなものであったか。ミルはたしかに、政策論として政府の積極的な干渉を求めた経済学者であった。実際に、ミルの『原理』の第五編を読めば、彼が事実上自由放任論に対する多くの例外を認めていたことがわかる。ただし、そのことが、ミルが原理、原則の問題として自由放任論を退けたということを意味するわけではない。否、むしろミルは原理の問題としては

依然として経済自由主義の信奉者だと言ってよいのである。(6)

この点、ドロッパーズの見解はミルとは異なっている。先に見たように、彼は原理の問題として、自由放任論はすでに古くさくなっていると言うのである。先行するイギリス古典派経済学者に比して、ミルの立場が政府の積極的な介入を認めるものだとしても、ドロッパーズと比較した場合、ミルの立場は依然として経済的自由主義を支持していると読めるのである。

その四。その結果、ミルは「極端なドイツ学派」に近いところで把握されることになる。上の引用では明記されてはいないが、この講義全体から推して、「極端なドイツ学派」の中にシュモラーやワーグナーが入っていることは疑う余地がないだろう。したがって、ミルはイギリス古典派の中のドイツ派として位置づけられることになる。このように、ドロッパーズは、金井とは異なり、ミルをイギリス古典派のオーソドクシーから引き離し、むしろドイツ経済学の系譜に近いところでその経済政策思想を捉えている。これは、ドロッパーズのミル理解の大きな特徴であると言ってよいであろう。

以上述べたのは、「準備的考察」と「文献と財政の歴史」と題された部分に記された(話された)ドロッパーズの学説史に対する評価と、そこにあらわれた彼自身の立場であった。

以下では、「財政学講義」の本体の部分にあらわれたドロッパーズの財政思想をさぐることにしよう。

A・スミスが家計における収入、支出の原理と政府のそれとをなかば同一視し、前者にあって望ましいことは後者にあってもそうであると主張したことは、よく知られていよう。具体的には、個人において節約の論理が重視され、過大な消費が批判されているのを受けて、政府レヴェルでも節約の論理が重んじられる。これが極度に単純化されると、スミスが夜警国家の主張者だという理解になることは、見やすい論理である。ドロッパーズは、「国家の収入と支出についての一般的な特徴について」という部分で、この問題にふれるところがあり、おそらくはスミスの議論をも念頭に置きながら次のように述べる。

「国家の財政が、個人のそれ、あるいは法人のそれと異なっているかどうかという点について、多くの議論が費やされてきた。幾人かのイギリスの著作家たちは、公的財政の条件は基本的には私的財政のそれと同じである、ということを示そうとした。ドイツの著作家たちは、しかしながら、両者の条件は基本的に異なっており、個人にとって著しく経済的でないかもしくは浪費でありさえすることが、政府にとっては経済的であるか必要でさえあると指摘している」（Droppers 1896, pp. 32–33）。

ここにあらわれたドロッパーズの財政思想は、二つの面で特筆に値するものである。まず、財政思想として、イギリスの経済学とドイツのそれが二分されていることが止目されなければならない。彼は、公的財政の条件と私的財政のそれとの関係について、両者をアナロガスに理解する立場をイギリス経済学の見地だとする。そして、両者について、別の収入、支出の論理が貫徹するとしたのがドイツの経済学者だと、ドロッパーズは言うのである。彼が考えているイギリスの経済学の代表例としては、先に紹介したスミスの所論を思い起こせばよいであろう。そして、さらに重要なことは、ドロッパーズ自身は、ここでドイツの経済学者の立場を基本的には支持しているという事実である。

先の引用に続く部分で、ドロッパーズはいくつかの点を具体的に指摘しながら、政府の論理と私人の論理が異なっていることを聴衆に説明している。こうした議論は、ドロッパーズがドイツの経済学者の立場を肯定的に評価したということを意味している。私的な財政の原理と公的な財政の原理を混同しないように、というのがドロッパーズの学生に対する注意であり、それは彼が理解したドイツ財政学の立場でもあった。イギリス古典派との関係で言えば、ドロッパーズの考えが、スミスの節約の論理とは大いに異なっていることは明らかであるし、また、スミスを通俗的に理解した夜警国家論とドロッパーズの立脚する見地とが隔たっていることも明白である。

こうしたことは、ドロッパーズが「小さな政府」を指向する論者でなかったことを示している。むしろ、経済過程における政府の積極的な役割を重視する立場が彼の政策論の基礎にあったと言ってよいであろう。

4　鉄道は民営化すべきか、国営化すべきか

ドロッパーズがこの講義の中で論じた現実的な財政問題はいくつもあるが、ここでは鉄道の民営化問題を取り上げて論じてみたい。ドロッパーズの整理では、この点についての経済学者の見解は二つに分かれるという。一つが、鉄道の国営化を主張するワーグナー、シュモラーらの見解であり、他方が、鉄道が国の所有であることは認めつつも、それが政府の手によって経営されるべきではないとしたルロワボリュの意見である。これは、鉄道の経営に関する二つのモデルである。ワーグナーの見解は、彼の『財政学』の中に詳しく展開されており、ドロッパーズの「財政学講義」もここからヒントを得たものだと考えられる。ドロッパーズは講義の中で、ワーグナーの原典にあたらなくても、学生が議論に十分ついていけるような工夫をしているが、ドロッパーズが紹介している論点がすべてではないので、ここでワーグナーの見解をサーヴェイしていく必要があろう。

ワーグナーは民営化論者に対し、重要な異議申し立てをしている。ある論点はこうである。しばしば私的な経営と国家による経営それ自体が対比されるが、こうした対比それ自体が問題をはらんでいると言う。ワーグナーにしたがえば、今日の鉄道は株式会社形態をとっているので、比較すべきは国有鉄道対株式会社形態をとっている私鉄だという。したがって、もし国有鉄道がなんらかの弱点をはらんでいるとするならば、株式会社形態をとっている私鉄もそうした弱点を共有しているはずだというのが、ワーグナーの見解である。当該個所でワーグナーはより具体的な議論をしているわけではないが、忖度してみるとこういうことであろう。経済学の歴史の中で、いくどとなく指摘された株式会社の大きな難点は、株式会社の経営者が本来の意味でのその所有者ではなく、その代理人にす

ぎないということであった。したがって、株式会社が純然たる私的企業のような活力を持ちうるかは、さだかではない。今日の株式会社は、そういう意味で社会的な存在であり、もし公的な企業の非能率性を云々するのであれば、同じように株式会社の非能率性も問題となるであろう。これが、おそらくワーグナーが展開したかった論点である（Wagner 1877, p.57 以下を参照）。また、国有鉄道と私鉄の比較をするときに個別の経営単位でコストを比較するのか、あるいは鉄道網全体でコスト計算をするのかを区別する必要があるという。もし、そこで鉄道網全体の費用が問題になるとすれば、国鉄は明らかにまさっているというのが、彼の意見なのである（Ibid., p.579）。

ワーグナーはこのような形で当該問題についての詳細な検討を行ったあとで、現存の国有鉄道は国家所有にとどまるべきであるとし、また、あらたな鉄道建設は国家の手によって行われるべきだと考えていた。そして、私鉄は原則的には国営化されなければならないとしている。

以下では、ドロッパーズがワーグナー、シュモラーらの見解をどのように整理しているかを見よう。

「原則的には、ワーグナー、シュモラーらのようなドイツの経済学者たちは、鉄道に関しては、完全な政府の所有と経営を主張している。これに対し、ルロワボリュのような大陸学派（Continental School）のほかの学派は、政府が所有を維持し、そこから利潤をひきだすべきだとは考えているが、政府が鉄道を経営すべきだとは考えていない。この問題は、部分的には原理に訴えることによって、そして部分的には国営産業とアナロガスに考えることによって解決されるにちがいない。たとえば、文明国において、政府が郵便局を所有しこれを経営すべきだということについては、まったく疑う余地がない。政府は、一般の信念とは異なって、私的な組織よりはより責任感がありそしてより規則的（regular）である。これは、その本質が単純であるとはいえ、大規模な産業である。さて、ワーグナーはこうした条件が鉄道についても妥当すると主張している。それらは大きな規模で組織されている。それらは経営の方法が単純である。それらは規則性と不偏性を要求する」（Droppers 1896, pp. 68–69）。

上の引用に示されているのは鉄道経営についての二つのモデルであるが、ここで特に言及しておきたいのが、なかばワーグナーに依拠しながら語られている組織体としての政府に対する信頼の念である。ドロッパーズは、「政府は、一般の信念とは異なって、私的な組織よりはより責任感がありそしてより規則的（regular）である」と述べ、そうした見解に立脚しつつ、郵政事業は国営であるべきだと主張している。今日、ワーグナーの祖国ドイツで郵政事業が民営化され、ドロッパーズが滞在した日本で郵政事業の民営化が政治問題になったという事実に鑑みると、ワーグナーやドロッパーズが郵政事業の国営化をまったく疑っていないのは、隔世の感がある。ともあれ、ドロッパーズはワーグナーによりつつ、国有鉄道のレゾン・デートルを見出そうと努力している。

先に述べたように、ワーグナーの対極にいるのがルロワボリュであった。ドロッパーズは、今度はルロワボリュの議論を追っている。

「ワーグナーの議論に対して、ルロワボリュは別様に論じている。彼は、鉄道の多様性は利点なしとしないという。改良は、一つの大きな組織があるときよりは、多くの小さな組織があるときのほうが、なされやすい」(Ibid., p. 69)。

ここで問題になっているのは、鉄道のシステムを統一的なものにすべきか、あるいは多くの私鉄が群雄割拠しているような状態のほうが望ましいのか、という選択肢である。ワーグナーは、領邦国家がかつて存在していたドイツの人であるから、統一的な鉄道システムを強く求めている。上の引用にある「鉄道の多様性は利点なしとしない」というルロワボリュの見解は、そのワーグナーの議論に対する反論なのである。続けて、競争的な組織の存在は、組織がただ一つしか存在しない場合よりも望ましいという。ルロワボリュは、競争的な市場に基づく鉄道経営に軍配を上げていることになる。

上記の論点に関連して、ドロッパーズは、国有鉄道と私鉄の間で鉄道建設に要する費用が違うのか、という点に関して次のように述べている。

「鉄道建設の費用に関しては、国有鉄道と私鉄の間で、ほとんど差異はない。イギリスの鉄道はなるほどアメリカのそれよりも費用がかかっているが、その理由は明らかである。ドイツでは、国有鉄道建設の費用は平均的には私鉄の場合よりすこし少ない。ルロワボリュは、国有鉄道の費用が私鉄のそれよりもかさむということを、示そうとしている。このことがドイツに関して正しいとして、それは鉄道が純粋に軍事的な目的で作られていることによるのであって、その結果、他の鉄道と比して費用に対して十分な収入をもたらすことは期待できないのである」（Ibid., p. 70）。

ドロッパーズの所説はなかなか手が込んでいる。まず、上の引用の冒頭の部分では、私鉄と国鉄のあいだで鉄道建設の費用は大きくは異ならない、とされている。さらに、ドイツに関しては、むしろ国有鉄道の方が安くついた、としている。そして、最後に、もしルロワボリュが言うような理由で、ドイツの国有鉄道が割高だとしても、それは軍事的な目的という付随的な目的を別に課せられているからだと言う。したがって、全体として、ルロワボリュの批判はあたらないというのが、ドロッパーズの結論である。

こうした議論を受けて、最後にドロッパーズはドイツ型の鉄道経営のあり方を強く推奨するのだ。この講義での対象は、もちろん日本の近代化を担うと考えられていた慶應義塾の学生であるから、ドロッパーズは、こと鉄道経営のあり方という点については、ドイツ型の近代化路線を日本人に対して提示したということになる。以下の引用は、ベルリンに拠点を持つドイツ経済思想の論理にドロッパーズが完全に承服されていたことを示す。

「国有鉄道のシステムを最も完全な形で採用した国は、ドイツである。ドイツで鉄道が六十年前にはじまったとき、国有鉄道は一般に反対されていた。しかし、約三十年前、政策が変わり、政府は多大の疑いを持ちつつ、鉄道の買収を始めた。いくつかの政党は、政府による鉄道の吸収に激しく反発した。しかしながら、いまや、次のことが認められている。(1)ドイツの鉄道は卓越したやり方で経営されている。(2)軍事目的にとって国に多大の助力となっている。(3)どの政党も古い制度を再度導入することは望んでいない。(4)鉄道は第一義的には利潤のために経営されていないのにもかかわらず、国庫に多くの利潤をもたらしてきた」(Ibid., p. 73)。

5　最適な課税

以上の議論でもわかるように、この講義でのドロッパーズの仮想的な論敵はルロワボリュである。この節では、ドロッパーズの考える最適な課税制度について見てみるが、その際でもしばしばルロワボリュの議論が引き合いに出され、批判の対象とされている。ドロッパーズが重視するワーグナー自身が、『財政学』第二巻の中で、累進課税に対する反論を呈している論者として、ルロワボリュを紹介していることに注意したい(Wagner 1890, p. 458)。

「正当な課税」と称された節で、ドロッパーズはまずスミスの課税四原則から話を始めている。これは課税論の古典では常套手段であり、ミルなども当該部分ではスミスの課税四原則から議論を始めているのである[7]。問題は、「租税は各人の支払い能力に応じていなければならない」(Droppers 1896, p.86) という第一の原則である。ドロッパーズはこの点に関しては、支払い能力ということがなにを意味するかということについて、見解の相違が存在するという。

累進課税は、上記の支払い能力ということについてある解釈を与えたときに正当化しうると、ドロッパーズは言う。累進課税が正当化されてきた三つの根拠を述べたあとで、彼はどのような論者が累進課税を支持してきたかを説明している。

「したがって、社会改良家や急進的な経済学者たちが累進課税の原則を支持してきた。たとえば、モンテスキュー、ルソー、コンドルセー、ジョン・B・セイ、そしてワーグナーのような今日の歴史学派の多くの研究者がそうである。アダム・スミスやミルもこの原則に対して対立的ではなかった。たとえば、ミルは遺産にたいしては小額の租税よりも多額の租税を支持しているのである」(Ibid., p. 88)。

ここで挙げられている経済学者は多岐に及んでいる。ドイツ歴史学派が言及されているのはもちろん、そのほかにも「モンテスキュー、ルソー、コンドルセー、ジョン・B・セイ」のようなフランスの経済学者もここでは名前が挙がっている。そればかりか、スミスその人も累進課税に対して必ずしも敵対的ではなかったとされている。これは、先にふれたように、支払い能力ということを収入や所得の差ということで考えた場合、スミスの課税四原則のうち第一原則が累進課税を支持しているというふうに読めるという解釈によるのであろう。そして、最後にドロッパーズの敬愛するミルの名前がある。この講義全体でのドロッパーズのミル評価は概して高いものであるが、そのこととは別に、ミルの議論とドロッパーズのそれとがまったく同じであるかどうかは、注意を要する点である。上の引用では、「ミルもこの原則に対して対立的ではなかった」としているが、これはミル自体の理解としては、やや問題を含んでいる。ミルは、ドロッパーズが正しく指摘しているように、たしかに遺産に関しては、累進課税の適用を認めているが、課税の一般的な原理としてミルが累進課税をどの程度積極的に推奨しているかどうかは、微妙な問題を含んでいる。総じて言えば、ミルの場合、勤労に対する過度の課税には否定的であり、機会の平等は重視するが、結果の平等については是認を拒んでいるかのように思われる(8)。

次の引用にあるように、ドロッパーズもまた、勤労に対する課税が経済主体の意欲をそぐことがないようにとの配慮を示してはいるが、全体として見た場合、ドロッパーズのほうが累進課税の採用については積極的である。要は、累進課税ということをかなりゆるく解釈した場合、そして、部分的にせよ累進課税を評価した論者は、累進課税の支持者であると判断した場合、ニュアンスの違いこそあれ、多くの思想家や経済学者がそのような課税方法を支持してきたということであり、その限りではドロッパーズのまとめは適切であるのだろう。

こうした形で、彼は多くの経済学者が少なくとも累進課税に対して反対はしていない、という論調であるが、以下の議論で見るように、累進課税の批判者としてルロワボリュが挙げられていることが止目すべき点である。ここでは、ルロワボリュの議論が紹介されるとともに、ドロッパーズの反批判も同時に展開されている。

「ルロワボリュは、累進の限度というものは定義不可能である、つまり正確には税の最大量の程度ないし尺度について述べることはできない、との理由で累進課税に強く反対している。もし累進税が最低一パーセントのところからはじまるとすれば、一〇、二〇、三〇、四〇、あるいは五〇パーセントの最高率でやめるべきであろうか。こうしたことは日常生活のほとんどすべての部分において遭遇することであるので、この反論は公平さを欠いたものである。こうした困難に対する解答をさがすことは難しくはない。累進の限度は、政府の経験と便宜の一般的な感覚によって定められる。第一に、累進の程度は一般に勤労の努力をそぐほど高いものであってはならない。第二に、それは社会の実際の貯蓄をとめるようなものであってはならない。第三に、それは詐欺や欺瞞を招き、かなりの程度の移民を結果するような高さではあってはならない」(Ibid., pp. 89–90)。

ここに見られるようにルロワボリュは、累進課税を採用した場合、その最高税率を定めるのに困難を感じているのであるが、ドロッパーズは、この引用にあるような三つのことに注意すれば、自ずから適切な最高税率は決まるはずだと考えている。三つのうち、前二者は、租税による生産の阻害や資本蓄積の阻害である。最後に挙がっている問題はやや質の異なった問題で、脱税や高率の課税による労働力の移動が問われている。このような問題はすべて累進課税やあるいは高率の課税そのものに内在する困難であるが、ドロッパーズはむしろこうしたことによって累進課税の限度というものは自然に定まっていくものだとしている。したがって、ルロワボリュの言うように、累進課税を採用した場合の最高税率が不確定になってしまうという議論は誤っているというのが、ドロッパーズの見解であった。

総じて言えば、課税の問題についてもドロッパーズの立場は『財政学』でのワーグナーの所説に近いと言ってよいであろう。両者とも、累進課税の支持者であるという点においてである。ワーグナーは比例税をスミス主義の所産と断じ、自らが勧める累進課税論を社会政策との密接な関わりにおいて論じている。ドロッパーズの累進課税論は、彼がここでも社会政策を重視するドイツ経済学の枠内で思考していることを明示していると言える。

6　むすびに代えて

明治二〇年代に始まるドイツのわが国への影響は、文化・経済・教育・法体系のさまざまな分野に及んでいる。その経済学でのあらわれが、ドイツ歴史学派、なかんずくシュモラーやワーグナーらの潮流であった。本章で見たように、ドロッパーズは慶應義塾での講義を通じて財政や税体系についての German model の重要性を塾生に説こうとした。わが国に新歴史学派がいかなる影響を及ぼしたかについては、特に東京帝国大学の教授陣を中心に多くの研究の蓄積がなされてきた。もちろん、私学と歴史学派との関係はそれとは異なるものであろうということは容易に推測がつく。高等文官試験には縁が薄かった私学の卒業生にとっては、German model を受容する必然性はあるいは弱かったのかもしれない。しかし、そのことは、私学における教育がドイツからの影響とはまったく無関係のところで展開されたことを意味しないし、私学におけるドイツ経済思想の影響がまったく問題にしえないということも意味しない。本章で見たように、ドイツ帰りのアメリカ人教師、ドロッパーズの「財政学講義」は、多くをドイツ人経済学者の政策論に依拠したものであった。私学においても、ドイツの経済学説は講義されていたのである。この場合の思想の伝播は、やや複雑であった。従来、ドイツからの影響を問題にする場合は、日本人の渡独やドイツ書の翻訳など、直接的な継承関係が主として意味されていた。本章で扱った事例では、影響関係はもっと複雑な経路をとる。つまり、ドイツ帰りのアメリカ人が、ドイツの学説を日本で講義するという形であった。このように、German model の波及のプロセスは、間接的な場合もあるだろう。ドロッパーズの事例は、こうした間接的な影響関係についての研究も必要なことを示している。

注

(1) この論文の執筆は、故玉置紀夫教授のお勧めによるものである。また、執筆の過程でも、同教授から多くの示唆をいただいた。

(2) こうした問題関心に立脚した研究として、P・センと西沢保の業績を挙げておきたい。センは、もっぱらドイツ歴史学派のアメリカへの伝播を問題にし、これに対し、西沢はイギリス歴史学派と正統派経済学者との対比を中心に論じている(Senn 1995, 1997a, 1997b. 西沢一九九二)。また、ことがらをドイツ歴史学派の影響力という経済学史研究の分野に限定せず、ドイツ型モデルの伝播といようにごくごく一般的に考えた場合は、どうなるであろうか。ここで、ドイツ型モデルの伝播一般についての研究動向を紹介することは、主題の広さからも到底不可能であるが、さしあたり、大学制度史の中で、どのような議論が展開されているかについては、早島瑛、潮木守一の一連の論文を参照されたい。両氏は大学制度の歴史、あるいは教育制度の歴史に関する専門家であるが、こうした視角が経済学史研究にも求められていることは、ここで言うまでもないだろう。小論では、制度的な問題についてはふれることができないが、将来は、こうした方面での研究も行ってゆきたいと考えている。早島瑛、潮木守一の多くの論説から、ここでは次の二つを挙げるにとどめる。早島(一九九六)、潮木(一九九七)。

(3) 「財政学講義」ノートは、堀江帰一のご遺族の方のご厚意によって、現在、慶應義塾福沢研究センターの所蔵になっている。本稿を草するに際し、当センターにある現物を見ることができた。閲覧に際し、当センターの職員の方の御配慮をいただいたことを記しておきたい。

(4) ワーグナーに関しては、前に挙げたセンの論文のほか、次のものを参照した。いずれもユルゲン・バックハウス編の論文集に収められた論文である。Prisching (1997), Hanel (1997).

(5) なお、この点についての指摘は、次に挙げる飯田鼎の論文によっている。飯田は、ドイツ歴史学派がどのような形で東京帝国大学の経済学者たちに影響を与えたかについても、多くの論文を書かれている。あわせて参照されたい。飯田(一九八四)。

（6）たとえば、次のようなミルの文章を参照。「要するに、laisser-faire［自由放任］を一般的慣行とすべきである。この原則から離れることは、いやしくも何らかの大きな利益によって必要とされるのでないかぎり、すべて確実に弊害をもたらすのである。」（Mill 1965, p. 945）（邦訳、三〇二頁）。

（7）ミルの『経済学原理』第五編第二章の冒頭部分を参照されたい。

（8）本文で述べたことを、引用を通じて具体的に示しておこう。まず、累進課税そのものに対するミルの評価はこうである。「より高額な所得に対しては、より低額の所得よりも、より高い税率をもって課税するということは、勤勉と節約とにたいして租税を賦課することであり、ある人がその隣人より多く働き、より多く節約貯蓄したことに対して罰金をすることである」（Mill 1965, pp. 810-811）（邦訳、三六頁）。また、次に挙げる文章は、ミルが、結果の平等を意識して機会の平等を犠牲にすることは辞さないという政策論には、与していないことを示す。「競争者たちのすべてを公平にスタートさせるように努力し、速い者に重荷を負わせて、彼らと遅い者とのあいだの距離を縮めるなどということがないのが、競争者に対する立法というものであろう。」（Mill 1965, p. 811）（邦訳、三六頁）。さらに、ミルは、累進課税が是認されうる事例として遺産相続を挙げている。「差率税の原理（と呼ばれているところのもの）、すなわちより大きな金額に対してはより高い税率を課するという原理は、私には、それを一般的課税に適用する場合には不可であると考えられるのであるが、遺贈税および相続税に適用した場合には正当かつ便宜であると思われるのである」（Mill 1965, pp. 811–812）（邦訳、三七頁）。ミルのほうが、ドロッパーズよりも、累進課税に対して批判的であったことが、わかるだろう。

参考文献

Droppers, Garrett（1890）*Topics and References in Economic History*.（印刷者：三宅正信、発行者：小林傳平）

Droppers, Garrett（1896）*Lectures on Science of Finance*, The Keiogijiku College.

Droppers, Garrett（1923）*Outlines of Economic History in the Nineteenth Century: A Textbook for Colleges*, New York: The Ronald Press Company.

Hanel, Johannes（1997）“Statistical Regularities, Freedom, and Social Policy. Wagner and Schmoller on Freedom under the Statistical Law of Large Numbers. Or: Why Moral Statistics Precede Their Association for Social Reform”, in: Jürgen Backhaus, *Essays on Social Security and Taxation*, Marburg: Metropolis-Verlag.

Mill, John Stuart（1965）*Collected Works of J. S. Mill*, Vol. 3, *Principles of Political Economy with Some of Their Applications to Social*

Philosophy, University of Toronto Press, Routledge and Kegan Paul.（末永茂喜訳『経済学原理　五』岩波文庫、一九七〇年）

Priddat, Birger（1997）"National-Economic Extension of the Philosophy of Law: Adolf Wagner's Legal Theory of Disbribution", in: Jürgen Backhaus, *Essays on Social Security and Taxation*, Marburg: Metropolis-Verlag.

Prisching, Manfred（1997）"The Preserving and Reforming State: Schmoller's and Wagner's Model of the State", in: Jürgen Backhaus, *Essays on Social Security and Taxation*, Marburg: Metropolis-Verlag.

Sen, Peter（1995）"Why had Roscher so Much Influence in the USA Compared with the UK", *Journal of Economic Studies*, 22（3/4/5）.

Sen, Peter（1997a）"Problems of Determining the Influence of Gustav Schmoller and Adolph Wagner on American Fiscal Policy and Taxation System", in: Jürgen Backhaus, *Essays on Social Security and Taxation*, Marburg: Metropolis-Verlag.

Sen, Peter（1997b）"An American and Historical Perspectives on Applications of the Ideas of Gustav Schmoller and Adolph Wagner", in: Jürgen Backhaus, *Essays on Social Security and Taxation*, Marburg: Metropolis-Verlag.

Tamaki, Norio（1988）"The American Professors' Regime: Political Economy at Keio University, 1390–1912", in: eds. Chuhei Sugiyama and Hiroshi Mizuta, *Enlightenment and Beyond*, Tokyo: University of Tokyo Press.

Wagner, Adolf（1877）*Finanzwissenschaft*, erster Theil, zweite Ausgabe, Leipzig: C. F Winter' sche Verlagshandlung.

Wagner, Adolf（1890）*Finanzwissenschaft*, zweiter Theil, zweite Auflage, Leipzig: C. F. Winter.

飯田鼎（一九八四）「日本社会政策学会と経済学研究」経済学史学会編『日本の経済学』東洋経済新報社。

潮木守一（一九九七）『京都帝国大学の挑戦』講談社学術文庫。

西川俊作（一九八三）「G・ドロッパーズの履歴と業績」『三田商学研究』第二六巻第一号。

西川俊作（一九八五）『福沢諭吉と三人の後進たち』日本評論社。

西沢保（一九九二）「アシュリーとイギリス歴史学派の諸相」経済学史学会編『経済学史、課題と展望』九州大学出版会。

早島瑛（一九九六）「商人とカォフマン」『近代日本研究』第一三巻。

第4章

堀江帰一の人物像・学説・思想

上久保敏

堀江帰一
（1876–1927）

1　はじめに

一九三一（昭和六）年一月に堀江帰一の胸像が慶應義塾図書館の閲覧室正面に設置された。しかし、この青銅製の胸像は現在、行方不明となっている[1]。胸像の行方がわからなくなったことが象徴するかのように、現在では堀江の名前も慶應義塾から忘れられつつある。

本章では、慶應義塾経済学部の土台を築いた一人である堀江帰一の人物像や学説・思想に迫りながら、堀江の知的営為を明らかにするとともに、日本経済学史上の位置づけを考えてみたい。実践派エコノミストとしての堀江の生き様からその現代的意義も自ずと見えてこよう。

2　堀江帰一とはどういう人物か

「忘れられた経済学者」

堀江帰一は一八九八（明治三一）年から一九二七（昭和二）年まで経済論壇を中心に活躍した経済学者である。慶應義塾で育ち、慶應義塾で教鞭を執ったという点では、『慶應義塾百年史』の表現を借りれば「生粋の三田ッ子」と呼べる存在であり（慶應義塾編一九六二、二五〇頁）、また「慶應義塾の自前経済学者」であった。

周知の通り、慶應義塾における経済学講義は一八六八（慶応四）年、芝新銭座の慶應義塾で福沢諭吉が行った「ウェーランド氏経済書講義」に始まった。以後、いわゆる「お雇い外国人」教師であるＧ・ドロッパーズ（一八八九－一八九八年在職）とＥ・Ｈ・ヴィッカーズ（一八九八－一九一〇年在職）による経済学の講義が行われたが、慶應義塾は一八九九（明治三二）年七月、大学の振興・強化策の一環として堀江帰一、気賀勘重、名取和作を第一回留学生として海外に派遣した。これは慶應義塾自らの学者養成を狙ってのことであり、堀江は慶應義塾の自前経済学者になることを嘱望されていたのである。

気賀とともに「慶應義塾理財科―経済学部の双璧」（同上、二六一頁）と呼ばれた堀江帰一も今日ではその名前を知っている者は少数であろう。実際のところ、戦後に出た経済学の研究文献の中で、堀江を中心的に取り扱った文献は筆者が調べた限りでは一〇件にも満たず、慶應義塾関係者以外の者が取り上げた文献になるとわずか四件しか見つけられない(2)。この意味で堀江帰一は現在では「忘れられた経済学者」とも呼ぶべき存在になってしまっている。

堀江帰一をその生涯の活動から一言で評するならば、「象牙の塔にこもらぬ実践派エコノミスト」と呼ぶことができよう。『堀江帰一全集』第一巻の編纂後記で寺尾琢磨は堀江について「学理と実際との巧妙なる調和」と評しているが(3)、まさしく言いえて妙である。当時の欧米経済学の研究成果を吸収し、現実の経済問題に真剣に向き合うのが堀江の研究姿勢であった。しかも、その真髄は驚異的な量の時論執筆にあった。『堀江帰一全集』第一〇巻所収の「堀江帰一教授著作目録」掲載の雑誌論文は一八九八（明治三一）‐一九二七（昭和二）年の三〇年間で五三〇本にのぼっている。ここには『時事新報』などの新聞への寄稿は含まれていない。一九二四（大正一三）年は一年間に五八本もの論文を執筆しており、現在の感覚からすると驚くべき執筆量である。ちなみに「雑誌記事索引集成データベース」(4)を使い、著者名＝堀江帰一、刊行年＝明治九年～昭和二年（堀江の生存期間）で検索すると一三〇七件ヒットする。堀江と同一の条件になるよう、刊行年＝生年～生年＋五一年で他の経済学者について著者名検索すると、神戸正雄の二一五五件は別格として、福田徳三が四一八件、河上肇が七六五件、河田嗣郎が八七三件、高田保馬が六五九件、小泉信三が五二〇件、高橋誠一郎が四一二件となる。自ら『時事経済研究』という個人雑誌を出して一年に一五〇本を超える論文執筆をしたこともある稀代の健筆家・神戸には及ばないものの、同時代の経済学者の中で堀江の健筆振りは突出していた。

堀江の略歴

ここで堀江帰一の略歴を記しておこう(5)。堀江は一八七六（明治九）年四月二七日東京市芝区白金で生まれた。父親の滝山正門は海軍大尉であったが、堀江が生まれる前年の一八七五（明治八）年一二月二五日、艦長をしていた大阪丸の衝突沈没事故の責任を取って自刃したとのことである。母親も堀江が幼稚舎を卒業する前年に他界したため、堀江は父親の末弟・堀江保助の養子になった。一八九二（明治二五）年四月慶應義塾幼稚舎を二四名中三番の成績で卒業したという。一八九四（明治二七）年四月に慶應義塾正科を卒業し、一八九六（明治二九）年一二月、飛び級により弱冠二〇歳で慶應義塾大学部理財科を卒業した。

卒業後は三井銀行に勤務するもわずか二週間で退社し、一八九七（明治三〇）年一月に時事新報社編集局に入った。一八九九（明治三二）年七月、時事新報社在籍のまま慶應義塾教員に就いた堀江はただちに同校第一回留学生として欧米に派遣された。『時事新報』に記事を送りながら、アメリカのハーバード大学大学院で聴講生となり、またイギリス・ロンドンのユニバーシティ・カレッジ、ベルリン大学でも学んだ。

堀江は一九〇二（明治三五）年七月に帰朝し、慶應義塾大学部の教員として貨幣論・銀行論・財政学を担当することになった。一九〇八（明治四一）年四月から一九一七（大正六）年三月まで同大学部理財科主任、一九一七（大正六）年四月から一九二〇（大正九）年三月まで理財科学長（＝いずれも実質的な学部長職、外遊中の一九一〇・一一年は堀切善兵衛に交代）を務め、一九二〇（大正九）年四月の学制改革による理財科から経済学部への改称に伴い学部長に就任し、一九二六（大正一五）年三月まで務めた。

一九〇九（明治四二）年一一月に時事新報社を退職した。理由は定かではないが、退職から半年も経たぬ一九一〇（明治四三）年四月から一九一一（明治四四）年二月まで二度目の外遊に出ており、救貧法、工場法、イギリス社会問題を研究した。この間、ミュンヘンでドイツ社会政策学会のL・ブレンターノを訪問している。一九一〇（明治四三）年一一月、博士会の推薦により法学博士の学位を授与された。また、一九一七（大正六）年一〇月から一二月にわたって中国銀行行財政顧問として北京に招聘され、中国の幣制改革について講義、提言も行っている。一九二七（昭和二）年一二月二日の夜、京都市岡崎で講演中に脳溢血で卒倒し、一週間後の一二月九日に五一年八カ月の生涯を閉じた。

堀江の人となり

続いて堀江の人となりを見ておこう。まず、慶應義塾の教員としてはスピードが速かったものの明快でまとまった講義をしたという。学生の希望を容れ、外国貿易政策など規程外の講義も実施したことがあると小泉信三は述べている（小泉一九六四、一七八頁）から熱心な教育者であったと言ってよいだろう。ただ、学生には評価の厳しい教員であったようで、「少しでも不出来な生徒は片つぱしから落第させて了う」と伝えられている(6)。

堀江の学者観には厳しいものがあった。「学問の世界は実力の世界だ、縁故情実は役に立たない。学者になるのは相撲取りになるようなものだ」（小泉一九六四、一八七頁）。これは堀江が小泉に言った言葉である。研究への情熱も熱く、一九二二（大正一一）年の夏に動脈硬化症と血圧亢進症に罹っていると診断されていた堀江だが、「死生は天の命と云ひながら、自分の研究を纏めないで死ぬのも学者として甚だ残念である。……纏まりさえすれば何時倒れても遺憾はない」と『英国現代の経済』（一九二四年）の巻頭の余白に記していたという（金原一九五六）。

厳しい論調で綴られた雑誌論文からは強い正義感が窺えるが、堀江は労働者の味方の立場を取り、労働者階級に対する啓蒙心も持ち合わせていた。そうした点は例えば『労働問題の現在及将来』（一九一九年）の「巻頭に題す」に書かれた次の言葉からも確認できる。「本書の読者にして、叙事議論等に就て了解に苦しまるゝの点あれば、著者に向つて質問せらるゝ可し。著者は病気旅行其他の故障なき限り、解答の労を辞せず」（堀江一九一九、「巻頭に題す」三頁）。堀江はこの言葉に続けて郵便宛先まで示していた。「新聞材料の暴評家」、「所謂学者と云ふ柄の人でなく、寧ろ拙速主義の新聞雑報式の一記者」、「吾輩はこの人位、軽薄な軽佻な軽忽な凡そ軽いと云ふ形容詞の付く安つぽい態度の人を又と知らない」といった酷評をする向きもあったが、(7) 堀江は労働者階級の側に立つヒューマニストであった。

堀江には恋愛小説を好む一面もあり（堀江一九二六）、彼の日記を読むと、相撲や芝居見物が趣味であったことがわかる。福田徳三と同じく喧嘩っ早かったが、一方で茶目っ気もあったと伝えられている（高橋一九六三（高橋一九七〇、三八九頁））。堀江はメモ程度の日記を残しているが、几帳面な性格なのだろうか、亡くなる一週間前の講演で倒れた日の日記もあらかじめつけられていた。(8) 不経済を嫌い、洋服で通す合理的な面もあったが、晩年は身なりに構わなかったようである（小泉一九二七、二頁）。

3　教育者・研究者としての堀江帰一

『堀江帰一全集』

改造社より一九二八（昭和三）年から一九二九（同四）年にかけて『堀江帰一全集』全一〇巻が刊行された。堀江の教育者・研究者としての活動はこの全集からある程度たどることができる。「堀江帰一全集内容見本」の見出しには「学界経済界を指標する経世的大全集!!処世の好伴侶、財政経済の大宝庫!!」という言葉が躍っていた。全集の構成と中身、頁数は次の通りである（各巻の簡単な中身を（　）内に記した）。

第一巻　財政篇（日本の実情に立脚した穏健な学説の提示）一一四八頁
第二巻　貨幣及金融篇　上（貨幣・銀行・外国為替、『ダンバー氏銀行論』）九〇九頁
第三巻　貨幣及金融篇　下（現代日本金融史を構成する金融問題）一一四二頁
第四巻　国際経済論　上（国際経済の原論と国際経済上の諸問題）五四二頁

第五巻　国際経済論　中（日本の国際貿易の明治年間における発展を知ることができる自由主義的色彩の国際経済論）八六四頁

第六巻　国際経済論　下（国際経済の動揺とそれからの脱却の姿を描写、日本の採るべき術策の提示）九三三頁

第七巻　社会問題篇（社会問題の現実的解決策の提示、国家資本主義の提唱）九九四頁

第八巻　雑纂　上（各国における経済上の時事問題を分析、批判）七三四頁

第九巻　雑纂　下（力作『英国現代の経済』と『日本の経済的危機』）八七一頁

第一〇巻　雑誌論文、日記及書簡（『国民経済の話』、『社会経済研究』、絶筆、講演草稿、日記、書簡、略年譜、著作目録）九八〇頁

『堀江帰一全集』は堀江の全ての著書・論文を網羅しておらず、本来ならば「全集」ではなく「著作集」と呼ぶべきものである。それでも全一〇巻の合計頁数は九一一七頁にのぼり、堀江の旺盛な執筆力はこの「著作集」だけからでも十分に知ることができる。

堀江の学説

全集の構成から堀江の専門分野や関心領域は見当が付くと思われるが、ここでは堀江の学説を①貨幣論、②銀行論、③財政学、④国際経済論、⑤社会問題、⑥景気認識に分けて概観しておこう。

まず、貨幣論の著作は『貨幣制度論概要』（講義プリント、一九〇二年）に始まり、『最新貨幣論』（同文館、一九〇四年）、『増補改版　最新貨幣論』（同文館、一九〇八年）、『貨幣論』（同文館、一九一四年）、『増補改版　貨幣論』（同文館、一九二二年）、『五訂改版　貨幣論』（同文館、一九二七年）が刊行された。堀江はこれらの著作で幾度も増補、改訂を繰り返しながら、貨幣流通論、貨幣技術論、貨幣価値論、貨幣本位論や内外の貨幣制度を詳細に考察した。

今日の貨幣学説から見れば時代遅れになるが、彼の立場は一貫して金属主義、自由鋳造主義であった。すなわち、貨幣の本質を貨幣素材の金属に求め、貨幣価値は金属自体の価値に由来し、それによって決定されるという考えを取っていた。

堀江は最初の留学時にハーバード大で指導を受けたC・F・ダンバー（堀江が慶應義塾理財科で学んだドロッパーズの師でもある）の『銀行業の理論、並びに歴史に関する数章』第二版（一九〇一年）の翻訳に補論を加えた『ダンバー氏銀行論』を一九〇三（明治三六）年に同文館から出した。ダンバーにより銀行論の基礎的知識を形成したわけである。銀行論についても貨幣論同様『銀行制度論』（講義プリント、一九〇三年）に始まり、『最新銀行論』（同文館、一九〇四年）、『増訂　最新銀行論』（同文館、一九〇九年）、『銀行論』（同文館、一九一四年）、『改訂五版　銀行論』（同文館、一九一六年）、『増訂改版　銀行論』（同文館、一九二三年）、『五訂改版　銀行論』（同文館、一九二七年）と何度も版を改め、改訂を行いながら、著作を刊行した。これらの著作は銀行や銀行業務に関する諸概念の解説、各国の中央銀行の制度・運用の詳述、日本銀行の制度について論及する内容であった。

貨幣論・銀行論と並んで講義を担当した財政学においても、堀江は『財政学』（宝文館、一九〇九年）を端緒として、『増訂改版　財政学』（宝文館、一九一二年）、『最新　財政学』（宝文館、一九一七年）、『改訂増補　財政学』（宝文館、一九二三年）、『増訂改版　財政学』（宝文館、一九二六年）、『財政学綱要』（宝文館、一九二七年）と版や改訂を幾度も重ねながら著作を刊行した。堀江の財政学説はドイツ・ワーグナー財政学のイギリス版とも言えるアイルランドの経済学者・C・F・バスターブル（バステーブル）に依拠したものであった。堀江の財政学に関しては後に「早稲田の井上辰九郎と並んで、わが国におけるバステーブル財政学の普及に大きな貢献を果したのは、「日本のバステーブル」ともいうべき堀江帰一であった」（戒田一九八八、七〇頁）と評されている。ただし、バスターブルの財政学は国家による市場経済への大幅介入を拒否する自由主義経済思想を基調としており、後述する通り堀江の後年の国家資本主義とは相容れない。ドイツ財政学をベースにイギリス財政学も加味して、国家経費論、国家収入論、収支適合論、歳計論から構成された本格的な財政の体系書を堀江は残した。

また、堀江は国際経済論の分野でも、例えば国際商業政策について理論や欧米諸国の沿革を論述した『国際商業政策』（同文館、一九〇五年）、日本の通商条約を論評した『本邦通商条約論』（籾山書店、一九〇七年）、商業政策における関税の役割や、欧州における関税問題の沿革、日本の関税問題を論じた『関税問題』（隆文館、一九〇九年）などを刊行した。いずれも保護主義を否定し、自由主義が基調になっている点が特色である。国際貿易・国際金融に関する時事的研究も多い。『世界の経済は如何に動くか』（岩波書店、正編一九二二年、続編一九二三年）、『国際経済と国民経済』（改造社、正編一九二二年、続編一九二三年）では、貿易、人民の移出入、企業の経営、富源の開発等について全て自由にし、それによって国際共通経済の徹底的実現を期し、ひいては世界平和の確立を来たさんとする「国際共通主義」を理想として提唱した。

このように多くの分野で著作を残した堀江であるが、最も注目すべきは社会問題に関する研究である。堀江は二度目の留学からの帰国後、慶應義塾で「最近社会問題」という講座を開講し、一九一六（大正五）年に小泉信三に引き継ぐまで自ら受け持った。社会問題に関する著書としては、『労働問題十論』（宝文館、一九一八年）、『労働問題の現在及将来』（大鐙閣、一九一九年）、『経済組織改造論』（大鐙閣、一九二〇年）、『労働組合論』（国文堂、一九二〇年）、『社会経済研究』（国文堂、一九二一年）などを挙げることができる。これらの著作で労働問題を中心とする社会改造に関する堀江の経済的・政治的思想を知ることができるが、これについては後述することにして、ここでは簡単に堀江の主張を見ておく。堀江は労働組合主義の立場に立ち、労資対等の関係の構築がまず必要であるという考えから労資協調主義を批判した。当時の治安警察法第一七条にも反対して、労働組合運動の自由を主張した他、工場法の完成、養老年金法、労働者保険法、最低賃金法の制定など基本的に労働者を擁護する主張を重ねた。

堀江は景気循環論を支持し、今日的言葉で言えばケインズ的な財政政策に反対の立場を取った。例えば、「国民経済不振の時代に於ては其不振の調節される程度まで、財政の規模を縮小するのが当然の処置であつて、或は斯の如くして不景気は社会到る所に浸潤し、其勢いを逞うするに至るかも知れないが、是れが却つて経済社会をして速に快復の道程に就かしめる所以と為るのである」[9]と今日のマクロ経済学的知見とは逆の見解を示している。堀江は財政において節約された金額は国民経済に残り、国民によって資本として活用されれば経済の活路を促す、あるいは物価の低下を通じて生産費を低下させ、資本家の事業計画を刺激して景気の回復を促すと考えている。ある意味ではケインズ的財政政策によるクラウディング・アウト効果を意識していたとも考えられ、この点で興味深い。

堀江の著作は総じて欧米学説の吸収、その日本経済への適用にとどまっていた。当時の日本人経済学者に共通する傾向であり堀江だけに限ったことではないが、自国の経済学者の研究に対する目配りは欠けていた。貨幣論・銀行論・財政学の分野では、理論展開よりも制度面に重点が置かれていたため、今日読むと物足りなさが残るが、最新の制度についてフォローしながら堀江は著作の改訂・増補を重ねていた。また、国際経済や社会問題に関しては時事問題を積極的に取り上げ、解決策の提示にまで踏み込んだ。このように堀江の学説の特徴は緻密な理論構成よりも現実の経済・社会問題を的確に認識し、具体的な対応策を社会に強く訴えた点にあったのである。

経済思想面での変化

堀江の学説を形成する彼の経済思想は自由主義から最終的には国家資本主義に変化していった。一七歳でA・スミスの『国富論』を読み、自由主義的な学説の洗礼を受けた堀江は第一回留学後、慶應義塾で教鞭を執りながら『時事新報』など論壇でも活躍したが、教壇や論壇での立場は一貫して自由主義であった。この頃、慶應義塾大講堂で行われた経済思想講演会で、当時保護主義を採っていた河上肇の講演の後を受けて「行燈の火影暗き古昔はいざ知らず、電燈燦として輝く今日の世界に、保護主義の幽霊が再び現はるゝとは奇怪至極である。速に退散せよ」と卓を叩いて叫んだという著名なエピソード（慶應義塾編一九六二、二五五頁）がそのことを物語っている。

しかし、やがて堀江の関心は社会問題・社会政策に移行し、思想的立場も変わっていった。一九〇九（明治四二）年の雑録「英独両国労働者の生活状態」（『国民経済雑誌』第六巻第五号）で、英国商務院の報告書を抄訳し、借家料・住家状態、家計・物価、賃金・労働時間を中心に英独両国の労働者の生活状態を伝えた。恐らくは既にこの頃より社会問題に関心を持っていたと思われる。[10] 堀江は一九一〇（明治四三）年四月から一九一一（同四四）年二月にかけて二度目の留学に出たが、その間にイギリスで救貧院の訪問やロンドンの労働取引所の視察、職工組合連合会本部への出入りなど、社会問題をいわば実地に研究することになった。そして帰国後、イギリスの労働問題に関する論文を発表し始めたのである。一九一六（大正五）年頃からは日本の労働問題についての論文発表を開始した。藤林敬三によれば、堀江はウェッブ流の労働組合主義にG・D・H・コールのギルド社会主義の影響を受けていたという（藤林一九五九、一七六頁）。

第一次世界大戦の勃発により当時の日本においても様々な経済問題や社会問題が発生したが、こうした問題に直面して堀江は経済組織の改造に向けた諸提案を次々に行った。すなわち、国有事業の拡張と営利事業の社会化、労働者の産業管理権の確立、所得税等の税制改革による所得格差の是正、工業徴募制度、国民養老年金法の制定、物価安定のための最高価格の公定、俸給衣食者の生活難の解消、金権政治の一掃、普通選挙制の実施など、国家資本主義を唱道するに至ったのである。例えば、経済組織改造の五方針として次のように提言している。[11]

第一　労働者は団結権を得て、労働組合を組織し、以て資本家に対抗すること。
第二　消費者又消費組合を組織して、生産業経営の衝に当り、以て資本家の横暴なる処置を掣肘すること。
第三　労働者の団体は其団結力を政治上に利用し、議会に労働者の利害を代表する者を送りて、労働立法の制定に参与せしめ、立法の趨勢をして労働者自身に有利ならしむること。
第四　労働団体は自ら産業の管理に干与し、其管理の方法をして自家に利益あるものたらしむること。
第五　国家は国民の生活に重要の関係ある事業を国有に移し、其産出する物資の国民に対する分配を便利ならしむること。

これらの提案は、諸産業の民主的監督、労働者の経営参加を唱えるものであり、目指しているのは社会主義の部分的実行である。この点で完全な社会主義とは異なる。産業の国有と同時にこれに民主的監督を加えようとする「産業の社会有」は、国家の意思とともに労働者の意思で工場の経営を行っていくものである。また、消費組合は貨物の配給だけでなく貨物の生産を兼営させる生産的消費組合の提唱は、配給的消費組合でなく消費組合自身で資本を持って経営、生産し、品質の良い商品を分配していくという主張であり、従来の経済政策の主張においてとかく閑却されていた消費者の利益の保護を訴えるものであった。

なお、堀江自身は自らが社会主義思想に傾斜していることは十分に自覚しており、一九一九（大正八）年一二月三一日の日記にも「本年は精神的に物質的に大に働きたり、思想は大に社会主義的傾向を有するに至れり[12]」と記していた。堀江に対して急進的・過激という批評が出たが、彼は次のように反論している。「私が新聞雑誌に公にして居る意見の如き、誠に平々凡々なものであつて、自分ながら時に其平凡に流れることを嘆ずる位の次第である。是が過激だとか、急進だとか云ふのは、要するに私の論文を精読もしない人々の盲評ではなからうかと考へる[13]」。堀江の頭の中にあったのはただ、「国家の政治機関を改善し、他の一方には国家を中心として、吾人の経済生活をより多く公正な方嚮に改造したい[14]」という思いであった。

堀江は思想面で誰から影響を受けたのであろうか。堀江が理財科の学生時代に教わったのはドロッパーズであるが、彼から具体的にどのような影響を受けたかは定かではない。第一回留学時に堀江はイギリスでH・S・フォックスウェルに学んだ。フォックスウェルはケンブリッジ大学におけるA・マーシャルの後継者の地位（教授職）をA・C・ピグーに取られてしまったことで知られるイギリスの経済学者である。玉置紀夫は「その後の堀江の生涯のふたつの主要知的テーマ、すなわち貨幣・銀行論と社会問題は、こうしてフォックスウェルのもとでそもそも結合していたのであった。ボストンのハーヴァード・コレッヂ以来、貨幣・銀行論を中心に据えていた堀江を、社会問題にも目をひらかしめたのは、実はフォックスウェルであった」（玉置一九九〇、五〇頁）とフォックスウェルが堀江に影響を与えたという傾聴すべき指摘を行っている。

しかし、堀江への思想面での影響となるとフォックスウェルよりも福沢諭吉の存在が大きかったと見るべきだろう。この点に関して、高橋誠一郎は「石河幹明氏の書いて居られる処に拠ると、福澤先生最晩年の最大関心事は労資関係であつて、先生は時代の趨勢に鑑み、時事新報を通じ、声を大にして、社会政策を論ぜんとして居られたと云ふことである。而も明治三十四年に於ける先生の逝去は此の方面に於ける老偉人の活躍を永遠に封じた。堀江博士は実に先生の死後十年にして其の偉大なる知己の志を継承したものとも云へよう」（高橋一九二八b（高橋一九四〇、三八五頁））と述べ、また西川俊作も「〔堀江は〕福沢から時代批判の在野精神をもっともよく受け継いだエコノミストであった」（西川一九八五、三〇頁）と述べている。周知の通り、福沢は経済問題に関する数多くの時論を物した。堀江もまた福沢同様に経済問題に関する膨大な時論を執筆したのは本章の次節で見る通りである。福沢は「堀江のような奴が出るので、己は教育をやめられない」と人に語り、「時事新報を背負って立て」と堀江に言ったという（高橋一九五四、一一一頁）。また、最初の留学中に福沢の訃報に触れた堀江はその死に大きな衝撃を受けていた。[15] 目を掛けてもらった堀江にとって福沢は学問面でも実践活動面でも報恩すべき相手であったことは疑いない。堀江は福沢から社会問題に目を向ける姿勢を受け継いだと見るのが自然であろう。

4　実践家としての堀江帰一

時論の執筆者として

堀江は象牙の塔にこもる経済学者ではなかった。当時の経済論壇で活躍し、新聞、雑誌を問わず精力的に時論を執筆している。先述の通り、一八九七（明治三二）年に時事新報社編集局に入った堀江は早くも社説執筆陣に加わった。「新聞紙の事も若い者に譲り渡して段々遠くなつて紙上の論説なども石河幹明北川礼弼堀江帰一などが専ら執筆して私は時々立案して其出来た文章を見て一寸々々加筆する位にして居ます」（福沢一八九九、五二八頁）と福沢も述べているが、堀江は二一歳の若さで特に経済方面の社説を執筆したのである。

堀江は一九一四（大正三）年以降、経済論壇で精力的に財政・金融・社会問題を満遍なく論じた。中でも『中央公論』への執筆が際立っていた。『中央公論社七十年史』は堀江の寄稿を次のように伝えている。「早く明治三十二年五月号に先掲「非常準備基金の運用法を論ず」を書いた堀江帰一はその後寄稿を中断していたが、大正三年以降の誌上に経済時評の第一線を受持つて活躍した論客として記憶されねばならない」（中央公論社一九五五、一一四頁）、「〔大正五・六年の〕経済評論には、前期を受けて堀江帰一の時評が主流をなしていた」（同上、一三三頁）、「〔大正八・九年の〕誌上の論者には、まず大正初期以来の経済時評に主座を占めて来た堀江帰一が際立つている」（同上、一四九頁）、「昭和初頭における財政経済評論の大勢に眼を転じるならば、そこにはさし当り堀江帰一・渡辺銕蔵・太田正孝・高橋亀吉ら、大正期を受けた常連の執筆に加うるに、新たに牧野輝智・阿部賢一らの時評が目につく……（堀江はこの年の十二月ににわかに病没し、長き本誌上における活躍もその幕を閉じた）」（同上、一九三－一九四頁）。

また、創刊以来亡くなるまで堀江が活躍した場が一九二三（大正一二）年創刊の『エコノミスト』誌である。ここでも「ここで堀江帰一、河田嗣郎両博士のことに言及しておかなければならない。両博士とも、ほとんど創刊号以来毎号時論を寄稿して、初期の『エコノミスト』の発展に大きな寄与をした。両博士とも当時の経済論壇の雄であり、とりわけ堀江博士は、いまでいえば、いい意味での〝タレント学者〟であった」（エコノミスト編集部編一九七九、四〇頁）と回想されている。

堀江の時評で目に付くのは当時の政権への容赦なき批判である。堀江は第二次大隈内閣（一九一四－一六年）、寺内内閣（一九一六－一八年）、原内閣（一九一八－二一年）、高橋内閣（一九二一－二二年）など、時の政権の経済的病患への無策や国民生活の安定をもたらす施策の欠如を強く批判した。特に原内閣に対しては、その金権政治を厳しく攻撃した。例えば一九一九年に『改造』に寄せた「民衆を敵とする政治」という時論がある。[16]これは全面的な原内閣批判であった。堀江はこの中で、中流階級、ことに俸給衣食者にとって原内閣は不倶戴天の仇であるとまで言い切り、原内閣が通貨を膨張させて物価の騰貴を招き、中流階級の生活を圧迫したことを批判した。労働者階級に対しても治安警察法を適用して労働者の運動を最も手ひどく圧迫したのも、労働者団結の機運に妨害を加えたのも、足尾鉱山や釜石鉱山のストライキに対して甚だしい高圧手段を弄したのもすべて原内閣であり、この内閣くらい労働者階級を敵として苦しめたものは比類を見ないと厳しく批判した。もちろん、この厳しい批判には弱い労働者階級の立場に立つという堀江の正義感が反映しているのである。

また、高橋是清やその財政政策に対しても次のように厳しく非難した。「高橋是清氏は私共の眼から見ると、余程変な人であつて、其財政経済上の問題に就て発表する意見の如き、常に常識を逸し又道理に外れたものばかりである。随つて私の如き、財政家としての高橋氏の技能なり、見識なりに対して、寸毫の信用を払ふを得ない、斯る人物が我国財政の当局者であることの如き、選叙を誤まれる甚しきものであつて、我国の財政に損傷を及ぼすことの幾何であるか、殆ど測り知る可からざる訳である」[17]。先に述べた通り、堀江は景気循環論の立場から不況時の積極財政に対して批判的であり、いわゆる高橋財政も理論的に受け容れがたきものであったことは容易に想像がつくが、その批判には高橋を宿敵と言わんばかりの執拗なものがあった。

以上見てきたように、堀江は経済学者というよりも今日のわが国で言う「エコノミスト」つまりは経済評論家としての側面が強い。堀江帰一は福沢諭吉譲りの時代批判の精神を持った「実践派エコノミスト」であった。

実践活動

堀江が国家資本主義の立場から労働者側に立った諸提案を行ったことは先に述べた通りだが、机上の活動だけにとどまらず堀江は一九一二（大正元）年、友愛会に評議員として参加し、その立ち上げにかかわった。友愛会は鈴木文治を中心に結成された労働団体で、労働者の地位向上を目指す共済組合的性格を持っていた。労働問題の解決に資するよう一九二一（大正一〇）年六月に鈴木文治・吉野作造らによって設置された日本労働者協会は同年九月に労働者のための教育機関として日本労働学校を開校したが、堀江は同校の講師も務めており[18]、労働者の啓蒙にも直接当たった。また、この頃、職工組合のための演説も行っていた[19]。

堀江の実践活動としては政治活動に携わったことも見落とせない。すなわち一九二二（大正一一）年六月に市政粛正会から推されて芝区一級市会議員選挙に立候補したが、一七票差で落選した[20]。また、一九二六（大正一五）年一一月四日に安部磯雄・吉野作造らとともに堀江は新政党組織促進に関する声明書を出し、これに応じる形で準備会が持たれた後、社会民衆党の結党大会が同年一二月五日に東京芝の協調会館において開かれることになった[21]。堀江は日本最初の労働者政党である社会民衆党の結成にも尽力したのである。

5　日本経済学史における堀江帰一——むすびに代えて

慶應義塾の経済学にとって

本章を結ぶに当たって、日本経済学史における堀江の位置づけを考えてみたい。これまで見てきた通り、精力的な執筆を行った堀江は慶應義塾理財科・経済学部の広告塔とも呼ぶべき存在であった。そのことは一九〇九（明治四二）年二月に創刊され今日まで慶應義塾の学問的伝統を支えてきた『三田学会雑誌』からも確認できる。堀江が亡くなった一九二七（昭和二）年一二月の第二一巻第一二号まで『三田学会雑誌』は通算で一九八号の発行を重ねたが、堀江は雑録・新刊紹介を含め実に一五五件の執筆を行った。この間の執筆量は堀江が最多であり、高橋誠一郎の一四三件が続く。堀江と「慶應義塾理財科の双璧」と言われた気賀勘重は四〇件である。

ただし、堀江には学問上あるいは実践活動上での後継者はいなかった。高橋誠一郎は次のように述べている。「華々しい武者振りのうしろに、何となく淋しい影の附き纏つてゐたことが感ぜられてならなかつた」（高橋一九四〇、三八〇頁）。主義主張の点で、堀江は教授達にも実業界にいる慶應義塾の先輩達にも受け容れられなかったのである。

慶應義塾の経済学にとって堀江の貢献は、組織面で義塾経済学部の基礎を築いたことである。すなわち堀江は慶應義塾経済学部の「学部確立の推進者」[22]として位置づけられている。堀江は一九〇八（明治四一）年四月に理財科主任に就任したが、その後、一九〇九・一〇年頃から理財科の教課内容拡充が進んだ。さらに二度目の留学から帰朝後、教課内容を一新した。また、三辺《さんべ》金蔵、高城仙次郎、高橋誠一郎、小泉信三、増井幸雄、向井鹿松、加田哲二、野村兼太郎らを教員採用し、留学させ、慶應義塾経済学部の研究・教育体制を確立したのである。終戦を迎えるまでの日本の経済学の展開において、特に今日のマクロ経済学・ミクロ経済学につながる非マルクス経済学の分野では慶應義塾が東京商大と並んで大きな役割を果したことに鑑みると、堀江によって慶應義塾の研究・教育体制の充実が図られたことは日本の経済学の発展にとって意義深いものであったと言うことができる。

日本経済学史上の位置づけと現代的意義

同時代の経済学者と比較すると、堀江の右に出る経済学者がいなかったわけではない。業績に関して理論の吸収では一九〇五（明治三八）年度から一九一八（大正七）年三月まで慶應義塾でも教鞭を執った東京商大教授の福田徳三（一八七四‐一九三〇年）が、財政学研究では京都帝大教授の神戸正雄（一八七七‐一九五九年）が、貨幣論研究では東京帝大教授の山崎覚次郎（一八六八‐一九四五年）が、また日本の社会問題を日本の実態に即して分析した点では京都帝大教授の戸田海市（一八七一‐一九二四年）[23]がそれぞれ堀江帰一の右に出る存在だったと言えるだろう。しかし、「学界同人の追随も許さぬ経済記者的手腕」を発揮し、現実問題への切り込み方の鋭さで堀江は随一であった。堀江の真骨頂は学者でありながら現実の経済問題に立ち向かう実践性にあった。

経済学を研究する姿勢としては、理論面の業績の点で欧米の経済理論の導入・紹介以上のものがなく、独自の理論構築や理論の精緻化はないが、堀江はそれよりも現実直視に重点を置いていた。そしてまた、人間味のあるエコノミストとして堀江は労働者や消費者といった経済的弱者への目配りを欠かさなかった。いずれも今日の経済学徒が失ってはならない姿勢であり、ここに堀江の現代的意義がある。

また、堀江の的確な問題認識を踏まえた鋭い経済時評をたどることで我々は明治末から大正期の日本経済史を組み立てることができる。堀江に勧められて慶應義塾の教員になった小泉信三はいみじくも次のような言葉を残している。「堀江博士等身の著述は、啻に此の代表的経済学者の思想と学説とを伝ふるに止まらず、また実に過去二十余年間に於ける我国の経済的著述を刻記せる記念碑たるの意義を有するものと謂ふべし(24)」。堀江の日本経済学史上の意義はここにもある。堀江の学説や思想は今日の経済学の発展の陰に埋もれてしまっても、彼が時論として書いたものは今なお命脈を保つ。堀江の精力的活動は日本経済を活写した歴史教材を後世に遺すことになったのである。

注

（1）一九三一（昭和六）年二月六日の『三田新聞』第二六〇号の記事で堀江の胸像除幕式（一九三一年一月二十二日）が報じられている。筆者は慶應義塾図書館にこの胸像についての調査を依頼したが、「所在不明。昭和二〇年の空襲による閲覧室の焼損の際に行方不明になった可能性あり」との回答であった。
（2）この点については本章末の〈参考文献〉（6）を参照されたい。
（3）『堀江帰一全集』第一巻、改造社、一九二八年、一一四七頁。
（4）皓星社「雑誌記事索引集成データベース　ざっさくプラス」（http://zassaku-plus.com/）の二〇一五年二月二〇日における検索結果。ただし、このデータベースでは同じ一つの論文が重複してヒットすることがあるため、「ヒット件数＞実際の記事件数」であることに注意する必要がある。
（5）堀江の略歴については主として堀江（一九七七）、『堀江帰一全集』第一〇巻の「堀江博士略年譜」、『別冊太陽　慶應義塾百人』第三〇号（平凡社、一九八〇年春）を参照した。
（6）「教授迷名伝その七　堀江帰一」（一九一六）三頁。
（7）無名穏士（一九二〇）の一一二－一二〇頁で「軽忽な堀江博士」という題目の下、堀江は酷評されている。
（8）堀江の最後の日記となった一九二七（昭和二）年一二月二日の日記は次のように記されていた。「朝七時名古屋にて眼覚む、十一時過ぎ梅田着、放送局にて講演、瀧山を訪ひ梅田より京都へ行き松吉に投宿、夜岡崎公会堂にて講演、微雨」（『堀江帰一全集』第一〇巻、九四〇頁）。
（9）『堀江帰一全集』第六巻、一九二九年、六〇八頁。
（10）堀江の経済思想が二回目の留学時にがらりと変わったと考える高橋誠一郎に対して、西川俊作は堀江が既に留学前から社会問題に関心を持っていたと異論を唱えている。この点については、西川（一九八五）一二九－一三〇頁、参照。
（11）『堀江帰一全集』第一〇巻、五四四頁。
（12）同、八七四頁。
（13）『社会経済研究』（国文堂、一九二〇年）の序。引用は『堀江帰一全集』第一〇巻、一八五－一八六頁。
（14）『堀江帰一全集』第一〇巻、一八五頁。
（15）一九〇一（明治三四）年二月一〇日の日記（『堀江帰一全集』第一〇巻、七三七頁）。
（16）『改造』第二巻第四号、一九一九年（『社会経済研究』所収）。『堀江帰一全集』第一〇巻、五一〇－五二二頁参照。
（17）『世界の経済は如何に動くか』（岩波書店、一九二一年）。引用は『堀江帰一全集』第六巻、七四頁。
（18）講義録として堀江帰一講師述『労働運動史』労働者教育協会出版部、刊行年月不明、がある。
（19）例えば大正一〇年一一月一七日の日記には「夕刻芝浦職工組合の為め、南座にて演説、野次を征服す」との記述が見られる（『堀江帰一全集』第一〇巻、八八八頁）。
（20）一九二二（大正一一）年六月六日の日記（『堀江帰一全集』第一〇巻、八九一頁）。
（21）友愛会歴史研究ホームページ（http://www15.ocn.ne.jp/~uirekisi/42.html）。
（22）『慶應義塾百年史　別巻（大学編）』では「経済学部」の「第5章　学部確立の推進者」で最初に堀江帰一を取り上げ、続けて気賀勘重、福田徳三、阿部秀助、名取和作、堀切善兵衛の業績を顧みている。
（23）「大学講座めぐり」『エコノミスト』一九二六年一〇月一日号、四五頁。
（24）『堀江帰一全集』内容見本の「発刊之辞」（小泉信三執筆）。

参考文献

〈1　堀江帰一の著作〉

堀江帰一（一九一九）『労働問題の現在及将来』大鐙閣。

堀江帰一（一九二六）「小説の鑑賞と年齢、境遇」『文藝春秋』第四巻第一号。

堀江帰一（一九二八・一九二九）『堀江帰一全集』（全一〇巻）改造社。

〈2　堀江帰一生存時の人物紹介をしている文献〉

千朶木仙史（一九〇八）『学界文壇時代之新人』天地堂。

東奥逸人（一九一五）『私学之天下　三田生活』研文社。

「教授迷名伝その七　堀江帰一」（一九一六）『三田新聞』第二四号、一九一九年六月一一日。

無名穏士（一九二〇）『労働運動者の棚おろし』白水社。

「大学講座めぐり」（一九二六）『エコノミスト』一九二六年一〇月一日。

〈3　慶應義塾関係者等による追悼・追憶〉

「堀江帰一先生ついに逝く」（一九二七）『三田新聞』第二〇五号、一九二七年一二月二九日（記事、論説、堀江乙雄による日記紹介、堀江の絶筆「第二為替相場」の他、門野重九郎、波多野承五郎、奥村信太郎、藤山雷太、林毅陸、石河幹明、平賀敏、西野恵之助、福沢桃介、森村開作、井上角五郎、山名次郎、対馬機、東皐、三辺金蔵、小泉信三、成瀬義春、野村兼太郎、島原逸三、園幹治、横山重、逸名氏、加田哲二、清水静文、神戸寅次郎、小林澄兄、津田百合子らによる追悼文。なお、次の第二〇六号（一九二八年一月二三日）にも武藤山治、柴田一能、奥井復太郎の追悼文を掲載）。

高橋誠一郎（一九二八a）「堀江帰一教授逝く」『三田学会雑誌』第二二巻第一号、一九二八年一月。

高橋誠一郎（一九二八b）「故堀江帰一教授を憶ふ」『実業の世界』一九二八年一月号（高橋『経済思想史随筆』理想社出版部、一九四〇年に収録）。

『堀江帰一全集　内容見本』（一九二八年秋頃?）改造社（高橋誠一郎「故堀江帰一博士」、山崎覚次郎、井上準之助、林毅陸、奥村信太郎、武藤山治、鈴木文治、気賀勘重らによる追想と全集に対する激賞を掲載）。

高橋誠一郎（一九三七）「福沢先生と堀江博士」『時事新報』一九三七年三月（高橋『経済思想史随筆』に収録）。

高橋誠一郎（一九五四）「経済学　わが師、わが友」『経済評論』一九五四年一月号。

高橋誠一郎（一九六三）「故堀江帰一博士をしのぶ」『三田評論』第六一九号、一九六三年一〇月（高橋、一九七〇『随筆　慶應義塾』慶應通信に収録）。

金原賢之助（一九五六）「堀江帰一先生の憶出」『書斎の窓』第三四・三五号。

小泉信三（一九二七）「あゝ堀江先生」『三田新聞』第二〇五号、一九二七年一二月九日。

小泉信三（一九六三）「堀江帰一博士と慶應義塾の経済学――三十五回忌記念講演」『三田評論』第六一六号、一九六三年六月（小泉、一九六四）『ペンと剣』ダイヤモンド社に収録）。

堀江乙雄（一九七七）「三宅・滝山・福沢と父堀江帰一――「二枚の絵との出会い」を読んで」『福沢手帖』第一三号。


〈4　堀江への言及がある慶應義塾関係の文献〉

福沢諭吉（一八九九）『福翁自伝』時事新報社。

慶應義塾編（一九六二）『慶應義塾百年史　別巻（大学編）』慶應義塾。

『別冊太陽　慶應義塾百人』（一九八〇）第三〇号、一九八〇年春、平凡社。

池田幸弘・三島憲之編集・執筆（二〇〇〇）『福沢先生没後百年記念「慶應義塾の経済学」展』慶應義塾図書館。

小室正紀（一九八八）「シリーズ　義塾の20世紀　経済学の潮流（上）」『三田評論』第一〇一八号。

小室正紀（二〇〇七）「創刊から昭和戦前期に至るまで」（特集『三田学会雑誌』一〇〇巻）『三田学会雑誌』第一〇〇巻第一号。


〈5　堀江への言及がある一般文献〉

中央公論社（一九五五）『中央公論社七十年史』中央公論社。

エコノミスト編集部編（一九七九）『大正・昭和経済史――『エコノミスト』半世紀の歩み』毎日新聞社。

戒田郁夫（一九八八）『西欧財政学と明治財政』関西大学出版部。

〈6　堀江帰一を対象とした研究文献〉（＊は慶應義塾関係者）
＊藤林敬三（一九五九）「堀江帰一先生の労働組合論」『日本における経済学の百年　下巻』慶應義塾大学経済学会。
井内弘文（一九七〇）「堀江帰一の経済政策論」『三重大学教育学部研究紀要　教育科学・社会科学』第二三巻第三号。

山岡桂二（一九七五）「堀江帰一の労働運動論について――大正デモクラシー期を中心として」『大阪教育大学紀要』第二四巻第Ⅱ

部門第三号。
＊西川俊作（一九八四）「続・日本の経済学者たち　4　堀江帰一――産業デモクラシーを求めて」『経済セミナー』一九八四年三月号（西川（一九八五）『福沢諭吉と三人の後進たち』日本評論社、第4章「堀江帰一――論壇に立つジャーナリスト」に収録）。
＊玉置紀夫（一九九〇）「堀江帰一のロンドン」『近代日本研究』第七号。
田畠真弓（一九九二）「張公権と中国銀行則例改正――日本人学者堀江帰一の提言を中心に」『駒沢大学大学院経済学研究』第二三号。

上久保敏（二〇〇〇）「元祖実践派エコノミスト堀江帰一――学理と実際の調和」『経済セミナー』二〇〇〇年八月号（上久保、二〇〇三『日本の経済学を築いた五十人――ノン・マルクス経済学者の足跡』日本評論社に収録）。

第5章

気賀勘重とオイゲン・フォン・フィリッポヴィッチ

ギュンター・ディステルラート
（池田幸弘訳）

気賀勘重
（1873–1944）

1　はじめに

二〇世紀前半において、気賀勘重（一八七三－一九四四年）は慶應義塾大学経済学部において最も重要な学者そして教育者であると目される。気賀勘重はまず、ドイツやオーストリアの経済学の日本への導入者として決定的な役割を演じた一人とみなされる。その中心となるのが、日本語訳にして三〇〇〇ページを超える、オイゲン・フォン・フィリッポヴィッチ（Eugen von Philippovich）の教科書の非常に正確なまた優れた訳出で、これは真の意味で偉業である。以下では、まず、気賀勘重の初期の履歴、特に彼のドイツ滞在、そしてそこでドイツ語で書かれた博士論文について述べ、さらに、なぜ気賀がフィリッポヴィッチの著作を邦訳しようかと考えたのかということを述べたい。さらに、フィリッポヴィッチの生涯と業績について描写し、また彼の立場を当時の経済学的言説の中に位置づける。結論部分で、いま一度気賀に戻り、彼が学問、政治、そして特に慶應義塾大学にとってどのような役割を演じたかを見る。

2　気賀勘重の履歴――ドイツに行くまで(1)

気賀勘重は明治六（一八七三）年三月一五日、静岡県浜名郡都盛村（現浜松市）に、三輪家の息子として生まれた。勘重は故郷の村で小学校に通い、伝えられるところによれば、幼少時からＳ・スマイルズの『自助論』に大きな関心を示したと言われる。さらに、早い時期から農業問題に親しんでいたとも伝えられ、これは後に学者として勘重が関わり、解決を見出そうとしたテーマとなる。

一八九二年、彼は慶應義塾大学部正科に入学し、九五年に文学科を卒業している。ただちに、勘重は慶應義塾普通部教員として任用されている。同年、彼は故郷の浜名に帰り、そこで地方名望家の気賀家の娘と結婚し、気賀家の養子となった。九八年には、慶應義塾理財科教務主任となり、九九年には慶應義塾派遣留学生第一号としてドイツに渡った。

3 気賀勘重のドイツでの足跡とドイツ人教授たち

気賀勘重はドイツ滞在中、次の大学を訪問している。一八九九年一〇月‐一九〇〇年八月ゲッティンゲン大学、一九〇〇年一〇月‐一九〇一年八月ライプチヒ大学、一九〇一年一〇月‐一九〇二年八月ベルリン大学。そして一九〇二年、気賀はゲッティンゲン大学のG・コーンのもとで博士論文を書き、学業を終えた（Kiga 1904）（一九〇二年八月、ゲッティンゲン大学博士学位取得のための論文*Das Bankwesen Japans*（邦題：日本の銀行制度）は、一九〇四年、ライプチヒで刊行されている）。コーンは気賀にとって主たる指導者ではあったが、ライプチヒではC・ビューヒャーからさらなる刺激を受けた。ベルリンでの交際関係は明らかではない。

G・コーン（一八四〇‐一九一九年）はドイツ歴史学派の経済学者で、特に財政学的な問題に関わった。コーンは一八六六年にライプチヒ大学において哲学博士号を取得し、ベルリンで統計学セミナーに参加した。その後、ハイデルベルク大学で私講師として教え、一八七一年にはリガのバルト高等工業学校の教授になった。七二年には社会政策学会が創設されたが、その創設メンバーの一人であった。一八七二年から七三年にかけて、『フランクフルト一般新聞』の社会政策部門の編集の仕事をした。七五年からはチューリッヒの高等工業大学で教え、八四年から一九一八年にかけてはゲッティンゲン大学の教授であった。一八九二年には、証券学の帝国委員会のメンバーだった。最も重要な著作としては一八八九年に公刊された『財政学体系』（Cohn 1889）が挙げられるが、同書はT・ヴェブレンが英訳し、一八九五年にシカゴで『財政学理論』（Cohn 1895）として公刊された。コーンが気賀勘重の学位論文を指導したのは、専門教科という見地からはよく理解できるところである。

ビューヒャーはドイツ歴史学派の経済学者だったが、まずはボン大学で古代史と文献学を修め、一八七〇年には学位を取得している。七三年から七八年にかけては、フランクフルトのヴェーラー校の教員だったが、この間に独学で経済学に転じた。コーンよりもすこし遅く、ビューヒャーもまた『フランクフルト一般新聞』の書籍編集部門に関与し、七八年からは社会経済政策部門で働いた。八一年、ミュンヘン大学において、経済学・統計学で教授資格を取得し、ドルパート大学（エストニアのタルトゥ）、バーゼル大学、そしてカールスルーエの工科大学で教え、九二年にはライプチヒ大学に招聘された。同地で一九一七年まで教えることになる。ビューヒャーは、経済史、労働社会学、統計学など幅広い分野で際立っていた。最も重要な業績として認められているのが、『国民経済の生成』（Bücher 1893）である。『大量生産の法則』（Bücher 1910）は、損益分岐点の発見という貢献で知られていよう。気賀勘重とビューヒャーとの関係がどの程度密接なものであったのか、ビューヒャーの気賀に対する影響がどの程度のものであったかは不明である。

4　日本人がドイツ語で発表した経済学の博士論文

私の知る限り、一九〇四年における気賀勘重の学位論文の刊行に先立って、三人の日本人学者がドイツ語で学位論文を書いている。すなわち、新渡戸稲造（一八九〇年）、草鹿丁卯次郎（同じく一八九〇年）、さらに福田徳三（一九〇〇年）の三名である。

新渡戸稲造は、札幌農学校（一八七七年から）、東京大学、そしてジョンズ・ホプキンス大学（ボルティモア、一八八四年から）での勉学の後、ドイツに滞在し、ボン大学、ベルリン大学、ハレ大学に学んだ。ハレで、新渡戸はついに指導教授を見つけることができた。すなわち、J・コンラート（一八三九－一九一五年）である。彼は、一八七〇年から同大学で正教授として国民経済学を教授していた。教科の力点は農業経済と統計学にあった。コンラートが西プロイセンのユンカー階層の出身であることは、興味深い履歴の一コマである。ドイツ歴史学派の一般的な方法に触発されて、またこれはおそらくはコンラートの望むところでもあったように思われるが、新渡戸は、前史から当時に至るまでの、つまり明治の中頃に至るまでの、日本の土地所有と農業について博士論文を書いた（Ota-Nitobe 1890）。とは言っても、重点ははっきりと当時の現実の状況に置かれていた。論文の最後の部分には、小作農の社会状態に対する批判があり、これは間接的に成立しつつある大土地所有に対する批判であると考えられる。もちろん、まだ地主制という言葉は当時一般的ではなく、少なくとも論文全体を見てもこれに対応するドイツ語表現は見当たらない。

同年にドイツで学位論文をものしたのが、草鹿丁卯次郎（一八六七―一九三一年）である。知名度に関しては新渡戸に遠く及ばないが、その学位論文は新渡戸を超える水準とは言えないにしても、少なくとも同等の価値を有するものである。イェナ大学で学位を取得する前の草鹿の履歴については知られていない。帰国後は、ドイツ書を二冊訳し、西洋諸国の商法や株式会社についての書物を編集した。他の点では、草鹿は学者としてのキャリアを犠牲にしてビジネスのキャリアを積み重ねたように思われる。一九〇一年から、鴻池銀行、住友銀行支店長や監査役などを歴任している。その学位論文は、ドイツ語で初めて書かれた日本の通貨史にほかならない。『日本の貨幣制度』（Kussaka 1890）がそれである。ここで、その内容を以下で見ておくことは意味があるだろう。

Ⅰ　日本の貨幣制度の歴史

- 紀元前六六〇年から七〇四年まで
- 七〇四年から一五四二年まで
- 一五四二年から一八六八年まで

•一八六八年から今まで
Ⅱ　日本の貨幣制度の現状
•円の鋳貨
•藩札の回収
•国立銀行札
•日本銀行札
•価格動向
Ⅲ　日本の貨幣問題
•金本位か銀本位か
資料　貨幣関係の法令
　七一二年から一八七一年まで

草鹿の学位論文では、ドイツ語圏だけではなく当時の日本での議論にとっても重要であった日本の貨幣史が扱われている。喫緊の課題であった紙幣流通と価格に関する問題の考察などもそこには含まれている。両者の学位論文と比して、福田徳三の学位論文が貧弱なのにはやや驚かされる。福田は一九〇〇年にミュンヘンで学位を取得し、日本の経済学の展開においては、新渡戸や草鹿をはるかに上回る学者だと考えられているからである。福田が、当時のドイツでの議論全体を日本に輸入しようとした重要人物であることは疑われない。すなわち、K・マルクスとの批判的対峙者、ドイツ歴史学派の社会的国家という理念の擁護者として、あるいは経済史研究の擁護者としての福田の役割である。帰国後、福田は東京商科大学で、また慶應義塾大学で教授として務めた。しかしながら、指導教授の選択という観点からいえば、福田は運が悪かった。一八八一年から一九一六年にかけてミュンヘン大学の経済学教授であったL・ブレンターノは、まさに彼自身の刺激的とは言いがたい著作に対応して、福田に日本の社会的経済的発展という学位論文の主題を与えたのであった。この大胆な企てが失敗に終わるのは確実だった。福田の博士論文は、日本の社会・経済史の非常に表面的な要約に終わってしまっている。

5 気賀勘重の博士論文

年代的に見れば、気賀の一九〇四年の学位論文は経済学分野では、日本人によるドイツ語で書かれた学位論文としては四番目のものになる。福田の場合とは対照的に、気賀は、自身の選択による分野である財政の専門家、すなわちゲッティンゲン大学のコーンによって指導された。それだけではなく、もちろん自分自身の能力によって、その学位論文は日本の金融制度についての当時の研究としては特筆すべき貢献となっている。気賀の学位論文はゲッティンゲン大学に一九〇二年に提出され、翌々年ライプチヒで公刊された（Kiga 1904）。

『日本の銀行制度』の内容

Ⅰ　序説
Ⅱ　前近代日本の信用制度
Ⅲ　近代銀行の発足
Ⅳ　国立銀行制度
Ⅴ　日本銀行
Ⅵ　商業銀行
　　市中銀行

貯蓄銀行
Ⅶ　抵当銀行
証券銀行
Ⅷ　総括

この学位論文のテーゼは、筆者の考えでは次の八つの点にまとめることができる。

1　近世の金融制度は非常に単純だったが（他の国と同様にその発展には長時間が必要なので）、近代化に向けた大切な準備であった（Ibid., p. 22）。
2　国立銀行制度（一八七二－八〇）自体は大失敗だったが、民間銀行として残った一五三行の銀行の存在自体は地方における近代的経営の指導者となり大きな利点となった（Ibid., p. 57）。
3　日本銀行と松方財政は大成功だったが、実行に移された厳格な紙幣発行権の中央集権化は不必要だった（Kiga 1904, pp. 60–112）。
4　横浜正金銀行の貿易振興と正金準備の重要性（Ibid., pp. 115–128）。
5　貯蓄銀行が預金の四分の一を利付国債証券に投資する義務（一八九三年の法律）は厳しすぎる（Ibid., pp. 141, 142）。
6　小規模な銀行は自己資本と経営上の知識が少なくても、特に地方の人々のためにプラスだ（Ibid., p. 147）。
7　一九〇二年の法案について（銀行の最低資本金は五〇万円、事業活動種類の規制・制限、政府の保障があるために三〇円以下の預金が貯蓄銀行だけに許される）銀行部門の規制に原則的な反対はないが、厳しい規制、特に最低資本金のルールに反対（Ibid., p. 148）。
8　日本勧業銀行を（一八九七年創立、抵当銀行、政府・民間共有）特に農業支援のために歓迎する。しかし、農工銀行（日本勧業銀行の北海道を除いた各府県の代表店）は弱小なため、日本勧業銀行と農工銀行の完全合併を発案する。しかし普通民間銀行は証券取引を扱うことができるため、日本興業銀行（創立一九〇二年、証券銀行、政府保証）は不要（Ibid., pp. 157–178）。

『日本の銀行制度』における気賀勘重は単純な自由主義者ではない。制度的枠組みの必要性や部分的に国家の銀行制度への直接介入の必要性を認めつつも、原則として民営銀行の活動への規制をできるだけ最低限にすることを提唱している。

6　ドイツでの収穫——気賀勘重の翻訳・解説

帰国後、気賀勘重はただちに重要なドイツ語圏での著作を日本語に訳出し始めるが、翻訳作業はすでにドイツ滞在中に開始されていたのかもしれない。気賀が選んだのは、フィリッポヴィッチの『政治経済学概論』(Philippovich 1893, 1899) であった。同書の第一巻は、一九〇三年に『フィリッポヴィッチ氏経済原論』として、そして第二巻は一九〇六年と一九一二年に『フィリッポヴィッチ氏経済政策』として日本語版が公刊された。第二巻の第二部 (Philippovich 1907) は、最初の日本語訳が出た後に完成され公刊されている。気賀はこれに対して、日本語訳を拡大し完全に再構成することによって対応した。翻訳は、三巻ではなく四巻で一九一二年に公刊された。『概論』は非常に大部な経済学教科書なので、気賀は慶應義塾大学での講義のためにこれを要約する必要に迫られた。これが、一九一三年に公刊された『経済原論講義案』（気賀一九一三）である。一七七ページにまとめられた同書では次の諸点に議論が集約されている。

2　国民経済発展の条件
3　生産
4　貿易
5　分配
6　消費

さらには、『ドイツ語授業のための読本』を挙げなければならない。これは、気賀勘重が、H. Minami, G. Mukoと一緒に編集した書物であり、一九〇九年、一九一三年に新版が出されている。

7　気賀勘重はなぜ『フィリッポヴィッチ氏経済原論』と『経済政策』を研究や翻訳のために選んだのか

気賀は一九〇三年の『フィリッポヴィッチ氏経済原論』の解説序で次のように述べている。

1　ゲッティンゲン大学のコーン教授の勧めがあった。

「余が本書に接したるは明治三十三年春ゲッチンゲン在学中のとなりき当時余は数多なる独逸の経済原論中良好なる者を撰むに苦み之をコーン教授に糺せしが教授は勧むるに先ず本書を読む可き……」（気賀一九〇三、一三頁）。

2　一九世紀中頃からの特に「英国正統派」（自由主義）、「歴史派」（ドイツ歴史学派）と「マークス・エンゲルス等」（マルクス主義）の間との論争、特に演繹法と帰納法をめぐる経済学の方法論争において「フィ氏」は折衷的な立場を取る（同、五頁）。

3　「フィ氏」の出発はドイツ歴史学派だがオーストリア学派の「カール・メンガー」（Carl Menger, 1840–1921）

と「ボエーム‐バーヴェルク」（Eugen von Böhm-Bawerk, 1851–1914）の影響でそれを推進して「ワグナー」（Adolph Wagner, 1835–1917）と「ヂーツェル」（Heinrich Dietzel, 1857–1935）に近似する（同、六‐一一頁）。

4　その中に「骨組を理論経済学に取り歴史派研究の結果を肉として構成せる」（同、一三頁）。

5　経済と経済学の全分野について、さまざまな研究結果（特に歴史学派の多くの成果）の系統的概観を与える。どのような現象を理論的あるいは実証的なアプローチで扱うのがいいかをはっきりと整理した。既存の経済学の立場と成果のすべてを説明する。「『フィ』氏の経済原論は新旧両派の折衷なりしが此著の目的は自家の信ずる研究方法に由りて斯学上に一家の説を立て其所見を明にせんとするに非ず学生其他の経済学を学ばんとする者に各派従来の研究の結果を概括的に説示せんとするに在り換言すれば最新経済学の綱領を示さんとするに在り」（同、八‐九頁）。

気賀は包括的な書籍を探し求めていたのである。つまり、経済学全体を表現し、またヨーロッパの、あるいはドイツ・オーストリアの互いに矛盾する理論体系を要約し、その全体像を提供するような読本を求めていたのだ。気賀は、フィリッポヴィッチの著書に有望な候補を見出したと確信していた。

8　フィリッポヴィッチの経歴

フィリッポヴィッチは、一八五八年三月一五日、オーストリアのウィーンで、ハンガリー出身の貴族の家に生まれる（気賀勘重と同じ誕生日）。一八六八年からマルブルグ（現スロヴェニアのマリボル）とウィーンで就学。一八七六年からグラーツとウィーン大学で法学を学び、一八八二年に博士号を取得している。一八八四年、ベルリンとロンドンでの研究滞在の後、ウィーンで教授資格を取得。教授資格申請論文は『財政運営に貢献するイングランド銀行』である。一八八四‐八五年にウィーン商科大学教授。一八八五年からフライブルグ大学経済学教授。同大学における彼の後継者がM・ウェーバー（Max Weber, 1864–1920）である。一八九三‐一九一七年ウィーン大学で政治経済学と財政学の教授として務め、一八九五‐九六年と一九〇七‐〇八年に学部長、一九〇五‐〇六年には総長となっている。

オーストリアの社会科学／社会政策に関して同時代で最も影響力のあった学者（の一人）であり、たとえば、オーストリアの経済学者会会長、オーストリアの労働保護法会会長などを歴任している。一八七二年には、社会政策学会の共同創設者（Verein für Socialpolitik）となり、そのオーストリア代表であった。また、ウィーンのフェビアン協会とオーストリアの「社会政策党」の共同創設者でもあり、そこでの指導者としても活躍した。

9　フィリッポヴィッチの著作

一八九二年から一九一八年にかけて、E・v・ベーム‐バヴェルク、K・T・v・イナマ‐シュテルネク（Karl Theodor von Inama-Sternegg, 1843–1908）、F・v・ヴィーザー（Friedrich von Wieser, 1851–1926）等とともに『経済学、社会政策と行政雑誌』（*Zeitschrift für Volkswirtschaft, Sozialpolitik und Verwaltung*. Organ der Gesellschaft Österreichischer Volkswirthe. Wien, Leipzig [u.a.]: Braumüller）の編集に関わった。主要著作としては以下のものが挙げられる。

一八八五年『財政運営に貢献するイングランド銀行』（Die Bank von England im Dienste der Finanzverwaltung des Staates）、全二一四頁（英訳あり）

一八八六年『政治経済学の課題と方法について』（*Über die Aufgaben und Methoden der politischen Ökonomie*）、フライブルグ大学での就任演説、全五五頁一八八九年『一八六八－一八八九年のバーデン公国の財政』(*Der badische Staatshaushalt 1868-1889*)、全二六三頁
一八九二年『ドイツでの移住と移住政策』(*Auswanderung und Auswanderungspolitik in Deutschland*)、全四七九頁
一八九二年『経済の進歩と文化の発展』(*Wirtschaftlicher Fortschritt und Kulturentwicklung*)、新版あり、全五六頁
一八九三年『政治経済学概論』(*Grundriss der politischen Ökonomie*)、前編：『経済原論』(*Allgemeine Volkswirtschaftslehre*)、全三四七頁
一八九四年『ウィーンの住宅問題』(*Wiener Wohnverhältnisse*)、全六七頁
一八九九、一九〇七年『政治経済学概論』(*Grundriss der politischen Ökonomie*)、後編：『経済政策』(*Volkswirtschaftspolitik*)、一巻全四〇八頁、二巻全三四三頁
一九一〇年『一九世紀の経済政策思想の発展』(*Die Entwicklung der wirtschaftspolitischen Ideen im 19. Jahrhundert*)、全一四四頁
一九一五年『ドイツとオーストリア・ハンガリーの経済・関税同盟』(*Ein Wirtschafts- und Zollverband zwischen Deutschland und Österreich-Ungarn*)、全五九頁

10 フィリッポヴィッチの立場

M・ハイニッシュは、社会政策学会の刊行物において次のように述べている。フィリッポヴィッチは「自分の名前を経済学の独創的な考えにつなげることができなかったことを痛感していた」(Hainisch 1920, passim.)と。(2) 経済学者であるハイニッシュはフィリッポヴィッチの旧友であり、共にウィーンのフェビアン協会を指導してさまざまな社会改良主義的な活動を行った。オーストリア第一共和国の初代大統領になった(一九二〇－二八年)M・ハイニッシュによれば、フィリッポヴィッチは「経済学の問題解決ではなく、さまざまな問題とそれらの関係を記述す

ることに秀でており」、経済と経済学の諸問題を包括的に整理した。既存の研究から一番有用なものを抽出して、当時のドイツ語圏で一番影響力を持つ経済学の教科書を書いた、と評されている。

次に、教科書としての『経済原論』について論じる。『経済原論』は一八九三年から一九二四年まで何回も改訂・増補・再版され、戦前ドイツ語圏で一番人気の経済学の教科書になった。その理由は、(a)経済のあらゆる問題が扱われている、(b)経済学のすべての学派に平等に言及する、という点にあったと考えられる。その例外は批判的に扱われる古典派のA・スミス、D・リカード、R・マルサスであった。スミス（「ス」氏）に関しては、次のように述べている。

「『ス』氏の学説も亦重農学派の所論と等しく当時の政法哲学および社会的状態の感化に出てたるものなれども氏は殊に能く時勢の必要を観取して之を明晰に表示し、経済上最有力の階級に便利なる明快の議論を以て之を説明せしかば氏の説は深く且つ広く其感化を社会に及ぼせり」（Philippovich 1893, 339; フィリッポヴィッチ一九〇三、七九五頁）。

英語圏では、同じく標準的な役割を演じた経済学の教本が、A・マーシャルの『経済学原理』（Alfred Marshall 1890）である。両者を比較してみると、次の点が重要である。記述に占める理論的部分の割合は、『経済原論』で六〇パーセント、『経済学原理』で九〇パーセント。マーシャルはイギリスの限界効用理論、フィリッポヴィッチはオーストリア学派の限界効用理論を教科書に導入した（Rothschild 1998 を参照）。

さらに、オーストリア学派との関係について見てみたい。フィリッポヴィッチは、C・メンガー、ベーム－バヴェルクとヴィーザーのようなオーストリア学派の指導的代表者を、個人的にも学問上もよく知っていたし、また親しかった。ベーム－バヴェルクとヴィーザーとは、一八九二年から彼が逝去するまで、長きにわたり『経済学、社会政策と行政雑誌』を編集した。ここからフィリッポヴィッチがはたしてオーストリア学派の一員としてみなされるのかどうか、という問題が生じる。というのも、その著作からの引用のいくつかはそのような考えを抱かせるからである（Ikeda 1996, 86, 87を参照せよ）。他方では、フィリッポヴィッチの見解と立場はドイツ歴史学派にかなり多くを負っている。彼は、ドイツ歴史学派とオーストリア学派の間に展開された「方法論争」でははっきりとした立場はとらなかったのだ。

ドイツ語圏の精神科学で繰り広げられたいわゆる「方法論争」は一九世紀後半になると、哲学だけではなく、社会科学にまで及んでいた。W・ディルタイ（一八三三－一九一一年）は、自然科学からの接近に対して「人間の精神生活の固有法則性」を強調したし、M・ウェーバー（一八六四－一九二〇年）は、「理解」社会学と「説明的社会学」の中にあって、中間的な立場をとった。経済学においては、一八八〇年代から九〇年代にかけての論争は、特にG・シュモラー（一八四〇－一九二一年）を中心とする新歴史学派とC・メンガー（一八四〇－一九二一年）を中心とするオーストリア学派の間に戦わされた。ベルリンを牙城とする前者の立場は、帰納主義的あるいは方法論的集団主義であり、ウィーンを本拠とする後者の立場は、演繹主義的あるいは方法論的個人主義であった。両極の中間的立場をとるのが、A・ワーグナー（一八三五－一九一七年）であり、そこにフィリッポヴィッチを含めることができる。

フィリッポヴィッチとオーストリア学派との一番重要な接点は、限界効用理論の継承と、それを好評を博した教科書の中に取り入れたことにうかがえる。よく知られているように、この学派の場合、限界効用理論はマルクス主義と、特にその労働価値説と対峙することによって築き上げられていったのである（Böhm-Bawerk 2008）。フィリッポヴィッチはこの点では、まったく労働価値説には批判的だった。次のように、彼は労働価値説を批判している。

「生産は常に貨物の製出を目的とすといえども其製出の目的の達せらるると否とは生産の過程其物に由りて決定するものに非ずとす。此点に於いても経済的交易なき社会と交易的経済社会との間生産の成否に大差別あるを見る可し。……技術的生産が必ずしも価格を生ずるものに非ざるとも亦等しく明なる可し」（Philippovich 1893, p. 99; フィリッポヴィッチ一九〇三、上巻、一七一－一七二頁）。

ともかくも、オーストリア学派の知人、友人と比して、フィリッポヴィッチの関心は些細な理論的問題よりも、実際的な経済政策にあった。そのため、時折この学派の現実的観点の不足を批判することもあった。オーストリア学派の指導的な学者の中で、同時代の社会運動とのつながりを持つ者はまったくいなかったので、フィリッポヴィッチの社会政策立案者としての役割がここでは際立っていた。

社会主義との関係についてはどうだろうか。フィリッポヴィッチは、まずは社会主義をドイツ歴史学派との関連において見ている。両者とも、イギリスの経済学とは区別されるという意味においてである。

「社会主義派は歴史と等しく経済的現象の常に他の社会的現象と関係すると並に社会は常に発達変移の途に在るものなるとを認識す」（Ibid., p. 39; 同、上巻、六四頁）。

歴史学派と社会主義が古典派に対して共同戦線を張っていることは認識しつつも、フィリッポヴィッチは社会主義に対してはドイツ歴史学派の立場をはっきりと擁護している。

「社会主義が個人主義を基礎とせる現今の経済組織を非認し私有財産の制度、経済上の自由等を廃案して全然社会的なる組織を立てんとするに反して歴史派は原則上現今の制度を是認し唯漸次に経済上の組織を改良して可及的多数の人士就中下層の人間をも文明進歩の澤に浴せしむるの組織と為さんとを力むるのみ。此点に於いて寧ろ正統派の学者と目的を等ふすれども此目的を達せんが為には国家其他の団体的組織に由り個人的自由を制限せざる可からずと為すの一点に至りては英国派と大いに異なれり」（Ibid., p. 40; 同、上巻、六六－六七頁）。

フィリッポヴィッチは、所得、財産の不平等などの社会問題は経済学にとっては最も重要な課題であると、くりかえし述べている。根本的な資本主義批判に近いところまで来ている章句も散見される。私的所有があらゆる国民経済の問題解決に際して有用かどうかを非常に疑問視した箇所などがそうだ（Ibid., pp. 64–65; 同、上巻、一一〇、一一七頁）。マルクスやエンゲルスは何度も議論の対象となってはいるが、頻繁に引き合いに出されているわけではない。むしろ何度も言及されているのは、一八四八年革命に参画したK・ロードベルトス（一八〇五－七五年）のようなそれ以外の社会主義者であった。社会主義的な計画経済をめざすような方向の解決策は、しかしながらフィリッポヴィッチはまったく現実的ではないと考えていた。というのは、国民経済を一つの巨大な企業として運営するのは不可能だからである（Ibid., pp. 182–184; 同、上巻、三八二－三九一頁）。

最後に、社会政策についてのフィリッポヴィッチの考えを検討する。フィリッポヴィッチは労働者階級の状態を耐えがたいものと考えており、その証拠としてマルクスやエンゲルスをしばしば引用している。しかしながら、彼はイギリスのフェビアン主義的な改良主義にはっきりと賛成している。これは、S・ウェッブ（一八五九－一九四七年）などがマルクス的な労働価値説に反対していたということによるものだ。彼は次のように述べている。

「而して今上記三党派を独逸の社会民主党に比するに社会民主同盟は純然たる「マークス」主義を抱持するも独立労働党と「ファビア」会は「マークス」歴史哲学的解釈に賛成せるの外独逸の社会党と全く意見を異にし殊に「マ」氏過剰価格説と「ラサール」の労銀鐵則とは全然其排斥する所たり」（Ibid., p. 353; 同、下巻、三一〇頁）。

これに対応しているのが、フィリッポヴィッチとハイニッシュが共同で一八九三年に設立したウィーン・フェビアン協会、一八九六年成立のオーストリア社会政策党ならびに、社会政策学会オーストリア部会である。社会政策学会オーストリア部会においては、長い間フィリッポヴィッチは指導的な役割を果たした。フェビアン協会については、日本との関係がある。日本フェビアン協会の創立は一九二四年で、戦後は有沢広巳（一八九八－一九八六年）

がその会長を務めていた。E・レーデラー（一八八二－一九三九年）は東京大学で経済学を講じた人で有沢の先生にあたるが、レーデラーはフィリッポヴィッチの弟子なのである。

フェビアン協会、あるいは社会政策党内部での活動に加えて、彼自身による一連の業績があり、ウィーンの住宅問題についての論考（Philippovich 1894）などがこれにあたる。こうした論考が、一九二〇年代ウィーンにおける住宅政策に貢献したのはたしかなところである。あるいは、労働者階級の生活の改善を求めるという意味において、所得分配の可能性に言及した、『経済学、社会政策と行政雑誌』に掲載した「経済政策による所得分配の調整」（Philippovich 1907）を挙げてもよいだろう。本論文において、彼は、下層階級は時間とともに自然に社会的厚生に関わることができるようになるだろうという古典派経済学の見解を再び批判し、国家による措置を求めた（その際、彼は、ドイツ経済学全般と見解をともにしていると考えていた（Ibid., p. 151））。そして具体的な可能性について論じている。すなわち、独占やカルテルの禁止、証券取引税、あるいは再分配などである。そして、彼は、「所得政策」は望ましいが、その成果は限定的なものにならざるを得ないだろうという冷静な結論に達している。

彼が、当時のドイツ経済学の主要潮流に、すなわちドイツ歴史学派、特に社会政策学会の方向に、自らを位置付けたのは理解しうるところである。フィリッポヴィッチは、たしかに、一般的な経済的な進歩にとって決定的であるとして市場経済を受け入れてはいる。しかしながら、それによって引き起こされた不適切な展開、特に厚生の分配についてのそれを修正し、バランスをとろうとした。まさにドイツ歴史学派の意味において、経済体制のさらなる発展、あるいは彼にとっては中心となる社会問題に関しては、文化全体に気を配った見解を示している。したがって、市場経済がひきおこした誤りを克服することは、彼にとっては文化的な課題であった。

「利己心が個人自衛の性に出づると等しく公共心は社会自衛の性に基くものなれば利己心と公共心とは経済的生活上主要なる二大動機と云う可し……殊に一般に社会に対する責任の念を喚起し私経済上、有利なるも国民経済上不利なるが如き行為は之を避けしめ以て私経済と国民経済との利害聯離を調和し種々慈善の方策を講じて幾分か各人間貨財収得の懸隔を緩和し、利己的行為の跋扈を制限して法律上習慣上且つは個人の精神上自ら経済上の弱者を憐み其強者の犠牲となるを妨ぐるの傾を生ず然れば倫理的原則は何れの時代に在りても経済組織の性質を定むる上に至大の感化を及ぼすものなりと知る可し」(Philippovich 1893, p. 92; フィリッポヴィッチ一九〇三、上巻、一五八‐一五九頁)。

ここでは、倫理的な言説が見られるだけではなく、今日の言葉では制度の理論的な見地も見られる。というのも、ここではフィリッポヴィッチの著作の他の多くの箇所がそうであるように、補完性の問題や経路依存性の問題が問われているからである(たとえば Ibid., pp. 60-63; 同、上巻、一〇三‐一〇九頁を参照)。したがって、フィリッポヴィッチは今日的な制度派経済学の先駆として見ることもできる。

11　気賀勘重の著作

気賀勘重は、フィリッポヴィッチの教本のように日本語で三〇〇〇ページを越えるような訳業とならんで、モノグラフ、雑誌への寄稿、あるいは慶應義塾大学での講義のための教科書など、自分の研究に関しても非常に多くの業績を残した。以下では、モノグラフのみを挙げる。この中で、気賀一九一一、一九一三、一九二〇、一九二五、一九二七、一九三二(『国民経済の進歩――経済原論』)、一九三二(『物価と所得』)、一九三六は近代デジタルライブラリーにおいて、フルテキストで利用可能である。

- 一九一〇年『経済学の根本概念・生産論・消費論・貿易論』河上肇・田島錦治・津村秀松と共著、宝文館、四冊

・一九一一年『企業の連合及合同』（近代経済問題、第一二巻）隆文館、四四六頁
・一九一三年『経済原論講義案』慶應義塾出版局、全一七七頁
・一九一三年『中等法制経済教科書』吾孫子勝と共著、同文館
・一九二〇年『工業政策』時事新報、全八〇九頁
・一九二五年『農村問題』岩波書店、全一五二頁
・一九二六年『国富論』上巻　アダム・スミス／気賀勘重訳（下巻不明）、岩波書店
・一九二七年『農業政策』丸善、全五九二頁
・一九二九年『小作問題』日本評論社、農業問題体系、第一二巻
・一九三二年『国民経済の進歩――経済原論』国民工業学院、全八二頁
・一九三二年『物価と所得（経済原論続編）』国民工業学院、全九六頁
・一九三三年『世界経済政策最近の動向』気賀健三と共著、春秋社、全四二頁
・一九三三年『世界原始産業論』気賀健三と共著、春秋社、全四九頁
・一九三四年『経済講話』国民工業学院、全一七〇頁
・一九三五年『利子論』アーヴィング・フィッシャー／気賀健三と共訳、岩波書店
・一九三六年『経済学講話』松華堂、全三四四頁

12　慶應義塾大学と気賀、政治家としての気賀

慶應義塾大学経済学部にとっての気賀勘重の役割も過小評価することはできない。彼は、一九三七年に脳溢血を発病するまで三十四年の長きにわたって同学部の教授として活躍し、また一九二六年からは学部長を務めた。気賀

は自身の教授活動によってだけではなく、教科書を書くことによっても、慶應義塾大学経済学部の最初の世代を作り出すことに成功したと言ってもよいだろう。これは、子息である気賀健三（一九〇八－二〇〇二年）についても該当する。健三はこの学部で学び、父とともに一九三〇年代には著作活動を行い、そして同学部で経済学教授となった。退職後は同大学の名誉教授であった。気賀勘重の影響は彼の生涯を超えてはるかに及んでいる。フィリッポヴィッチ教本の浩瀚な日本語版は、一九五六年に至るまで再版が出ている。教科書として分類できる彼自身の著作については、次のように二期に分けられる。一九一三年に公刊された『経済原論講義案』はまだフィリッポヴィッチにかなり強く依拠していて、後者の著作のコメント付きの抄録ともみなされるものである。私自身は見る機会を得ていないが、同じ年に出された『中等法制経済教科書』もそのような性質のものである。対照的に、一九三〇年代の著作、すなわち一九三二年公刊の『国民経済の進歩――経済原論』『物価と所得（経済原論続編）』、一九三四年公刊の『経済講話』、さらに一九三六年公刊の『経済学講話』は、言葉の真の意味で彼自身の講義に基づいている。可能な限り国民経済と経済政策のすべての局面にふれようとするフィリッポヴィッチの要求は、これらの後者に属する著作においてもまだ明瞭に見てとることができる。

慶應義塾大学以外でも気賀勘重は、さまざまな形で学問的なあるいは学問を超えた活動に参加した。彼は長年にわたり社会政策学会の重要メンバーであった。気賀はドイツから帰国後、ほどなく社会政策学会に加入したように思われる。というのも、一九〇七年大会での集合写真には確実に彼だと思われる人物が写っているからである。一九二〇年には、ワシントン国際労働会議に日本政府の代表として出席している。彼は立憲政友会の党員であり、一期だけではあるが衆議院議員を務めている。

13　気賀勘重の立場

まずは、気賀勘重とドイツ歴史学派の関係について述べる。しかし、両者の関係を評価するのは容易ではない。彼が一八九七年に創立された社会政策学会に加わったという事実は、情報としては十分とは言えない。ここには、マルクス主義から自由主義に至るまでのさまざまなイデオロギー的色彩を有する社会科学者がほとんど参加していたからである。学者の系譜図という観点から見れば、気賀はたしかにドイツ歴史学派の中に分類できる。気賀がドイツで師事した教員はすべてこの学派に属する。さらに、気賀はフィリッポヴィッチの膨大な教科書のほとんどすべてを日本語に訳出したのであり、その中にはイギリス古典派、特に自律的な市場という観念を鋭く批判した部分も少なからず含まれている。翻訳の限りでは、気賀が、制度上の仕組みに関する国家の介入や社会政策の必要性というドイツ的な考え方から距離をとっていた箇所は見出せない。

彼の初期の著作においては、気賀はまずはドイツ的伝統の中で考えていたように思われる。『企業の連合及合同』では、彼はかなりの部分を特にR・リーフマンに依拠している（Liefmann 1905. 日本語訳は一九三四、三六年）。本書で、気賀は特に競争の阻害と合理の矛盾について論じている。個々の章においては、カルテルやトラスト、その形態と帰結ならびにその発展、そしてさらには経済政策の観点について考察している。その際、市場関係の問題点や、合理化措置の可能性についても主題となっている。したがって市場の機能に全面的に賛成した見解はない。一九二〇年の『工業政策』では、フィリッポヴィッチに模範がとられており、工業経営法（かなりの部分が、ビューヒャーによっている）、工業教育、工業金融、労働者保護、労働者の所得維持など、可能なかぎり工業政策のあらゆる側面が扱われている。少なくとも、人生の後半に入るまでの気賀の著作については、ドイツ歴史学派の枠内で論じることができる。

次に、農業経済学者としての気賀勘重について見てみよう。気賀が一九二〇年代に農業経済の研究に向かったのは、彼が今日の静岡県生まれでその出自は農民であったことによっていると推測するのは、たしかに誤りではないだろう（気賀一九二五、一九二七、一九二九）。彼は青少年期を通じて、たしかに農業とその問題について通じる機会を持ったであろう。その研究の原点は、どのようにして農民は生計を立てることができるようになるのかということであった。彼は、当時の問題である、特に小規模小作農の貧困についてははっきりとこれを示していた。のちになされた革命的なやり方、つまり第二次世界大戦後一九四六年以降に行われた包括的な農地改革のようなやり方は、気賀は採用しない。というのは、所有問題としてはほかの要因が決定的だと考えていたからである。次に挙げるような生産性の上昇、あるいは生産性の向上につながるような多面的な手段に対して気賀は賛意を示している。すなわち、土地の利用あるいは土地の拡張、土壌の質の改良、農具の改良、信用制度の振興、租税負担の軽減化、生産協同組合の促進などである（気賀一九二五、一四－四二頁）[3]。

本章を閉じるに際して、気賀勘重と自由主義の関係について述べる。後期になされた気賀の翻訳活動、すなわち一九二六年の『国富論』（スミス一九二六）、そしてI・フィッシャーの『利子論』（フィッシャー一九三五、子息健三氏との共訳）の刊行を見るにつけ、気賀はどの程度古典派、あるいは新古典派的な方向を指向していたのだろうか、という疑問が生ずるのは当然である。なぜ『国富論』を訳したかは若干謎である。というのは、同書は少なくとも過去三十年間日本語で各種の版で利用可能であったはずであり、新訳の必然性は明らかではない。一九二六年の翻訳は二巻だが、一巻しか含まれておらず二巻目はどうなったかわからない。フィッシャーの『利子論』は子息健三氏との共訳で近年再版（二〇〇四）が出たが、これはむしろ子息によるところが大きいと見られる。健三氏は、明らかに新古典派に分類できるからである。

気賀勘重は生涯にわたりドイツの師と結びついているという感覚を持ってはいたが、自由主義的見解への傾斜もまた見逃してはならない。すでに一九〇四年にドイツ語で公刊された博士論文である『日本の銀行制度』においても、彼は金融に対して国家が強力に介入することについては批判的であった。特に後半生においては、新古典派への傾向を示唆する見解がはっきりと現れてくる。しかしながら、一般的に言って、彼は最初から最後まで若いときに受けたドイツ的な影響に忠実であった。抽象的な理論は非難はされていないが、彼にとっては、ある問題に関連する経験的な課題を詳細にわたって明らかにすることが少なくとも同様に重要であると考えられていた。これは中でも経済政策についてあてはまる。気賀は、その基礎を定式化することが経済学者として一番重要なことだと考えていた。教育に対して多大なる貢献をなし、また実際的な問題に焦点を当てたという点で、気賀はフィリッポヴィッチ的な契機をさらに追求し発展させたと言ってよいであろう。

注

（1）以下、気賀の履歴については特に次のものによった。慶應義塾（一九六二）六一頁以下。
（2）これは、ハイニッシュのフィリッポヴィッチ追想録である。
（3）このほか、同書のさまざまな箇所でこのような見解が披瀝されている。

参考文献

Böhm-Bawerk, Eugen von（2008）Zum Abschluss des Marxschen Systems. In: Hans G. Nutzinger und Elmar Wolfstetter（Hg.）: *Die Marxsche Theorie und ihre Kritik. Eine Textsammlung zur Kritik der politischen Ökonomie.* Marburg: Metropolis, S. 97–175.
Bücher, Karl（1893）*Die Entstehung der Volkswirtschaft. Sechs Vorträge.* Tübingen: Laupp（304 S.）.
Bücher, Karl（1910）Das Gesetz der Massenproduktion. In: *Zeitschrift für gesamte Staatswissenschaft*, 66, 3, S. 429–444.
Cohn, Gustav（1889）*System der Finanzwissenschaft. Ein Lesebuch für Studirende.* Stuttgart: Enke（804 S.）.
Cohn, Gustav（1895）*The Science of Finance.* Übers. von Thorstein B. Veblen. Chicago: The University of Chicago Press（800 S.）.
Fukuda, Tokuzo（1900）*Die gesellschaftliche und wirtschaftliche Entwicklung in Japan.* Stuttgart: Cotta（190 S.）新版あり。
Hainisch, Michael（1920）Erinnerungen an Eugen von Philippovich. In: *Verhandlungen des Vereins für Sozialpolitik in Regensburg 1919.*

Schriften des Vereins für Sozialpolitik 159, S. 25–29.

Ikeda, Yukihiro（1996）*Der Einfluss der deutschen ökonomischen Schule in der modernen japanischen Nationalökonomie. Am Beispiel von Kanju Kiga, Ökonom an der Keio Universität*. In: *Hohenheimer Themen. Zeitschrift für kulturwissenschaftliche Themen*. 5. Jg., S. 75–89.

Kiga, Kanjû（1904）*Das Bankwesen Japans*（邦題：日本の銀行制度）Leipzig: A. Deichert'sche Verlagsbuchhandlung（197 S.）.

Kusaka, Chôjirô（1890）*Das japanische Geldwesen*（邦題：日本の貨幣制度）Berlin: Prager（98 S.）新版あり。

Liefmann, Robert（1905）*Kartelle und Trusts*. Stuttgart: Moritz（143 S.）.

Marshall, Alfred（1890）*Principles of Economics*. London: Macmillan（754 S.）.

Ota-Nitobe, Inazo（1890）*Über den japanischen Grundbesitz, dessen Verbreitung und landwirtschaftliche Verwertung*（邦題：日本の土地所有について、その普及と農業的利用）Halle: Vereinigte Friedrichs-Universität Halle-Wittenberg（91 S.）.

Philippovich, Eugen von（1885）*Die Bank von England im Dienste der Finanzverwaltung des Staates*. Wien: Toeplitz & Deiticke（212 S.）.

Philippovich, Eugen von（1886）*Über die Aufgaben und Methoden der politischen Ökonomie. Eine akademische Antrittsrede*. Freiburg i. Br.: Mohr（55 S.）.

Philippovich, Eugen von（1889）*Der badische Staatshaushalt in den Jahren 1868–1889. Mit einer Eisenbahnkarte des Großherzogtums Baden*. Freiburg i. Br.: Mohr（263 S.）.

Philippovich, Eugen von（Hg.）（1892）*Auswanderung und Auswanderungspolitik in Deutschland. Berichte über die Entwicklung und den gegenwärtigen Stand des Auswanderungswesens in den Einzelstaaten und im Reich*. Schriften des Vereins für Socialpolitik, 52. Leipzig: Duncker & Humblot（479 S.）.

Philippovich, Eugen von（Hg.）（1892）*Wirtschaftlicher Fortschritt und Kulturentwicklung*. Freiburg i. Br.: Mohr（56 S.）.

Philippovich, Eugen von（1893）*Grundriss der politischen Ökonomie*. Bd. 1: *Allgemeine Volkswirtschaftslehre*. Freiburg i. Br., Leipzig: Mohr（392 S., 10 Neuauflagen bis 1924）.

Philippovich, Eugen von（Hg.）（1894）*Wiener Wohnverhältnisse*. Sonderdruck aus: Archiv für soziale Gesetzgebung und Statistik. Berlin: Heymann（67 S.）.

Philippovich, Eugen von（1899）*Grundriss der politischen Ökonomie*. Bd. 2: *Volkswirtschaftspolitik. Teil 1*. Freiburg i. Br., Leipzig: Mohr（343 S., 15 Neuauflagen bis 1923）.

Philippovich, Eugen von（Hg.）（1907）*Grundriss der politischen Ökonomie*. Bd. 2: *Volkswirtschaftspolitik. Teil 2*. Tübingen: Mohr（393 S., 11 Neuauflagen bis 1923）.

Philippovich, Eugen von（Hg.）(1907) Die Regelung der Einkommensverteilung durch die Wirtschaftspolitik. In: *Zeitschrift für Volkswirtschaft, Sozialpolitik und Verwaltung*. 16, S. 149–169.
Philippovich, Eugen von（Hg.）(1910) *Die Entwicklung der wirtschaftspolitischen Ideen im 19. Jahrhundert. Sechs Vorträge.* Tübingen: Mohr（144 S.）.
Philippovich, Eugen von（Hg.）(1915) *Ein Wirtschafts- und Zollverband zwischen Deutschland und Österreich-Ungarn*. Leipzig: Hirzel（59 S.）.
Rothschild, Kurt W.（1998）Marshall und Philippovich. In: Franz Baltzarek, Felix Butschek und Gunther Tichy（Hg.）: *Von der Theorie zur Wirtschaftspolitik – ein österreichischer Weg. Festschrift zum 65. Geburtstag von Erich v. Streissler*. Stuttgart: Lucius & Lucius, S. 227–238.

吾孫子勝・気賀勘重（一九一三）『中等法制経済教科書』同文館。

河上肇・田島錦治・津村秀松・気賀勘重（一九一〇）『経済学の根本概念・生産論・消費論・貿易論』宝文館、四冊。

気賀勘重（一九〇三）「フィリッポヴィッチ氏経済原論解説序」『フィリッポヴィッチ氏経済原論』同文館（世界経済叢書、上巻、五－一六頁）。

気賀勘重・Kanjû, H. Minami und G. Muko（一九〇五）『ドイツ語の授業のための読本』共同編集、ドイツ語学雑誌社、再版・重版：一九〇九年、一九一三年。

気賀勘重（一九一一）『企業の連合及合同』（近代経済問題、第一二巻）隆文館（全四四六頁）。

気賀勘重（一九一三）『経済原論講義案』慶應義塾出版局（全一七七頁）。

気賀勘重（一九二〇）『工業政策』（経済学講義／慶應義塾大学教授講師執筆）時事新報社（全八〇九頁）。

気賀勘重（一九二五）『農村問題』岩波書店（全一五二頁）。

気賀勘重（一九二七）『農業政策』丸善（全五九二頁）。

気賀勘重（一九二九）『小作問題』（農業問題体系、第一二巻）日本評論社。

気賀勘重（一九三二）『国民経済の進歩――経済原論』国民工業学院（全八二頁）。

気賀勘重（一九三三）『物価と所得（経済原論続編）』国民工業学院（全九六頁）。

気賀勘重（一九三四）『経済講話』国民工業学院（全一七〇頁）。

気賀勘重（一九三六）『経済学講話』松華堂（全三四四頁）。

気賀勘重・気賀健三（一九三三ａ）『世界経済政策最近の動向』春秋社（全四二頁）。

気賀勘重・気賀健三（一九三三b）『世界原始産業論』春秋社（全四九九頁）。

草鹿丁卯次郎（一八九六）『欧米各国株式会社要解』博文館（一四七頁）。

慶應義塾（一九六二）『慶應義塾百年史　別巻』慶應通信。

スミス、アダム著／気賀勘重訳（一九二六）『国富論』上巻、岩波書店。

フィッシャー、アーヴィング著／気賀勘重・気賀健三共訳（一九三五）『利子論』岩波書店。

フィリッポヴィッチ、フォン・オイゲン（一九〇三）『フィリッポヴィッチ氏経済原論』同文館（世界経済叢書一－三、全五九九頁、一九二一年まで何回も増訂改版）。

フィリッポヴィッチ、フォン・オイゲン（一九〇六）『フィリッポヴィッチ氏経済政策』同文館（上・中・下全三巻、世界経済叢書一二－一四）。

フィリッポヴィッチ、フォン・オイゲン（一九一二）『フィリッポヴィッチ氏経済政策』同文館（前上・前下・後上・後下全四巻、二五八一頁、最後の版一九五六年）。

リーフマン、ロバート（一九三四）『企業合同論』有斐閣。

リーフマン、ロバート（一九三六）『企業組織論』有斐閣。

第6章

福田徳三の経済思想

――厚生経済研究と福祉国家

西沢保

福田徳三

（1874–1930）

1　はじめに

福田徳三は、一八七四（明治七）年、東京の神田に生まれ、一二歳で洗礼を受けたクリスチャンであった。東京商業学校附属商工徒弟講習所をへて、一八九〇（明治二三）年には神田・一橋の高等商業学校に進んだ。一八九六（明治二九）年に専攻部を卒業し、高等商業学校の講師に任じられ、翌年からドイツに留学した。一九〇一年に留学から帰り、一橋と慶應（一九〇五年一〇月‐一九一九年三月）で主に教鞭を執り、大きな足跡を残して一九三〇年に五五歳の生涯を閉じた。福田が活躍したのは主に、恩師L・ブレンターノとの共著『労働経済論』（一八九九年）から遺作となった『厚生経済研究』（一九三〇年）まで、二〇世紀初めのほぼ三〇年間であり、それは日本における経済学の黎明期、あるいは離陸のための準備期から離陸をしようとしている時期であった。

福田はその活動が最も盛んであった五一‐五二歳の頃、自らの『経済学全集』（全六集八冊、一九二五‐二六年）を編み、その序で「過去二五年間私が学問上に為したことは、いわば我邦経済学の黎明期における一つの黎明運動に外ならなかった」と述べている（第一集、序、九頁）[1]。この二年後から、福田、河上肇を中心とする膨大な改造社版『経済学全集』（全六三巻）および土方成美、河合栄治郎を中心とする日本評論社版『経済学全集』（全三一巻）の刊行が始まる。また、一九一九年の大学令とともに、東大、京大で経済学部が独立し、一九二〇年には東京商科大学（後の一橋大学）および慶應を含む私立大学が公的に誕生する。経済学関係の「紀要」が数多く発行され、経済学研究の「舞台装置」はかなり整うことになった。一九〇六年に創刊された『国民経済雑誌』、そして一九〇九年創刊の『三田学会雑誌』は一九一四年に理財科の機関誌になり、京大の『経済論叢』も一九一五年に『京都法学会雑誌』から分離独立し、やがて東大の『経済学論集』も創刊される。一九二四年に、黎明期日本の経済学を支えた社会政策学会は事実上解体し、新たに日本経営学会、社会経済史学会、日本統計学会、そして一九三四年には日本経済学会が誕生する。日本経済学会の中心人物の一人は高田保馬（他に小泉信三、高垣寅次郎、土方成美）であり、高田は『理論経済学叢書』一四巻を編集刊行した。日本の経済学研究は、内容から見ても黎明期を超えて離陸の時代に入っていく。(2)

2　小泉信三の評価——福田と慶應義塾

福田徳三は、多くの人が言うように、日本における経済学研究の大きな原点であり、経済学研究の基盤を構築し「母体」を形成した。雑誌『改造』（一九三〇年六月号）に河上肇とともに福田の追悼文を寄せた慶應義塾の小泉信三は、「ただ独り博士の学問の開拓者、先進者として後進を刺戟し奨励するその特殊の才能と非凡の性格とに至っては遂に比類を見出し得ぬ所であった。この点でわが国の経済学はたしかに福田博士に導かれて来たといって差し支えない」と述べた。小泉によれば、経済学の大概の領域は福田によって開拓され、大概の大問題は福田によって提起されたか重大化されてきた。経済史、経済理論、経済思想史、社会政策、マルキシズム、株式会社研究がそうであった。福田の業績の重要なる一部は西洋学説の紹介で、「その真価は熱情ある紹介によって幾多の西洋学説を移し来って真実のわが国学問の財産たらしめた」ことにあった。それは、日本の経済学の諸分野における「先駆者的・基礎工事的努力」であって、将来に向かって不滅の業績として輝きを放つであろうと言われた（『上田辰之助著作集』第二巻、五九三頁）。

昭和戦前期から戦後まで長期間にわたって慶應義塾の塾長として大きな社会的影響力を持った小泉信三（一八八八－一九六六年）の福田評は福田の人となりをよく伝えている。小泉信三は、福沢諭吉が亡くなった翌一九〇二年一月に慶應義塾中学部に入学し、大学部予科をへて一九〇七年四月本科政治科に進んで、福田徳三、堀江帰一、気賀勘重らの教えを受けた。福田は、母校の一橋（東京高商）で松崎蔵之助校長と衝突して逐われ、一九〇五年から慶應義塾に招聘されて、純正経済学、経済原論、財政学、経済史を教えていた。[3]福田はそのとき三七歳だったというが、小泉は当時を回顧しておよそ次のように書いている（『大学生活』昭和一四年、「大学と私」『小泉信三全集』第一一巻所収）。「教えを受けた先生のことを書くとなれば、私にとって第一の驚きは、政治科本科に進んでから聴いた福田徳三博士の講義であった」。「福田博士は、来ると早速学生の心酔者が出来た」。予科から本科へ進むとき、小泉が理財科でなく政治科を選んだのは、政治科なら、福田の講義が確実に聴けるからという上級の心酔者（佐藤俊輔）の勧めにしたがったのであった。理財科は学生数も多く福田が講義をするクラスとしないクラスがあったが、政治科は福田が経済原論を一人で担当していたようで、政治科の一年で福田は、E・R・A・セリグマン（Seligman, *Principles of Economics*, 1905）を使って、純正経済という科目名で経済原論を講じていた。

さらにいわく、「今、三〇年の後に至って回顧しても、私にはこれほど興味をもって楽しく聴聞した講義というものはない。……福田博士の学生を惹きつけ、若い学者を刺激する力は、すでに定評あるものであろう」。東京高商・商大で教えを受けた左右田喜一郎、坂西由蔵、大塚金之助、宮田喜代蔵、大熊信行、中山伊知郎、杉本栄一というような経済学者の活動は、それをよく物語っていた。慶應義塾の福田はいわば客将で、塾には塾の古い学問の伝統があったから、事情は違っていたが、学生が講義に魅力を感じ、勉強を刺激されたことは変わらなかった。高橋誠一郎、三辺金蔵、増井幸雄、小泉自身は、皆何らかの程度において福田博士の刺激と影響を受けたものであった。

「今になって考えてみると、博士の講義は決して整備したものではない。……、考えてみると、我々は博士の授けてくれる智識を喜んだというよりも、……博士の学問に対する熱情に感染したのであった。……この学生に好学心を感染させるという点において、福田博士は類のない教師であった。……在塾中実に多くの良師を得たと思って感謝しているが、私に学問に対する興味を喚起し、学校教師になりたいという志を起こさしめたものは、第一は福田博士であった」(『小泉信三全集』第一一巻、二七四-二七八頁。小泉一九六〇も参照)。

3　資本主義と社会主義の狭間で

福田の活動が特に盛んであった第一次世界大戦前から一九三〇年前後は、ソヴィエト社会主義の誕生とともに、資本主義システムの大きな転機であった。A・C・ピグーの『厚生経済学』(一九二〇年)の誕生、J・M・ケインズの『自由放任の終焉』(一九二六年)が刊行され、「大転換」の中で、ケインズが資本主義の危機に直面する時代であった。日本では、第一次世界大戦後、ロシア革命、米騒動の影響もあり、社会主義思想、特にマルクス主義が高揚し、河上肇は『貧乏物語』の後、一九一九年一月に『社会問題研究』を創刊し、マルクス主義への傾斜を鮮明にしていく。四月には堺利彦・山川均らの『社会主義研究』が創刊され、「福田時代より河上時代へ」(堺利彦『改造』一九一九年一二月)と言われたこともあり、時代の流れの中で、社会への影響力も河上の方が福田を超えるように思われたこともあった(杉原一九七九、二一-三)。

パリ講和会議開催の前月(一九一八年一二月)、日本における民本主義擁護のため、資本的侵略主義と社会民主主義とに対抗して「真正のデモクラシーを発揚」するため、吉野作造、福田徳三を中心に黎明会が発足した。福田は六月にパリ講和条約が調印される目前に『黎明録』(一九一九年)を刊行した(4)。イギリスとドイツの経済比較を発端に、「資本的侵略主義」の帰結たる第一次世界大戦の進行とともに起きた世界と日本の問題について、その時々に発表した論文をまとめた。『暗雲録』(一九二〇年)とあわせ、福田の時論であるが、彼のデモクラシー論、黎明運動論であり、「労働非貨物主義の公認」、「真正のデモクラシー」、「解放の社会政策」等々が含まれ、資本主義・社会主義・民主主義[・人格主義]について、マルクス主義への傾斜を強める河上肇とは異なる福田の独自のスタンスが顕著であった。一九一九年には雑誌『解放』の創刊(大鐙閣、六月)をめぐって堺利彦との関係も断たれた

（『解放』は福田＝主筆、堺＝編集長で企画・契約もされたが、福田は「心機一転、自ら決心した主筆の看板を三日目に撤回し、……わが国社会主義者の首領と絶縁した」のであった(5)。

福田は民主主義の基礎に人の生・生存権を考えており、選挙権の拡充・普通選挙のような政治的民主主義よりも生存権の保障を急務と考えていた。「国民が人間として生存を十分に保障せらるることが出来れば選挙権などはなくても宜い」と述べ（第六集、一〇〇四頁）、社会民主主義も「第四階級の専制を主張するもの」（同、一〇〇五頁）で本当のデモクラシーではないという。生まれてきた全ての国民に「人として恥かしからぬ生活」を保障する、国民的最低限を民主主義の基礎と考え、選挙権よりも生存権の保障を真の民主主義の基礎と考えた。デモクラシー観をめぐる福田と吉野作造らとの溝、第一次世界大戦後の国際秩序、ヴェルサイユ体制を一定評価する吉野らと、過酷な対独講和条件を非難し、ケインズの『平和の経済的帰結』に強い賛意を表する福田との間には思想的なギャップがあった(6)。

第一次世界大戦、ロシア革命、米騒動の後に、日本でも社会主義、マルクス主義、労農主義が強まる中で、福田は一九二〇年代初めに、『社会政策と階級闘争』（一九二二年二月）、『ボルシェヴィズム研究』（一九二二年九月）、『経済危機と経済恢復』（一九二三年）を陸続と公刊し、ボルシェヴィズム、社会主義、階級闘争とは異なる社会政策、厚生闘争、人格闘争の立場を鮮明にした。それはしばしば指摘されてきたように、イギリスやドイツに発する福祉国家・社会保障の日本における先駆的主張であった。日本のアカデミズムは一九二〇年代後半にはマルクス主義にかなり支配される状態になったが、福田はそれに対抗して、厚生経済あるいは社会政策の有用性を主張し、資本主義の改造を念頭に日本の将来を構想し、第三の道とも言える後の福祉国家論を高調した。福田の厚生経済＝社会政策論が福祉国家の主張であることは、山田雄三以来しばしば言われてきた。福田は「資本主義対社会主義の対立を超えていわば第三の途を求めようとした」（山田一九八二、一七六頁(7)）。

福田とほぼ同時代の東京商大にいた上田貞次郎は、第一次世界大戦後の「改造」の時代に『社会改造と企業』

（一九二二年）、『英国産業革命史論』（一九二三年）などを公刊し、社会主義思想が急速に高まる中で企業者・経営者職分の社会的意義を強調した。上田は雑誌『企業と社会』（一九二六－二八年）を創刊して、企業者、民吏・会社員の社会的役割とともに企業の社会性、企業の社会的責任を高調し、マルクス主義、国家主義、重商主義が昂揚する日本社会に向けて「新自由主義」を訴え、『新自由主義』（一九二六年）、『新自由主義と自由通商』（一九二八年）を公刊した。それはケインズの『自由放任の終焉』（一九二六年）と同じ時期であった。

マルクス主義、ボルシェヴィズムが隆盛になる中で、福田はイギリス労働党内閣の成立（一九二四年）に期待を寄せ、「獲得社会の転覆でなく、その進化的改造」（第五集、一九七頁）を求めた。それは上田貞次郎のスタンスとも重なるもので、広義に理解すれば『自由放任の終焉』を書き、「大転換」の中で思考の革命を説いた「資本主義の革命家」ケインズの立場にも繋がるものであろう。

4　生存権の社会政策——国民的最低限：福祉国家

「社会」の発見と社会政策

福田は、『社会政策と階級闘争』（一九二二年）の第一部「社会政策序論」の第一章を「『社会』の発見」と題し、人類の最大の発見の一つは「社会」の発見だと言う。その先覚者はL・v・シュタインであった。「社会」の存在を見出し、その活動の法則を知るようになって、国家に一括することも個人に分割することもできない「社会的」現象、社会問題、社会運動など「社会的」という概念ができてきた（第五集、一、一三－一四頁）。シュタインは、「国家の支配以外に立つ人間の共同生活をもって『社会』なり」と断定した（同、一〇二頁）。その「社会」について、その運動の法則を発見し、その運動の進行上における国家との交渉を正しく解釈し、個人との関係を究明すること、これが「社会政策理論の第一問題」であった。「『社会』とその発達とに、その正に占むべき適当の地位を与えること」が、「学問としての社会政策の第一問題たるとともに、現実社会政策の第一職分」であった（同一一七）。国家でも個人でも市場でもない社会——中間諸団体を含む——の潜在力とその発展、そのための理論と政策の追究が社会政策論であった。

福田は資本主義の諸問題、とりわけ社会問題・労働問題を克服するために、社会主義とは別の方途として社会政策を主張する。マルクス的な社会主義は、唯物史観により資本主義は自ら崩壊する運命にあるから、階級闘争は早晩消滅すると「楽観」していた。これに対して社会政策は、資本主義を自ら崩壊する必然的運命を持つものとは考えず、むしろ人為の政策によって資本主義による社会厚生の蹂躙を防ごうとするものであった。いわく、「このままに放擲して置けば、すなわち必然的運命に任せて置けば、資本増殖の勢は益々強烈となりて人生の真正の厚生幸福はまったくそのために蹂躙せらるる他はない、我々は必然の運命の到来に一任せず、人為の政策をもってこの大勢に対抗せねばならぬ」（同、序、一〇‐一一頁）。

福田は、「社会政策とは何ぞや」（一九一八年一一月、第一回青年社会政策学会講演、『黎明録』所収）で社会政策を次のように定義する。「社会政策とは社会が社会の為に社会によって行なう所の政策」である。すなわち、政策の目的も主体も社会であり、実行者も社会である。社会政策の実行に当たっては、労働者の向上が一番大きな問題になるが、「終局の目的は労働者その人の為ではなくして社会の為」であった。「社会がこれによって一歩進み、社会がこれによって向上する。社会がこれによって発展するからこそ労働者の為に図り、労働者の幸福増進の設備を講ずる」のである。フランスでいう「ソリダリテー・ソシアール」はこれに当たる（第六集、九〇一‐九〇二頁）。社会主義、社会民主主義というのは「初めから社会が社会の為になす所の施設ではない」、つまり社会政策ではないのであって、福田は「たとえ社会政策［学会］会員が皆脱けて仕舞って私が最後の一人となっても、この社会政策の孤城に立籠ろうとする」のであった（同、九〇六‐九〇七頁）。社会民主主義は「第四階級の専制を主張するもの」であって、本当のデモクラシーではないのであった。

生存権の社会政策

ブレンターノの影響下に、福田は生産政策的な社会政策論(あるいは生産を重視した分配政策論)を主張していたが、明治末期より「労働協約」の普及と「生存権」の概念に注目してきた。一九一〇(明治四三)年、『経済大辞書』に「生存権」を執筆し、それを「生存権概論」として『続経済学研究』第四編「社会政策管見」に収録した(全集第五集下、所収)。福田は一九一二(明治四五)年五月に社会政策学会大阪講演会で「生存権の理論」を講演し、その要旨が『大阪毎日新聞』(五月七-八日)、『国民経済雑誌』(六月一日)、『国家学会雑誌』(七月一日)に掲載された。この「新原理開拓の試み」が、A・メンガーの社会権の主張を援用して、一九一六(大正五)年に「生存権の社会政策」として結実した。これは工場法が施行された年であるが、社会政策学会の第一期の伝統形成の主役であった金井延の東大在職二五周年を記念する論文集『最近社会政策』に、福田はこの論文を寄せた。学会の総力を結集して出版された檜舞台において、福田は金井によって主導された伝統理論の終焉と、社会政策論の「第二期」の到来を宣言したのであった(『一橋大学学問史』九四三)。メンガーは、労働権、労働全収権、生存権という労働者のための三つの社会権を主張したが、福田は第二期の社会政策論の哲学を生存権に結びつけた。これは福田の厚生経済学の基礎にもなっており、効率賃金的な労働経済論、生産政策的な社会政策論から生存権を基礎にした厚生経済論・社会保障論への転機とも言えよう。

生存権の社会政策は、メンガーの説を「ほとんどその儘に奉ずる」ものだという。福田は、分配の公平だけでは社会政策の目標として不十分だと考えた。社会政策の目標は、不安と苦痛を取り除くことにあらねばならず、生存権の保障を社会政策の第一義とすべしというのも、心理的作用を考えてのことであった。「国に生れ社会に生きる限りの者は、権利として生存を保障されるということは、心理上大なる安心を与えること、すなわち現在の苦痛を著しく緩和する所以である」。慈善の対象とされ「善政の被恵者」とされるのではなく、権利として生存を認め、それが保障されることに心理上の大きな力がある。生産を高め、分配を公平にするためにも、まず第一に必要なのは生存の保障であった（第六集、一二五四‐一二五六頁）。福田は経済組織の指導原理として、生産主義、分配主義、保障主義、創造（または解放）主義という四つのことを考えていた。すなわち、生産主義は産業革命と一九世紀資本主義によって、分配主義はその後の広義の社会主義、厚生経済学によって、そしてその後に、生存権の社会保障として保障主義、解放の社会政策として創造主義がくると考えていた（同、一二四九‐一二五〇頁）。

国民的最低限（国民の最低限生活）：福祉国家

福田の厚生経済＝社会政策論が福祉国家の主張であることはしばしば言われてきた。福田は、資本主義と社会主義の狭間でいわば第三の途を求めようとした。たとえ社会主義が実現しても、社会問題は消滅するものではなく、社会政策は社会主義とともに、社会問題、社会運動の「解釈」の方途として存続し続ける。その際の社会政策の出立点が「生存権の認証」であり、福田はそれを「財産国家より労働国家へ」というメンガーの思想を受けて主張してきた。生存権は、労働権・労働全収権とともに、社会政策および社会主義の基礎であったが、生存権こそは「社会権中の社会権」「新社会の根本的要求」であり、最も基本的な社会権としての生存権を認証することが、社会政策の出立点であり目的であった。福田によれば、ウェッブ夫妻が近来唱道する「国民最低限の説」――「ナショナル・ミニマム」も、「根底においてその帰著《きちゃく》を一にするもの」であった（第五集、三〇‐三一、一二四‐一二五、二〇一四、二〇二五頁）。ウェッブ夫妻は一九一一年に来日し各地を訪ねているが、S・ウェッブは一〇月六日に慶應義塾で「ナショナル・ミニマム」について講演をした。(8)

福田はT・R・マルサスの『人口論』（第二版）から引用し、マルサスは人口法則という根本見地より生存権を否認していること、それに対してA・ヤングは「給養権」（right to support）の形において生存権を認めていると論じている（「人口法則と生存権――マルサス対アーサー・ヤング」（第三集、一二〇四‐一二一二頁）。(9)マルサスによれば、

「すでに占有されている世界に生まれ来る人は、彼が正当の要求を有する親より支えられるか、社会が彼の労働を要するかにあらざる限り、最少量の食物をも権利として要求するを得ず。しかして事実において彼が在る処に在るべき用なきものなり。自然の備うる盛大の饗宴において彼がために座席は設けあらず。自然は彼に去れと命ず、しかして速やかにその命を執行するなり」（同、一二〇六頁。第五集、二〇二三‐二〇二四頁）[10]。

福田は生存権の理論的根拠を説明するのに、C・J・フックス『国民経済学』（一九〇五年）から引いていわく。「国民経済の一般的普遍的職分は、人類の生活にその必要なる経済上の基礎を供し、これによりて一切の高尚なる目的に向て努力するを得せしむるにあり。従てまず第一に各人に少くとも外界文化の最低限――生存最低限・人類らしき生存――を与うるにあり、これ人類の大多数に取りて一切の精神的・道徳的発達の前提たり」。メンガーもいわく、「生存欲望の充足は生存権の根本なり」と（第五集、二〇二九‐二〇三〇頁）。そして、生存権の実際的施設について、歴史的な検討をした後に、特にイギリスの老齢年金制度にふれ、「イギリス最近の急激なる社会政策の実行は、時運を駆りてついに根本の問題に帰著せしむるの趨勢を示すものなきにあらず」、「これ二〇世紀の最大問題の一つたるべし」としている（同、二〇三〇、二〇三四頁）。これは二〇世紀初頭のイギリスにおける「リベラル・リフォーム」であり、福祉国家の起源に関わる問題であった。福田は確かに福祉国家を志向しており、その「社会政策思想は日本の福祉国家論の先駆」であった（池田一九八二、一五九頁）[11]。

福田は、『社会政策と階級闘争』（全集版）第二部第一章「社会運動と政治運動」でイギリスにおける労働党内閣の成立（一九二四年）を高く評価する。政治運動・社会運動の相反した二つの極端として、片方にプロレタリア独裁政治――ボルシェヴィズムがあり、もう片方にイギリスの労働党内閣の成立があった。後者は、「最も進歩した社会運動の行なわれる国」における「真個の社会運動」の曙光であった。それは、「社会運動の漸進的進展により、政治運動を健全化し、これを自己の補助者若くは道案内者とするもの」であり、「獲得社会の転覆でなくして、その進化的改造」を目指す社会改良であった（第五集、一九四－一九七）。

5　厚生経済研究

『経済学講義』とマーシャル

福田は一九〇四（明治三七）年八月突然高商から休職を命じられ、翌一九〇五年一〇月から慶應義塾の教員（翌年から教授）となり純正経済学、経済原論、経済史等の講義を行った(12)。福田は慶應の政治科ではセリグマンの『経済学原理』を教科書に用い、理財科ではA・マーシャルの『経済学原理』を用いた（慶應義塾理財科では明治の末からマーシャルの『原理』を経済原論の教科書にし、福田、気賀勘重、堀切善兵衛らが担当した――高橋誠一郎『経済学　わが師　わが友』一九五六、二八頁）。

一九〇五（明治三八）年一〇月から一九一八（大正七）年三月まで奉職した慶應義塾の講義のため、福田は『経済学原理』第一編から第四編までの解説をつくろうとして『経済学講義』を出版した。『経済学講義』は初め、上（第一篇　総論）（一九〇七年九月）、中（第二篇　経済学の根本概念、第三篇　欲望と其充足（需要論））（一九〇九年六月）、下（第四篇　生産の働因（供給論））（一九〇九年九月）、という三巻の三分冊として刊行された。そして一九〇九（明治四二）年一〇月に合本『経済学講義・全』が出版された後、一九一三年に『続経済学講義』（流通総論）が出版され、一九一五（大正四）年に『改定経済学講義』第一巻が出版されて、一九二五（大正一四）年に刊行された『経済学全集』第一集に収録された。

福田は『経済学講義』のためにマーシャルの『経済学原理』第四版（一八九八年）を用い、第五版（一九〇七年）での構成上の改訂を取り入れなかった。マーシャルの『原理』第一編には、第四版までは第一章「序論」に次いで

「自由な産業と企業の発達」「経済学の発達」という歴史的な諸章があったが、第五版でそれらは補論に移されて現行版になっている。しかし、福田は『講義』第一編に歴史的な諸章をそのまま残した。経済学の本論に入る前に、「歴史的考察の重要を十分知悉し」、「史的発展の大要を暗んじ置くこと肝要なり」と考え、近年、「内容空疎なる偏哲理的傾向の我邦に行わるるに対し、歴史的・実証的研究の立場を明かにしておく」必要があるというのが理由であった（第一集、一四、一六頁）。また、福田の『講義』は第四編までは概ねマーシャルの『原理』にしたがっているが、その後は、第五編「流通総論」で終わっている。マーシャル『原理』の理論的なコアとも言える第五編「需要・供給及び価値の一般理論」（「需要と供給の均衡理論」）と第六編「国民所得の分配」は、交換と分配に該当するとされ、それを総括するものとしての「流通」となっている。ここには歴史学派の影響を強く受け、日本の経済学の黎明期を生きた福田のマーシャル理解の特徴が顕著に表れているように思われる。

福田は『経済学講義』をマーシャルの『経済学原理』冒頭の一節で始めている。「経済学は日常生活の行事における人類［人間］を研究する学問なり。その考究の主題は人間の個人的・社会的行動の中について生活維持に要する物質的用件の獲得および充用に関する部分これなり」。すなわち、「経済学は一面富に関する研究たるとともに他面人間研究の一部たり。しかして後者は前者に比してその重要遥かに勝れたり」。「人の性格は日常経営する業務によりて形つくらるるものにして、人が日常の行事によりて獲得する物質的要件の性質如何はその性格を左右し影響すること宗教的理想を除いては他にこれに勝るものあらず」（第一集、一、五－六頁）。

マーシャルが『経済学原理』冒頭の章で、従来の経済論がただ富の研究ということに重きを置いて人間の学問であることを忘れた謬見を「劈頭第一に排斥」し、経済学は「到富の方法を講究するものにあらず、社会を構成するすべての階級にその精神的発達の物質的基礎を充実」させることとしたのは、彼の学説が最も進歩的な理由であった。「今、経済学は人間と富との関係を研究するものなりとマーシャルの説くは、両端を収め得てよくその真正の性質を尽くしたり。しかしてその関係は単に富の多少をいうにあらず、人間に他のより高き発達・より貴き活動を得せしめんがために必要なる物質的基礎が均等に与えられあるや否やを意味すとしたるは……よく経済学の真正なる地位を道《い》い破りたるものにして、……新派といい歴史派といい倫理派というも、その根本の思想は決してこれ以外に出でず、現今斯学の最も高き立場を示して余蘊《ようん》なし」（第一集、二四－二五頁）。

価格の経済学と厚生の経済学

福田は、『社会政策と階級闘争』の第三部第一章「価格闘争より厚生闘争へ――ことに厚生闘争としての労働争議」において、価格の経済学（Price Economics）と厚生の経済学（Welfare Economics）とを分ける。福田によれば、近時における厚生経済学構築の先駆と見るべきは、「ドイツにおけるいわゆる倫理学派経済学を他にしては、イギリス経済学の宿儒アルフレッド・マーシャルその人」であった。「彼畢世の大著『経済学原理』の第一編は、実に厚生経済学の大宣言とも見るべきものである。さりながら厚生経済学の使徒としてのマーシャルの眞面目は、ただ宣言に止まっているこの書よりも、むしろ彼の学問的閲歴そのものにおいて見るべきである」（第五集、二七五頁）。実際、マーシャルは「経済の究極にあるもの」を問い、倫理学から経済学に移ったが、生涯にわたって「進歩と理想」を追求し、富の増大よりも「生活の質の向上」、人間の「全幅的生」の向上を求めて未完の手稿・草稿を残して没した。『経済学原理』は、「進歩と理想」を追求する彼の社会科学体系・経済学体系の構想の一部であり、『原理』第五編ももちろんそうであった。未完の『進歩――その経済的条件』こそは、福田にとっての厚生経済学であったかもしれない（西沢二〇一四を参照）。

福田はマーシャルを強く讃えたのであるが、「価格闘争より厚生闘争へ」では次のように批判する。近頃「アメリカの学者某氏がアメリカ経済学協会雑誌において」指摘したように（Fetter 1920）、マーシャルは『経済学原理』第一編においては、「最も鮮明に、また大胆に厚生経済学の代表者たる立場を宣言している」が、「第二編以下の論は漸次価格経済学の常套を襲踏し、ついには他の儕輩とまったく分かつ所なき底の立場にまで落下し来っているのである。ことにその流通経済論を述べたる第五、六両篇のごとき最も然りである。……マーシャルはなお旧時の価格経済学と新時代の厚生経済学との十字街頭に彷徨しつつあるとの評は、決して誣妄ではないと思う」。ここには『経済学原理』に対する福田の評価の特徴がよく表れているが、彼によれば、それは厚生経済学の構築がきわめて困難なことを示し、学風の束縛がないドイツの少壮学徒による社会政策の学問的樹立が成功に至らないことも、この困難を裏書きするものであった（同、二七五‐二七六頁）。福田の考える厚生経済学というのは、グレネヴェーゲンが「マーシャルにおける厚生経済学と福祉国家」（Groenewegen 2010）で論じた、「道具」としての科学的「厚生経済学」よりも welfare, well-being を求める「福祉国家」の内容に近く、社会改良・社会政策の学であった。小泉信三がピグーの『厚生経済学』を「社会政策の原理」として紹介（小泉一九二三）したのも軌を一にしているのであろう。

P・グレネヴェーゲン「マーシャルにおける厚生経済学と福祉国家」によれば、厚生・福祉の増進について、マーシャルには二つの見解の流れがあった。一つは余剰原理に体化されている古典的な厚生経済学の側面——厚生的な観点からの課税・補助金政策の基礎——であり、もう一つは、個人と社会の厚生・福祉を増進する仕組みに関して、マーシャルが考えていた経済進歩と社会福祉（福祉国家）の側面であった（Groenewegen 2010, pp. 25–26. 訳六一‐六二頁）。M・ダルディによれば、マーシャルの狭義の厚生経済学への貢献は、「ほんの一章、それもあまり重要でない一章」にすぎなかった。マーシャルは、消費者余剰に基づく社会厚生指標の「非常に粗い性質」に気づいていたし、その不十分さが、それに基づく厚生政策の範囲をかなり限定することを知っていた。彼はまた、あらゆる功利主義的な社会指標は、「福祉の質と分配における変化に対する潜在的な進化的影響を測ることができないという欠点」を持っていることも知っていた（Dardi 2010, p. 409）。ダルディによれば、「マーシャルの厚生経済学は、進化がその仕事をするのを待つこと以上にはほとんど何もできない」のであった（ibid, p. 406）。要するに、狭義の厚生経済学はマーシャルの進化的経済学あるいは有機的成長論の一章にすぎないのであった（Caldari and Nishizawa

2015も参照）。マーシャルの確信は、厚生政策よりも進歩・進化であった。「厚生政策は、産業及び社会構造の自然の発展が精神的慣習と道徳的態度にも大きな変化をもたらすまで、現在の社会状態に実質的な影響を与えようとするのを控えるべきであった。しかしその時には、社会がその福祉を自生的に制御できるようになっているだろうから、厚生政策は不要になってしまうかもしれない」（Dardi 2010, p. 409）。マーシャルの進歩観は、産業・経済の発展が、人間の知的慣習・道徳の向上を含むというものであった。

福田の『厚生経済研究』と「イギリス厚生学派」

福田は生涯を閉じる二カ月前に公刊した大著『厚生経済研究』の序文（「厚生経済研究に序す」）で、自らの到達点を、「私に残された唯一の道は、ホブソン、ピグー、キャナン諸先生が荊棘を拓かれた厚生経済理論への進出これであります」と書いた（福田一九三〇、三－六頁）。福田の経済学は、一方の足をブレンターノに他方の足をマーシャルに置いていたと言われるが、マーシャル経済学への傾倒、そしてマルクス経済学との格闘は、やがて福田を人間中心の厚生経済学研究に導いた。いろいろな経済学の遍歴を重ねてついに到達したところが、「一種の倫理主義的な、英国流の厚生思想」であり、A・C・ピグー、J・A・ホブソン、その他を参酌しながら、「倫理的な意味の厚生経済学に自分の最後の立脚地」を求めようとした（中山一九七八、三八－四〇頁）。

その際に、「ホブソン氏の諸々の著作（『産業組織』『労作と富』『現代資本主義の進化』『分配の経済学』などなど）」が、「最も多くの示唆を」与えた。「今この拙著［『厚生経済研究』］の組版を終つたとき、あたかもホブソン氏の『富と生活』、キャナン教授の『経済理論の再吟味』［ともに一九二九年］の二書に接しました。私のこの書は、もとより杜撰千万なものであります。しかし眼の着けどころだけは、両先生とほぼ同じ様な方面に向つていることを見出して、私は喜びを禁じ得ないのであります」（福田一九三〇、二－四頁）。

J・A・シュンペーター『経済分析の歴史』における第四編「一八七〇年から一九一四年まで（およびそれ以

降）」が扱う時期は、基本的に限界革命とそれに続く新古典派経済学が発展・定着する時代で、イギリスでは「マーシャルの時代」であり、ピグー＝ケンブリッジの厚生経済学の時代であった。しかし、シュンペーターもその第四章「社会政策と歴史的方法」で言うように、新たな社会理論、歴史・倫理主義、経済社会学、制度主義が国際的なレベルで形成・発展する時代でもあった。イギリスでは、その中心はオクスフォードと創設期のLSEであり、オクスフォード理想主義の展開（T・H・グリーン、J・ラスキン、A・トインビー→ウェッブ夫妻、ホブソン、L・T・ホブハウス→LSE制度主義者）の中から、ラスキン的厚生経済学者とも言えるホブソンの「もう一つの厚生経済学」が生まれ、福祉国家の基礎が形成された。

ピグーを中心とするケンブリッジの厚生経済学に対する、「オクスフォード・アプローチ」の中での「もう一人の厚生経済学者」ホブソンについては、バックハウス・西沢編著 *No Wealth But Life*（Backhouse and Nishizawa 2010）にバックハウスの論文があり、西沢はそれに続く章で福田の厚生経済研究について論じた。ラスキンの影響を受けて、ラスキン的厚生経済学を展開しようとしたのは、ホブソンだけでなく、W・スマート、J・スタンプ、R・H・トーニーなどもそうであった。スマートはグラスゴウ大学のA・スミス講座の最初の教授になったが、ラスキンに傾倒した最初の著作は *John Ruskin: His Life and Work*（1880）（次いで、*A Disciple of Plato: A Critical Study of John Ruskin*, 1883）であった。ラスキンの弟子として、*Second Thoughts of an Economist*（1916）を書き、物的富の追求とは別のより高次の目標の追求、「芸術的生」を日々の経済生活に持ち込むことを強調し、ミルの「定常状態」では「芸術的生」を人々が行うようになるだろうこと、あるいは「定常状態」でなくても「芸術的生」を行う「経済生活の動機の改造」、経済生活の中に「道徳生活」の場と機会を見出すこと、そして「第二の思想」として「道徳生活」「道徳的改造」などについて啓発的な考察を遺した（Smart 1916, pp. 11–14, ch.4）。

ホブソンはイギリスではケンブリッジの外でより重く受け止められ、アメリカで広く尊敬された。W・ミッチェルが代表的な厚生経済学者として選んだのは、ホブソンであり、ピグーではなかった（Backhouse 2010, pp. 115–116）。

ピグーではなくホブソンの厚生経済学、ケンブリッジではなくオクスフォード＝ＬＳＥの厚生経済学・福祉の経済学が、アメリカだけでなく後発国日本でも真剣に受け止められたことは興味深い事実であろう。中国では、ノースウェスタン大学で博士の学位を取得した北京の輔仁大学経済学教授 William Tien-Chen Liu が、『ホブソンの厚生経済学の研究』（*A Study of Hobson's Welfare Economics*）を一九三四年に出版した。

アメリカの制度派経済学者Ｗ・ハミルトン（Walton Hamilton）は、制度主義経済学を定義しようとした最初の論文「経済理論への制度主義的接近」（一九一八年）で、ウェッブ、ホブソン、キャナン、トーニーおよびＨ・クレイらをまとめて「イギリス厚生学派」（the English welfare school）と呼び、このようなイギリスの政治経済学者とアメリカの制度主義との結びつきを明示した（Hamilton 1919）。福田は「イギリス厚生学派」という言葉は用いなかったけれども、結局、功利主義に基礎を置くケンブリッジの新古典派経済学ではなく、オクスフォード理想主義、歴史的・倫理的方法の伝統を汲むＬＳＥの政治経済学者に強く惹かれるようになった。

6　おわりに

福田はまとまった厚生経済学（福祉の経済学）を構築することはなかったし、欧米を中心とする厚生経済学の歴史に登場することもなかった。しかし、厚生経済という考えは、学問を始めた頃から持っていた。それは、経済思想史上では、上田辰之助がラスキンについて言う「自由主義に代わる人間経済すなわち厚生経済」（上田一九三五）であり、価値・価格の理論を超えて厚生・福祉、well-being の理論を追究するものであった。福田は、厚生経済と社会政策をしばしば並べて使ったが、その当初から、『労働経済論』に見られるように社会政策・実践性に傾くと同時に、「トマス・ダキノの経済学説」に見られるように学問性を追究するものであった。果実とともに光を求めてアリストテレスやアクィナスに回帰して、福田が思想的に到達したのは遺作となった『厚生経済研究』（一九三〇年）の「序」で自ら言うように、ホブソンの *Wealth and Life*（1929）の立場――「貨幣的評価」に代えて「人間的価値評価」を主張する――に近いものであった[13]。

福田には、筆者が考えるマーシャルと同じように、経済的な豊かさとともに「生活の質」・生の豊かさ（労働・仕事が生に対して持つ重要性）、物的富とともに人格・能力の成長を基礎に考える科学の姿勢があった。福田は功利主義的・帰結主義的だと言われるピグー流の厚生経済学（経済厚生主義）に満足できず、ラスキン的、ホブソン流の生活・生（life）を基調とする人間福祉の厚生経済・福祉国家（社会）を構想した。福田はL・ロビンズ以降に展開する新厚生経済学は知る由もなかったが、福田の厚生経済・社会政策研究は後の福祉国家論の基礎理論たりうるものであった。

クリスチャンであった福田は、早くから生きとし生ける者の生存権を主張し、生存権の保障を社会政策の第一義とすべしと提唱した。福田は、厚生とは「人間としての生を厚くする」ことだと述べ、社会なら社会の生命、個人なら個人の生命を進め、生を充実させること、それが善であり富だと考えていた（第二集、一九－二〇頁）。これはオクスフォードの理想主義者ラスキンの'No Wealth But Life'「生こそ富」という思想に近いものだと思われる。まずドイツ歴史学派の薫陶を受けた福田は、ケンブリッジ学派のピグーの厚生経済学に学びながら、その厚生主義・帰結主義─功利主義を受け入れることができず、オクスフォード・アプローチをとるホブソンの人間的福祉の経済学、財・価値の人間的評価に最後の拠り所を求めた。それは貨幣尺度でなく、「生」の価値基準の追究であった。福田は、ピグー以降、とりわけロビンズ以降の科学的厚生経済学（「新厚生経済学」）の展開を見ることも理解することもなかったが、もう一つの厚生経済思想・福祉の経済思想＝福祉国家論の基礎を構想しており、福田の厚生・福祉の思想には、ラスキンやホブソンと同じように、一〇〇年後のA・センの潜在能力アプローチに繋がるものがあるように思われる。

注

（1）福田徳三の著作からの引用は『経済学全集』からとし、本文中に集数とページを記す。

（2）とりあえず、西沢（二〇一〇b）を参照。

（3）福田徳三は、留学から帰って講義をはじめ二年もしないうちに、東京高商で松崎蔵之助校長と衝突し一九〇四年に休職になった。一九〇五年に慶應義塾が招聘し、講師から教授になって一九一八年まで奉職した。第一回義塾派遣留学生としてコロンビア大学に留学し、義塾の教授で幹事をしていた名取和作が、福田を招いて自分の代わりに純正経済学を担当させたという（『小泉信三全集』第一一巻、二七四頁。「経済学の黎明期を語る」『経済往来』一九四一年、一三頁）。

（4）一九一九年には、民人同盟会、新人会などが発足し、『改造』が創刊され、八月には鈴木文治の友愛会が日本労働総同盟友愛会に発展、一二月には内務相床次竹次郎が労資協調会を設立した。また二月には大原社会問題研究所が創設されるが、その年一〇月にワシントンで開催された第一回国際労働会議の労働代表選出問題で高野岩三郎が東大を辞め、翌年三月に初代所長になった。

（5）大庭柯公「福田徳三論」『日本及日本人』七五九、一九一九年六月一五日、同「『福田徳三論』について」同七六二、一九一九年八月一日に詳しい。

（6）福田と吉野のデモクラシー観、および国際情勢の認識の違いについて、武藤（二〇〇八）一九五－一九九を参照。ケインズ『平和の経済的帰結』（一九一九年）に対する福田の絶賛については、福田「世界を脅かす国家破産の危機――対独態度を根本的に改めざれば」（第六集、一四六五－一五三二）を参照。福田はそれを、当時のドイツでアインシュタインの相対性原理の発見にも増して「識者の血を沸かしつつある書物」（同、一四六五）としている。

（7）山田雄三「福田経済学と福祉国家論――福田徳三先生歿後五十年にあたって」『日本学士院紀要』三七巻三号、一九八二年三月。同編福田徳三『厚生経済』講談社学術文庫、一九八〇年、「解説」。

（8）社会政策学会歓迎会、慶應義塾でウェッブは「Policy for national minimum」と題する講演を行い、その要旨が『時事新報』（明治四四年一〇月七日）に掲載された（第五集、一二〇二五頁）。ウェッブの慶應や早稲田での講演については、宮本（一九八九）五一－五四、六一－六二頁を参照。

（9）三人以上の子を持つ農業労働者に対して、馬鈴薯を作り一、二頭の牛を飼うために半エーカーの土地を与えるべしというヤングの提案に、マルサスは強く反対した。それによれば、ヤングの提案は人口論に反して、イギリス人の最低生活程度を維持し、結婚・出生を奨励して、需要以上に人口を増加すること現行の救貧法より甚だしいものであった（第三集、一二〇九－一二一〇頁)。

(10) ヤングの半エーカー給地論は、マルサスとヤングの間に生存権をめぐる大論争を引き起こし、それは「人口法則と社会政策と両立するや否やの大問題」に関わるものであった。福田が言うように、ヤングは理論家でなくドイツ歴史派が称揚するように現実的・経験的思索家であった。矛盾はヤングの論説にあるのではなく、「自然の大則たる人口法則と社会実際の要求たる生存保障の主張」との間にあった。それは「自然と社会との矛盾なり衝突」であった(第三集、一二二一-一二二三頁)。マルサスとヤングは研究方法が違い、マルサスは自然法則のみを認め人為の力を軽視するが、ヤングは政治の力を認めて、英仏比較論の考察を、イギリス政治の優れたことに帰着させた(同、一二二三頁)。

(11) 池田信「福祉国家論の先駆——福田徳三」(池田一九八二、一四七-一六七頁)。

(12) 福田の休職の背景は、一九〇四年一二月一日付けブレンターノ宛書簡に詳しい。それによれば、福田のような自由主義的な経済学者は、「愚劣きわまりない政府の財政政策を批判しているため、厳しい監視下に置かれ」ていた。福田は論文や講義に対する「スパイ並みの徹底的な監視」のために鎌倉に引きこもり、「桂伯爵によるスパイ支配」が終わるまでそこに滞在するつもりであった。農業政策に関する松崎蔵之助校長や農業大臣の見解はワグナー教授が率いる学派に依拠しており、「急進的この上ない自由貿易を主張する」福田の教授活動は、政府にとって危険だと判断されたのであった(福田二〇〇六、三三-三四、八四-八五頁)。

(13) ホブソンの著書 *Wealth and Life: A Study in Values* (1929) は、*Work and Wealth: A Human Valuation* (1914) とともに、ラスキンの公理 'No Wealth But Life' を受けた、ホブソンの厚生経済学・人間福祉の経済学を代表するもので、ドナルド・ウィンチが一八四八-一九一四年の知性史をまとめた最近作のタイトル *Wealth and Life* (2009) に用いたものである。ピグーの「旧厚生経済学」からロビンズ以降の「新厚生経済学」、アローの社会的選択の理論に至る厚生経済学の歴史では埋もれてしまった、ラスキン、ホブソンの厚生経済学・福祉の経済学の伝統の中で福田の厚生経済研究を検証してみたい。筆者は、科研費の助成を受けて、厚生経済学と福祉国家の歴史的検証、厚生経済学史の再検討に関わる共同研究を進めているが、「新厚生経済学」を構築したヒックスが自ら行った「経済厚生」主義への決別宣言、J・R・ヒックスの「非厚生主義」宣言の趣旨と射程は、鈴村興太郎教授によれば、「富と厚生」の批判的検討から「富の理論」「富の経済学」の再構成を意図するもの(鈴村二〇一三)であるが、それはマーシャルや古典派の富の理論(プルトロジーへの回帰)からラスキンやホブソンが言う「富と生」にも接点を持ちうるものではないだろうか。

参考文献

Backhouse, R. E.（2008）“Morality and Welfare: The ‘English School of Welfare Economics,” *History of Political Economy,* 40（Annual Supplement）, pp. 212–236.

Backhouse, R. E.（2010）“J.A. Hobson as a Welfare Economist,” in Backhouse and Nishizawa eds.（2010）, pp. 114–135.（姫野順一訳「福祉経済学者としてのJ・A・ホブソン」西沢・小峯編、二〇一三、二三五－二五三頁）

Backhouse, R. E. and Nishizawa, T. eds.（2010）*No Wealth but Life: Welfare Economics and the Welfare State in Britain, 1880–1945*, Cambridge University Press.

Caldari, K. and Nishizawa, T.（2014）“Marshall's ‘Welfare Economics’ and ‘Welfare’,” *History of Economic Ideas*, XXII, 2014/1, pp. 51–67.

Caldari, K. and Nishizawa, T.（2015）“Progress Beyond Growth: Some Insights from Marshall's Final Book,” *European Journal of the History of Economic Thought*, forthcoming.

Dardi, Marco（2010）“Marshall on Welfare, or: the ‘Utiltarian’ Meets the ‘Evolver,’” *European Journal of the History of Economic Thought*, 17–13, pp. 405–437.

Fetter, Frank A.（1920）“Price Economics versus Welfare Economics,” *American Economic Review*, 10–3, 4, pp. 467–487, 719–737.

Groenewegen, Peter D.（2010）“Marshall on Welfare Economics and the Welfare State,” in Backhouse and Nishizawa eds.（2010）, pp. 25–41.（藤井賢治訳「マーシャルにおける厚生経済学と福祉国家」、西沢・小峯編（二〇一三）六一－八二頁）

Hamilton, Walton H.（1915）“Economic Theory and ‘Social Reform,” *Journal of Political Economy*, 23–6, pp. 562–584.

Hamilton, Walton H.（1919）“The Institutional Approach to Economic Theory,” *American Economic Review,* 9–1, Supplement, March, pp. 309–318.

Hicks, J. R.（1959）“Preface—And A Manifesto,” *Essays in World Economics*, Oxford: Clarendon Press.（大石泰彦訳『世界経済論』岩波書店、一九六四年）

Hobson, J. A.（1898）*John Ruskin: Social Reformer*, London: James Nisbet.

Hobson, J. A.（1914）*Work and Wealth: A Human Valuation,* with a new introduction by Peter Cain, London: Routledge / Thoemmes Press, 1992.

Hobson, J. A.（1929）*Wealth and Life: A Study in Values,* London: Macmillan.

Liu, William Tien-Chen（1934）*A Study of Hobson's Welfare Economics*, Peiping: Kwang Yuen Press.

Marshall, Alfred（1873）“The Future of the Working Classes,” in Pigou ed. 1925, pp. 101–118.（永澤越郎訳「労働階級の将来」同訳『マー

シャル経済論文集』岩波ブックサービスセンター、一九九一年、一九三－二一八頁）
Marshall, Alfred（1961a, 1961b）*Principles of Economics*（1890）; 9th（variorum）ed., by C.W. Guillebaud, Vol.I Text, Vol.II Notes, London: Macmillan, 1961.（馬場啓之助訳『経済学原理』Ⅰ－Ⅳ、東洋経済新報社、一九六五－六七年）
Myint, Hla（1948）*Theories of Welfare Economics*, London: Longmans and Green.
Pigou, A.C.（1920）*The Economics of Welfare*, London: Macmillan.（気賀健三他訳『厚生経済学』Ⅰ－Ⅳ、東洋経済新報社、一九五三－五五年）
Pigou, A.C. ed.（1925）*Memorials of Alfred Marshall*, London: Macmillan.
Ruskin, John（1860）*Unto this Last: Four Essays on the First Principles of Political Economy*, London: Routledge/Thoemmes Press.（飯塚一郎訳「この最後の者にも」『世界の名著』41「ラスキン、モリス」中央公論社、一九七一年）
Smart, William（1916）*Second Thoughts of An Economist*, second ed., 1924, London: Macmillan.
池田信（一九八二）『日本的協調主義の成立』啓文社。
井上琢智（二〇〇六）『黎明期日本の経済思想』日本評論社。
今村武雄（一九八三）『小泉信三伝』文藝春秋。
上田辰之助（一九三五）「トマスとラスキン――厚生経済先覚者としてのかれ等」『一橋新聞』二〇三号、一九三五年二月一一日『上田辰之助著作集』第六巻、みすず書房、一九九六年。
上田辰之助（一九八七）『上田辰之助著作集』第二巻「トマス・アクィナス研究」みすず書房。
尾高煌之助・西沢保編（二〇一〇）『回想の都留重人――資本主義、社会主義、そして環境』勁草書房。
小泉信三（一九二三）「社会政策の原理――Pigou, The Economics of Welfare を読む」『三田学会雑誌』一七巻一〇号、二三－五五頁。
小泉信三（一九六〇）「慶應時代の先生」福田徳三先生記念会『福田徳三先生の追憶』所収。
小泉信三（一九六七）『小泉信三全集』第一一巻、文藝春秋。
塩野谷祐一（二〇一二）『ロマン主義の経済思想――芸術・倫理・歴史』東京大学出版会。
塩野谷祐一（二〇一三）「福祉国家の哲学的基礎――オックスフォード・アプローチ」西沢・小峯編（二〇一三）一八七－二一三頁。
杉原四郎（一九七九）「福田徳三と河上肇」『経済論叢』一二四巻五・六号、一－二〇頁。
杉原四郎（二〇〇一）『日本の経済思想史』関西大学出版部。

鈴村興太郎（二〇一三）「規範的経済学の〈非厚生主義〉的・非〈帰結主義〉的基礎――ピグー、ヒックス、センを係留する連結環はなにか」西沢・小峯編（二〇一三）、三三九‐三六四頁。

高橋誠一郎（一九五六）『経済学　わが師　わが友』日本評論新社。

都留重人（一九四三）「〝国民所得〟概念への反省」『一橋論叢』一二巻六号、五五四‐五七三頁。

都留重人（一九九八）「ビクトリア朝時代についての一経済学者の反省――ラスキンの政治経済学上の貢献について」同著『科学的ヒューマニズムを求めて』新日本出版社、一二七‐一五五頁。

中山伊知郎（一九七八）「日本における近代経済学の出発点」美濃口武雄・早坂忠編『近代経済学と日本』日本経済新聞社。

西沢保（二〇〇七）『マーシャルと歴史学派の経済思想』岩波書店。

西沢保（二〇一〇ａ）「"No Wealth But Life"――マーシャル、ラスキン、都留重人」尾高・西沢編（二〇一〇）一一五‐一三六頁。

西沢保（二〇一〇ｂ）「第1章　戦前の日本経済学会」日本経済学会編『日本経済学会75年史――回顧と展望』有斐閣、三‐三七頁。

西沢保（二〇一三）「創設期の厚生経済学と福祉国家――マーシャルにおける経済進歩と福祉」『経済研究』六四巻一号、七六‐九三頁。

西沢保（二〇一四）「厚生経済学の源流――マーシャル、ラスキン、福田徳三」『経済研究』六五巻二号、九七‐一一二頁。

西沢保・小峯敦編（二〇一三）『創設期の厚生経済学と福祉国家』ミネルヴァ書房。

一橋大学学園史刊行委員会編（一九八六）『一橋大学学問史』。

福田徳三（一九二五‐二六）『経済学全集』全六集八冊、同文館。

福田徳三（一九三〇）『厚生経済研究』刀江書院。

福田徳三（二〇〇六）「福田徳三―ルーヨ・ブレンターノ書簡一八九八‐一九三一年」翻刻・翻訳柳沢のどか、校閲西沢保、一橋大学社会科学古典資料センター *Study Series*, no.56 March.

宮本盛太郎（一九八九）『来日したイギリス人』木鐸社。

武藤秀太朗（二〇〇八）「戦間期日本における知識人集団――黎明会を中心に」猪木武徳編著『戦間期日本の社会集団とネットワーク――デモクラシーと中間団体』ＮＴＴ出版、一八三‐二〇五頁。

山田雄三編（一九八〇）福田徳三『厚生経済』講談社学術文庫、「解説」。

山田雄三編（一九八二）「福田経済学と福祉国家論――福田徳三先生歿後五十年にあたって」『日本学士院紀要』三七巻三号、一九八二年三月。

第7章

小泉信三と理論経済学の確立

――福田徳三との対比を中心に

池田幸弘

小泉信三
(1888–1966)

1　はじめに

私はすでに別の機会に、小泉信三のイギリス滞在について、さらには、経済学者小泉の全体像について言及した(1)。本章では、これら既発表論文とはいささか視点を変え、小泉経済学の内実について、特に理論経済学者小泉という側面から光を照射しつつ、我が国の経済学の発展史の中で、特に一橋大学の福田徳三との対比において、論じてみたい。前稿では小泉の『経済原論』、『初学経済原論』については立ち入った考察を行ったが、今回問題としたいのは、小泉原論体系とその有り方が慶應義塾の経済学に与えた影響である。

予め本章の結論を示したい。一橋大学の学風に特徴的な「総合的社会科学(2)」の伝統は、福田徳三の巨大なビジョンにまで遡ることができる。その影響を受けた中山伊知郎は一般均衡理論の祖述者ではあるが、戦後はよく知られているように中労委で活躍し、やはりある種の総合化のビジョンを共有していた学者であると考えられる(3)。このような総合的な体系を指向する一橋大学の経済学に対比して、慶應義塾の経済学の分析視角はやや限定的であると言える。本書で扱われる理論経済学の慶應における発展などに鑑みても、そのような対比は明らかにうかがわれる。私は、そのような限定化に際して、小泉が重要な役割を果たしたのではないかと考え、本章ではそれを特に福田の学風と対比して明らかにしようとするものである。

まずは、時代を遡り、大正初期の経済学のありさまを見てみたい。以下は、一九一九年に東京帝国大学に入学した東畑精一の述懐である。

「当時の日本の理解では経済学というのは、ほんとうの経済学ではないのですね。福田徳三先生の『国民経済学講話』にも、もちろんこの第五編に当たる経済学の本体は書いてない。同先生の『流通経済講話』というのを読んでみても、価格というところでもう話は止まっているのですね。全部が経済問題の周囲のまあ与件みたいなことの話で終わっています」(中山一九七三所収の「月報座談会　I　近代経済学の展開と背景」二五頁)[4]。

この東畑の指摘は重要であり、本章の出発点をなすものである。ここで直接の主題となっているのは、福田の経済学体系である。福田の著した二著が言及されているが、いずれも「ほんとうの経済学」ではないとされている。では、「ほんとうの経済学」とは何か。これは上記の引用から知られるように、価格理論であったと考えられる。今日のわれわれからすれば、価格がどのようなメカニズムによって決まるのかというのは、経済学のイロハ、つまり一番枢要な部分の一つであると考えられるが、これは福田やその当時の学者にとって必ずしも自明ではない。あとでふれるように、特に福田はきわめて総合的な見解を経済学についていだいており、狭義の価格理論は彼にとっては克服されるべき対象であった。これが、L・ワルラス、H・H・ゴッセン、A・A・クルノーを読めと中山に指示したという福田と、どのように両立するのかはわからない。一面では純粋経済学のパトロンであり、推進者であった福田と、あくまで総合的社会科学の構築を希求した福田とは、どのような関係にあるのだろうか。

それでは、世代的にはもっと近い中山は、小泉についてどのように考えていたのだろうか。中山は一橋における福田の高弟、小泉は慶應における門弟でもあった。福田の授業を聴きたいがために政治学科に入ったという小泉のエピソードはよく知られていよう。中山の小泉評価を知るためには、恰好の題材がある。小泉全集所収の中山の解説がそれである。『初学経済原論』『経済原論』が収められた第九巻の解説を書いた中山は、次のように記している。

「この原論の特色は次の二点にある。第一には、経済の総体的な過程の明確な叙述を目的にしていること、第二には、この総体過程を説明する根本として価値・価格論に重点をおいているということ、これである」(中山一九六八、四八四頁)。

いま第一の点はおく。第二の点は、先に紹介した東畑の述懐と対応するものとなっている。「ほんとうの経済学」の不在と、小泉経済学における価値・価格理論の存在。この間の距離は大きい。もとより、中山自身が価値・価格理論のフレームワークにとどまったかどうかは別問題である。ここでは、解説をものするにあたって、小泉経済学のそうした側面が適切に摘出されていることを確認するにとどめる。

さしあたり、これだけの準備で、小泉の理論経済学体系を見る出発点としたい。

2　経済現象の歴史性と超歴史性、そしてロビンソン・クルーソー経済の前提

小泉の『経済原論』は全三篇からなるが、第三篇はマルクス価値論をめぐったいわば補論的な位置づけなので、本章では主として第一篇と第二篇を問題にする。

さて、第一篇第一章は、全体の序論的な位置づけを占めるものだが、経済現象の歴史性を問題にして、読者の蒙を説いている。小泉の経済理論に対する考えを示すものとして興味深いので、考察の対象としたい。小泉は自家薬籠中のものとしていたD・リカードについて、「その時代の風潮に影響せられたためか、或いは彼自身が歴史的素養を欠きたるためか、経済的秩序が今まで変遷し、今も変遷しつつあることに極めて無頓着であったように見える」（小泉一九三一（一九六八、一四三－一四四頁））との批評を加えている。これに対して、K・マルクスが『賃労働と資本』などで加えた批判は基本的には正しいと小泉は言う。しかし、リカードやその経済学の非歴史性を指摘したマルクスの批判を紹介したうえで、彼自身は次のような見解を示している。

「経済学上の概念は独り歴史上特定の社会秩序を基礎としてのみ立てらるべきものであって、いずれの社会秩序にも通有なる概念はこれを立ててはならないものであるかの如くに説けば、それは矯正せんとした誤謬は反対

の誇張に陥るであろう。……営利資本は今の社会のみあるものであるが、人が生産のために労働することは如何なる社会にもある。営利資本は今の社会にのみあるものであるが、生産手段は如何なる社会にもある。経済学者が特定の社会秩序に結び付いた奴隷を論じ、営利資本を論ずることは差支えないが、いずれの社会の下にも考えられるべき労働や生産手段は果たして経済学から駆逐されなければならぬ諸概念であろうか」(同、一四四－一四五頁)。

このように小泉は反問するのである。マルクスやマルクス主義者は、歴史的なカテゴリーを重視する。それはよいが、はたして超歴史的に通底するカテゴリーは不要、もしくは意味がないと言い切ってよいのだろうか。これが小泉の疑問であった。そして、これから見るように、小泉自身の原論体系は、オーストリア学派などの影響もあり、どのような経済体制にも必要な資源配分の問題に力点を当てている。その意味で、超歴史的なカテゴリーは経済学としては問題にはならないというマルクス主義的な立場はとらない。このような小泉の見解が、マルクス主義者の批判を浴びたのは当然である。事実、本書の書評で、向坂逸郎はその点をつき、激しい批判を展開している。本章の最後の部分では、小泉はK・G・カッセルの『理論的社会経済学』から引用し、上に紹介した自らの見解を補強している。

第二章は「経済財」と題されているが、方法的見地から重要なのはロビンソン経済の想定である。ここでも、第一章と同じく、小泉は、ありうべき批判を想定してそれを反批判するというやり方をとっている。

「学者或いはロビンソン経済の考察を難じて架空的、非現実的であるという。それがかくの如き経済は歴史上、人間生活の常態として存在したことはないということであれば、この非難は無論正しい。しかし誰れもそのようなことは考えてはいまい。父母や妻子もない全くの孤立人が、孤立の生活を永続的に営み得るものでないことは、言うまでもないことである。ただしかし、かかる孤立人の経済生活を、一層複雑なる社会経済考察の発端として、その極度に単純化されたものとしては、即ち考察の補助手段として想定するということはただに許さるべきことなるのみならず、理論推究のために極めて有効の方法である」（同、一五三－一五四頁）。

ここで指摘されているのは、実際的な意味におけるロビンソン経済の非現実性と、その方法的仮説としての意義である。そして、章の最後の部分では、自説の支持としてＥ・キャナンとＨ・ディーツェルを挙げ、また引用もしている。キャナンは小泉がイギリス滞在時にその講義を聴いており、彼にとっては親しみ深い存在であった。[5]ディーツェルは、何人かの先学とともに、小泉が本書を草するにあたり影響を受けた経済学者の一人である。[6]おおむね、このような方法的武装、整備の上に、小泉は自論を展開している。その内実については以下で見よう。

3　経済の主要法則

小泉が言う「経済本則」とは、以下の三つである。ここで言われている本則とは、つまるところ主体均衡、最大化問題である。

「一　一定の手段によって満たされる幾多の欲望ある時は、重要ならぬものを棄てより重要なる欲望の充足をこれに充てること。

二　一定の欲望を満足せしむるに最も犠牲少なき手段を選択すること。

三　経済財獲得の努力そのものによって受くる不快がそれによって得らるべき欲望満足に及ばざる限りは努力を続けること」（小泉一九三一（一九六八、一六八頁））。

これらの諸点についてはすでに別の機会に論及したが、ここでは煩をいとわず以下、簡単に解説を加えておく。

第一の点については、メンガー表の論理構造、あるいはゴッセンの第二法則などを想起すれば、理解は容易である。ここで注意しておきたいのは、生産や労働を含んだモデルも第一の本則から演繹されていることである。

「労働、または一般的に生産手段は論理上、先ず最も重要なる欲望を満足せしむべき財の生産にこれを充用し、逐次他の財の生産に及ぶ筈である。従って人間が経済的に行動する限り、一定単位の生産手段は特定財の生産に偏用せらるることなく、適宜幾多の生産に遍ねく用いられて、その最終点において生産せられた財がどれも欲望満足に同一の程度に役立つようになる結果を生ずる」(同、一六九－一七〇頁)。

この主張は、次のように表現することができよう。

$$U_1(f(L_1))+U_2(g(L_2))$$

s. t.

$$L_1+L_2=L$$

U_1,U_2 がそれぞれの財の効用関数、$f(\cdot),g(\cdot)$ がそれぞれの財の生産関数、そして制約式は、それぞれの財の生産に用いられる労働量の合計が、社会に存在する労働量に等しいことを示している。このような最大化問題を解き、それを言葉で表現すれば前記の小泉の表現のようになろう。

本則の第二については、次のように理解できる。ある一定量の財を生産するのに、二つの生産方法が可能であったとする。その際に、生産者は、生産に要する費用、犠牲が少ない方法を採用するだろう。生産に伴う犠牲、費用は貨幣価値で表示されているかもしれないし、あるいはロビンソン・クルーソー経済が前提にされていて、生産された財を彼らがそのまま消費することが考えられているのならば、単に生産に要する労働時間として表示されるかもしれない。労働時間の長さはマイナスの効用として考えることもできるから、これもまた効用最大化の帰結である。第三は、別の機会に述べたように、W・S・ジェヴォンズの労働を含めた最大化問題などを念頭に置いていると考えられる。生産をすることによって得られる生産物からの追加的効用と、そのような生産行為に伴う追加的不効用を比較し、前者が後者より大きければ、経済主体は生産を続ける。そして、ジェヴォンズが示したように、両者が均等になる点で、生産の拡大はやむのである。

4　価値と富

以上の考察をふまえて、第六章では価値と富の違いについて検討がなされている。小泉は、オーストリア学派の創始者であるC・メンガーから直接引用し、価値の定義を行っている。以下がそれである。

「その大意に曰く、財の価値とは、吾々が吾々の欲望満足の上において特定の財または財の分量の所有に依頼することを意識することによってこれに認める重要性であると」（小泉一九三一（一九六八、一七八頁））。

この引用に続けて、小泉はメンガーの『原理』二版から原文も引用している。これらの引用がメンガーやオーストリア学派の価値理論に対する肯定的な評価を表していることは、明白である。

小泉の論述で興味深いのが、章のタイトルにあるような価値と富の区別である。これは、あとで見るように、彼自身が訳者であるリカードの所論によっているが、まずは小泉自身の述べるところを見よう。

「人間はその欲望のなるべく豊富、充分に満たされることを希う。その財に対する関係をいえば、財の供給がなるべく豊富、潤沢であることが願わしいのである。しかし今まで述べて来たことによって、価値は豊富、潤沢によって生じないで、欠乏、不足によって生ずることが明らかになった。豊富なるものの一々は、吾々はこれを無視また軽視する。欠乏、不足しているものの一々は、その欠乏しているということが吾々にその物に対する尊敬の念を吹き込む。しかし吾々は価値なきもののためには努力しないから、物に価値があるということが、即ち吾々の幸福を表示するのであるかの如く考え易いが、この点は即断に陥ることは慎まなければならぬ。人間は物に対する従属の甚だしいことによって幸福になるものではない。従属から免れることによって幸福となるのである」(同、一八七頁)。

以上のやや長文の引用によって小泉の主張は明らかだと思われるが、以下整理しておく。メンガー流の定義によっても明らかなように、価値はわれわれの欲望と当該財の量によって定まる。両者があいまって価値を形成するので、当該財の物理的希少性だけによって価値が生ずるのではない。このように価値が定義される以上、価値とわれわれの幸福つまり、社会的厚生が密接に関係していると考えがちであるが、これは正しくないと小泉は言う。むしろ、われわれの欲望に対する相対的な希少性がなくなり、財が豊富にもたらされるような世界が幸福であるとされている。

価値から価格が形成される過程についての議論は必要だが、この論点はさまざまな意味で重要である。欲望との関係で相対的に希少だとされる財には、高い価値づけがなされそれが価格に反映される。社会的に重要だとされる、つまり緊急度が高い財については高い価格が設定される。このような形で生じた価格から、さまざまな国や地域の総体的な幸福度が測られる。GDPと言われる指標の源もそこにある。どのように説明しても、それが価格をベースにしていることは否定できない。前記の小泉の引用は、このような価格ベースでの社会的厚生の測定を再検討させる要素を含んでいる。そういう意味で、本章全体で見るように、小泉のよって立つ基盤はオーストリア学派を一つの核とする当時の正統的経済理論だが、それが盤石ではないことも小泉は知っていた。そして、そのような示唆を与えたのがリカードの論述であると考えられるのである。

前記の引用にあるように、小泉の考えていた桃源郷は、巨大な生産力の開花による未来社会の展望を与えたマルクスや、長期的には経済問題の消失によって余暇の文化的利用を示唆したＪ・Ｍ・ケインズのビジョンと大きく異なるものではない。小泉が遠望していたのも、希少性の克服による経済問題の消失であった。ただ、『経済原論』という書物の性格によるものなのか、これ以上のビジョンの詳述は本書ではなされていない。

さて、小泉は前記のような形でロビンソン経済における価値決定の問題について説明し、次に交換経済の事例に移っている。交換経済の場合は意思決定主体は複数人存在するので、価値決定の問題はさほど容易ではない。このアポリアをどのように解消するかが課題となる。

「前に一物の価値とは評価者がその福祉（欲望充足）がその物の得喪に依頼せることを意識するに基づいてその物に認める重要性であるといったが、この評価は前述の如く、ロビンソン経済においては極めて簡単に行われ、また共同経済についてもさまでの困難なく行われる。ただ交換経済に至っては、全体を指導、統制する単一の意思なく、また経済を構成する各個人がそれぞれの区々の評価をなし、それに基づいて行動するから、孤立人経済または共同経済における如く社会そのものが直接に財の重要性を判定するということがない。ただ一財の一単位が失われた場合、その社会全体は何ほどの損失を蒙るかを考えて見ると、社会は限界購買者の欲望充足一単位だけを失うのである。該財一単位の有無に依頼する福祉とは、限界購買者の欲望充足に等しき重要性を持つ。而してこの重要性が価格に表現されるのである」（同、一八六－一八七頁）。

市場での交換をふまえた価値現象の探究は困難であることを認めつつも、小泉はそれが最終的には価格に還元されることを見ている。そして、価格は当該財に対する評価が最も低い購買者、すなわち限界購買者の評価を表しているのである。

ここまでの論述で明らかなように、小泉の思考方法は、価格から数量を読むのではなく逆に数量から価格を読んでいるという意味においてマーシャリアンである。購買者は、当該財を購入するのにいくらまでなら支払うだろうかということを考え、それによって需要量と価格が結び付けられる。A・マーシャルはよく知られているように、一八九〇年刊行の『原理』において消費者余剰の概念を提案していたが、上記の小泉の議論は消費者余剰概念とは異なっている。以下、どのように異なっているかを簡単な事例を用いて示す。

いま、非常に簡単な事例を考え、供給量は所与とし、市場には購買者のみが存在すると考えてみよう。このとき、小泉が想定しているように「財の一単位が失われた場合」、限界的な購買者は取引に参加できなくなり、次の購買者が限界的購買者となる。ここまでは自明である。小泉は、そこで失われるものは、元来の限界的購買者の効用であるとしている。ここまでの論述を素直に解すれば、それは消費者余剰とは異なった概念をベースにしていることになる。もし消費者余剰の概念を用いた効用の減少分を計算すれば、失われるのは限界購買者の効用と同一ではない。価格上昇によって支払金額が増大し、消費者余剰としてカウントされる残存する購買者の効用部分も失われるのである。したがって、もし小泉が言う「社会全体の」損失を消費者余剰という概念から測定すれば、小泉の行論とは異なる帰結が得られることになる。

本章での論述は、後の第二篇第二章「需要及び供給」での議論とセットにして理解されるべきであろう。仮に小泉が『初学　経済原論』で紹介しているようなE・v・ベーム－バヴェルクの価格理論を前提にすれば、個々の購買者にとっての可能性はある財を一単位購入するかあるいは購入しないかのいずれかである。二単位以上購入するという複雑なケースは考えられていない。その際に、購買者は何円を支払う準備があるかを示すことになり、支払金額が高い順にエントリーすることになる。当然、何人かの購買者は取引に参加できないで終了する。

このとき、購買者がオファーする価格を決める際には、当然のことながら個々の購買者の所得が配慮されていると考えてよいであろう。ない袖は振れない。いくら当該財に対する願望が強くとも、貨幣的な裏付けがなければ、取引にエントリーすることはできない。こうした事情について小泉は次のように述べる。

「一物に対する需要は無論これに対する欲望から発する。けれども直ちに欲望そのものではない。一物に対する需要とは対価を支払う力、即ち購買力を伴う欲望の謂である。反面からいえば、一物に対する需要は即ち対価物の提供を意味する。而して前記の通り対価は貨幣をもって支払われるから、需要は反面において貨幣の提供である。それ故単に一物を欲望するだけではなくその欲望が如何に痛切なものであっても未だ以って需要にはならぬ。支払能力を持つ者の欲望のみが始めて需要として価格に或る影響を及ぼすのである」（同、二五〇頁）。

ここで問題になっているのは、資金的な裏付けがある需要とそうでないものである。[7] そして、資金的な裏付けとは無関係な「欲望の強弱」が存在するというのが小泉の見解である。この点をめぐっての小泉の所論は、現代の厚生経済学とはいささか趣を異にし興味深い。資金的な裏付けがなくとも、生活必需品に対する貧者の欲望は富んだ者のそれにまさるかもしれない。小泉は、上記の引用に続けて括弧の中に但し書きを付している。その中にかなり重要な部分が含まれているので、これを考察してみよう。

「ここにそれ自身強い欲望、弱い欲望ということを書いたが、厳密にいうと異なる人々の欲望を比較する場合にそれ自身として強い欲望とか弱い欲望とかいうことは言われない。同じ予の一欲望の強度を他の欲望のそれと比較することは出来ぬ。予が読書によって受ける快感と他の或る人が観劇によって受ける快感とそのいずれが強いかは直接に比較のしようがない。ただ予は或る書籍のために已むなくばｘ円支払うことを辞せず、或る人はまた観劇のために同じくｘ円を支払うことを辞せぬとすれば、或る意味において、予と彼れとのそれぞれの欲望は同じ強さを持つということが出来る。しかしそれはただ貨幣との比較においてということであって、貨幣そのものの一単位額をどれほどに評価しているかは人によって違うから、或る欲望を満たすためにＡもＢも同じくｘ円の支出を避けぬ故この二つの欲望が同じ強さを持つとは言われない訳である」(同、二五一－二五二頁)。

まず引用の冒頭部分では、いわゆる個人間効用比較は困難であると指摘されている。しかしながら、後半部分では、貨幣での表示を求めれば異なった個人の間での効用の比較は不可能でないとされている。これはまさに、先に考察した、当該財にいくらの金額を支払う準備があるかという議論に関係している論点である。異なる個人が異なる欲望に対して、たまたま同額の貨幣を捻出する準備があれば、近時的にこれらの欲望が異なる個人にとって持つ意義は同等であると考えてよいのではなかろうか、というのが小泉の議論である。だが、話はこれでは終わらない。引用の最後の部分ではさらに検討が加えられ、同額の貨幣だとしても、その同額の貨幣に対する評価は異なった個人では違っているので、やはり問題は振り出しにもどるのである。つまり、個人間効用比較は困難である。小泉の議論は明確だが、著者自身が異なる二つの立場の間で揺れているのが感じられる。彼はさらに続けて言う。

「人間の欲望の強度には経験上凡その順位がある。その順位とても、極く厳密正確なものではないが、しかし通常吾々は飢渇に瀕している時にそれを打ち棄てて置いて他の欲望を充たすとか、或いは雨露にさらされつつあるのに先ず装飾品を求めるとかいうことはしない。……その意味において、或る貧民が一円を投じて食物を買う、一方一富者が同額の一円を心付けとして給仕に投与するとすれば、同じく金壱円によって現されてはいるが、その壱円によって満たされる欲望の強弱は等しくない。同じ壱円が貧者のためには富者に対するよりも遥かに強い欲望を満たすということは、ほぼ言って差し支えないことであろう」(同、二五二頁)。

小泉の言いたいことはこうだ。さまざまな欲望にはおのずから順位があり、これは個人に依存しない。どの個人も共有している順位である。まずは、生活を営むうえで絶対に必要な欲望があり、それを充たしたうえで、順次優先度が低い欲望に及ぶ。ある個人にとっての欲望の順位があること、そしてこれが個人に依存しないことから、ある個人にとってのある欲望と別人にとっての別の欲望は比較可能であるとされる。具体的に言えば、富裕な人間にとっての装飾品についての欲望と貧者にとっての生活必需品に対する欲望は比較でき、後者のほうが前者よりも大きいと考えられる。そして、後の部分では、同じ金額の貨幣であっても所得層によって異なって評価されると言われている。これらを総合するに、長い逡巡を経た行論の中で最終的に言われているのは個人間の効用比較は可能だという結論である。(8)

5　時間の経過の中での経済活動――生産期間の長期化

小泉は第一篇第七章では、現在から将来にわたる時間の中での経済活動について論じている。章のタイトルはこのような内容に鑑み、「経済生活と時」となっている。小泉は次のように述べて、生産期間の長期化現象について説明する。

「然るに闘争に武器が用いらるると同じく、生産もまた用具をもって行われる。人間が徒手空拳をもって直ちに自然に立ち向かうということは、今日でも絶無ではない。天然果実を採取するとか、野生の鳥獣魚介を手捕りにするとか、或いは有り合せた石などを梛げ付けて捕獲してこれを食うとかいうのはそれに該当するが、しかしかくの如き、殆ど手から口への生活を営むことは、今日では極めて稀れで、実経済と非経済の境界領域に属するといってもよいくらいのものである。大概の場合には、人間は過去の生産の結果たる財を用具として更に財の獲得に向うのが常である」（小泉一九三一（一九六八、一九一頁））。

本書執筆の時点で、すでにI・フィッシャーの『利子論』は公刊済みであるが、小泉が本章の論述に際して主として念頭にあったのは、オーストリア学派の資本蓄積論であったように思われる。事実、小泉はメンガーの財の列次に言及し、低次財、高次財の別についてもふれている。生産期間の長期化が待忍を含意するのは当然だが、オーストリア学派の系譜の中でこの論点を明確に打ち出しているのはベーム－バヴェルクである。ただし、いかなる状況でも待忍すべきかは簡単には言えず、その時々の経済環境に依存することになる。この間の事情について、小泉は以下のように説明している。

「この『待忍』を行うということは、多くの場合において賢明の処置である。しかし必ずしも常に然りとは限らない。例えば平常の年に農夫が翌年蒔くべき種穀を食べ尽くすとしたら、それは明らかに思慮なき愚かな振舞である。しかし饑饉に際しては、種穀を食は固より、家畜を屠殺して食用に供することも已むを得ぬ場合があるであろう。そのように目前の必要が切迫している場合に、現在の事を打ち棄てて置いて遠い将来の計に没頭したならば、却ってそれが愚かな処置であるかも知れない」（同、一九四頁）。

現在における経済環境、たとえば生活必需品の多少によって、生産期間の構築は異なってくる。一般論としてそれが望ましいとしても、上記にあるように飢饉の際においては、現在の欲望を優先せざるを得ない。今日を生きなければ、明日を生きることはできないからである。

本章の論述に関連して興味深いのは、小泉が当該論点をソ連邦での経済計画に関わらしめて論じていることである。具体的には経済五カ年計画が論及の対象となっている。小泉は「ロシヤ民衆の生活状態が外見上頗る低く、食料も服装も共に粗悪を極め、家屋や街路の甚だ不体裁を免れぬと伝えられるのは、無論一方では全体として生産力の未だ低度にあることにもよるが、他面においては生産財生産のために、享楽財の増加を余り顧みている遑がないためだと解してよかろう」（同、二〇〇頁）。ソ連邦にとっては逆の選択もあったはずだが、その場合は「鉄道や発電所の建設はそれだけ放棄しなければならぬ」（同上）としている。ここでは、小泉はどちらが適切であったかという、五カ年計画自体の評価については言及していない。ただ、生産期間の長期化という問題に関わって具体的な例として紹介するにとどめている。そうであったとしても、別の機会にふれたように、小泉にとって経済理論は単なる抽象論ではなく、常に具体的な問題を解釈するための道具であった。経済理論の骨肉化というのは、そのような意味で、私が小泉の理論と現実との関係を表すために使った表現である。初学者は、経済理論の意義を見失うことなく、現実との有機的連関を感じながら、小泉の講義や著作につき従うことができたであろう。

6　経済循環

小泉原論体系のいま一つの大きな特徴は、経済循環の仕組みを重視した点である。この点については、むしろ後に出た『初学　経済原論』の序を見るにしくはない。ケインズについても言及しつつ、小泉は次のように述べている。

「本書はもと著者が別に著した『経済原論』（日本評論社）に拠って書いたものであり、そうしてこの書は昭和六年（一九三一年）に出たのであったから、その後主としてケインズの『雇用、利子及び貨幣の一般理論』（一九三六年）によって導かれた、個々の交換過程を離れて、国民経済の全循環過程を総観する、謂わゆる巨視的（macrocosmic）考察の風潮は、当時まだ起っていなかった。本書に多少これを予想するような説き方がしてあるのは、著者の今見て自ら興味を感ずるところである。著者自身がこの考察法を学んだのは、遠くはアダム・スミスの国富論第二篇の資本論、後れてカアル・ロオドベルトスの『資本論』、更に後れてドイツの経済学者ウィルヘルム・レキシスの経済原論からであった」（小泉一九四六（一九六八、五頁））。

小泉はケインズ『一般理論』公刊後も、ケインズに対する言及は少なく上記の引用はやや珍しい。注目すべきは二点である。まず、ケインズの貢献をここに名前が出ているような先学の経済循環論と同列に考えていること。そして、その系譜として、Ａ・スミス、Ｋ・ロードベルトス、そしてＷ・レキシスの名前が挙がっていること。これである。経済循環論の定義にも依存するが、現在の経済原論でこのテーマが扱われることは必ずしも多くはない。以下、再び『経済原論』にもどり、小泉の述べるところを見てみたい。

全体の行論はほぼレキシスにならっていると考えられる。まず、生産部門は、享楽財生産部門と労働用具生産部門からなる。この二分法の原点はマルクスに求められよう。そして、それぞれの部門は、さらに、原材料、半製品、完成品という三つの段階に分かれ、最終的には享楽財と労働用具が生産される。こうした想定に立脚して、小泉は次のような結論を得ている。すなわち「享楽財部門全体における消耗用具の価格は、労働用具生産部門において生産参加者に支払わるる所得の総計額に等しいという結論が生ずる」（小泉一九三二（一九六八、三〇二頁））と。これは、容易に見られるように、実際のところマルクスの再生産表式論の定常状態における均衡条件に等しい。ただ、レキシス＝小泉においてはそれぞれの部門がさらに各段階に分かれているので、その分、表現が煩瑣になっているだけである。

このような試みは、マルクスの再生産表式論をオーストリア学派風の生産段階論をふまえてさらに現実に近づけたものである。小泉が上に紹介した引用で言及しているように、さらなる源泉はスミスである。したがって、時代順に言えば、小泉はここではスミス＝マルクス＝ロードベルトス＝レキシスの伝統にしたがっていると言ってよいのである。

7　総合的社会科学の構築者としての福田と小泉――むすびに代えて

原論の書き手が手ぶらで書くということはなく、先学のなしたところを摂取して自己の体系を作り上げていくのが今も昔も普通である。小泉の先学は誰であったのか。以上見てきたように、価値と富の区分に関してはリカードの影響は甚大である。リカード受容である。リカード経済学の利用には当時においてすらさまざまな可能性があったと言えるが、その意味ではユニークなリカード受容である。さらに、全体としてはメンガーやベーム‐バヴェルクのようなオーストリア学派の影響は強く感じられる。特に、異時点間の経済行動という視点は、この学派から教えを乞うた可能性が高い。さらに、経済循環論については、すでに見たように、マルクスの再生産表式論をオーストリア学派の上記の考えと統合しようとしたレキシスに学んでいる。このほか、本章では立ち入った詳述はできなかったが、ディーツェルの名前も言及されている。全体としては、小泉の原論体系は、スミスやリカードのような古典は別にすれば、オーストリアを含めてドイツ語圏の経済学の影響下にあった[9]。中山の場合とは異なり、ワルラスやローザンヌ学派の影響は小さい。

小泉原論は、先学に学びながらも、単に文献を紹介するのではなくその内容を文字通り自家薬籠中のものとしている点が際立っている。小泉の講義を再現することはできないが、おそらくは学生にとってフォローしやすいものであったと推測される。

師であった福田が、純粋経済理論にとどまらず、ときにはその批判者としても現れたのとは違い、小泉は、思想史、特に社会主義思想史に深い理解を示しながらも、経済理論自体に疑義を発することはなかった[10]。それが、その後の慶應義塾の経済学を特徴づける「一つの」伝統になったのではないか、というのがここでの暫定的な結論である。

注

（1）池田（二〇〇五、二〇〇六）を参照されたい。
（2）この表現自体は、塩野谷祐一のものである。塩野谷（一九九五）を参照のこと。
（3）この点については、西沢（二〇〇七）五九四‐五九五頁を参照されたい。「中山は、福田の死後、大塚金之助と経済原論の並行講義を担当し『純粋経済学』を出版するのであるが、他方で失業問題・失業統計について多数の論稿を発表し、経済社会学を構想していた」（西沢二〇〇七、五九四頁）と西沢はしている。中山のJ・シュンペーターに対する関心は重要である。本章で取り上げる小泉はシュンペーターの経済社会学構想に対しては関心を示しておらず、好対照と言える。

（4）中山からの引用については、西沢（二〇〇七）から教示を得た。また、同じ座談会での山田雄三の次のような発言は、中山経済学の一側面をよく捉えている。西沢（二〇〇七）本章の注（3）もあわせて参照されたい。「中山経済学というのは、非常に包括的というか、総合的というか、そういう特色があるのでね。その点でシュムペーターはどっちかというと、もっとアナリティカルではないかと思われる。中山先生はそのアナリティカルをとび越えて、もっとシンセティックにやろうという狙いがあるような気がする」。中山（一九七三）所収の「月報座談会　I　近代経済学の展開と背景」四四頁。

（5）池田（二〇〇五）四‐六頁を参照。

（6）ディーツェルからの引用は、小泉（一九三二／一九六八）一五五頁。

（7）このように、資金的な裏づけによって表明される需要の大きさが変わってくるという論理は、先行するドイツ語文献の中でも指摘されていた。たとえば、Philippovich（1921, p. 261）を参照されたい。E・v・フィリッポヴィッチは気質勘重のよって立つところであったから、当然のことながら次の世代に属する小泉はこうした論理に通じていたと考えられる。なお、気賀、そして気賀とフィリッポヴィッチとの関係については、本書第5章を参照のこと。

（8）本書がL・ロビンズの『経済学の本質と意義』の前年に出ていることを想起すべきである。次のようなロビンズの論述を読めば、ロビンズと小泉が、個人間の効用比較について異なった立場に立っていることがわかる。「Aの選好は、重要さの順序においてBのそれよりも上位にたつ、と述べることは、Aはmよりもnを選好しBはmとnを異なった順序で選好する、と述べることとは全く違う。前者は慣例的な価値判断の分子を含んでいる。したがってそれは本質的に規範的である。それは純粋科学の中には全くあり場所をもっていない」Robbins（1932/1935, p. 123）（邦訳、二〇九ページ）。本文で述べたように、小泉は大いなる逡巡を経ながらも、最終的には個人間の効用比較を認めているように思われる。

（9）本章のこのような結論は、次のような中山の解説とほぼ一致している。「（小泉は……筆者）分析的なドイツ流の経済学からまことに多くのものを学びとっている。試みに『経済原論』の中に出てくる学者の名前を並べてみると、スミスやマルクスやゴッセンのような古典は別として、著者が自ら教えられたとするものには、カッセル、ディーツェル、メンガー、レキシス、オッペンハイマーがある」中山（一九六八）四八六頁。

（10）このような福田の側面については、西沢（二〇〇七）第Ⅳ部第四章を参照されたい。本章でもふれたように、福田には純粋経済理論のパトロンとしての側面もあり、安易な特徴づけを許さない。本章では、福田の崇拝者でもありまた福田の庇護も受けた小泉の経済学と、恩師の学風の違いとに力点が置かれている。

参考文献

Dietzel, Heinrich（1895）*Theoretische Socialökonomik*, Erster Band, Leipzig: C. F. Winter'sche Verlagshandlung.

Fisher, Irving（1930）*The Theory of Interest*, New York: The Macmillan Company.

Lexis, Wilhelm（1913）*Allgemeine Volkswirtschaftslehre*, zweite verbesserte Auflage, Leipzig・Berlin: Druck und Verlag von B. G. Teubner.

Negishi, Takashi（1960）“Welfare Economics and Existence of an Equilibrium for a Competitive Economy”, *Metroeconomica* 12（2–3）, pp. 92–97.

Philippovich, Eugen von（1921）*Grundriß der politischen Oekonomie*, sechzehnte, unveränderte Auflage, Tübingen: Verlag von J. C. B. Mohr.

Robbins, Lionel（1932/1935）*An Essay on the Nature and Significance of Economic Science*, 2nd edition, London: Macmillan and Co., LTD.（L・ロビンズ（一九五七）『経済学の本質と意義』中山伊知郎監修・辻六兵衛訳、東洋経済新報社）

池田幸弘（二〇〇五）「小泉信三研究序説――『青年小泉信三の日記』を中心に」『三田商学研究』第四八巻第五号、一‐二一頁。

池田幸弘（二〇〇六）「小泉信三「秩序ある進歩」の経済思想」大森郁夫編『日本の経済思想　一』（経済思想、第九巻）、二六五‐二九九頁。

小泉信三（一九三一）『経済原論』（『小泉信三全集　九』文藝春秋、一九六八年所収）。

小泉信三（一九四六）『初学　経済原論』（『小泉信三全集　九』文藝春秋、一九六八年所収）。

向坂逸郎（一九五〇）「経済現象の歴史性について――小泉信三氏の『経済原論』を読む」『経済学研究』（九州大学）一五（三‐四）、二七‐四五頁。

塩野谷祐一（一九九五）『シュンペーター的思考――総合的社会科学の構想』東洋経済新報社。

中山伊知郎（一九六八）「解説」『小泉信三全集　九』所収、文藝春秋。

中山伊知郎（一九七三）『中山伊知郎全集　別巻』講談社。

西沢保（二〇〇七）『マーシャルと歴史学派の経済思想』岩波書店。

矢野誠（二〇〇一）『ミクロ経済学の基礎』岩波書店。

第8章

高橋誠一郎の経済学史研究

武藤秀太郎

高橋誠一郎
（1884–1982）

1　はじめに

慶應義塾の経済学を語る上で、高橋誠一郎（一八八四－一九八二年）の名を逸することはできまい。経済学史を専門とした高橋が、慶應義塾で教鞭を執った期間は、じつに七〇年近くに及んだ。「西洋経済古書あさり」を趣味としたように（高橋一九五五、四八頁）、高橋の研究には、原典にまであたり続版との異同を検討するなど、文献考証的なものが多い。中でも、『経済学前史』（一九二九年）や『重商主義経済学説研究』（一九三二年）に代表される重商主義研究は、同時期に公刊された古典的著作であるE・ヘクシャー『重商主義（*Merkantilismen*）』（一九三一年）にもひけをとらない水準であったと評されている（福岡二〇〇七、六〇頁）。今日、その主要な業績は、『高橋誠一郎経済学史著作集』全四巻（創文社、一九九三－九四年）で手にとることができる。

経済学史研究を通じ、高橋は何を問おうとしていたのか。これについて、右の『著作集』を編集した一人であった飯田裕康は、財産権に関する高橋の見解に着目し、こう推察している。

「高橋先生の思想は小泉先生ほど明確には伝わりにくいものでございますけれども、私はこの私有財産制批判を経済思想展開の重要なベースとも、バネとも考えられながら、『経済学前史』をおまとめになった先生の考え方、これは単なる研究史解釈の問題、切り口の問題というものを超えた先生の何か表面には表れない、深い思想家としての人間性とかかわりがあったように思っております」（飯田二〇〇一、四四頁）。

ここで言う「小泉先生」とはもちろん、小泉信三を指している。飯田は、『重商主義経済学説研究』初版で、私有財産制の歴史を取り扱った第六編の「社会思想」にこそ、高橋の考えがあらわれていたと指摘する。これは、出版事情や時勢を考慮してか、改訂版（一九四〇年）で削除されてしまった。だが、「社会思想」における問題関心は、

『協同主義への道』（一九二三年）を出発点とし、高橋の思想に一貫して伏流したものであったというのである。

本章では、この飯田の見解を全面的に支持したい。ともすれば、無味乾燥とされる高橋の経済学史研究は、ある一つの共通した理念に支えられていた。それは、大正デモクラシー期に、私有財産を基礎とした「個人主義」に代わる「協同主義」への道として打ち出されたものであった。「自由民間の友愛的結合」、「人と人との温い結合」、「資本なき共同経済」などと形容された理想社会像を、高橋は青年期から戦後にわたり保持しつづけたのである。

高橋にはまた、経済学者のほか、著名な浮世絵研究家としての顔がある。関東大震災を機に蒐集をはじめた浮世絵は、国内でも有数の個人コレクションであり、いわゆる「高橋コレクション」（慶應義塾図書館蔵）として知られている。高橋は、図録を含めた浮世絵に関する著作を数多く公刊し、英語にもいくつか翻訳されている。一九六二年五月に日本浮世絵協会（現・国際浮世絵学会）が新たに設立されると、亡くなるまでの二〇年以上の間、その会長を務めていた。

さらに、高橋は戦後、第一次吉田茂内閣の文部大臣（一九四七・一－五）を皮切りに、文化財保護委員会委員長（一九五〇・八－一九五六・一二）、日本芸術院長（一九四八・八－一九七九・六）、東京国立博物館長（一九四九・一〇－一九五〇・八）、日本舞踏協会会長（一九五五・九－一九八一・三）、映倫管理委員会委員長（一九五七・一－一九七八・三）、文楽協会会長（一九六三・一－一九八二・二）、国立劇場会長（一九六六・七－一九七七・四）など、行政や学術組織のトップを歴任した。国立近代美術館や国立西洋美術館の設立準備委員会の会長、日米文化教育交流会議（CULCON）第一回合同会議（一九六二・一）の日本側委員代表をはじめ、芸術祭執行委員会にも会長として長年関わった。戦後の文化・教育機構が見直しを迫られ、新たに再編されていった中で、高橋ほど、その要職に就いた者はいないであろう。

浮世絵、文化・教育行政と、本来の専門でない多方面にわたる高橋の業績については、これまで彼の経済学史研究と切り離され、それぞれ評価が下されてきた。だが、こうした専門外の活動を支えたのも、実のところ経済学史研究と同様の理念だったのではないか。本章では、以上のような観点から、高橋の生涯にわたる思想を、その経歴に即しつつ見てゆくことにしたい。

2　学生時代の高橋誠一郎

一八九八年五月、地元横浜の老松小学校を出た高橋誠一郎は、慶應義塾普通学科へ入学した。高橋の家は、もともと津軽屋という新潟の廻船問屋で、名字帯刀も許された豪商であった（高橋一九七三、三－一四頁）。しかし、高橋の祖父の頃には、家運が傾き、一九歳で家督を継いだ父は、家業に見切りをつけ、横浜へと活路を求めた。生計のめどがつき、高橋と母親が横浜に移ったのは一八八八年、彼が四歳の時であった。

慶應義塾に進学した理由について、高橋は福沢諭吉の崇拝者であった実父の意向であったと述べている。入学後は親元を離れ、三田の慶應義塾に設けられた寄宿舎で生活をはじめた。高橋は、大患から回復した福沢に誘われ、一八九九年の秋頃から朝の散歩のお伴をした。一九〇一年二月に福沢が亡くなるまで、その謦咳に接し、福沢邸にも自由に出入りしていた。高橋はのちに、福沢家の書庫で、曲亭馬琴『近世説美少年録』の木版本にあった挿絵など、「江戸時代の戯作者と浮世絵師によつて写し出される怪奇、猥雑の世界」にひきこまれた思い出を語っている（高橋一九三九、四頁）。幼少時の高橋は、戸外で遊ぶよりも、室内で錦絵を眺める方が好きで、大日本帝国憲法発布（一八八九・二・一一）から日清戦争の頃まで、絵草紙屋へ毎日のように通いつめたという。はじめて母親からもらった小遣いで買ったのも、月岡芳年「新形三十六怪撰」の中の二枚であった（高橋一九七三、八五頁）。大学部予科に入った時分には、絵草紙からもすっかり離れてしまったとされるが、後年に見られる浮世絵に対する情熱は、幼少期より育まれたものと言える。

高橋は、慶應義塾の寄宿舎を、福沢が亡くなる直前に一度退出したものの、まもなく再入舎した。寄宿舎には一九〇三年、学生らによる「消費組合」が設立された[1]。高橋によれば、この消費組合は、もともとある寄宿生が、宿舎内で「公徳パン」を売りだしたのがきっかけであった。「公徳パン」の販売は好調で、商品を他の日用品にまで拡張してゆき、さらに額面五〇銭の株式二五〇〇口を発行し、寄宿生が株主として保有する株式会社へと発展していった。

こうして生まれた慶應義塾寄宿舎消費組合は、「消費組合」という名を冠した日本で最初の組合であり、現在の慶應義塾生活協同組合をその後身とすれば、日本最古の組合であると言われている（慶應義塾史事典編集委員会二〇〇八、四五〇頁）。その後も順調に経営を拡大した消費組合は、ほどなく株式を償還し、寄宿生全員の組合組織へと改まった。寄宿舎の一棟である自信寮の寮長を務めていた高橋は、この改組した消費組合の初代理事長に選出され、三年ほどその任にあたったという。

イギリスのロッチデール公正先駆者組合をモデルとした日本で最初の消費組合は、一八七九年に早矢仕《はやし》有的《ゆうてき》らが東京で設立した共立商社にまでさかのぼる（奥谷一九七三、二二五－二三六頁）。これをきっかけに、東京、大阪、神戸などの大都市に消費組合がつぎつぎと結成されたが、いずれも長くは続かず、一八八〇年代半ばまでに解散を余儀なくされた。日本で賃金労働者を中心に、消費組合運動が本格的な展開を見たのは、横山源之助が『日本之下層社会』（一八九九）で「労働問題の新紀元」（横山一八九九、一一六頁）と位置づけた日清戦争後のことであった。

一八九七年四月、主にドイツの社会政策を学んだ桑田熊蔵、高野岩三郎、山崎覚次郎ら東京帝国大学の研究者が中心となり、社会政策学会が結成された。労働条件を定めた工場法の速やかな制定を掲げた社会政策学会は一九〇一年七月、自らの立場と社会主義の違いを論じた「社会政策と社会主義」を公表した。この「社会政策と社会主義」に明記されているように、社会政策学会は社会問題を解決する方策として、消費組合をはじめとした協同組合の役割にも重きを置いていた。

「自由競争と私有財産とを基礎とせる現在の社会組織を維持し、其範囲内に於て社会問題を解釈するの余地は実に綽然たるものあり。幼者婦女の保護の為めに制定する工場法労働者の権利実益を保障する職工組合、労働者の生計を安固ならしむる所の共済組合、若くは労働保険制、細民の勤倹貯蓄を奨励する所の消費組合の如き、此等の社会政策は現在の経済組織と相容れざるものにあらず。欧洲に在て既に実効の顕著なるものあり。余輩は此種の画策に依つて漸次我邦の社会問題を解決せんと欲す」（社会政策学会「社会政策と社会主義」『経済叢書』第二号、一九〇一年六月、二七－二八頁）。

これに先立ち、産業組合法が一九〇〇年三月に公布され、消費組合にも一定の法的根拠が与えられた。社会政策学会会員の中では、高野岩三郎や福田徳三が、ロッチデールやドイツの消費組合の紹介に努め、それらを参考とした消費組合の設立を唱えていた（福田一九〇三、高野一九一四）。高野の実兄にあたる高野房太郎は、鉄工組合の共働店など、消費組合の創設に尽力した人物であった。

のちに社会政策学会に入会した高橋も、早期に消費組合の研究に取り組んだ一人であった（白井一九九〇、二三一－二三四頁）。一九一一年に発表した「消費組合と社会主義」では、R・オウエンにはじまる生産組合の試みがいずれも行き詰まりを見せる一方、それまで従属的な地位にあった消費組合が有効的で、将来性のあるものと再評価されるようになった経緯が考察されていた（高橋一九一一）。この消費組合に対する関心は、高橋自らが理事長として関わった寄宿舎での経験が基礎にあると言えよう。

高橋は、普通科在学時より『慶應義塾学報』や『三田評論』といった学内誌に、時評などを精力的に寄稿した。当時の文章を見ると、教師の講義内容を辛辣に批評するなど、後年と異なり、歯に衣着せぬ物言いをしたものが目につく(2)。中でも、戦後との関連で興味深いのは、文部省をたびたび批判している点である。たとえば、日露戦争における戦線の勝報に接し、街頭でカンテラ、提灯行列を行った学生らをいましめる訓令を発した文部大臣の久保田譲に対し、高橋は予備役を多くかかえる学校の士気を失わせると強く反論した（高橋一九〇四、一‐四頁）。勝利に歓喜するのは、人情の自然な発露であり、愛国心の健全な育成をうながすというのである。高橋は、第二次桂内閣の文相であった小松原英太郎についても、文学者を首相官邸に招いたり、修身教育に関する訓令を発したりしたことを、拙策と揶揄していた（高橋一九〇九b、二四五‐二四六頁）。この槍玉に挙げられた久保田と小松原は、いずれも慶應義塾出身であった。高橋は、文部大臣が無能であるのも、そもそも独立した省とする必要がないからだとし、文部省廃止まで主張したのである。

小松原文相が文学者を招いた目的の一つであった「文芸院」の設立構想について（和田一九八九、一三一‐一四一頁）、高橋は社会の風紀を乱すような芸術の規制に理解を示し、厳格な基準のもとに判定する機関の必要性から支持する立場をとっていた（高橋一九〇九a、一〇五‐一〇八頁）。他方、高橋は戦後、映倫管理委員会委員長として、警視庁が映倫の許可したポルノ映画をわいせつ図画公然陳列罪で起訴した「日活・ロマンポルノ事件」に対し、自主規制を弁護する側に回った。同じく戦後、文部大臣となった高橋が、教育基本法を成立させたことも考えあわせると、皮肉にもこれら青年時代の主張と対極的な立場に立たされたことになる。

高橋は、日本政府による社会主義思想の取締りに対しても、逆に助長する結果をもたらしているとし、その姿勢を改める必要性を説いていた。社会主義が流布するのは、時代状況の反映で、政府は貧富の格差や労働条件などの改善に、何よりも努めなければならないというのである。

「終に臨んで政府の当路者に一言する。彼のマルクスをして往々其冷静の頭脳を攪乱せしめ、所謂「世を騒す栗鼠」の如き態度を取り、革命的の言語を弄せしむるに至つた最大原因の一は本国の迫害、国外の放浪であつたことを記憶せなければならぬ。独逸政府の社会主義圧制は反つて同国の社会党をして歩一歩政権に近かしめつゝあることを忘れてはならぬ。人為的に社会主義の伝播を奨励し且つ其性質をして危険ならしむるものは誤られたる政府の政策である。日本人の間に社会主義を鼓吹し普及せしめたものは日本政府である。少数なる日本の社会主義者をして危険なる言動を行はしむるに至つたものは彼等に対する政府の迫害であつた。寔に恐る可きものは社会主義其物に非ずして、愚朦なる干渉拘束の主義である」（高橋一九一〇、四八頁）。

この論文の末尾には、一九一〇年一〇月二日夜に校了した旨が記され、いわゆる大逆事件で幸徳秋水らが検挙され、裁判がはじまる前に執筆されたことがわかる。直接的に言及していないものの、大逆事件を念頭に置いた文章であるのは明らかであろう。ほとんどの社会科学者が事件に沈黙する中、かなり踏みこんだ政府批判と言える。

このように学生時代から精力的に執筆活動を行った高橋について、同級生と思われる者が人物評を書いている。あくまで個人的な評価にすぎないが、当時の高橋の人となりを知る上で、一つの参考資料となろう。

「政治科の俊秀、塾生間随一の利者、細長いその体、偏目《すがめ》たその眼、言々風を生ずる華やかなその演説振り、骨まで徹るやうなその筆力、学生間の大方の事件を牛耳るその才、快刀乱麻を絶つその腕、如何なる事に際してもコンフユ《マ》ーズさせ《マ》ない修理だつたその頭、而して時に下らぬ事にまで首を出して野次りたがる、猫のちよつかいのやうな駄洒落、是等はまづ氏を知る者の脳中に印されたその輪郭である。……其議論文は鉄砲でもなく剣でもなく、槍！、氏の文章は実に此の槍である。

此の利器に一突やらるれば、大抵の者は命がない。

波瀾を起すには屈強の弁である、屈強の筆である。味方をして起たしめ、敵をして怒らしむるには最も力はある。然し敵をして慕はしめ、事をして平和に導くの重量は乏しい」（化巌子一九〇七、二九－三〇頁）。

たしかに、これまでの高橋の文章を見ても、身内であるなしに関係なく、筆鋒するどく批評し、容赦ない。また、寄宿舎の寮長や消費組合の理事長、『三田評論』の編集員を務めるなど（高橋一九七三、五二頁）、学内の業務にも積極的に参与する活発な学生だったことがうかがえる。

高橋は、一九〇八年三月に慶應義塾大学部政治科を卒業後、そのまま義塾に残り、普通部教員となった。翌年四月には、大学部予科教員に就任し、経済原論の講義を担当した。慶應義塾には、一八九九年より日本人教師の養成を目的とした海外派遣留学制度があり、高橋も一九一一年、経済学原理、および経済学史研究のために、英独両国へ留学することが命ぜられた。

同年五月一〇日、横浜を出帆し、約二カ月の航海を経て最初の目的地であるロンドンに到着した高橋は、大学に通うことなく、大英博物館図書館などで独学していたという。古本屋へも足繁く通い、経済学の稀覯書蒐集にいそしんでいた。だが、留学生活から半年もたたない年の暮れ、高橋は突然喀血し、医師から結核と診断され、入院を余儀なくされた。幸い一命はとりとめたものの、バークシャーで療養生活を送った後、三年間の留学予定を切り上げ、帰国の途についたのである。

3 協同主義と浮世絵

一九一二年九月九日、シベリア鉄道経由で日本に戻った高橋は一年間、温泉地などで静養した後、大学の教壇に復帰した。復帰初年度は、法科で「経済原論」を、二年目から理財科の「経済原論」と「経済学史」を担当したという。高橋は、短期に終わった留学の鬱憤を晴らすかのごとく、ロンドンで蒐集した資料などをもとに、西洋経済思想に関する論文を、精力的に発表していった。

高橋の主要な関心は、フィジオクラートやA・スミスに代表される自由主義経済思想が生まれるに至った前史にあった。その考察対象は、アリストテレスやプラトン、クセノフォンなど、紀元前の古代ギリシャまでさかのぼる。(3)

高橋は特に、重商主義経済思想が古典派経済学成立の基礎を築いたとの見地から、T・マンやW・ペティ、C・ダヴェナントなどの著作を、文献考証的に読み解いていった。大学復帰後、『三田学会雑誌』に発表した論文をまとめた一〇〇〇ページ以上におよぶ『経済学史研究』（一九二〇）でも、これら一七世紀を中心としたイギリス経済思想に焦点が当てられており、第一編に「マーカンチリズム概論」を置いたように、実質的に重商主義研究の書となっていた(4)。

こうした高橋の研究領域は、ちょうど彼と入れ替わるようにヨーロッパに留学し、帰国後の一九一六年から同じく理財科で、「経済原論」と「経済学史」の講義を担当した小泉信三のそれと、住み分ける形となったと言える。小泉は、イギリス古典派経済学の大成者であったD・リカード、およびその影響を受けた社会主義思想を、主な研究対象としていた。『資本論』における価値論や地代論の妥当性など、当時社会的関心が高かったマルクス経済学をめぐる問題についても、小泉が論壇誌で積極的に論争を交わしたのに対し、高橋は特に発言せず、対照的な姿勢をとっていた。高橋は『経済学史研究』をまとめた後も、重商主義研究を地道に行い、一九三二年にその集大成とも言うべき『重商主義経済学説研究』を公刊している。

高橋は、一九一四年四月に理財科教授に就任し、教育・研究面で順調だったと言えるが、一九一八年一一月に発表した「新階級戦争論」が、出版法の禁ずる安寧秩序紊乱にあたるとして、掲載誌の『三田評論』が発禁処分を受ける事件があった。その内容は、G・ソレルに代表されるサンディカリズムの学説を紹介したものであった（高橋一九一八、一三一－一七頁）。論文全体で、ヨーロッパの文献を祖述する形式がとられながらも、「資産階級」と「労働階級」の二大社会階級による対立から、「階級戦争」を基礎としたサンディカリズムの発生を必然とみなしていた。『三田評論』が発禁となったのは、後にも先にもこの一例のみである。森戸辰男が一九二〇年、クロポトキンに関する論文を執筆したために、東京帝国大学を追われた事件（森戸事件）の前兆とも言える筆禍で、高橋は起訴こそ免れたものの、関東大震災の頃まで高等警察の定期的な訪問を受ける身分となった（高橋一九六〇、五二－五三頁）。

これより時代をさかのぼるが、高橋は教員になったばかりの一九〇八年夏、慶應義塾が編纂した道徳綱領である「修身要領」の普及を目的とした大学の地方巡回講演に同行したことがあった。一行は、岐阜を皮切りに舞鶴、松江、米子、鳥取、津山、岡山、福山、尾道と回り、各地で講演会を催した。毎回演題を変えていた高橋は、岡山で「主義と時代」と題した講演を行った。会場となった後楽園鶴鳴館につめかけた五〇〇人あまりの聴衆の前で、高橋は、「修身要領」の前文にある「徳教は人文の進歩とともに変化すべきだということ」をアピールしようと、思わず教育勅語のいう「之ヲ古今ニ通シテ謬ラス　之ヲ中外ニ施シテ悖ラス」ような徳教など存在しないと発言したという(高橋一九七三、五七‐五九頁)。その場はことなきを得たものの、のちに地元の新聞で槍玉に挙げられ、以後の巡回公演に学校当局から参加を求められなくなった。この講演の二カ月後には、第二の教育勅語とも言うべき戊申詔書が発布されたように、「祖宗ノ威徳ヲ対揚セムコト」が改めて求められた時期にあたる。このように学生時代から大胆で、挑発的な発言で知られた高橋が、のちに時局に関わらない、抑制した文章を書くようになった要因の一つには、『三田評論』の発禁、およびその後に受けた監視があったと考えられよう。

とはいえ、福田徳三と吉野作造が結成した啓蒙団体である黎明会の一員でもあった高橋は、一九一〇年代後半から二〇年代前半にわたり、『改造』や『解放』、『婦人公論』などの雑誌にしばしば寄稿し、自らの理想社会像を語っていた。これらの考えをまとめたものが、『私有財産制度論の変遷』(一九二二)と『協同主義への道』であった。『協同主義への道』は、管見の限り、「協同主義」という語をタイトルに用いた日本で最初の著作である。

日清、日露両戦争後に盛りあがりを見せながらも、低迷がつづいていた消費組合運動は、第一次世界大戦による物価高騰を機に再び、都市生活者を中心に活発となった。その代表的なものとして、一九二一年四月に賀川豊彦の主導で創設された神戸購買組合が挙げられる(奥谷一九七三、一一八‐一二四頁)。賀川はそれ以前にも、今井嘉幸や西尾末広らとはかり、大阪で共益社という消費組合を旗揚げしていた。関西では、神戸購買組合につづき、灘購買組合、京都購買組合、大阪の南海沿線購買組合、鶴町購買組合など、消費組合があいついで設立された。

東京でも、高橋と親交のあった研究者が、積極的に消費組合に関与した。たとえば一九一九年三月、友愛会京橋連合会を母体とし、労働者の独立経営をめざした月島購買組合が、現地の衛生状態調査にあたった高野岩三郎の思想的影響のもと結成された（大島一九六八、一〇四‐一〇八頁）。また、東京帝大ＹＭＣＡと日本女子大桜楓会の有志が提携し、一九一九年一二月に発足した家庭購買組合の初代理事長は、ＹＭＣＡ理事長でもあった吉野作造であった（田澤二〇〇六、一三五‐一四〇頁）。一九二〇年一〇月に労働者消費組合である共働社を立ち上げた平沢計七がひらいた日曜労働講座では、慶應義塾の同僚であった堀江帰一が講師を務めていた。高橋自身がこの時期、どれほど消費組合運動に関わったかは定かでないが、「協同主義への道」を掲げた彼にとって、こうした社会の流れは強く意識されたであろう。

『私有財産制度論の変遷』は、高橋が一九二〇年八月に慶應義塾で行った夏季講演会の内容を筆記したものであった。古代ギリシャから現代まで、彼が経済学史研究で対象とした人物をもとに、私有財産制に対する見解の推移が論じられた。高橋は、個人主義に対抗して生まれた社会主義思想も、極端なものを除き、私有財産制を認めているとした上で、次のような展望を語っていた。

「人間の経済行為と云ふものは、必ずしも共動機が利己的であると云ふことを必要としない。利己心以外に有力なる経済行為発動の動機たり得るものに、人類の共同的感情から流露する共同心のあることを忘れてはならぬ。利己心と並んで共同心も亦、人間の経済行為発動の原因たり得るものである、進化は独り生存競争のみに依て得られるのではない。共同互助と云ふ事も亦、有力なる社会進化の一要素でなければならぬ。共同心は他愛心ではない、自己の利益を没却することなくして、唯だ交易上に於ては利己心発動の原因たるべき個人の欲望を共同設備に依つて満足せしめんとするにあるものである。資本と云ふものは歴史的のカテゴリーに属するものである、曾て資本なき共同経済の組織から出発致し《マ》まし《マ》た人類の経済生活は再び又資本なき共同経済の懐に帰るものではなからうか、……」(高橋一九二一a、一五六−一五七頁)。

人類は、その原点であった「資本なき共同経済」へと、再び回帰してゆく。この「資本なき共同経済」実現の見通しについて、高橋は、マルクス主義者の説く階級闘争による暴力的革命でなく、消費組合の漸次的な発展に期待を寄せていた(高橋一九二三、二一〇−二一五頁)。階級に関係なく共通の利害関係を有する消費者の結合は、資本を直接的に否定しなくとも、その働きを弱め、経済組織を改造し、人類が同一であるという協同主義の精神を養ってゆくと言うのである。

右で引用した文章は、『協同主義への道』など他の論文でも、ほぼ使いまわしの形で用いられており(高橋一九二一b、五五頁)、高橋が理想とする人間像、および実現すべき社会を端的に示したものと言える。高橋は、個人主義の発達が、やがて高次の協同主義をもたらすとし、それを「自由民間の友愛的結合」、「人と人との温い結合」などと表現した(高橋一九二三、二六、五九、二二九、四〇二頁)。この境地に達すれば、「一切の強制は不必要となり、其の欲情の満足は自由にして、而も皆な大なる調和一致を以て行はれ、軈がて又た真理の平和的勢力に依つて円満幸福なる世界を此の世に確立するに至る」というのである(同、三九七頁)。

こうした「協同主義への道」を模索していた高橋にとって、一つの転機になったと考えられるのが、一九二三年九月一日に発生した関東大震災であった。震災で、横浜にあった高橋の自宅に所蔵された書籍や骨董品は、みな灰燼に帰した。高橋によれば、その後偶然ある店先で見た月岡芳年の「新撰東錦絵」を買い求めたのが、少年時代以来、再び浮世絵蒐集をはじめるきっかけであったという(高橋一九三九、六−七頁)。「浮世絵版画漫談」(一九三〇・一)が、高橋の浮世絵に関する最初のエッセイであった(山口一九八二、四二頁)。高橋は、あくまで道楽としていたが、執筆内容に占める浮世絵の割合も、年を追うごとに増えていった。浮世絵とは、いかなる芸術であるのか。高橋は、この問いに対し、次のように答えていた。

「浮世絵には絶えず「物の哀れ」が附き纏つてゐた。浮世絵は都市の発達、町人階級の勃興によつて、封建的富が次第に町人的富に化成し行きながら、猶ほ強力なる旧要素の抑圧拘束の為めに、資本として充分に伸張することの出来なかつた時代を表現する消極的な、いぢらしい芸術である。浮世絵も、初期には支那画の影響があり、後には西洋画の手法を取り入れてはゐるが、而も最も外国芸術の感化を受けることの尠ない日本独特の美術である」（高橋一九三八、五一頁）。

浮世絵は、資本の伸張を妨げられた「いぢらしい芸術」であり、「日本独特の美術」である。「資本なき共同経済」を理想とした高橋にとって、この浮世絵は、琴線に触れるものがあったのだろう。

高橋は大震災後、「協同主義への道」を正面切って論ずることがなくなった。代わりに、彼は、浮世絵に見える世界に仮託する形で、間接的に世情を語るようになるのである。

4　連続する「文化国家」の理念

関東大震災を機に浮世絵蒐集をはじめた高橋が、それにのめり込んでいった背景には、戦争へと向かう社会情勢があったと考えられる。かつて高橋と慶應義塾の同僚であった永井荷風は、文学者として大逆事件に沈黙した自分の芸術品位を、江戸の戯作者まで引きさげるとし、浮世絵を蒐集しはじめた。高橋も、自己を荷風になぞらえていたように（高橋一九三九、一頁）、浮世絵への愛着で、時局に抵抗できない我が身を処していたと言える。高橋は、一九四四年夏に開かれた大磯学徒報国会主催の講演会で、急遽演題を変更し、浮世絵を解説したことがあった（高橋一九四八、一二五－一二六頁）。そこで話した、寛政の改革による出版統制のために浮世絵が衰退したという内容は、当時の時勢を暗に批判したものと解釈できよう。

盧溝橋事件で日中戦争が勃発すると、日本将兵の「忠烈」な行為をたたえ、「君国の大事と前線将兵の犠牲と労苦を思うこと」を説いた小泉信三学長の訓示が出され、下賜された天皇、皇后の御真影と教育勅語を収めた奉安所が設置されるなど、慶應義塾も国家主義的な色彩を強めていった（白井一九九九、四六-六〇頁）。日米開戦以降は、正門に衛兵所が設けられ、教練服を着た学生が監視し、綱紀粛正をはかったように、学内の戦時体制は一層強化された。一九四三年一〇月には、在学徴集延期臨時特例が公布され、学徒出陣で多くの塾生が戦場に送り出された。この学徒出陣による入隊をひかえたある学生が、高橋の家をたずね、日の丸へ書き込みを依頼したところ、「尽忠報国」と記してくれたという（工藤一九八二、八三-八四頁）。ただ戦時中、新聞や雑誌に書かれた高橋の文章を見る限り、戦意を高揚させるようなものはほとんどなく、多くが経済学の古書や浮世絵に関するエッセイであった。終戦間際の一九四四年四月、高橋は経費削減のためか、学校側の要請で名誉教授となり、講師としてひきつづき従来の講義を担当した（高橋一九七三、八八-八九頁）。

名誉教授へ押しこまれる形となった高橋であるが、敗戦後の一九四六年四月、被災で大火傷を負った小泉に代わり、塾長代理として慶應義塾の再建を担うこととなった。慶應義塾は、戦災で三田地区が五割強、四谷地区が六割強の施設を失い、日吉地区も工学部校舎の八割あまりが罹災し、さらに海軍が徴用していた大学予科校舎などが、進駐した連合国軍に接収された（慶應義塾一九六四、一〇四五-一〇四九頁）。高橋は、慶應義塾復興のために各方面を歴訪し、首相であった吉田茂のもとにも、接収された校舎の返還を陳情しに赴いた（高橋一九六七、五七頁）。この時が、高橋と吉田の初対面であったが、吉田の養父は、かつて新潟にあった高橋の実家に居候していたことがあった。その後、家業が思わしくなかった高橋の父に、横浜へ来るよう勧めたのも、吉田の養父であったという。

高橋はまた、一九四六年八月に発足した内閣総理大臣所轄の諮問機関であった教育刷新委員会の一員となった。この教育刷新委員会は、三月に来日した米国対日教育使節団に応対するために組織された「日本教育家の委員会」を発展的に改編したもので、「教育に関する重要事項の調査審議を行ふ」ことを目的としていた（日本近代教育史料研究会一九九五‐九八、第一三巻、三頁）。高橋は、審議課題を選定した第二回総会で、戦災を被った私立大学の復興を「緊急の解決を要する問題」として取り上げることを主張した（同、第一巻、三六‐三七頁）。私学の問題は当初、文部省が示した重要項目に含まれていなかったが、この高橋の要望が受けいれられる形で、「私立学校に関する事項」を対象とした第四特別委員会が設けられた。当委員となった高橋は、私学に対する財政的援助や、経営における自由裁量の拡大などを提言した（同、第七巻、二四九‐二五一頁）。

教育刷新委員会の建議に基づき、教育基本法案の作成が進められた中、吉田首相は、小学校六年、中学校三年を原則義務教育としたいわゆる六・三制の実施をめぐり、不和の生じた田中耕太郎文部大臣を更迭し、後任として慶應義塾関係者に白羽の矢を立てた（内政史研究会一九七五、七八頁）。はじめに、小泉信三へ打診したが固辞され、つづいて吉田の強い説得を受けた高橋が一九四七年一月三一日、文相に就任した。高橋がちょうど塾長代理を退いた矢先の出来事であった。

これからいかなる新たな社会を創造してゆくべきか。この課題について、高橋は終戦から約一年後、自らの見解をこう語っていた。

「私共は今、敗戦の深刻なる教訓の裡に個人を発達せしめることを期さなければならぬ。私共は自己の力に依つて自己を救ふの道を学ばなければならぬ。完全なる個人の発達は軈がて又、社会に於ける個人の地位を完全に満さしめる所以である。個人が自己を知り、自己を尊重し自己を注意するによつて、各自互に相信じ相和する人と人との温い結合が成立する。而して個人の自覚が愈々深くなり行くに連れて、其の結合の範囲は益々拡大し、人の人たる品位は無限に高尚微妙の境地に進入し、億万の人々相提携して円満無欠の理想境を現前とする」（高橋一九四六、八一頁）。

「完全なる個人の発達」の先には、「人と人との温い結合」が成立し、その範囲が拡大してゆけば、「円満無欠の理想境」に到達する。——ここで示された理想像は、高橋がかつて、「協同主義への道」として描いたものと何ら変わらないことがわかるであろう。

この個人の発達を基礎とした協同主義的な理想像は、文部大臣として国会で行った高橋の答弁からもうかがうことができる。たとえば、教育基本法案が審議された一九四七年三月の第九二回帝国議会において、佐々木惣一が祖国観念を養成する必要性を説き、それが法にどのように位置づけられているのかと質問したのに対し、高橋は次のように答えていた。

「健全なる祖国思想の涵養は、御説の通り、教育上重要視しなければならないと考へるのであります。従ひまして第一條に於きまして「教育は、人格の完成をめざし」と云ふ言葉に続きまして「平和的な国家及び社会の形成者として」と述べて居るのであります。又「自主的精神に充ちた心身ともに健康な国民」と謳って居るのであります。更に前文の第二項に於きまして、「普遍的にしてしかも個性豊かな文化の創造をめざす教育」とありまするのは、健全なる国民、文化の創造延いては健全なる祖国愛の精神の涵養を含むものと考へるのであります。人格の完成、軈て是が亦祖国愛に伸び、世界人類愛に伸びて行くものと考へるのであります」（近代日本教育制度史料編纂会一九五八、二〇二頁）。

ここでは、教育基本法案の前文、および第一条を引きつつ、「祖国愛」の涵養をないがしろにするものでないことが強調されている。また、「祖国愛」とは、「人格の完成」を前提とし、やがて「世界人類愛」へと広がってゆくとみなされている。

教育基本法案の審議において、大きな議題となった一つに、教育基本法と教育勅語の関連、ないしは新しい道徳律を設ける必要性の有無があった。教育基本法の成立で、教育勅語はどのように扱われるのか、そもそも道徳律がどう位置づけられているのかが問われたのである。高橋は、教育勅語が「我が国教育史上重要な意義を有するものであり、重大なる役割を果して居つた」としながらも、「或は保守反動主義者に依り、或は超国家主義者、若しくは軍国主義者に依りまして曲解悪用されることもあつた」と指摘した（同、一三二頁）。その上で、新しい教育方針は勅語でなく、法律で定めるべきであるとし、教育基本法には「教育勅語の良き精神」が引き継がれていると説明した。高橋はまた、「徳教は時世と共に変化する」との立場から、「道徳律に就きましては、古今東西の倫理、哲学、宗教等に其の拠り所を求め、各人の良心に依つて自らに之を課し、之を実践してゆく所がなければならない」とも語っていた（同、二〇〇－二〇一頁）。

この教育勅語を不磨の大典をみなさず、道徳律、徳教が時代とともに変化するとの姿勢には、若き高橋が行った岡山講演以来の連続性を認めることができよう。前田多門、安倍能成、田中耕太郎と、それまでの戦後歴代の文部大臣は、いずれも教育勅語を「国民の日常道徳の軌範」、「自然法」のようなものとみなし、その原点に立ち返るべきことを説いていた（山住・堀尾一九七六、一九五－一九九頁）。その意味で、右で示した高橋文相の発言は、画期的な意義を持つものであった（鈴木一九七〇、二七八頁）。教育基本法と学校教育法は、衆議院と貴族院で可決され、一九四七年三月三一日に公布、基本法が即日施行、教育法が翌四月一日から施行された。

五月二四日の第一次吉田内閣総辞職により、高橋の文相在任は、四カ月ほどで終わった。ニュージェントＧＨＱ民間情報教育局長に六・三制実施の言質をとられるなど、文相としての高橋の手腕に対する評価は、必ずしも高くないが（高坂一九六八、四一－四三頁）、吉田の眼にはかなったようである。事実、第二次吉田内閣組閣の際にも、高橋は文相再任の打診を受けていた。この時には固辞した高橋が、次にもちかけられたのが、日本芸術院長のポストであった。院長候補として、もともと芸術院の会員でなかった高橋と、会員の柳田国男が挙がり、全会員による投票の結果、高橋が推薦された。一九四八年八月、正式に院長となった高橋は、以後三〇年あまりにわたり、その職を担うこととなった。

高橋は翌一九四九年一〇月、再び吉田の要請を受け、国立博物館長に就任した。その年の一月に発生した法隆寺金堂火災による壁画の一部焼損事件を機に、文化財保護法が制定され、文部省の外局として文化財保護行政を一括して担当する文化財保護委員会が設置された。国立博物館や文化財研究所は、文化財保護委員会の附属機関となり、高橋は一九五〇年八月、国立博物館長から横すべりする形で、文化財保護委員会委員長となった。

この委員長として高橋が関わった最初の大きな行事が、一九五一年九月五日から一七日まで、サンフランシスコのデ・ヤング記念美術館で開かれた日本古美術展覧会への出展であった。展覧会は、サンフランシスコで講和条約が調印されることを記念して企画された。高橋は、準備が不十分で、海外への持ち出しを時期尚早であるとする声があがる中、デ・ヤング記念美術館長の求めに応じ、日本の重要文化財、美術品の出品を決断した。その時、高橋をつきうごかしたのは、「日本古来の面目を全世界に示したい一念」であったという（高橋一九五五、三〇三－三〇四頁）。九一件一一八点の出品物のうち、国宝、重要文化財が六九件で、内容は六世紀の仏教彫刻から徳川時代の絵画までであった（久保二〇〇三、九七－一〇〇頁）。すなわち、徳川期までの作品が、日本の面目を伝える「古美術」として出展されたのである。

展覧会は、二週間足らずの開催であったにもかかわらず、二〇万を超える来館者を集める盛況であった（東京国立博物館一九七三、六四七頁）。日本側代表者として展覧会場の陳列を観覧した際、高橋は「国敗れて古美術あり」と叫びたくなったという（高橋一九五五、三〇四頁）。この成功を受け、一九五三年には再び、アメリカ五都市を巡回した大規模な日本古美術展覧会が、高橋委員長のもとに実施された。

高橋が先鞭をつけた戦後の新生日本を、古美術展覧会でアピールするやり方は、その後もたびたび活用された。たとえば、戦後日本が行った最初の世界的イベントと言える東京オリンピックの大会期間にあわせ、来日する外国人を主要なターゲットとして、「日本固有の芸術」のみを集めた日本古美術展が国立博物館で開催された（東京国立博物館一九六四、一頁）。陳列品は、国宝一五四点、重要文化財二五四点など、計八七七点におよび、「空前の規模内容」であった（東京国立博物館一九七三、七〇八頁）。一九六四年一〇月二日から一一月一〇日まで四〇日間の開会中、一日の平均観覧者数は一万人を超え、特に外国人から好評を得たという。高橋自身もこの時期、オリンピック組織委員会との協賛で、自らが所有する浮世絵コレクションの展覧会を開き、「日本独特の美術」をアピールしたのである。

5　おわりに

一九七九年一〇月、高橋は今西錦司や堀口大学とともに、文化勲章受章者に選出された。すでに九五歳であった高橋はその前年一月以来、病気で入院生活を余儀なくされたため、皇居での伝達式には出席できなかった。文化勲章受章者を決める委員会の委員長を務めるなど、高橋はそれまで選定する側にあった。高橋の受章理由については、次のように記されていた。

「経済学者としての最も著名な業績は、十六、七世紀イギリス重商主義学説の研究であって、丹念な原資料の蒐集と綿密な考証、批判に余人の追随を許さぬものがあり、我が国経済学史学界のこの領域の開拓者であるのみならず、精緻な学殖は学界において極めて高く評価されている。また、浮世絵の蒐集も世に喧伝されているが、その鑑識、考証も学者的良心に満ちたものであり、その他、文部大臣、三十余年にわたる日本芸術院長、国立劇場会長など数多くの要職について、我が国文化の発達に寄与するなど、その功績は極めて顕著である」（「昭和五四年度文化勲章受章者と文化功労者　業績と経歴のあらまし」『官報資料版』第一一一三号、一九七九年一一月七日、一一頁）。

重商主義研究、浮世絵の蒐集と考証、文部大臣、日本芸術院長、国立劇場会長などの歴任と、本章で論じた高橋の全般にわたる功績が、受章理由に挙げられているのがわかる。

「自由民間の友愛的結合」、「人と人との温い結合」、「資本なき共同経済」。――学生時代、寄宿舎消費組合の理事長を務めた高橋は、生産組合でなく消費組合による漸次的な社会改革に望みを託し、人類がその原点である理想社会へとたちもどることを思い描いていた。経済学史研究においても、高橋が着目したのは、主に「経済学前史」、すなわち「資本なき共同経済」が私有財産権の拡大により侵され、崩壊してゆく時代であった。高橋は、これに伴う暴力的過程を描いたり、批判的な立場をとった当時の思想家を取り上げたりすることで、社会変革の必要性を暗に語っていたと言える。

「資本なき共同経済」といった言い回しも、当時の検閲をくぐりぬけるギリギリの表現であっただろう。もともと、はっきりと物事を言う性格であった高橋は、自らの論文により『三田評論』が発禁処分を受け、高等警察の監視対象となって以降、時局にふれない抑制的な文章を書くようになった。さらに、関東大震災後になると、高橋は蒐集をはじめた浮世絵にことよせて、間接的に理念や世情を語った。これは、戦争へと進んだ時勢に対する高橋なりの抵抗であったと考えられる。

敗戦直後、高橋は慶應義塾塾長代理、教育刷新委員会委員、文部大臣と重役を務め、教育の再建に尽力した。この時期、高橋が語った日本が進むべき未来像や、教育基本法に関する答弁を見ると、一九二〇年代前半に示された「協同主義」論と、語り口や内容がほとんど変わらなかったことがわかる。教育基本法成立による教育勅語の失効を明言したのも、道徳が時代とともに変化するとした青年時代以来の姿勢に基づいていた。高橋にとって戦後改革は、大正デモクラシー期に展開した主張を具現化させるものと映ったにちがいない。

高橋はまた、文化財保護委員会委員長として、国際社会への復帰にあたり「日本古来の面目」をアピールしようと、アメリカでの日本古美術展覧会開催を後押しした。江戸以前の古美術が表現する「日本古来の面目」。それは、高橋が理念としてかかげた「資本なき共同経済」に通ずる日本の原像を示すものであったと言えよう。

注

（1）慶應義塾消費組合については、白井（一九九〇）参照。
（2）例として、高橋（一九〇二）四六－四八頁。なお、これと参考文献の高橋（一九〇四）、（一九〇九ａ）、（一九〇九ｂ）では、高橋のペンネームであった「竹葉」が用いられている。
（3）高橋は当初、Ｊ・Ｋ・イングラムの『経済学史（*A history of political economy*）』を教科書に、「経済学史」の講義を行ったと語っている（高橋一九二〇、一頁）。実際、学生有志により編集された大正六年度の講義録『欧洲経済学史』上下巻（慶應義塾図書館蔵）を見ると、基本的にイングラムの『経済学史』に沿っていたことがわかる。
（4）高橋の経済学史研究、重商主義研究については、飯田（二〇一〇）、大倉（二〇一〇）参照。

参考文献

飯田裕康（二〇〇一）「高橋誠一郎と慶應リベラリズムの伝統――福沢諭吉歿後百年記念「慶應義塾の経済学」展によせて」『三田評論』第一〇三四号、三六－四七頁。

飯田裕康（二〇一〇）「経済学史研究者としての高橋誠一郎」『三田学会雑誌』第一〇二巻第四号、三－二〇頁。

大倉正雄（二〇一〇）「高橋誠一郎の重商主義論」『三田学会雑誌』第一〇二巻第四号、二一－四五頁。

大島清（一九六八）『高野岩三郎伝』岩波書店。

奥谷松治（一九七三）『改定増補　日本生活協同組合史』民衆社。

近代日本教育制度史料編纂会編（一九五八）『近代日本教育制度史料』第三二巻、講談社。

工藤英一（一九八二）「学徒出陣の日」『三田評論』第八二六号、八三－八四頁。

久保いくこ（二〇〇三）「八代幸雄とアメリカ巡回日本古美術展覧会（一九五三年）」『近代画説』第一二号、九六－一一四頁。

慶應義塾編（一九六四）『慶應義塾百年史』中巻（後）、慶應義塾。

慶應義塾史事典編集委員会編（二〇〇八）『慶應義塾史事典』慶應義塾大学出版会。

化巌子（一九〇七）「高橋誠一郎氏」『三田評論』第四三号、二九－三一頁。

高坂正堯（一九六八）『宰相　吉田茂』中央公論社。

白井厚監修、慶應義塾大学経済学部白井研究会編（一九九〇）『慶應義塾消費組合史』慶應通信。

白井厚監修、慶應義塾大学経済学部白井ゼミナール著（一九九九）『共同研究　太平洋戦争と慶應義塾』慶應義塾大学出版会。

鈴木英一（一九七〇）『戦後日本の教育改革』第三巻（教育行政）、東京大学出版会。

高野岩三郎（一九一四）「消費組合に就て」『読売新聞』一九一四年二月一七－二〇日付。

高橋誠一郎（一九〇二）「不平の人」『三田評論』第二三号、四六－五〇頁。

高橋誠一郎（一九〇四）「久保田文相に呈するの書」『三田評論』第三二号、一－四頁。

高橋誠一郎（一九〇九ａ）「文藝院設立の風評」『三田学会雑誌』第一巻第一号、一〇五－一〇八頁。

高橋誠一郎（一九〇九ｂ）「文部大臣の文学者招待」『三田学会雑誌』第一巻第二号、二四五－二四六頁。

高橋誠一郎（一九一〇）「個人主義と社会主義」『慶應義塾学報』第一五九号、四〇－四八頁。

高橋誠一郎（一九一一）「消費組合と社会主義」『慶應義塾学報』第一六二号、三一－三九頁。

高橋誠一郎（一九一八）「新階級戦争論」『三田評論』第二五六号、六－一七頁。

高橋誠一郎（一九二〇）『経済学史研究』大鐙閣。

高橋誠一郎（一九二一ａ）『私有財産制度論の変遷』下出書店。

高橋誠一郎（一九二一ｂ）「黄金と人生――（二）私有財産の話」『婦人公論』第六巻第一二号、四九－五五頁。

高橋誠一郎（一九二三）『協同主義への道』下出書店。

高橋誠一郎（一九三八）「商品としての浮世絵版画」『三田学会雑誌』第三二巻第一号、一－五二頁。

高橋誠一郎（一九三九）『浮世絵二百五十年』中央公論社。

高橋誠一郎（一九四六）「この一年」『世界文化』第一巻第七号、八〇－八一頁。

高橋誠一郎（一九四八）『浮世絵講話』好学社。

高橋誠一郎（一九五五）『わが事　ひとのこと』慶應通信。

高橋誠一郎（一九六〇）「経済学と浮世絵（五十六）」『エコノミスト』第三八年第二二号、五二－五三頁。

高橋誠一郎（一九六七）「吉田茂氏追想――エピメーテウス（五十四）」『三田評論』第六六六号。

高橋誠一郎（一九七三）『回想九十年』筑摩書房。

田澤晴子（二〇〇六）『吉野作造――人世に逆境はない』ミネルヴァ書房。

東京国立博物館編（一九六四）『オリンピック東京大会 日本古美術展』便利堂。

東京国立博物館編（一九七三）『東京国立博物館百年史』第一法規出版。

内政史研究会編（一九七五）『劒木亨弘氏談話速記録』内政史研究会資料部。

日本近代教育史料研究会編（一九九五‐九八）『教育刷新委員会　教育刷新審議会会議録』全一三巻、岩波書店。

福岡正夫（二〇〇七）「高橋誠一郎先生と経済学説史研究」『三田評論』第一一〇五号、五九‐六五頁。

福田徳三（一九〇三）「一橋会発会式に際し希望を述ぶ」『一橋会雑誌』第一号、三七‐四三頁。

山口桂三郎（一九八二）「浮世絵の蒐集と研究」『三田評論』第八二六号、四〇‐四三頁。

山住正己・堀尾輝久（一九七六）『戦後日本の教育改革』第二巻（教育理念）、東京大学出版会。

横山源之助（一八九九）『日本之下層社会附録　日本の社会運動』教文館。

和田利夫（一九八九）『明治文芸院始末記』筑摩書房。

第9章

商学の成立と向井鹿松

平野隆

向井鹿松
(1888–1979)

1　はじめに

本章は、慶應義塾における商学、とりわけ商業学と経営学の成立と、それに重要な役割を演じた向井鹿松（一八八八－一九七九年）の業績について概観する[1]。なお、向井の学問的業績は、大別して商学と統制経済論という二つの領域にわたるが、本章は主として前者を扱う[2]。

現在の慶應義塾大学商学部すなわち慶應義塾における商学の研究・教育の源流は、同大学の経済学部にある。商学部は、一九五七（昭和三二）年に経済学部から分離して設立されたが、それ以前には、商学系の諸科目は経済学部のカリキュラムの中に入れられていた。商学部設立当初の教員スタッフも、専門科目についてはほぼ全員が経済学部からの移籍者であった（慶應義塾一九六二、三九六－四〇一頁）。

そもそも、慶應義塾は日本における商学の原点と言える存在である。創立者の福沢諭吉（一八三五－一九〇一年）は、『西洋事情　初編』（一八六六年）において「西洋の風俗にて大商売を為すに、一商人の力に及ばざれば、五人或いは十人、仲間を結びて其の事を共にす。之を商人会社と名づく[3]」と書き、西洋発祥の近代的経営体である「会社」についておそらく初めて日本に紹介した。また、彼はアメリカの商業学校で使われていた簿記の教科書（*Bryant and Stratton's common school book-keeping*, 1871）を翻訳して『帳合之法』（一八七三－七四年）として出版し、日本における簿記および会計学研究・教育の先駆をなしたこともよく知られている（友岡二〇〇七、一－二頁）。さらに、福沢と慶應義塾の卒業生たちは、日本の商業教育の成立と普及にも大きな役割を果たした。福沢は、日本で最初の商業教育機関である（東京）商法講習所（一八七五年設立、現一橋大学の前身）の設立基金募集趣意書「商学校ヲ建ルノ主意」（一八七四年）を起草して、その設立を支援した。その後、全国各地に同様の機関が設立された際には、慶應義塾の出身者たちがそれらの所長や教員を引き受けた[4]。

一八九〇（明治二三）年に慶應義塾が大学部「理財科」を創設した際、同科は当初「商学科」として発表され、後に名称が変更された（慶應義塾一九六〇、二三、五〇頁）。同科のカリキュラムには、その創設時から簿記、商業地理、保険・銀行・関税・租税各疑問研窮（後に貨幣論、銀行論などに分立）といった商学系科目が設置され、さらに一九〇三年には商工事情と商業政策が加わった（慶應義塾一九六二、二〇三、二二三、二四〇頁）。

しかし、福沢の時代および初期の理財科における商学は、おもに商業活動についての写実的叙述あるいは商工業の実務教育であり、アカデミックな内容とは言い難いものであったと推測される。(5) 慶應義塾において本格的な社会科学としての商学が確立するのは、第一次世界大戦後を待たねばならなかった。そして、その担い手となったのが、向井鹿松であった。

2 向井鹿松の経歴(6)

慶應義塾教員就任まで

向井鹿松は、一八八八（明治二一）年三月六日、愛媛県西宇和郡四ツ濱村（現伊方町）に生まれた。一九〇四年三月に愛媛県立八幡濱商業学校を卒業。はじめ、同校の校長から神戸高等商業（現神戸大学）を目指すことを勧められたが、父親の強い反対にあい、いったんは進学を諦めて家業（漁業）の手伝いに従事した。数年後、慶應義塾大学部予科の補欠入学募集を新聞広告で偶然知り、父親の説得に成功して、(7) 受験のため上京。一九〇九年九月、同大学部理財科予科に入学した。予科から本科への進学後、堀切善兵衛のゼミナールに所属する。卒業論文のテーマは、「外資輸入」であった（向井・増井一九七九、一-四頁）。

向井は、一九一四（大正三）年三月に理財科を卒業し、すぐに同科の助手に採用された。(8) その後約五年間、同科の予科で日本作文、経済原論の授業を担当するとともに、一九一五年から慶應義塾商工学校の講師を兼任し、同校で経済などを教えた。

米欧留学

向井の学問形成における画期は、何と言っても一九一九（大正八）年から三年半にわたる米欧への留学であった。慶應義塾では、一八九九年から大学部の教育の中核を担う教員を育成する目的で若手教員を義塾の資金によって海外に派遣していたが（慶應義塾一九六〇、三二一－三二四頁）、向井の留学もこの制度によるものだった。留学の研究テーマは、商業政策、取引所論、商事経営学とされた（慶應義塾一九六二、二八七頁）。一九一九年四月からの一年間はアメリカのシカゴ大学およびコロンビア大学において配給市場、金融および取引所について研究し、一九二〇年四月から九月までは、イギリスのロンドン・スクール・オブ・エコノミクスで主としてH・S・フォックスウエル教授（一八四九－一九三六年）について金融論および取引所研究に従事した(9)。一九二〇年九月に欧州大陸に渡り、ベルリンに一年一〇カ月（一九二〇年九月から一九二一年七月および一九二一年一〇月から一九二二年一〇月まで）、パリに三カ月（一九二二年八月から一〇月まで）滞在した（向井一九八〇、三四一頁）。

この留学期間中、向井が最も強い影響を受けたのは、ベルリン大学のW・ゾンバルト教授（一八六三－一九四一年）であった。周知のとおり、ゾンバルトはドイツ歴史学派新世代を代表する人物であり、当時、世界で最も有名な経済学者の一人として、ドイツ内外から大きな関心を寄せられていた。最初、向井は第一次世界大戦でドイツと敵国の関係だった日本の出身であるという理由で、ゾンバルトからゼミナールに入ることを拒まれた。そのため、彼はゾンバルトのベルリン大学およびベルリン商科大学での講義（多数の学生を対象として「近世資本主義」などを講じていた）を聴講していた。しかし、向井はゾンバルトのゼミナールで学ぶことを強く望み、彼の助手に何度も斡旋を依頼した結果、半年ほどして面接を受け、ゼミナールに入ることを許された。ゾンバルトは、向井が①彼のゼミナールに参加するためにドイツに来たこと、②ドイツ語を話せたこと、③日独は第一次世界大戦で敵国であったにもかかわらず、ドイツに好感を持っていたことを評価したという。実際、向井の「ドイツ贔屓」は相当なものだったようで、「私は当時、日本人が（第一次）戦前のドイツ一点ばりから一転して、戦後英米主義に転向したことについて強い不満を持っていた」（向井・増井一九七九、一一頁、括弧内は引用者）と述べている。

向井は、ゾンバルトおよび彼のゼミナールの印象を次のように語っている。

「ゾンバルト先生は非常に『かたい』人で、いかにもドイツ人気質を持った人でした。そのゼミナールには、上級のそれと下級のそれとがあり、上級のものは、定員が二二人から二五人くらいで、すでにドクターの学位をとった者も参加しているゼミナールでした。（中略）

ゾンバルト先生のゼミナールでは、先生を非常に偉い人と考える雰囲気があった。学生の報告に対しては、一人一人、きつい『あげ足とり』をし、次々と、二の矢、三の矢で問いかけるので、学生は先生に対して頭が上らなかった。ゼミナールの学生報告を批評するためには、先生自身あらかじめ勉強して来られたものと思う。その意味でも偉かった。（中略）ゼミナールは、私以外、皆ドイツ人。日本人としては私が最初とのことだった。午後二時から四時半か五時頃までの授業で、あと必ず学生とともに、学外の行きつけのフリードリッヒ・シュトラーゼ近くのレストランに出かけ、ビールを飲み、食事をしながら雑談をした。先生に、新刊書の批評を求めたりした」（同、一〇－一四頁）。

この回想を読むと、日本の大学におけるゼミナール（少人数の演習授業）が、ドイツの大学の Seminar に由来し、それをモデルにしたことがよくわかる。

ゾンバルトの指導の下で向井が研究したテーマは、主に取引所論と経営経済学であった。経営経済学は、当時のドイツにおいて勃興していた新しい学問であった。それ以前には、商業経営学（Handelsbetriebslehre）など各種産業の経営に関する個別的学問があったが、これを経営一般を対象とする統一的科学に発展させようという動きが二〇世紀初頭頃に起き、私経済学（Privatwirtschaftslehre）という呼称を経て第一次世界大戦後に経営経済学（Betriebswirtschaftslehre）が成立した（向井一九二九b、四‐一一頁）。すなわち、向井はヨーロッパ最新の学問を吸収し、これを日本に導入する役を担うことになったのである。

経済学部教授昇任と担当授業

一九二二（大正一一）年一〇月に留学から帰国した向井は、ただちに慶應義塾大学経済学部（大学令により一九二〇年に大学部理財科から改編）の教授に昇任した。そして、以下の諸科目を担当した[10]。

商業政策（一九二二‐一九三七年）
取引所論（一九二三‐一九三七年）
商事経営（後、商業経営、さらに経営経済学特殊講義と改称）（一九二二‐一九三七年）
経営経済学（一九二八‐一九三七年）
貨幣論・銀行論（一九二八‐一九二九年：堀江帰一の死去に伴う一時的代講）
金融論特殊問題（一九三二‐一九三六年）
研究会（ゼミナール）（一九二三‐一九三七年）

これらの科目のうち、商事経営および経営経済学は向井が初代の担当者であり、この両科目から、後に商業学、マーケティング論、経営学の諸科目が派生していった。それゆえ、向井は慶應義塾における商業学と経営学の創始者と言うことができるのである。

また、向井は慶應義塾の教授在任中に、二度の海外視察を行った。一度目は一九二八年七月から九月に満州および中国へ当該地の経済事情を視察するために、二度目は大阪毎日新聞の依頼により一九三〇年三月から九月にかけてイギリス、フランス、アメリカへ当時これらの諸国で勃興していた合理化運動について調査するために出張した（向井・増井一九七九、一六頁）。これ以降、向井は産業合理化および統制経済論への関心を強くしていった。

向井の講義の様子について、増井健一は次のように回想している。

「……向井先生は、授業中、時折、教壇の机の上に腰を乗せたりして、ユックリした調子で講義された。教科書を使わずに、経営経済学と市場経済、経営と企業、株式会社、企業集中と社会化、労働者の企業参加などが解説され、アメリカで注目されていた産業合理化運動の評価なども、淡々と語られた[11]」。

向井の門下生の中には、戦後に慶應義塾大学商学部長を務めた鈴木保良（一八九九－一九七三年[12]）や、後に日本共産党の理論的リーダーになる野呂栄太郎（一九〇〇－一九三四年）などがいた。野呂は一九三三年に治安維持法違反容疑で逮捕され、翌年、留置中に病死するが、向井は彼の死去の間際まで留置所に足を運び、差し入れの労をとったという[13]。

3　向井鹿松の商学の特徴

研究業績の概観

向井は、前節で述べた諸科目の講義と併行して、著作、論文の執筆によって留学の成果を積極的に発信した。彼が、留学後から慶應義塾を退職するまでの間に発表した主な著書は、以下のとおりである（向井一九八〇、三四四頁）。

『内国商業政策』時事新報社、一九二二年。

『海外有価証券市場論――第一巻伯林』清水書店、一九二四年。

『取引所の理論的研究』丸善、一九二六年。

『証券市場組織――企業金融の社会的組織』（総論・各論）丸善、一九二七年。

『配給市場組織――財貨移動の社会的組織』丸善、一九二八年。

『商業学（上）』（経済学全集第三七巻）改造社、一九二九年。

『新経営者学――新時代の事業とその経営者』日本評論社、一九二九年。

『経営経済学総論』（商学全集第二巻）千倉書房、一九二九年。

『産業の合理化』日本評論社、一九三一年。

『綜合取引所論』日本評論社、一九三二年。

『統制経済原理』（日本統制経済全集第一巻）改造社、一九三三年。

『取引所投機と株式金融』森山書店、一九三四年。

『産業組合経営論――組合配給の研究』（経営学全集第二四巻）東洋出版社、一九三四年。

『統制経済講話』時事新報社、一九三六年。

『現代商業概論――商業の基礎知識』巌松堂書店、一九三七年。


この他に、講義録、共著の教科書や滝本誠一との共編資料集『日本産業資料体系』全一二巻（中外商業新報社、一九二六－一九二七年）などがある。研究の関心は、当初の証券市場論などの各論から商業学、経営学の総論的研究に拡張し、前述のとおり一九三〇年代に入ると統制経済論が加わった。

一方、論文は経済学部の紀要『三田学会雑誌』や後述する産業研究会の機関誌『産業研究』を中心に多数投稿している（向井一九八〇、三四三－三四七頁）。

研究スタイルの特徴

向井の研究スタイルの特徴として、以下の三点を挙げることができる。

第一に、理論的研究よりも実証的研究への志向が強いことである。向井は、経済学における理論的研究の価値を認めつつも、資本主義経済社会を分析するには、「先づ此の目前に横はる経済社会を解剖し且つ其各部の機関の生理を探らんとする」ことが重要であると主張する。しかし、「経済学の此方面は従来抽象的理論的経済学が盛んであった我国に於て特に閑却せられた一方面である」というのが彼の認識であり、このような当時の経済学の主流に対する反発が、彼の研究のモチベーションになっていたと言うこともできるだろう（向井一九二七、一－二頁）。

第二に、研究対象に対する歴史的分析を重視することである。これは、向井が留学中にゾンバルトから受けた影響の一つであり、このことについて、彼自身が後年、次のように語っている。

「ゾンバルト氏の指導のもとで私が研究したテーマは取引所論と経営学であったが、私はとくにその歴史的発展を中心に考えた。ついでにいえば、歴史的発展の見地から物事を考えることが、私の特徴で、公害や福祉の問題についても、私はこの見地から考えている」（向井・増井一九七九、一四頁）。

そして第三は、個別の経済現象や制度を全体社会・経済との関係の中で把握する視点を強調することである。向井は、あらゆる経済現象や経済制度は、最終的には市場経済の中で生活するすべての人々の集合需要を充足させるという唯一かつ共通の目的のために存在するのであり、それゆえそれら相互の間には密接な結びつきが存在し、かつすべてはこの全体と関係を有しているはずであるとする。したがって「此等の経済現象なり又制度は此全体の関係を透して見ることによってのみ其本質を捕捉することが出来るので決して個別的而して排他的の取扱を許さないのである」と述べる（向井一九二七、三頁）。

商業論と配給論

以上のような研究視角から、向井は商業についても「商業なる概念は一つの歴史的範疇に属するもので必竟社会の経済組織及経過の発達に伴って其意義亦自ら異ならざるを得ないものである」（向井一九二三、一頁）と述べ、それを社会的・歴史的条件によって規定され、時代とともに変化するものとして認識した。すなわち、商業は、近代以前の直接交換の時代には交換という「行為」として定義され、近代の資本主義の時代に移行すると営利を目的として継続的に売買を行う「職業」として捉えられるようになったが、経済が一層発展した二〇世紀の高度資本主義の時代においては、さらに新しい概念として再定義されねばならないとする（同、二－一〇頁）。

そして、向井はこの新時代の商業概念を「組織」に求めて「商業は組織なり」と宣言する（同、一〇頁）。つまり、二〇世紀の商業とは「財貨の移転を司ることを目的とする系統的永続的規則的の組織」（同、二九頁）であることを要件とするものと定義される。ここで注目されるのは、向井が「此の組織が何人に属するや営利の動因によって活動してゐるか否かは問はない（同、三〇頁）」と述べていることである。要するに、向井は高度資本主義時代の商業において営利動機は本質的なものではないと見なしていたと言える。

また、向井は商業学分野における彼の主著と目される『配給市場組織』（一九二八年）において、商業と配給という二つの概念を明確に区別した。すなわち、商業については「財貨の人的移転を目的とする労働が統一的意志の下に組織せられたる時に此の組織は商業である」とするのに対して、配給とは「一つの財貨を一つの所有者より他の所有者に移転せしむる労働其物」と定義する。換言すれば、商業が財貨の移転に関わる各種労働の結合を意味する「一つの総括概念」であるのに対して、配給は「個々の労働を指す個別的概念」であるとされる（向井一九二八、一五五頁）。向井は、配給という概念をこのように明確にすることによって、財貨が生産者から消費者まで移転する過程すなわち流通過程の科学的分析に道を開いたのである。

さらに、向井は同書において財貨の配給に必要とされる社会的職能を分類・整理し、それらの歴史的発展過程の分析を試みた。それによれば、配給の職能は①需給の連絡一致を期する精神的労働、②具体的物財を分割、選別、貯蔵、運搬する技術的肉体的労働、③資本の調達、④資本に伴う危険の負担という四つから成る。このうち、前二者は、いかなる経済体制の下においても必ず行われるが、後二者の大部分は資本主義経済社会に特有のものとされる（同、一五九－一六七頁）。そして、これらの職能を遂行するための配給組織の歴史的分析を通じて、社会経済の発展に伴って配給組織における精神的労働と技術的労働が分解し、前者が上位の配給組織に集中していくという「分離と融合の原則」を明示した（同、六〇六－六三三頁）。以上のような向井のユニークな配給職能論は、「以後わが国の商業経済学研究の1つの方法的基礎となり、他方精神的機能の集中に関する学説は、マーケティング（販売促進の意味での）理論と結びつくことによって、現代の市場分析、あるいは科学的配給技術の発展・展開への理論的端緒となったといっても過言ではない」（鈴木・片岡・村田一九五九、六八二頁）と評価されている。

経営（経済）学および企業・経営者論

向井は、経営（経済）学の領域でも、株式会社における所有と経営の分離、超株式会社・自主的企業論、新経営者の概念、労働者の経営参加などの先駆的な議論を展開した。

彼は、前記の『新経営者学』『経営経済学総論』（ともに一九二九年刊）などの著書において、おもにW・ラーテナウ（一八六七－一九二二年）の理論に依拠しつつ、企業の発展過程について以下のように論じた[14]。①株式会社はその規模を拡大させるに従って株式資本すなわち所有権の分散が進行する。②所有権の分散に伴い所有意識の減滅が進む。③これによって、企業は従来の「所有者（資本家）のための事業」からそれ自身自主独立した「事業のための事業」すなわち超株式会社あるいは自主的企業へ移行する（向井一九二九a、一〇一－一〇五頁／向井一九二九b、二三二－二七三頁など）。

そして、向井はこのように所有者から分離・独立した自主的企業の経営者を「新経営者」と呼び、その特徴を次のように述べている。新経営者はもはや単なる株主の代理人や使用人ではなく、従業員や消費者を含む当該事業に関わるすべての関係者（ステークホルダー）の福利増進のために事業を経営する。「此等凡ての人に対してその職責を完ふしなければならぬと自覚する点に於て新経営者の職業意識は存在し、其の実業道徳の標準が存在するのである。かかる事業はBusinessではなくProfessionである。ビジネスの目的は営利にある。大なる金を得たる時に其の成功がある。プロフェッションの目標は義務の遂行にある。従って其の成否は其の職分を完全に行使したるや否やにあって、金を多く得たるや否やにあるのではない」（向井一九二九a、一二〇‐一二一頁）。このような専門職業人としての新経営者は、利潤の最大化を唯一の動機とする主流派経済学の経営者像とは、かなり異なるものであった。

こうした向井の株式会社論・経営者論は、「いずれも会社支配論の核心的部分に迫る認識と考察を示すものであり、その後の理論の展開と発展に大きく貢献するところがあった」（晴山一九八一、一九五頁）という評価を得ている。

以上のように、向井の商学は、商業、配給組織、企業、経営者などを歴史的に変化していく存在として捉え、現代（二〇世紀）の高度資本主義における商業や企業経営の特異性を実証的に解明するという問題意識に基づくものであった。それは、きわめて社会科学的な立場であり、実際の商取引や経営意思決定に役立つことを目的とする実用主義とは一線を画していた。また、彼の商学研究は、営利（利潤）動機の普遍性を否定するなど、現存する資本主義体制を相対化し、かつそれに対する批判的視点が明確であった。向井は決して社会主義者ではなかったが、彼のこのような学問的志向性が、前出の野呂のような反体制派の学生を惹きつけたのかもしれない(15)。

商学成立の社会経済的背景

以上見たとおり、慶應義塾大学では、一九二〇年代に向井鹿松によって商学の教育・研究が導入されたのであるが、同時期、他大学においてもおもに海外留学からの帰国者によって商学の講義が開始あるいは拡充されていた。

代表的な名前を挙げると、上田貞次郎（東京商科大学、現一橋大学）、増地庸治郎（同）、平井泰太郎（神戸商業大学、現神戸大学）、村本福松（大阪商科大学、現大阪市立大学）、中西寅雄（東京帝国大学、現東京大学）、佐々木吉郎（明治大学）、小林行昌（早稲田大学）などである。そして、これらの人々が中心となって、一九二六年に商学分野における日本で最初の全国的学会である日本経営学会が設立された。向井は、同会の五名の発起人の一人となり、初代理事にも就任した。なお、同会の創立会議において、学会名を日本経営学会とすべきか、日本商学会とすべきかで議論になり、採決の結果、日本経営学会と決定したとされる。一九二七年一月時点における同会の会員数は三四二名であった（山本一九七七、二九－三五頁）。

このように一九二〇年代に日本で商学が成立した背景要因として、次の二点を指摘することができる。

第一に、自由競争的市場経済の行き詰まりである。日本経済は、第一次世界大戦期の好況から一転、一九二〇年の戦後反動恐慌以降、長期にわたる不況に見舞われた。大戦中の物価高騰による生活の圧迫やロシア革命の影響もあり、米騒動、労働争議、小作争議など社会運動が高揚した。(16) このような経済・社会の不安定な状況の長期化に直面して、知識人の間では、市場の自動調整機能に対する信頼が揺らぎ始め、自由競争的経済に対する何らかの人為的介入あるいは統制の必要性が論じられるようになった。この方向は、一九三〇年代の統制経済論へとつながっていく（柳澤二〇〇八）。

第二は、大企業体制の成立である。この時期、日本でも米欧の後を追ってA・D・チャンドラーの定義による近代企業（modern business）すなわち多数の異なる事業単位から構成され、階層的に組織された俸給経営者によって管理される企業（Chandler 1977, p. 1）が主要産業で勃興するとともに、大企業特に財閥による資本と生産の集中が進行した。それに伴って、経済活動や資源配分の調整において市場メカニズムの「見えざる手」から企業組織あるいは経営の「見える手」にとって代わられる部分が増大しつつあった（佐々木・中林編二〇一〇、一－一七頁）。

このような社会経済的な背景の下で、従来の経済学の研究対象にはほとんどなかった、企業組織、経営管理、配給組織などに対する関心が高まったと見ることができる。こうした動向は、米欧ではすでに一九世紀後半から進行していたが、一九二〇年代の日本でもタイムラグを伴って同様の現象が生じたと言えよう。また、長引く不況の中で、学生たちの間に社会生活（職業）と直接結びついた学問に対する需要が高まったことも、商学成立の一要因として挙げることができる。

4　商学部分離問題

商学分野の形成

本節では、一九三五（昭和一〇）年から一九三八年にかけて慶應義塾大学経済学部教授会で論争を惹き起こした「商学部分離問題」について述べる。この問題は、当時の経済学部スタッフの間にあった商学に対する考え方の違いが表出したものだと言うことができる。向井鹿松はこの論争において、商学部分離論の主唱者の一人となった。

戦間期（一九二〇・三〇年代）の経済学部では、向井によって導入された商業経営、経営経済学をはじめ、会計学、保険論、交通論などの諸科目が学部カリキュラムの中で商学系科目として一つのグループを形成するようになった。その端緒は、一九二〇（大正九）年の理財科から経済学部への改組に伴うカリキュラムの抜本的改編であった。この時、選択科目が甲・乙という二つのグループに分けられ、このうちの甲には経済学史、経済学説、経済史、政策関係などの経済学系科目が配置されたのに対して、乙には商業史、商品学、商事経営、交通政策、商業政策などの商学系科目が置かれた（慶應義塾一九六二、二八一−二八四頁）。さらに一九二九（昭和四）年には、必修科目も甲・乙の二班に分けられた。両班共通科目（経済原論、統計学、経済政策、外国語経済学、民法など）の他に、甲班は近世経済史、経済学史など、乙班は会計学、経営経済学などがそれぞれ必修とされた（同、二九五−二九七頁）。

このカリキュラム改編の結果、学生の科目選択において、乙班を選択する者が数的に優位になり、その傾向は年々目立っていった（同、三三四頁）。前述した第一次世界大戦後の社会経済状況の下、学生たちの間にも商学的な科目を求める風潮が強くなっていたのである。

またこの頃、学内に経済学部の教員、学生を主体とする商学の研究団体が結成されたことも、経済学部における商学の存在感を増大させる一因となった。このうち一九二四年に創設された産業研究会は、任意の学生団体であったが、「学問と実際の一致」を目的に掲げ、教員や学外の実業家による講演会・講座の開催、工場その他の産業施設の見学会、夏季休暇を利用した企業での実習、機関雑誌『産業研究』の刊行などを行った。会員数は一九二六年の時点で約二五〇人に達した。向井は、この団体の結成に深く関与し、後にはその会長を務めた[17]（慶應義塾史事典編集委員会編二〇〇八、一九二－一九三頁）。一九三四年には、経済学部と高等部の教授および有志によって慶應義塾経営学会が設立された。この団体は、事務所を経済学部研究室内に置き、月例の研究報告会を開催し、研究資料の刊行などを行った（慶應義塾一九六二、三三〇－三三一頁）。

分離問題の勃発

このような状況の下で、一九三五（昭和一〇）年に経済学部の中から初めて商学部の分離・独立を求める声が上げられた。この年の一月、学部内に学則改正委員会が設置され、高橋誠一郎（当時学部長）、三辺金蔵（前学部長）、奥井復太郎、金原賢之助、寺尾琢磨の五名が委員になった。そして、この委員会の席上で、三辺教授から商学部の分離が提案された（寺尾・増井一九八一、四－二六頁）。

以降、経済学部教授会において学則改正と商学部分離の是非について、激しい議論が展開された。分離賛成派の中心は、当初は三辺であったが、次第に向井に移っていったとされる。一方、分離反対派は、奥井、寺尾など当時の若手が中心であったという[18]。高橋は、この論争を「先輩と後輩の間の開きがもとになっておった」と述べ、学部スタッフの世代間摩擦が背景にあったという見解を示している（高橋一九七〇、四六八頁）。

当時の教授会の中で分離賛成の意見は少数派であった。一九三五年六月の教授会で、分離反対派の起草による分離しないことを前提とした学則改正案について票決が行われた結果、原案賛成（分離反対）が多数を占めた[19]。しかし、分離賛成派はこれに納得せず、なおも新学部の分離独立を強硬に主張した。このため、議論は収拾せず長期化した[20]。

分離をめぐる論点

商学部分離独立の提案理由については、当時、分離賛成派によって作成されたと推測される『商学部設置の必要』と題するパンフレットが残されている（増井一九九八、一一八頁、注三四、一二八－一三〇頁）。そこには、商学部を設置すべき理由として、九項目が挙げられている。それらを要約すると、以下のようになる。

①我が国には既にいくつかの商科大学および商学部が設立されており[21]、慶應義塾もこの大勢に後れてはならない。
②近年の統制経済的傾向の強化に伴い各方面で経営技術に関する研究を深化させる必要が増しており、商学部の設置はこの目的にかなうものである。
③商学的素養を体得させるためには一切の事物を経営技術的に見る精神的態度を養うことが必要であり、そのためには商学部の設置が最適である。
④経済学部の学科目数の増加により、これらを分類して系統化する必要がある。そのために全科目を総合的、理論的に研究するものと、個別的、技術的、商的に研究するものに分けることが妥当である。
⑤理論経済学と商学とは研究の対象や方法が異なるため、両者を同一の学部に置くとそれぞれの発達を阻害する恐れがある。
⑥近年、乙（商学）班を選択する学生が圧倒的多数になっていることを見ても、商学部の設置は学生の要望を一

層充たすものであると言える。

⑦卒業生の大多数は実業方面に向かっているが、義塾卒業生は商学的教育の不備のため他校の卒業生と比べて特に就職当初に著しく不利である。

⑧義塾としては、将来実業以外の方面にもますます多くの卒業生を送る必要があるが、そのために実業界へ行く者の養成は主に商学部が行い、他方面に行く者の養成は他学部が担うようにすれば、それは義塾のためにもなる。

⑨実業に関する実際的な意見を発表する多数の研究者を養成し、義塾を実業研究における指導的地位に立たせることは、義塾の名誉であり、義塾の使命を果たすことになる。

これに対して、分離反対派が最も強く唱えた反対理由は、教員スタッフ数の不足であったとされる。すなわち、当時の経済学部の教授・助教授は総数で一五名であったため、学部を二つに割ると、どちらも規模が小さくなりすぎてしまうという主張である。(22) なお、前述『商学部設置の必要』には、分離反対論への反駁と受け取れる弁も掲載されている。(23) ここから、分離反対派は反対理由として、「分離した場合に生じる両学部間の学生数の偏差」や「財政上の負担の激増」なども主張したものと推測できる。

また、高橋は、当時、経済学部からハーバード大学へ商学系の教授の派遣を依頼したが、待遇面で折り合いがつかず、実現しなかったというエピソードを語っている（高橋一九七〇、四六九‐四七〇頁）。ただし、この人事政策が商学部分離のためのものだったのかについては不明である。

向井の辞職

このように商学部分離をめぐる論争が長期化する中、一九三七年一二月に向井が突如辞表を提出し、経済学部教授を辞職することになった(24)。

向井は経済学部主流派が商学部分離に反対する根底には、商学に対する強い嫌悪の感情があると見ていた。彼は、次のように述べている。

「ともかく、あの頃まで、経済学部では『商』という言葉はタブーであり、鬼門であり（中略、判読不明）それを使わせなかった。言葉だけでなく、商売という考え方も、嫌われていた。（中略）昭和四年に甲乙両班の区分で作られた時も、『商』と名付けるのは嫌という思想が根本にあったからその名にしたものです」（向井・増井一九七九、二二一－二二三頁）。

「当時の経済学部の全体の空気としては、『商』は扱わないというこりかたまった考えが強く、私としては、もともと福沢先生が、封建的なものを排してビジネスとは何かということを頭において慶應を作られた。それを今になって、ビジネス、つまり『商』は、アカデミズムとはあいいれない、げすなものと見るとは、いったいどういうわけか。『商』に対する毛嫌いなどは、昔の大家にもなかったものだ」（同、二一六－二一七頁）。

分離反対派は、表立って商学に対する侮蔑を口に出すようなことはなかったかもしれないが、彼らの間に向井が指摘するような感情があった可能性は充分にある。たとえば、高橋の次のような言葉からも、そのことは推測できる。

「いったい、アメリカなどで、この方面（経営学）の研究が盛んになったについては一つの隠れた理由がある。大学で経済学を教えると、若い秀才は、みな、社会主義に走るおそれがある。これでは、大学の寄附が集まらん。金持ちが金を出さない。そこで、実際に、学校を出て、直ぐに役に立つ学問をさせる必要がある。こんなところから、『皿洗いの方法学』などという講座まで設けられることになる、などとひやかしているアメリカの経済学者もあります」（高橋一九七〇、四七〇頁、括弧内引用者）。

このように、向井の辞意は、商学部分離という表面的・制度的な問題よりも、より深い学問観の問題から出たものだった。

一方、商学部分離問題は、向井の退職後に分離をしないという方向で決着した。[25] 一九三八年の学則改正により、経済学部は経済学科と商業学科の二科制をとることになった。これは、従来の甲・乙二班制を維持したまま、名称だけ変えて分離派に多少妥協したものと見ることができる。したがって、この二科制の本質は商学部分離独立の阻止であり、経済学部の従来の路線の再確認であったと言える（慶應義塾一九六二、三三五頁）。

5 おわりに

以上見てきたとおり、慶應義塾における本格的な商学（商業学、経営学）は、一九二〇年代に米欧留学から帰国した向井鹿松によって拓かれた。商学の成立の背景には、当時における自由競争的な市場経済の行き詰まりと大企業体制の成立による既存の経済学に対する懐疑の高まりがあった。向井による商学の導入は、時代の流れを読み、それに的確に対応した結果であり、きわめて先駆的なものだったと言うことができる。向井が先導する形で、経済学部における商学の存在は拡大し、一九三〇年代半ばの商学部分離独立の要求へつながっていった。

しかし、当時の経済学部では、商学はビジネスへの奉仕を目的とする実用主義的なものであり、アカデミズムとは相容れないとして、これに反発する風潮が強かった。結果として、この時は商学部の設立計画は実現しなかった。

すでに見たとおり、向井の商学は実証分析を重視し、現実の対象（商業、配給組織、企業など）に歴史的・関係的視点からアプローチすることを特徴としていた。それは、まさに福沢諭吉が提唱した実学（サイヤンス）そのものだったと言うことができる。向井は学問至上主義としてのアカデミズムには批判的であったかもしれないが、彼の商学は営利目的と結びついた俗流の実用主義とはまったく異なるものだった。したがって、当時の経済学部の反商学派は、向井と彼の商学を誤解していたと言えるのではないか。

向井は、一九三七年に慶應義塾を去った後、名古屋商工会議所の理事に転じた。さらに、戦中から敗戦直後にかけて、（商工省）小売商改善調査委員会委員（一九三九年）、商業組合中央会専務理事（一九四〇年）、（大蔵省）金融制度調査会委員（一九四五年）、内閣事務官・物価庁第四部長（一九四六年）、総理庁事務官（一九四七年）などを務め、しばらく教育の場を離れた。一九五〇年に東洋大学法文学部長として大学界に復帰し、以後、青山学院大学経済学部教授（一九五三年）、中央大学商学部教授（一九六〇年）、愛知学院大学大学院商学研究科長（一九六四年）、千葉商科大学商経学部教授（同年）、横浜商科大学商学部長（一九六八年）などを歴任。その間、日本商業学会会長（一九五一年）、日本広告学会会長（一九六九年）に就任するなど、戦後日本の商業学においても、中心的地位にあり続けた（向井一九八〇、三四二頁）。

一方、慶應義塾大学経済学部では、戦後になって商学部の分離独立が再び議題に上り、前述したとおり、一九五七年に商学部が経済学部から分かれて新設された（慶應義塾一九六二、三九六－四〇〇頁）。その事情については不明の点が多いが、義塾の財政上の理由、すなわち新学部を創設して学費収入の増加をはかるという意図が大きかったという見方もある。[26]

向井は、一九三七年の退職以降、慶應義塾とはほとんど関係を持たなかった。上記の戦後の商学部の創設に対しても、傍観者的な態度をとっていたように見える（向井・増井一九七九、二二頁）。彼の中では、戦前の商学部分離問題の時に経済学部主流に対して抱いた感情が、わだかまりとなって残り続けたのかもしれない。そして、大学の研究と教育においてアカデミズムとプラグマティズムの間でどのようにバランスをとるべきかという難問は、経済学部に限らず、各学部あるいは各大学の中で繰り返し浮上して、現在に至るまで決着を見ていないように思える。

注

（1）通常、商学には商業学、経営学に加えて会計学が含まれる。慶應義塾において商業学、経営学に相当する最初の講義の担当者が向井であったのに対して、会計学の初代担当者は三辺金蔵（一八八〇－一九六二年）であった（友岡二〇〇七、二－三頁）。
（2）向井の統制経済論については、柳澤（二〇〇八）一一－一二頁などを参照。
（3）『福沢諭吉著作集』第一巻、二六頁。
（4）神戸商業講習所（一八七八年設立、初代所長甲斐織衛）、大阪商業講習所（一八八〇年設立、初代所長桐原捨三）、岡山商法講習所（一八八〇年設立、初代所長箕浦勝人）、横浜商法学校（一八八二年設立、初代校長美沢進）など（三好二〇一二a、三八九－四〇一頁）。
（5）当時の日本の高等教育機関における商学の性格については、上田（一九三〇）一〇三－一〇九頁などを参照。
（6）以下、向井の経歴については、増井健一（一九一七－二〇〇一年）による向井へのインタビュー（向井・増井一九七九）および「向井鹿松博士略歴・著書論文目録」（向井一九八〇、三四一－三四二頁）の年表に依拠した。
なお、増井は、慶應義塾大学経済学部教授、のち同商学部教授、同学部長（一九六九－一九七一年）を務めた。彼の父・幸雄（一八八八－一九四四年）も経済学部教授、同学部長（一九三八－一九四二年）を務め、学部では向井の同僚であり、後述する商学部分離をめぐる論争では向井とともに分離賛成派に属した。増井父子については増井（一九八三）、慶應義塾史事典編集委員会編（二〇〇八）七五一－七五二頁などを参照。
（7）堀切善兵衛（一八八二－一九四六年）は、理財科でドイツ語、経済原論、植民政策、商業政策、研究会（ゼミナール）などを担当した。堀切の経歴については、慶應義塾（一九六二）二八〇頁、慶應義塾史事典編集委員会編（二〇〇八）七四六頁などを参照。
（8）慶應義塾商工学校（略称、慶應商工または商工学校）は、実業に従事する者を育成するための中等教育の学校。一九〇五年設立（慶應義塾史事典編集委員会編二〇〇八、七二－七四頁）。
（9）フォックスウェルに関してはKeynes（1972）を参照。
（10）慶應義塾（一九六二）二九三－二九四、二九九－三〇一、三三七－三三八頁。他に、一九二九年から慶應義塾商工学校主任を兼任し、同校で修身の授業を受け持った（『慶應義塾総覧』昭和四年度、一九〇頁）。

（11）増井（一九九八）九八頁。増井は一九三七〜四〇年に経済学部本科に在籍した。したがって、彼は向井の慶應義塾における最後の年の講義を聴いたことになる。
（12）鈴木は、向井の最初の門下生で、後出の向井著『配給市場組織』の全訂改版（一九三五年）などの索引作成、構成などを担当したとされる（加藤二〇一四、一二九頁）。
（13）塩澤（一九七六）三一一頁、年譜。野呂は卒業時に向井の勧めで経済学部の助手に応募したが、結局採用されなかった（有竹一九七〇、六－七頁）。
（14）向井の経営論に関しては、晴山（一九八一）一八六－一九五頁、柳澤（二〇〇八）五一－五五頁なども参照。
（15）野呂は生前、友人に「慶應義塾の学者の概して革新的でないのは、経済学史に一般的に興味をもちすぎているせいではないか」と語っていたとされる（塩澤一九七六、一三六－一三七頁）。野呂のこの見解と向井の抽象的・理論的経済学偏重批判の間には、共通するものがあると見ることもできる。
（16）全国で起きた労働争議は一九二六年に四九五件（参加人員六万七二三四人）に達した（三和・原編二〇一〇、一〇六頁、表四・二五）。
（17）高等部（正式名称は慶應義塾高等部）は、専門学校令に基づき一九二二年に設置され、当初は専門部と称した。旧制中学卒業程度の者を対象に法律経済の学科を教授することを目的とした（慶應義塾史事典編集委員会編二〇〇八、八四－八五頁）。
（18）寺尾・増井（一九八二）六－九頁。なお、向井は回想の中で、「分離論の中心は、私のほか、前学部長である気賀先生。また気賀先生ほどはっきりした分離論ではなかったが、ともかくそれに賛成の三辺先生」（向井・増井一九七九、二四頁）と述べ、三辺をはっきりした分離論者ではなかったとしている。
（19）原案賛成（分離反対）は高橋誠一郎、野村兼太郎、加田忠臣、奥井復太郎、金原賢之助、寺尾琢磨、藤林敬三、永田清、及川恒忠の九名、原案反対（分離賛成）は、気賀勘重、三辺金蔵、増井幸雄、向井鹿松、園乾治、西本辰之助の六名であった（寺尾・増井一九八一、一一頁）。
　なお、この学則改正案の起草者について、高橋は奥井の名を挙げているが（高橋一九七〇、四六九頁）、寺尾は日記の記述に基づいて、寺尾自身が学則改正の具体案を練って奥井へ郵送したと語っている（寺尾・増井一九八一、一三頁）。
（20）議論の最中に、分離賛成派が教授会から退席する一幕もあったという（寺尾・増井一九八一、九－一九頁）。
（21）商科大学としては、東京商科大学（一九二〇年、現一橋大学）、大阪商科大学（一九二八年、現大阪市立大学）、神戸商業大学（一九二九年、現神戸大学）が設立され、大学商学部は、早稲田大学（一九二〇年）、明治大学（同年）、中央大学（同年）、拓殖大学（一九二二年）、上智大学（一九二八年）で設置されていた（括弧内は設立または設置年）（三好二〇一二b、二二〇頁、表五)。

(22) 寺尾は次のように回想している。「要するに(分離の)一番の問題は、両方とも非常に小さな世帯になっちゃうことを恐れたんです。あのころの経済学部というのはいまから比べたら、先生の数、みんな勘定できるんだもの」(寺尾・増井一九八一、八頁、括弧内引用者)。

(23)「尚早論其他ニ対スル辯」として、以下の三項がある。

一、商学部設置ノ為ニハ未ダスタッフ不十分ナリトノ説アルベキヤモ図ラレザルモ、制度ニシテ備ハラバ人ハ自ラ充実セラルベキコト、嚮ニ医学部創設ノ際に見タルトコロナリ。

二、経済学部ト商学部トノ間ニ於ケル学生数ノ偏差ヲ防グニハ別ニ幾多ノ方法アリ。

三、財政上ノ負担激増スベシト疑アルヤモ図ラレザルモ、商学部ノ講義ガ全部新設セラル、ニアラズシテ経済学部ト共通スルモノ多々之アルベキヲ以テ著シク支出ノ増加ヲ来スコトアラザルベク、他方、収入ヲ増加セシムルノ途多々アルベシ(『商学部設立の必要』)。

(24) 向井の回想では、辞職を決意したのは、この年の春だったとされている(向井・増井一九七九、二六頁)。

(25) 最終的に票決によって決着したのか否かは不明である。向井は「票決にはいたらなかったのではないかと思う。票読みの段階で終って」と述べている(向井・増井一九七九、二九頁)。

(26) 田村茂慶應義塾大学名誉教授からの聞き取り(二〇一四年一一月五日)。

引用・参考文献

Chandler, A. D. Jr.(1977)*The Visible Hand: The Managerial Revolution in American Business*, The Belknap Press of Harvard University Press.(鳥羽欣一郎・小林袈裟治訳『経営者の時代――アメリカ産業における近代企業の成立』(上)東洋経済新報社、一九七九年)

Keynes, J. M.(1972)"Herbert Somerton Foxwell,"*Essays in Biography, The Collected Writings of John Maynard Keynes, Vol. X*, Macmillan St. Martin's Press, pp. 267-296.(大野忠男訳『人物評伝』(ケインズ全集第一〇巻)東洋経済新報社、一九八〇年)

有竹修二(一九七〇)「井原糺と野呂栄太郎――小泉先生遺聞　池畔漫録(一六)」『新文明』(一九七〇年二月号)、二-七頁。

上田貞次郎(一九三〇)「我国に於ける商業学及経営学の発達について」『経営学論集』第四輯、一〇〇-一二一頁。

加藤勇夫(二〇一四)「向井鹿松――商業は組織なり」マーケティング史研究会編『マーケティング学説史――日本編〈増補版〉』

同文舘出版。

慶應義塾（一九六〇）『慶應義塾百年史　中巻（前）』。

慶應義塾（一九六二）『慶應義塾百年史　別巻（大学編）』。

慶應義塾史事典編集委員会編（二〇〇八）『慶應義塾史事典』慶應義塾大学出版会。

佐々木聡・中林真幸編（二〇一〇）『組織と戦略の時代――一九一四～一九三七』（講座・日本経営史　第三巻）ミネルヴァ書房。

塩澤富美子（一九七六）『野呂栄太郎の想い出』新日本出版社。

鈴木保良・片岡一郎・村田昭治（一九五九）「商業学の発達」慶應義塾大学経済学会編『日本における経済学の百年　下巻』日本評論社、六六一‐七二四頁。

高橋誠一郎（一九七〇）『随筆慶應義塾――エピメーテウス抄』慶應通信。

寺尾琢磨・増井健一（一九八一）『寺尾先生にうかがう』（インタビュー一九八〇年二月二七日）（未公刊、手書き原稿コピー、慶應義塾福沢研究センター所蔵）。

友岡賛（二〇〇七）「三田の会計学」『三田商学研究』第五〇巻第一号、一‐一八頁。

晴山英夫（一九八一）「わが国における株式会社支配論の展開――戦前編」『商経論集』（北九州大学）第一六巻第三・四号、一六九‐一九六頁。

福沢諭吉（一八六六）『西洋事情　初編』（『福沢諭吉著作集』第一巻、慶應義塾大学出版会、二〇〇二年）。

増井健一（一九八三）「慶應義塾における交通論」『三田商学研究』第二六巻五号、一‐二六頁。

増井健一（一九九八）「昭和十二～十五年の三田経済学部の先生たち」『近代日本研究』（慶應義塾福沢研究センター）第一五巻、八五‐一三〇頁。

三好信浩（二〇一二ａ）『増補　日本商業教育成立史の研究』風間書房。

三好信浩（二〇一二ｂ）『日本商業教育発達史の研究』風間書房。

三和良一・原朗編（二〇一〇）『近現代日本経済史要覧　補訂版』東京大学出版会。

向井鹿松（一九二三）「組織概念としての商業」『三田学会雑誌』第一七巻第三号、一‐三〇頁。

向井鹿松（一九二七）『証券市場組織――企業金融の社会的組織』（総論）丸善。

向井鹿松（一九二八）『配給市場組織――財貨移動の社会的組織』丸善。

向井鹿松（一九二九ａ）『新経営者学――新時代の事業とその経営者』日本評論社。

向井鹿松（一九二九ｂ）『経営経済学総論』（商学全集第二巻）千倉書房。

向井鹿松（一九八〇）『流通総論――マーケティングの原理』（五一刷、資料改訂版）、中央経済社。

向井鹿松・増井健一（一九七九）『向井鹿松先生に訊ねる』（インタビュー一九七三年八月九日）（未公刊、手書き原稿コピー、慶應義塾福沢研究センター所蔵）。

柳澤治（二〇〇八）『戦前・戦時日本の経済思想とナチズム』岩波書店。

山本安次郎（一九七七）『日本経営学五十年』東洋経済新報社。

『商学部設置の必要』（発行者・発行年不詳）（慶應義塾福沢研究センター所蔵）。

『慶應義塾総覧』昭和四年度。

第10章

野村兼太郎と黎明期の経済史学

斎藤修

野村兼太郎
(1896-1960)

1　はじめに

慶應義塾における経済史学は野村兼太郎に始まる。経済史を講義名に含む授業はそれ以前にもあったけれども、史料を系統的に集め、それを学問的作法に則って整理し、分析を加えたうえで研究論文や著作を書き、さらにその研究成果を教育に反映させ、後継者を育てるという、ディシプリンとしての経済史学を慶應において確立したのは野村であった。しかも、西洋経済史と日本経済史の双方に後継者——とくに高村象平と速水融——を残したという点でも、大きな影響力を持った。彼はまた、一九三〇年の社会経済史学会創立に関わり、戦後は亡くなるまで一五年の長きにわたって代表理事として学会の発展に貢献した。野村は日本の経済史学黎明期を担った一人でもあったのである。(1)

日本における経済史の黎明期を特徴づけているのは、一つは近代的な歴史研究法の確立という意味での専門化が世界的にみても早い時期から進んだということであり（Iggers 1997, p. 27）、もう一つは——多くの国と同様に——ドイツ歴史主義の歴史学と歴史学派経済学の影響が強く、それが経済史の経済学からの独立維持に寄与したということであろう。前者の背景には、もともと清朝の批判的文献学および幕末考証学に由来する考証史学の伝統が強く、それと西欧、とくにドイツからもたらされた近代歴史学の方法論が接木されたゆえであり、後者に関しては、経済史という分野が「考証史学に抗して」論陣を張った内田銀蔵とドイツ歴史学派経済学の枠組に則って書かれた福田徳三の『日本経済史論』との影響下に形成されたという事情があると思われる。(2)本章では、野村自身の経済史が確立される過程をこのような歴史的文脈のなかで考察し、評価をする。

ただ、その「確立」の過程はけっして一本道ではなかった。そこで第2‐3節では、野村が経済史家として育ってゆくプロセスを、理財科において受けた経済史の教育、英国留学と実証研究との邂逅、帰国後の日本経済史への転身と辿る。次いで第4節において、野村史学の特質を普遍性と特殊性、発展段階論へのスタンス、そして経済発展図式という観点から解明し、最終節では野村以降の戦後世代への展望を述べて結論に代える。

2 慶應義塾における経済史家の誕生

野村が府立三中から慶應義塾の理財科に入学したのは一九一五年であった。一九一八年、卒業と同時に助手へ採用され、一九二二年にヨーロッパ留学を命ぜられるまでの七年間を、塾の学生および研究者の卵として経済学と経済史とを学んだ(3)。

大正期の理財科

当時の理財科における経済学教育はドイツ歴史学派経済学の影響下にあった。これは、慶應義塾の創立者福沢諭吉がアングロ・アメリカン流の自由主義的な思想と学問を吸収した知識人であったという評価、また慶應が三田に移って教育体制を整えたとき採用したのが「米国風教育課程」であったという事実からみれば(慶應義塾一九五八、三九五頁)、驚くべきことかもしれない。実際、官学、とくに帝国大学はドイツ流、私学は英米流という通念が明治以来根強くあり、現在でもそう思われている節がある。しかし、明治から大正の理財科をみれば、教えられていた学問は正統派であった英国古典派的とは言い難く、その自由主義経済学を批判して登場したドイツ歴史学派を中心とする、非正統派の影響が色濃くみられたのである。

何よりも、理財科に招かれた最初の教授G・ドロッパーズが、ハーバード大学出身ではあってもドイツ留学の、新歴史学派に強く影響された経済学者であった(それは、当時のアメリカ経済学界もまたドイツ派の影響下にあったということの反映であった)。彼の講義は経済学原理から経済史までカバーしたが、その財政学講義が正統派の英国古典派経済学へは批判的で、内容的には新歴史学派の政策論に依拠していたことが、すぐあとで触れる堀江帰一の聴講ノートの分析からわかっている。もっとも、古典派経済学者のなかでもJ・S・ミルへの評価だけは高かったが、それはドロッパーズがミルを古典派経済学から切り離し、ドイツ歴史学派へひきつけて解釈していたからだという（本書第3章参照。ドロッパーズについては、西川一九八三、Tamaki 1988も参照）。

その傾向は、ドロッパーズを始めとするアメリカ人教授たちの教え子が海外留学から帰国し、授業を担当するようになっても、変わらなかったものとみられる。たとえば、ドロッパーズの講義ノートを遺した堀江帰一は社会政策に深く関与し、労働運動の実践にまで携わったという経歴からもわかるとおり、自由放任と小さな政府を標榜する主流派経済学からはほど遠いタイプの経済学者であった。彼は明治末年に理財科主任となり、慶應における経済学教育の発展に大きな寄与をした（本書第4章を参照）。その後の発展に大きな影響力を持ったもう一人の義塾育ちの経済学者、気賀勘重の場合は、ドイツ留学ということもあって、歴史学派からの感化が明瞭であった。気賀は経済原論の講義を担当していたので、その持つ意味はいっそう大きい。もっとも、版を重ねた『フィリッポヴィッチ経済原論』の翻訳からは、英国古典派とドイツ派、歴史学派とオーストリア学派の間で折衷的な立場をとった様子も窺えるようであるが、基本的にはドイツ歴史学派的な原論を教えていたものと思われる（本書第5章を参照）。それゆえ、池田幸弘が述べるように、明治大正期の私学における大学教育はドイツ・モデルとは無関係のところで展開しており、経済学分野におけるドイツ歴史学派からの影響も無視できるというのは誤った認識なのである（本書第3章）。

むしろ、ドイツ歴史学派からの脱却の芽は福田徳三にあったのかもしれない。福田はドイツ留学の、当時の「大物」経済学者であった。よく知られているように、東京高商（のちの東京商大―一橋大学）を飛び出して一九〇五年から慶應に移っていた。福田の経済学は「一方の足をL・ブレンターノ、他方の足をA・マーシャルにおいていた」と言われ、徐々にマーシャル経済学へと関心を移しつつあった。慶應への移籍以前に、すでにマーシャルの

「祖述的研究」である『経済学講義』を刊行しており（荒一九八六、二八三―二八四頁）、理財科における原論講義の教科書もマーシャル『経済学原理』の原書であったという（本書第6章）。

ただ、野村が入学をした頃の理財科専門科目一覧をみると、七つあった必修科目は、経済原論と経済学史と統計学、それ以外は経済政策、貨幣銀行論、財政学、商業政策といった実践的な科目から構成されていた。選択の一二科目のなかにも政策関連の三科目と、それに加えて経済史の科目が三つ並んでいる（西川一八九〇、五一一頁）。したがって、全体としては、政策を中心にその両脇に理論と歴史を配し、歴史に理論と同等かそれに近い位置づけを与えるという、ドイツ歴史学派的なカリキュラムにとどまっていたとみてよい。

理財科の経済史

ここで経済史の科目編成と担当者をみてみよう。選択科目として置かれていたのは、経済史と古代中世経済史と日本経済史であり、この時期に専任としてこの三科目を担当していたのは福田徳三と阿部秀助であった(4)。最初に挙げられている経済史は概論講義であろうか、担当は阿部で、他の二科目が福田の担当であった。福田は、上述のとおり最初は経済原論を講義していたのであるが、どういう事情からか、この時期は古代中世経済史（これは西欧の古代中世であろう）と日本経済史という、きわめて専門的な経済史の講義を担当していたのである。東京帝国大学文科史学科卒の阿部は、福田の二年後に地理学と歴史学の専門家として着任、これには「当時学交を訂すること密なりし福田徳三教授の賞賛措かざる辞」（高木一九二五、三〇七頁）があったと言われている。

このエピソードは、当時の理財科における経済史は、理論や政策関連の科目以上に、ドイツ歴史学派の圧倒的な影響下にあったかのごとくである。福田は、新歴史学派の一人L・ブレンターノの下で*Die gesellschaftliche und wirtschaftliche Entwicklung in Japan*という学位論文を執筆、それが慶應へ移籍する前の年に『日本経済史論』（福田一九〇七）として翻訳出版されていたし、その福田の推薦を受けた阿部が学界にデビューしたのは、「輓近、独逸の学界に於ける著しき傾向の一は実に史学と経済学との接近にあり」と述べた『史学雑誌』寄稿の論文「現代の史風」によってであった（阿部一九〇九、六五九頁）。経済学史の講義用に書いた教科書でも、歴史学派に圧倒的な頁数を当て（阿部一九一三）、のちにドイツ留学から帰国したときは「滞欧二箇年、其間殊に深き印象を受けしはゾムバルト教授」と語っていたというから（高木一九二五、三〇九頁）、上記の推測は当たっているように思われる。ただ、その影響力の本質がどこにあったのか、ドイツの社会科学にみられた歴史志向（「歴史主義」）に根ざしたものだったのか、あるいはもっとその政治経済学の本質に関わるものだったのかという点は節を改めて考えることにして、ここでは次の二点を指摘しておきたい。

第一は、阿部も福田も経済史研究において実証的な指導、すなわち史料を収集し、それに分析を加え、歴史的ないしは経済学的な解釈を与えて専門的な論文に仕立てるという、実作指導ができるタイプの経済史家ではなかったという点である。とくに、福田の日本経済史講義は、経済史を本気で勉強しようと思っている学生に日本経済史研究上の具体的ヒントを何も与えることなく終わったにちがいない。野村ものちに福田の日本経済史講義を回顧して、「経済史は先生の得意の壇場ではなかった。その大部分は先生が以前に発表された「すなわち、日本の史実をブレンターノの発展段階論に当てはめた」もの以上に出ることは殆どなかった」（野村一九六〇、七二頁）と述べている。理論では新しい経済学を模索していた福田も、経済史では歴史学派そのままだったのである。他方、阿部は東京帝国大学において史料の科学的利用法を中心とする近代歴史学の作法を確立させたと評価されているL・リースの教え子であり、娘婿であったので、一見したところ実証研究の作法を指導するには最適であったように思われる。しかし、リースの他の弟子とは異なり、阿部の才気は義父がまったく関心を示さなかった経済史へと向かい、とくにドイツの学界における「史学と経済学との接近」傾向とその解明・紹介に入れ込んでいたのである。

第二は、福田や阿部の講義では歴史哲学まで話が及んだという事実である。再び野村に語ってもらおう。

「［福田先生が］古代中世経済史の講義の冒頭にヴィンデルバントやリッケルトの歴史哲学を紹介されたのには、ちょっと驚かされたし、又意外にも思った。先生は……新歴史学派の立場に立たれて史論を展開されると思っていたのに、意外にも［自然科学と文化科学を峻別する］リッケルト説を紹介されたので、丁度その頃（大正六年）阿部秀助先生の指導の下に、同じ［西南ドイツ学派の］哲学を専ら読んでいた私にとっては一種の不安と同感とを感じたものであった」（同、七二―七三頁）。

ここからは、「慶応義塾における最後の弟子」という福田追憶記のタイトルから受ける印象とは異なって、野村の指導教授は阿部であったこと(5)、福田が「新歴史学派の立場」に立って「史論を展開」するだろうと思われていたこと、しかし彼は「常に新しい学説を追求してやまない」性格であったので、西南ドイツ学派の哲学を熱く語ったことがわかる。その点では、もう一人の講義担当者で、野村の指導教官であった阿部もまた、まったく同様だったのである。

野村は言う、「大正十一年に海外留学を命ぜられた時の私の専攻科目は、日本経済史と古代中世経済史とであった」（同、七五頁）。けれども、彼は実証史学の作法を習うことなく、ただ読書によって得た経済史に関する知識と歴史哲学および文化科学の方法論で自らを武装しただけでヨーロッパへ向かったのであった。

英国ケンブリッジ

留学は、英国とドイツとフランスに合わせて三年間というのが当初の予定であった(6)。しかし、一年目の一九二二年末にW・アシュリーをバーミンガムに訪れ、彼の助言によって留学中の研究科目を「英国の社会発展に於ける都市の発達と資本主義的経済組織との関係」に変更し、残り二年間も英国に滞在することとした。

アシュリーは当時世界的にも著名な経済史家・歴史学派経済学者であった。オクスフォードの政治経済学教授のポストが公募されたとき、福田のドイツにおける指導教官であったブレンターノやドイツ派の強かったアメリカ経済学界の重鎮E・R・A・セリグマン、さらにK・G・A・クニース、G・v・シュモーラー、E・d・ラブレー等の推薦状を得て応募をした経歴を持つ（西沢一九九一、四〇‐四一頁）。結局エッジワースに敗れはしたが、その推薦者の顔ぶれをみると、一九世紀末から二〇世紀初頭において歴史学派経済学がいかに国際的な拡がりを持っていたかがわかる。野村は留学以前にすでにアシュリーの著作『英国経済史及学説』を読んでおり、その紹介を『三田学会雑誌』に書き（野村一九二二）、翻訳も行っていた。上巻だけは何とか訳し終えて渡欧をしたのであった。野村のアシュリーへの傾倒ぶりが窺える（野村一九二一／三二）。

しかし、すでに還暦を過ぎていたアシュリーが野村に勧めたのは、ケンブリッジへ行き、J・クラッパムの下で勉強することであった（野村一九二七、五七‐五八頁）。クラッパムは五〇歳目前の、次の世代の英国経済史を担う逸材であった。ただ、この助言はやや意外な感がする。二人の経済史家には明らかにスタイル上の違いがあるからである。アシュリーは自他共に認める歴史学派であったが、クラッパムは主著を、アシュリーの盟友W・カニンガムとカニンガムが敵愾心をいだいていた経済学者マーシャルの双方に献げ、自身は経済史研究をいっそう数量的にすることに情熱を注いだ歴史家であった（西沢一九九一、三九‐四〇頁：Clapham 1932/56）。野村自身がその忠告をどう思ったかは判然としないが、留学期間中いくつもの大学を訪れ、著名な教授と面会し、しかし大部分の時間を漫然と幅広く読書をして過ごすのではなく、「一つ所にゐて、みつちり勉強する」、すなわちケンブリッジへ行って近世英国における「都市の発達と資本主義的経済組織との関係」という具体的テーマについて深く研究をするように、と忠告されたと受けとったのではないか。このような方針転換をしたことは、野村にとっても、日本の経済史学界にとっても大きな意味を持つこととなった。

しかし、その「一つ所にゐて」の研究生生活には多くの戸惑いと失望が待っていた。ケンブリッジでの研究を初めてちょうど一年ほどたった頃に書いた私信のなかでは、「ケムブリッヂに於ける学徒の生活そのものに高い価値

を置くことが出来ない者である。むしろ失望を感じてゐる」と述べている。同時に、

「〔それでも〕その学風に知らずして影響されたと見え、近頃何れかと云へば理論的、概念的研究よりも、実際的研究の傾向に興味を持つやうになつた。ケムブリッヂに於ける学問研究は、少くとも私の知れる範囲内では系統を作ると云ふよりも、単に事実を鮮明にすることを必要とし、定義を作って概念的論争を専らとするを非とし、一向に材料の蒐集に専念してゐる。私としても概念を明確にせずしては、科学の研究を明白にすることは出来ないと考へてゐた。然し方法論のみに終始して、それ以上に出ない学問研究も学問として正しいものであるとは考へない。少くとも今の自分にとつてはある学問的体系を作るよりも、先づその基礎となり、材料となるべき事実の研究蒐集、殊に先づ歴史的研究に努力しようと思つてゐる」（野村一九二七、一一六－一一七頁）。

後年、留学時代を振りかえって、「何ら纏つた成果を挙げ得ないで消耗されてしまつた」三カ年であったと述べ、「しかし全然無駄であったとは思はない。イギリスの学者のあまりにも実用主義的な研究方法には飽き足らなく思ひながらも、その実証的な態度には教へらるるところが多かつた」（野村一九五〇、四頁）とも書いており、経済史研究の実作には何が必要かをケンブリッジで学んだと要約できるであろう。具体的には、「方法論のみに終始して、それ以上に出ない学問研究」は止め、「基礎となり、材料となるべき事実」の収集と研究に専念するということであった。

先にも述べたように、クラッパムは数量経済史の先駆者の一人であった。野村は彼から数量データの重要性についても教えられたのであろうか。ただ、留学中に出した手紙のなかで師クラッパムへの言及は非常に少ない。その数少ない言及の一つは、一九二三年秋、「新学年の始めにクラッパム先生のところへ行つたら、……先生は近世英国経済史を書くのに忙しいらしい。相当自信あるもの、やうだ」（野村一九二七、一一三頁）というものである。この「近世」英国経済史とは、その三年後に刊行されたクラッパムの記念碑的著作 *An Economic History of Modern*

Britain の第1巻 *The Early Railway Age, 1820-1850* を指すのであろうが、クラッパムはその「まえがき」のなかで数量データの意義を語っていた。彼は日本から来た研究生にも、その意義を説いたのであろうか。そうだとしたら、野村はそれをどう思ったのであろうか。後継者の一人高村象平は野村の追悼号に寄せた一文のなかで、「事実をしてすべてを語らしめることが、数字をできるかぎり利用することと並んで、クラッパム教授の学問的特色であった。……先生は［その］クラッパム教授からかなり多くの影響を受けられた」（高村一九六〇b、九五三頁）と記している。野村の受けた影響が主として「事実をしてすべてを語らしめること」のほうだったのか、そこには「数字をできるかぎり利用すること」も含まれていたのか、残念ながら、それを明らかにする手がかりは遺されていない。

3　日本経済史へ

いずれにせよ、史料による実証と考証の洗礼を受けなかった野村は、英国ケンブリッジにおいて史料にもとづいた経済史研究に辿りついた。やがてその実践を、日本を対象として行うことになる。

資史料収集

帰国して英国経済史の研究（野村一九二八b、一九三七）をまとめたあとは、当時まだ「処女地」であった日本の社会経済史「原資料」の収集と整理へ向かった。「近世社会経済資料の蒐集は最初は頗る困難であり、どこにあるのか、何があるのかも解らなかつた。最初数年間は暗中模索の状態にあつた。しかし次第に糸口が見つかると、案外に多く集まつて来た。その整理に忙殺されざるを得ないほどであつた。そしてそれらをどう処理し、利用するかが新しい問題になつた」（野村一九五〇、九頁）と、のちに書いている。

この「原資料」収集は近世村方文書を中心に行われた。現在のように科学研究費助成金を受けての試みではなく、まったくの個人的事業であった。その個人的努力はまず五人組帳の収集と整理として結実した（野村一九四〇b）。その時点では「第二巻村明細帳の研究［も］ほぼその業を成就し、第三巻として宗門人別帳その他の人口資料の整理に着手しつつある」（同、六頁）と記されていたが、戦時下の諸事情から第二巻の出版は敗戦後となり（野村一九四九a）、そして第三巻は野村の急逝のため未完に終わった。

これらの資料集の刊行が画期的な事業であったことは多くのひとが指摘するとおりである。ただ、野村がなぜ資料を種類別に整理して出版するというやり方を選んだのかはこれまでに詮索されたことはないようである。彼自身は、「蒐集し得た史料の整理をいろいろと試みてみたが、結局類別するのが最もよいという結論に到達した。この五人組帳を最初に刊行するに至つたのも、最も類別し易かつたからに過ぎない」（野村一九四〇b、五頁）と述べるのみで、それはおそらく第二巻の『村明細帳の研究』にも当てはまることであろうが、歴史家が史料整理をするとき、属人、属家、属団体、属地主義で行うことが多いことを想えば、その選択が持った意味を改めて問うてもよいかもしれない。同種類の史料をなるべく多く収集し、それをまとめて公刊するということは、「原資料」の復刻ということ以上に、すでにある程度まとまった研究目的を想定した史料の収集のようにみえるからである。

たとえば村明細帳を例にみてみよう。野村は収集した村明細帳を通観して、それは領主の下問に対する村の答申であり、その「主要な目的は村の負担能力を明らかにする」ことにあったと言い、「負担能力」の指標には「農間渡世の如き、農村の貨幣経済化を知る上に甚だ重要」な情報も含まれるであろうから、その「書上」も併せて収録した旨を述べる。加えて、記載された作物の種類から「五穀」以外の栽培がどれほどであったかを知ることができ、それもまた販売目的の生産の拡がりを示す指標となるかもしれないとし、具体例を列挙している（野村一九四九a、三四－四〇頁）。それゆえ、この資料集を繙いた研究者には、予め研究視角とその指標とが提供されていたとさえ言えるのである。

それゆえ、ここから数量史へはほんの数歩の距離である。もし第三巻の宗門人別帳その他人口資料編が刊行されていれば、その感はいっそう強まったことであろう。実際――野村自身は統計的な分析に手を染めることはなかったが――彼の下では人口資料の統計整理が始まっていた。『三田学会雑誌』の野村追悼号には、門下生が組織した共同研究班の名前で一農村の戸口統計分析結果が公刊されている（野村研究会神海村共同研究班一九六〇）。そして、野村の経済学部における後継者速水融が一九六〇年代後半から一段上のレベルで始めたところの、宗門人別帳に依拠した歴史人口学研究は、その延長上に位置づけられることになる。

日本の近代史学

このような志向と展望を野村自身が自分の研究計画として持っていたかどうかは定かでない。ここで指摘できるのは、そのような野村の資史料への態度とそこからの発展可能性とが幕末明治以来の日本史におけるそれとは相当に異なっていたということのみである。

日本における近代史学の誕生は、通常は東京帝国大学に招かれたL・リースに始まると言われる。彼はL・v・ランケに始まる近代ドイツ歴史学の方法に則った講義をしたが、講義の中心は史料批判を核とする研究作法に限られ、史料からどう歴史的総合へとまとめあげるか、史料を踏まえた歴史叙述はどうあるべきか等の高度なスキルは伝えられなかったようである。他方、幕末維新以来の考証史学の伝統は根強く、それがリースによってもたらされた「ドイツ史学の方法を摂取して歴史の学としての体裁を確立」し、明治以降における日本史学の「骨格」となった（大久保一九九八、八九－九〇頁）。その結果、概念化の面では素朴で、しかし実証的には綿密な学風が定着することとなった。このスタイルはのちにマルクス主義史学を標榜する歴史家にも浸透し、彼らからも実証レベルの高い個別論文が生産された（Mehl 1998; グラック一九九五）。ただ、そこから概念化――「歴史法則」といったような大きな図式ではなく、中範囲の理論から誘導できる概念化――に対応した資史料の収集と整理という発想が生まれる蓋然性は、けっして大きくはなかった。

逆に言えば、明治期考証史学の洗礼を受けずに実証的な歴史研究へと辿りついた野村の資料整理法は数量史と親和的であった、ということを含意する。彼個人の考えがどこにあったのかは別としても、最終節でみるように、その後の展開はたしかにその方向へ進んだのである。

4　野村経済史学

学部生から助手時代の野村がリッケルト等の西南ドイツ学派の哲学から感化を受けたことは前に記した。留学前に書いた研究ノート（野村一九二一）はアシュリーに多くを負ったものであったが、リッケルトの文化科学と自然科学の峻別を承《う》け、歴史学は歴史を「文化価値に関係させる」ことによって理解するものであり、「経済史も亦斯くの如き意味に於ける歴史の一つでなければならない」と説いた（同、一一七六‐一一八〇頁）。英国留学は、その哲学とそれにもとづく経済史観をどう変えたのであろうか。あるいは変えなかったのであろうか。

普遍性と特殊性

留学後に発表した「経済史研究序論」（野村一九二八a、一九三六）ではその議論を丹念に練り上げ、展開し、その続編「経済史の意義について」における表現を引用すれば、「文化史の一部としての経済史」という立場を強調した（野村一九三三）。経済現象は文化価値関係的であるという立場に固執したのであれば、次のような議論をしたとしても驚くにはあたらないであろう。

「歴史研究といふのは窮極における自然科学のやうな一つの法則をそこへ見出さうとするのぢやないのであります。寧ろ個々の個別的な部分を研究する学問であり、特殊性を明かにし、そこに価値を発見するといふことが歴史家の任務であると思ひます。……したがつて、ドイツならドイツといふものには、そこに何等かのドイツ独特の形態があつてそれがどういふ風に発展して来たかといふことをはつきりさせなければならないと思ひます。歴史といふもの、あるひはもつと広くいひまして、現在なら現在の形態は、過去の長い間の伝統の結果出来上つたものです。ですからその伝統の結果出来上つたものは決して日本の場合、あるひは支那の場合、あるひはドイツの場合、フランスの場合、同じであるべき筈がないのであります。ですから、さういふ見方からしましても、同一性のみを誇張して考へるよりも、寧ろ違つた点を誇張する。誇張といふ字は少しく適当でないが、つまり特殊性を強調するといふことがより必要であると考へるのであります」（野村一九四二、一六－一七頁）。

やや極端な議論に聞こえるが、野村は、彼の英国経済史における主著の序文でも「私は英国経済史の形成を「普遍的な発展の顕れとしてではなく」英国独特のものと考へる」（野村一九三七、四頁）と述べていた。これは彼の持論であり、留学によってそれが揺らぐことはありえなかったのである。

経済史が文化特殊的な歴史現象であることを強調すると、一般化や概念化は難しくなる。ドイツ歴史学派の経済学者は、一方では英国の発展パターンの普遍性を否定し、各国独自の歴史過程を強調したが、他方ではF・リスト以来、新歴史学派にいたるまで発展段階論にも固執した。もっとも、その発展段階説とは各民族に特殊な発展のプロセスを図式化したもので、けっして普遍的な発展命題（「序列法則」）の定立を意図した議論ではなかったのであるが（牧野二〇〇三、一二二－一二三頁）、そこに歴史学派の悩みないしは自己矛盾があった。弟子の高村が発表した発展段階説のサーベイには、歴史学派の「悩み」についての印象的な一節がある。「それは永遠的な絶対法則を否定し去つて起ち上つたこの学派と雖も経済学が学問として成立すべきものたる以上、何等かの法則の概念を採用せざるを得ず、そしてそれは歴史的、統計的研究の助けを借りて定立した経験法則に止まらしめ、以てこの学派独自の境地を開拓せんと心掛けながらも、尚勢の趨くところ偶々その法則（発展段階説）に普遍的性格を賦与することを口走らざるを得なかつた悩みである」（高村一九三二、二一一四頁）、と。これは野村自身の考えでもあったのではないであろうか。とすれば彼は、発展段階論という、限定した意味における一般化にすら興味を持てなかったと言ってもよいであろう。

「人類の物質的生活の発展は本来に於いて個別的であつた。唯時にある類似せる環境にある民族が類似せる社会を形成することがあつた。そこに往々にして経済発展段階説が主張されてゐる。しかしそれ等は経済史にとつては単なる説明の便宜以上のものではない。むしろ各民族の発展は根本に於いて特殊的なものである。唯それ等の特殊性が全人類の経済組織へと発展する過程に於いて、漸次に包括されてゆくことを認むるのみである。しかも今日世界経済が云々せらるゝ時代になつてもなほ各民族の特殊性は没却されたのではない。むしろ将来に於いては却つて特殊性をそのまゝに包括せる全経済生活が企図されるのではないであらうか」（野村一九三二、二二二頁）。

これが彼の経済史についての基本的認識であった。

この認識の根底にあるのは歴史主義と言ってよいであろう（ここで歴史主義と呼ぶのはドイツ語 Historismus の訳語であって、歴史法則主義と訳されることもある historicism のことではない）。G・イッガースによれば、ドイツにおいて独自の発展を遂げた歴史主義の歴史学に共通していたのは、国家にひとと同じ個性を認め、したがって国制史および政治史重視で、他国からの制度および組織の借用可能性を軽視、また普遍的法則知や概念化を軽視する傾向であったという（Iggers 1983, pp. 7–11）。この考えを経済史に援用すれば、民族に個人と同様の個性を認め、その有機的成長を重視する一方で、民族の歴史を超えた経済発展図式や概念化を軽視する傾向となろう。それゆえ、理財科でドイツ歴史学派の経済学に触れたといっても、野村の経済史が政治経済学や社会科学的な考察へ向かうことはありえなかった。むしろ、ドイツ歴史主義のスピリットをいっそう深く吸収する契機となっただけだったのではないであろうか。

人口と市場と経済発展

ただ、「経済史の意義について」においては、それまでの哲学的議論から一歩踏みだし、「経済組織の変遷が如何にして生ずるか」、その「変遷」をもたらす原動力は何かについて、やや具体的な議論がなされている。生産力を「生産組織に取容れられた諸給付形態」と広く定義すれば、経済組織の変化は、既存の組織と生産力の間の「調和」が崩れるときに生ずるとみることができる。その「生産力の変化は……内的には主として人口数がその契機となり、外的には交易関係が原因となる。それ等が支配階級の生産力増進を欲求する誘因となる。かくして生産組織の変革が惹起される。即ち給付関係と所有関係との調和が破壊され、再びその増大せる生産力を包容し得る新生産組織への発展を見るに至るのである」（野村一九三三、二三〇-二三五頁）。人口と交易関係を二つの柱とする経済発展図式は、「交易関係」が「市場の拡大」と言い換えられてはいるが、『一般経済史概論』の序論でも披露され（一九四〇年、一六-一七頁）、実証の現場にもう少し近いところで言えば、速水融は「人と物の動きは、人口と物価の動きに集約されるというのがその［野村の］持論であった」とも述べている（速水一九六〇／二〇一〇、一五四頁）。

「序列法則」はもとより、一般化や概念化にも重きをおかなかった野村としては珍しく、また興味深い議論である。興味深いと思う理由の一端は、野村の議論の背景に、やはり意識せざるを得なかったのであろうか、K・マルクスの生産力と生産関係の矛盾という図式が見え隠れするからである。しかし、それ以上に興味深いのは変化の原動力として人口と市場を考えていたということであろう。マルクスならその「運動法則」を生産力の担い手の意思を持った行動と言ったのであろうが、野村の人口‐市場モデルは発展の図式としてははるかに経済史らしい。市場ないしは交易関係の拡大は留学中の研究目的の中心テーマであり、帰国後にその成果をまとめた『英国資本主義成立史』（野村一九二八b）と『英国資本主義の成立過程』（野村一九三七）は大塚久雄に代表される次世代の研究者から産業資本の軽視という批判を受けることとなったが、彼の師であった阿部が遺したもう一つの講義録が商業史（阿部 n.d.）であったことを想えば、野村としてはごく自然な発想だったのであろう。

他方、人口は経済発展を歴史的に考えるうえで斬新かつ興味ある切り口である。これがどの学派の誰からの影響なのかは判然としないが、野村が戦時下に行った「江戸時代の人口調査」と題する研究報告では、その冒頭で「明治以降この［江戸］時代の人口問題を取扱った学者は少なくない」と述べ、その一人として小宮山綏介を挙げている（野村一九四九、一四五頁）。小宮山はドロッパーズ以前に慶應義塾で日本経済史を講じていたので、その関係で興味を持った可能性はあるが、より直接的には、両大戦間の時代に社会的に問題となった過剰人口問題が背景にあったのかもしれない（Nomura 1953; 野村一九五五）。いずれにせよ、西欧の学者からの影響というよりは、日本の現実から生まれた問題意識だったのであろう。ただし、その問題意識をさらに深める努力がなされた形跡はない。

ここで野村の師であった阿部がどのような経済史を展望していたのかを振り返り、それとの対比において野村が構築した経済史学を評価してみたい。

「現代の史風」論文（一九〇八–〇九年）において阿部が「史学と経済学との接近」を善しとした理由は、それによって「直観的方面より解放せられて概念的」となってきたという判断にあった。経済学では歴史学派がその傾向を代表しており、彼の講義録『最近独逸経済学説』（一九一三年）が三分の二近くを「歴史派」にあてたのもそれゆえであった。他方、歴史学において阿部がその傾向を代表する歴史家とみたのがライプチヒのK・ランプレヒトである。彼はドイツ歴史主義のなかにあって、ランケ以来の政治史中心主義からの脱却を目指した。発展段階論的思考から抜け出ることはなかったが、歴史学に社会科学的な発想を導入し、それによって異文化間比較の視点を持ち込むことにも成功した(7)。ただ、ランプレヒト自身の社会心理学ないしは集団心理学的な発展段階論は実証史学から多くの批判を受けた。それゆえ阿部は言う。「概念的叙述」が行き過ぎると「Detailarbeit の不備」と批判される、ゆえに「考証は多々益々務めざる可からず」（阿部一九〇九、六七六–六七七頁）、と。考証を深めると同時に概念化の努力も並行して行うべきだ、というのが同僚の歴史家に対するメッセージであり、科学としての経済学にも、「経験的材料を多くすること」と「範疇的概念的要素を純化すること」の双方を求めた（阿部一九一三、一九五頁）。言い換えれば、阿部は一方では発展段階の図式を提示すれば事足れりとする歴史学派的発想からの脱却を志向し、他方では実証レベルのいっそうの向上を求めていたとみるべきである。

その基準に照らしてみたとき、野村は、「考証」の途に関しては阿部が想像できた到達点よりもはるか遠くの地点までゆくことができたと思う。それに対して「概念」ないしはモデル構築の面では、野村がなしえた寄与はけっして大きなものではなかった。経済発展の人口 - 市場モデルには発展段階論的思考を超える可能性があったが、残念ながらそれをさらに詰めようとした形跡はなく、物価史と人口史の実証研究を自分の手で進めようともしなかったからである。やはり、「事実［ないしは原資料］をしてすべてを語らしめる」という研究態度のゆえだったのであろうか。

5　野村以後への展望

敗戦後、経済史を取り巻く環境は大きく変わった。そのなかで野村は「戦後いまさらの如き「科学的」歴史の流行に乗じなかった」。文化価値的理想主義とそれに立脚した「歴史は科学ではない」という確固たる哲学があったからだと言われている（石坂一九六〇、九四九頁）。この括弧付の「科学的」歴史学とは言うまでもなくマルクス主義歴史学であり、戦後間もない頃の時代風潮からみれば、これはよくわかる評価である。

しかし、戦後における野村後の世代の研究と彼らのスタイルをみると、少し異なった評価ができるように思う。野村が達成したことのなかで最も評価すべきは実証研究のスタイルであろう。たんに原資料にあたり、収集するというだけでなく、数量化を許容するものであったからである。ただ、それは英国留学が生んだものであって、彼が永年親しんできた西南ドイツ学派哲学の学習から得られたものではなかった。しかも、後者の影響は、むしろ概念化レベルの向上や社会科学的思考の導入を遅らせたとみなければならない。

それでは戦後に生じた新しい傾向はどのようなものであったのだろうか（以下、Saito 2014, section 5 参照）。最初に指摘しておくべきは、戦後における大学拡大のインパクトである。新設大学の多くが経済学部を置き、戦前からの大学も経済学部を拡張した。他方、そこにおける理論・政策・歴史という科目構成の基本構造は変わらなかったので、これは経済史のジョブ・マーケットの急激な拡大を意味した。それはまた、経済史の多様化をも許容する力となったように思う。すなわち、敗戦後に復権したマルクス主義だけではなく、考証史学に依拠した歴史家もまた経済史のなかに居場所を確保したのである。

他方で、歴史学派からの脱却は進んだ。かつてはマルクス主義が社会科学と同義と思われた時代があったが、歴史法則や発展段階論のような大がかりな図式を云々する時代は終わった。そこには、戦前ドイツにおいて歴史主義の内部から歴史学派経済学への鋭い批判を加えたM・ウェーバーへの理解が深まったことが寄与している。とくに、概念と現実との対応関係を「理念型」論に則って考えることができるようになったこと、類型学の有効性が認識されるようになったことが大きい（他方、マルクスとウェーバーの融合を試みる流れもあり、それも多様化の現れの一つだったと言える）。

これらの動向は、いずれも慶應の経済学部においてもみることができる。ただ、二一世紀初頭という現在の地点からみると、以下の三点がとくに重要と思われる。第一は、慶應の経済史における考証史学との接近および融合の動きである。戦前すでに幸田成友が史学科で三〇年以上にわたって教鞭を執っており、野村が日本経済史に転向してからは両者の「交流が大変深かった」と言われている（速水一九九一、二一二頁）[8]。戦後は、この伝統的考証学とリースの教えの双方を吸収した師の下で学んだ歴史家のなかから、中井信彦に代表される社会経済史家が輩出し、考証史学的な綿密さが三田派の経済史にもたらされることとなった。

第二はすでに指摘をしてきた数量史事始である（以下、Saito 2010 による）。これは何よりも野村の経済学部における後継者速水融の功績で、ヨーロッパ留学時に出会った歴史人口学の手法を宗門人別帳データに適用したことから始まる。その結果、社会経済史家にもたらされたのは――人口および社会構造史のための研究所ケンブリッジ・グループの総帥であったP・ラスレットの言葉を借用すれば――「社会科学者なら、出来たら欲しいとかねてより思っていた種類の数値であり、一方、歴史家はとうてい手の届かないところのものとあきらめていた知識」であった（斎藤二〇一五、二六頁より引用）。

速水は一九七〇年代に、慶應出身の経済史家新保博や経済学者の西川俊作等とともに数量経済史（QEH）研究会を組織し、数量史だけではなく経済学的ないしは社会科学的な歴史研究の立上げにも貢献した。この後者が第三の潮流で、経済理論を応用し、計量的手法を使ってそのモデルの当てはまりを検証するタイプの研究は――多数派ではないにしても――間違いなく拡大をしている。

けれども、数量化が進み、モデル当てはめ型の研究が多くなれば、社会科学的思考に則った概念化のレベルが自動的に上がるわけではない。速水自身の仕事をみても後者はそれほど強いわけではなかった。また、いまでも日本の多くの社会経済史家の仕事に不足しているものでもある。今後は、中範囲の理論、すなわち経済学や他の社会科学の理論を十分に咀嚼して、概念と概念、概念と事実との関係を考え抜くことがこれまで以上に求められていると言えよう。その「事実」を明らかにする途には、考証史学と数量史という二つの方法があると考えるべきである。言い換えれば、数量化と経済学や人口学との接合だけではなく、考証史学と社会科学的発想との接近もまた強く求められているのである。

注

（1）野村には日本経済思想史家としての側面もあったが、筆者の能力から本章ではこの分野を考察の対象とすることはできなかった。島崎（一九六〇）を参照。

（2）経済史の成立と発展に関するこれまでの叙述は、マルクス史学と非マルクス史学の対抗という観点からなされることが多かった（そのなかで、高村（一九六〇ａ）は中立的な記述に徹した史学史である）。それとは異なった視点からの素描としてはSaito（2014）がある。また、明治の考証史学と東アジアの伝統の関連についてはSaito（2001）を、内田銀蔵についてはとりあえず永原（一九七六）を参照。

（3）野村は一八九六年東京市日本橋区生まれ、江戸っ子であった。亡くなったのは一九六〇年、死因は心筋梗塞の発作である。定年退職前の六四歳であった。野村の履歴と業績については「年譜及び著作目録」（宇治・渡邊・白井一九六〇）があり、本章もそれに多くを依拠している。ただし、著作目録は完全とは言えないようである。

（4）阿部秀助に関しては、高木（一九二五）および土肥（二〇〇四）四三一－四三七頁による。慶應との関連における福田徳三については、西川（一九九〇）五〇八－五一〇頁を参照。そこで西川は、明治末から大正初めにかけて、福田が経済原論ではなく経済史の担当となっていた理由として、原論担当者の一人であった堀切善兵衛との確執があり、それが喧嘩両成敗的な決着をみたせいではないかと示唆している。

（5）野村は阿部についても追憶（野村一九三四）を書いているが、それは二人の間が距離をおいた関係であったような印象を与える。「熱の人」阿部は大正期の新興宗教の一つ巣鴨至誠殿に足繁く通うようになり、野村も連れてゆかれたことがあったらしい（その宗教心が晩年の阿部をＨ・Ｊ・リッケルトなどの哲学から「神秘主義」へと向かわせたとも、野村は示唆している）。野村はそれに閉口したというのが真相のようである。阿部は野村の英国からの帰国を待たずに、一九二五年一月、四九歳で亡くなった。

（6）野村は現役で亡くなったため、回顧録や自伝の類がいっさい遺されていない。もし自叙伝を著したならば多くのページをあてたであろう留学については、『欧洲印象記』（野村一九二七）があるのみである。これは、ヨーロッパから親友に宛てて出した私信を帰国後にまとめたもので、以下の叙述も多くをこの『印象記』に負う。

（7）ランプレヒトのもとへ留学した日本の歴史家は少なくなく、しかもヨーロッパ史以外の研究者に与えたインパクトが無視できない。慶應では、史学科創設に関わった東洋史の田中萃一郎がその好例である。阿部と同様、惜しくも早世したため、周囲への波及効果は限られていた（佐藤一九九一／二〇〇四を参照）。次世代への影響という点では一橋の三浦新七が重要であるが、彼については別稿が必要である。

（8）幸田の業績と史風については、増田（一九七六）を参照。慶應の史学科における幸田に関しては、林（一九九一）による。

参考文献

Clapham, J. H.（1932/56）'History as a discipline', in E. R. A. Seligman, ed., *Encyclopaedia of the Social Sciences*, vol. 5, London; reprinted in F. Stern, ed., *The Varieties of History: From Voltaire to the Present*, Macmillan, London, pp. 308–313.

Iggers, G. G.（1983）*The German Conception of History: The National Tradition of Historical Thought from Herder to the Present*, Wesleyan University Press, Middletown, CT.

Iggers, G. G.（1997）*Historiography in the Twentieth Century: From Scientific Objectivity to the Postmodern Challenge*, Wesleyan University Press, Hanover, NH.

Mehl, M.（1998）*History and the State in Nineteenth-century Japan*, Macmillan, Basingstoke, Hants.

Nomura, Kanetaro（1953）*On Cultural Conditions Affecting Population Trends in Japan*, Economic Series, no. 2, The Science Council of Japan, Division of Economics and Commerce, Tokyo.

Saito, O.（2010）'Akira Hayami: a historiographical appraisal', in A. Hayami, *Population, Family and Society in Pre-modern Japan*, Brill, Leiden, pp. ix-xv.

Saito, O.（2014）'A very brief history of Japan's economic and social history research', paper available at: http://www.wehc2015.org/pdf/History_of_economic_and_social_history_in_Japan.pdf.

Sato, M.（2001）'Historiography and historical thought: East Asia', in N. J. Smelser and P. B. Baltes, eds., *International Encyclopedia of the Social and Behavioral Sciences*, Elsevier, Amsterdam and New York, pp. 6776–6782.

Tamaki, N.（1988）'The American professors' regime: political economy at Keio University, 1890–1912', in C. Sugiyama and H. Mizuta, eds., *Enlightenment and Beyond: Political Economy Comes to Japan*, University of Tokyo Press, Tokyo, pp. 75–95.

阿部秀助（一九〇八－〇九）「現代の史風」『史学雑誌』第一九編三、五、八号、二九一－三〇五、五一六－五二四、八七三－八八〇頁、第二〇編六号、六五九－六七七頁。

阿部秀助（一九一三）『最近独逸経済学説』時事新報社出版部。

阿部秀助（n.d.）『近世商業史』時事新報社出版部。

荒憲治郎（一九八六）「近代経済学」一橋大学学問史刊行委員会『一橋大学学問史』一橋大学、二八三－三〇一頁。

池田幸弘（一九九七）「ギャレット・ドロッパーズの経済学——ギャレット・ドロッパーズと歴史学派」『近代日本研究』第一四巻、

二五六－二八二頁。

石坂巌（一九六〇）「野村先生の哲学」『三田学会雑誌』第五三巻一〇－一一合併号、九四〇－九四九頁。

宇治順一郎・渡邊國廣・白井厚（一九六〇）「野村兼太郎博士年譜及び著作目録」『三田学会雑誌』第五三巻一〇－一一合併号、八九八－九三九頁。

大久保利謙（一九九八）「明治史学成立の過程」『大久保利謙歴史著作集』第七巻、吉川弘文館、六二－九二頁。

グラック、C（一九九五）「戦後史学のメタヒストリー」朝尾直弘他編『歴史意識の現在』岩波講座日本通史別巻一、三－四三頁、岩波書店。

慶應義塾（一九五八）『慶應義塾百年史』上巻、慶應義塾。

斎藤修（二〇一五）『新版　比較史の遠近法』書籍工房早山。

佐藤正幸（一九九一）「歴史学家としての田中萃一郎」『近代日本研究』第七巻、六三－八八頁（『歴史認識の時空』知泉書館、二〇〇四年、三四八－三七二頁に再録）。

島﨑隆夫（一九六〇）「日本経済思想史研究を回顧して」『三田学会雑誌』第五三巻一〇－一一合併号、九六五－九七七頁。

高木壽一（一九二五）「阿部秀助先生の学究的生涯」『三田学会雑誌』第一九巻二号、三〇六－三二六頁。

高村象平（一九三二）「経済発展段階説の構造――経済史研究序説」『三田学会雑誌』第二六巻一〇号、二一〇一－二一三二頁。

高村象平（一九六〇a）「概観：回顧と展望」増田四郎他編『日本における社会経済史学の発展』社会経済史大系X、弘文堂、三－五一頁。

高村象平（一九六〇b）「イギリス経済史と野村先生」『三田学会雑誌』第五三巻一〇－一一合併号、九五〇－九五五頁。

土肥恒之（二〇〇四）「大正期の欧州経済史学と「福田学派」」『一橋論叢』第一三二巻四号、四二六－四四〇頁。

土肥恒之（二〇一二）『西洋史学の先駆者たち』中公叢書。

永原慶二（一九七六）「内田銀蔵」永原慶二・鹿野政直編『日本の歴史家』日本評論社、九五－一〇二頁。

西川俊作（一九八三）「G・ドロッパーズの履歴と業績」『三田商学研究』第二六巻一号、一〇八－一一九頁。

西川俊作（一九九〇）「理財科の30年――1890-1920年」『三田学会雑誌』第八三巻三号、四八五－五一三頁。

西沢保（一九九一）「反徒、アウトサイダー、経済史家たち――一九世紀末のイギリス歴史学派」草光俊雄他編『英国をみる：歴史と社会』リブロポート、二五－四七頁。

野村兼太郎（一九二一）「経済史研究に就いて」『三田学会雑誌』第一五巻七－一二号、一〇三一－一〇四二、一一七三－一一八四、一二八九－一三〇一、一三七八－一三八九、一五二一－一五三五、一六五七－一六六七頁。

野村兼太郎訳（一九二二／三二）『アシュレー英国経済史及学説』上巻および完成版、岩波書店。

野村兼太郎（一九二七）『欧洲印象記』日本評論社。

野村兼太郎（一九二八a）「経済史研究序論――歴史哲学の一考察」『三田学会雑誌』第二二巻一号、一三三‐六二頁。

野村兼太郎（一九二八b）『英国資本主義成立史』改造社。

野村兼太郎（一九三三）「経済史の意義について」『三田学会雑誌』第二七巻二号、二一九‐二四〇頁。

野村兼太郎（一九三四）「阿部先生と自分」慶應義塾辨論部編『阿部先生の追憶』慶應義塾辨論部、六‐一〇頁。

野村兼太郎（一九三六）『歴史と科学』慶應義塾出版局。

野村兼太郎（一九三七）『英国資本主義の成立過程』有斐閣。

野村兼太郎（一九四〇a）『一般経済史概論』有斐閣。

野村兼太郎（一九四〇b）『五人組帳の研究』有斐閣。

野村兼太郎（一九四二）「史料と批判――西洋経済史研究について」『社会経済史学』第一一巻一一‐一二合併号、一‐二〇頁。

野村兼太郎（一九四九a）「江戸時代における人口調査」『三田学会雑誌』第四二巻三号、一四三‐一六一頁。

野村兼太郎（一九四九b）『村明細帳の研究』有斐閣。

野村兼太郎（一九五〇）『日本社会経済史』第一巻、ダイヤモンド社。

野村兼太郎（一九五五）「世界人口会議に出席して」『三田評論』第五六四号、一‐四頁。

野村兼太郎（一九六〇）「慶応義塾における最後の弟子」福田徳三先生記念会編『福田徳三先生の追憶』福田徳三先生記念会、七二‐七五頁。

野村研究会神海村共同研究班（一九六〇）「大垣藩領美濃国本巣郡神海村の戸口統計――延宝二年より明治五年まで」『三田学会雑誌』第五三巻一〇‐一一合併号、九七八‐一〇二〇頁。

林基（一九九一）「三田の国史学と幸田成友」『史学』第六〇巻二‐三合併号、二〇一‐二〇七頁。

速水融（一九六〇）「日本経済史学界における野村教授の業績」『三田学会雑誌』第五三巻一〇‐一一合併号、九五六‐六四頁（「野村兼太郎先生と日本経済史」と改題して『歴史学との出会い』慶應義塾大学出版会、二〇一〇年、一四三‐一五九頁に再録）。

速水融（一九九一）「三田派の経済史家」『史学』第六〇巻二‐三合併号、二〇九‐二一四頁。

福田徳三、坂西由蔵訳（一九〇七）『日本経済史論』寳文館。

牧野雅彦（二〇〇三）『歴史主義の再建――ウェーバーにおける歴史と社会科学』日本評論社。

増田四郎（一九七六）「幸田成友」永原慶二・鹿野政直編『日本の歴史家』日本評論社、一九五－一九九頁。

第11章

忘れ去られた経済学者

——加田哲二とドイツ経済思想史

原田哲史

加田哲二
（1895–1964）

1　はじめに

私が加田哲二（一八九五－一九六四年）について意識するようになったのは、トマス・リハ（一九三七－二〇〇七年）によるドイツ経済思想（厳密にはオーストリアやスイスなどを含むドイツ語圏経済思想）の通史 *German Political Economy: The History of an Alternative Economics*（一九八五年）の共訳に取り組んでいたとき、訳稿もほぼ出そろって「訳者あとがき」を書く段になって、ドイツ経済思想通史の単行本がこれまで日本語で出されたのはいつどのような形でだったか調べたときであった。[1] その頃つまり一九九〇年頃にはドイツ経済思想の通史として日本の書店で購入できるものは皆無であったから、何十年も前に加田の『独逸経済思想史』（一九三二年）[2] やブルーノ・シュルツ（住谷悦治・赤間信義訳）『近世ドイツ経済学史』（一九三二年）さらには榊原巌『社会科学としてのドイツ経済学研究――ミュルラーからゾムバルトまで』（一九五八年）が出版されていたことに驚嘆した。これら三点のうち加田のそれと住谷・赤間訳のシュルツとはいずれも一九三〇年代初頭ときわめて早く、先駆的である。ただし、加田が一六世紀末からの官房学でもって始めているのに対してシュルツは一九世紀前半からしか始めておらず、また加田のそれは単著で四四五頁もあることからしても（シュルツの訳は一六六頁）、やはり加田のそれは圧倒的・本格的な印象を与えるものであった。[3] そこからすると、ドイツ経済思想の通史について言うならば、一九三〇年頃の加田の仕事は、一九九〇年頃のわが国の学問状況を凌駕していたことになる。とはいえ、しっかりした通史叙述は過去の様々な学派についての個別研究が基盤となって可能なはずであるから、いったい加田のベースはどの程度であったかが気になった。当時私たちは通史を出す必要性を感じていたが、個別・基礎研究が不足しているため自分たちで書き上げることは困難だと判断し、リハの書物を訳すことで果たそうとしたのであるが、加田は彼の時代にしかも一人で成し遂げている。それはまたどのような時代背景と彼自身の問題関心とによるものであったか。

リハの邦訳のすぐあとで、私の留学中の恩師――そのもとでリハも上掲書を書き上げた――カール・ブラント（一九二三‐二〇一〇年）が二巻本の *Geschichte der deutschen Volkswirtschaftslehre*（一九九二‐九三年）を上梓して、当地でも久しく出ていなかった本格的なドイツ経済思想通史がドイツ人自身によって全容を示されることになったし、(4) 二〇〇〇年代になって私たち自身がドイツ経済思想の通史を出した。(5) 以上のような中で、一九三一年の加田の『独逸経済思想史』はどのように位置づけられるのか、それを探ることにより日本経済思想史の一齣としての加田哲二の意味も考えることができるのではないか、という関心が生じてきた。

日本経済思想史に疎い私はそれを果たせずにいるし、ここでも加田の全体像から『独逸経済思想史』を論ずるまでにも至らない。というのも、彼の著作はあまりにも膨大で把捉困難だからである。(6) できることは『独逸経済思想史』それ自体を分析することであり、それでもって加田の全体像の解明へのとっかかりを示す程度でしかない。とはいえ、そのためにもまず簡単に加田の生涯と仕事を知っておく必要がある。そのウェイトは『独逸経済思想史』以前に置くとしても、そこから戦時体制に至るまでは見ておくことにしよう。

2 加田の生涯と著作――一九三一年に至るまでそして戦時体制下で

加田哲二（本名は忠臣）は一八九五年に東京市本郷区湯島天神町（現在の文京区湯島）に生まれた。京華中学（現京華中学・高等学校）を卒業したのち慶應義塾大学部理財科で学び、一九一九年には卒業論文「アダム・スミスの価値学説研究」を「高橋誠一郎先生に提出」(7) して同科を卒業すると同時に、同大学部の助手となり、一九二一年には処女作『経済価値論』を出版している。(8)

『経済価値論』は前篇と後篇からなっている。前篇は、古代ギリシャ・ローマから重商主義・重農主義にまで至る第一部「アダム・スミス以前における価値学説」と、A・スミス、D・リカード、K・マルクスを経てL・ワルラス、W・S・ジェヴォンズ、C・メンガー、E・v・ボェーム-バヴェルクといった限界革命にまで至る第二部「近代経済学の価値論」とからなっている。ここでは卒業論文「アダム・スミスの価値学説研究[9]」での関心が継続されて議論が敷衍されているものと思われるが、前篇第二部でのスミス叙述を見ると、加田のスミスへの関心は『国富論』（一七七六年）での価値尺度論・構成価格論・市場価格論に限られていることが分かる。利己心・自愛心を動機として行為する諸個人が「公正な観察者[10]」を意識して自らの行為を自制して相互に穏当な利益のやり取りをするといった『道徳感情論』（一七五九年）をふまえたスミスのいわゆる市民社会論は、彼の関心にはない[11]。後篇は、E・v・ボェーム-バヴェルク（一八五一-一九一四年）の主論文の英訳者ウィリアム・スマート（一八五三-一九一五年）の著書 *An Introduction to the Theory of Value: on the Lines of Menger, Wieser, and Böhm-Bawerk*, 3. ed.（一九一四年）を「主観的経済価値論」と題して邦訳したものである[12]。その訳稿については、「千九百十七年の夏に［つまり在学中に！］文章体で一度試みて置いたものを、卒業間際に小泉信三先生に見て頂いたものである[13]」とされている。それどころか、この『経済価値論[14]』の巻頭には高橋・小泉両教授それぞれによる序文が付されており、その「一篇は洵に氏が熾烈なる研究心の結晶」（高橋）といった表現や「加田君の処女作が大に読書界の歓迎を受くべき充分の理由あること[15]」（小泉）といった表現から、両教授がこの青年学者に期待を寄せ、学会にデビューさせるべく尽力していたことが分かる。

翌一九二二年に出した『国家学説と社会思想』には、そのあとにまで続いていく彼の諸論点が見られる。貧困と隷属の原因である資本家・労働者間の「賃金制度」を克服して「新しい理想社会[16]」を目指すべきことが、そこでの加田の関心である。第一篇「マルクス主義の国家観」では、無産者が革命によって生産手段を国有化し政権を掌握したのちに設立される国家はもはや階級的な抑圧機関ではないので国家なるものは死滅するという「マルクス主義国家観の全般を最も明瞭に物語る[17]」F・エンゲルス（一八二〇-九五年）『空想から科学への社会主義の発展』（一八八〇年）の議論を説明するとともに、過渡期としてのプロレタリア独裁というマルクスの概念を退けたK・カウツキー（一八五四－一九三八年）とそれを支持するレーニン（一八七〇－一九二三年）との間で論争が行われていることを紹介している。ただし、こうした叙述においてもマルクス・エンゲルスの著作を英訳版で読んでいた加田は、「私はマルクスの文献を引用して、レニン並にカウツキイの諸論を批評すべき程のマルクス通ではない[18]」と及び腰である。第二篇「ギルド社会主義とその国家観」では、G・D・H・コール（一八八九－一九五九年）に代表されるギルド社会主義が「筋肉労働」を担う労働者のみならず「産業の有する特殊な機能に有用な技術的または商業的才幹を有している多くの人々」すなわち「すべての種類の熟練労働者精神労働者、筋肉労働者」を含めて組織して「産業を経営して」いこうとすることが、マルクス主義とは異なった有意義な変革方法として示されている。つまり「吾々は常に資本主義を崩壊せしめるやうな種類の組織を作る許りでなく、資本主義に代わるべき組織を作らうとしてゐる[19]」とコールの議論が紹介されている。経営的要素を含めた熟練労働者への着目は、職人たちによる「小規模生産への復帰[20]」を機械制大工業から距離を置いて志向することに関連づけられる。この点を意識して加田が注目するのは、「ギルド社会主義者に影響を与えたウヰリアム・モリス」（一八三四－九六年）である。「現代の商業主義に対して最も痛烈な批評を加えたものは、詩人であり、書家であり、建築家であり、さうして社会主義者であったウヰリアム・モリスであろう。……私は彼の云ふところを聞きながら現代の商業主義についての自分の批判を試みやうと思ふ[21]」と、モリスへの支持が表明されている。またギルド社会主義の理想が実現されるためにはギルドと「平行」して地理的に「共住者団体」が「地方的に組織された生産者と消費者」の結び付きとして設立されてその「地方的統一」を通じて「国民的統一[22]」がなされるべきであるという議論も、展開されている。

そうした問題関心を抱きつつ、加田は一九二三年五月から一九二六年三月まで留学する。イギリス、フランス、ドイツ、アメリカへの三年間留学の予定であったが「実際には2年4カ月の間ドイツ、ベルリンで[23]」過ごした。

留学中の一九二四年に加田は、序文の末尾に「伯林シャロテンブルヒにて」と記した著書『ウヰリアム・モリス――芸術的社会思想家としての生涯と思想』を出している。これは『独逸経済思想史』以前の彼の著作の中で唯一ひとりの思想家に的を絞った著書であり、加田のモリスへの傾倒ぶりがうかがえる。そこでモリスは、「労働を快楽ならしめる前提として現在の改造を必要とする」ことを主張し、「土地、機械、工場等を包括する資本を社会有として、それを万人の利益のために使用することに依って、利潤のための労働を廃止」する特有の「共産主義」[24]を主張していた思想家として描かれている。加田は「モリスを書く最大の動機は小泉信三先生の刺激慫慂による」としていると同時に、モリスと類似の思想家J・ラスキン（一八一九－一九〇〇年）に取り組む「同窓の畏友」奥井復太郎（一八九七－一九六五年）との「交遊」[25]を特記し、奥井のラスキン研究が世に出ることを切望している。のちに同じく慶應義塾大学経済学部教授（一九二七年から）となるとともに都市社会学者としても名をなす奥井は、一九二二－二四年の間にラスキンに関する論文を六本（しかもほとんどの場合一論文を複数回に分けて）『三田学会雑誌』に発表している[26]。加田が先に訳したスマートが *John Ruskin: his Life and Work*（一八八三年）をも出版していることからしても加田のラスキンへの関心は強かっただろうし、ふたりが同時期にベルリンに留学していたことからすればなおさらのこと両者が親密であったことは想像に難くない[27]。あとで述べるように、加田は戦後の公職追放で慶應義塾大学を辞職したのち五〇年代に他大学の教授として復職するも慶應に戻らないのであるが、その時期に塾長（一九五六年から）[28]であった奥井は、自分よりも多作[29]の加田を引き戻そうと試みたのであろうか、それとも義塾の恥として等閑に付したか。

さて、留学から帰った一九二六年、加田は慶應義塾大学経済学部教授となる[30]。その年からの担当科目としては「社会学、経済学説研究（独）」があり、のちには「昭和四年度から社会学特殊問題、五年から英語経済学（十一年度まで）、独逸経済学説研究（昭和十四年度に経済学特殊）、十三年以後植民地政策[31]」を担当した。一九二八年には、社会学の講義で使用する教科書として欧米の社会学・社会思想の概説書『近世社会学成立史』と『社会学概論』を出している[32]。

一九二九年には、『独逸経済思想史』以前の作品としては唯一ひとりの思想家に絞った翻訳書、エンゲルス『住宅問題』（原書一八七二年）の邦訳を出す。エンゲルスのこの書は、一九世紀後半に労働者の住宅難について盛んに論じられていた中で、政治的な大変革を拒むプルードン主義者A・ミュールベルガーと、博愛的な解決を図ろうとするオーストリア学派のE・ザックスとに対して、革命的なマルクス主義による根本的な解決を主張したものである。この訳書は、加田が最初改造社版『マルクス゠エンゲルス全集』に出した翻訳を校訂のうえ新たに解説的論文「プルウドンとマルクス」を付加して岩波文庫版として出版したものである。[33] その論文で加田がレーニンのエンゲルス『住宅問題』への高評価を紹介しつつ「実際勢力としてのプルウドンが死滅し、マルクスがいまだ潑溂たる生気を保持してゐるのは、理由なしとしないのである」[34]と結んでいることからして、加田が留学での見聞を加味してもマルクス主義の勢いが衰えていないと判断していることと、それへの彼の一定のシンパシーとが見て取れる。

以上が一九三一年すなわち『独逸経済思想史』の出版年より前の加田の歩みである。総じて、彼がもっぱら欧米の社会経済思想・社会学の研究者として進化して来たことは明らかである。他方、その後の加田の特徴として注目すべきは、彼が日本の社会・経済思想の研究へと著しく傾斜していくことである。同じ一九三一年の『近代唯物的社会観の発展』は『近世社会学成立史』の「姉妹篇」として「マルクス社会学」[35]の成立史を描いたものであったが、翌一九三二年になると、彼は日本の「国民主義と国民社会主義」にかなりの紙幅を割いた『国民主義と国際主義』を出し、また彼が初めて日本思想に的を絞った単行本で、同時代の日本の「国家社会主義」を批判的に扱った『日本国家社会主義批判――（日本ファッシズム論）』をも同年に上梓している。続いて、日本思想史の研究として一九三三年に『明治初期社会思想の研究』、一九三四年に『維新以後の社会経済思想概論』、そして一九三七年に博士論文『明治初期社会経済思想史』という具合に、幕末から明治期にかけての日本の社会・経済思想を扱った複数の作品を矢継ぎ早に出版している。『明治初期社会思想の研究』で「現代の日本社会思想を語るものは、是非とも、明治維新にまで帰らなければならぬ」[36]と言っているように、彼の日本思想史研究はむしろ同時代の日本ないし日本思想への関心に由来していると見てよかろう。

加田は『日本国家社会主義批判』の序文において、「国家社会主義の問題……は左翼社会思想及び運動との対立において、吾々の研究を要求するに充分な問題である。それは、現段階においては、ファッシズム《ママ》的形態をとるものであるが、この傾向は世界的であり、日本の例もそれから脱れてゐるものではない。而して、この傾向は、昨秋［一九三一年九月］の満州事変以来殊に顕著となって来たのである」と述べて、同書で「日本の国家社会主義——ファッシズム《ママ》的形態における——に対して、客観的な研究と批判とを与えた[37]」としている。満州事変を転機として日本が中国への侵略を本格化させていく中で、あたかも労働者問題をも解決するかのような右翼的な国家社会主義の思想・運動が力を増してくる状況が日本にあった。ヨーロッパのいわば左翼の思想を研究してきた加田がそうした日本の思潮を批判的に検討しようという姿勢が、少なくともこの時期の加田には見られる。実際、彼はそこでドイツのナチズムと日本の国家社会主義（赤松克麿など）とをともに批判的に捉えており、前者に資本主義への反対が一定程度あるとしても徹底していないことや、後者では資本主義反対よりもマルクス主義打倒の側面が強く示されていて「日本新理想社会の建設に到らないであろうこと[38]」を指摘している。つまり、いずれも「賃金制度」の克服にはほど遠いというのが加田の批判的な評価であった。

また「アドルフ・ヒットラアは遂に政権に到達した」から始まる一九三三年の論文「ドイツ国民社会主義の経済観」（手を加えて加田一九四〇aに第三章「ドイツ・ナチスの経済観」として所収）での加田のナチズム論には深い分析がある。ナチス党内においても少数派としてＯ・シュトラッサーらの「革命的国民社会主義」者たちがおり、彼らは「もっとも急進的な計画経済」において私有財産権の廃棄による資本主義の克服を企図するが、多数派としての「ヒットラアのナチスの資本主義迎合[39]」に圧倒されてしまっている、とナチスが構造的に説明されているのである。研究史からして先駆的と言えるこうした議論を見ても、加田には研究者としての客観性が保持されている。さらには、後続の著書『人種・民族・戦争』（一九三八年）や『政治・経済・民族』（一九四〇年）においてもナチズムの人種差別的な民族主義にそれなりに異を唱えて、アジアにおいて諸国の互恵的な関係に基づく経済協同体の構想を主張した点においても、加田の良心が反映されているとも言えよう[40]。

しかし、こうした経済協同体の構想こそ、日本がアジアへ軍事的に進出する際に日本の支配を隠蔽し正当化するための思想的粉飾として事実上機能していたのであるから、加田にはそれなりの良心はあったとはいえ、彼のそれへの――少なくとも一定の――協力は否定することができないであろう。そうした加田の志向は、戦前・戦中に昭和研究会、中でもその東亜ブロック研究会に属していた彼からすれば、類似の思想を共有する溶液の中で自然な発想として浮かんだ思考とも言えるかもしれないが、知識人らのそうした形での事実上の戦争協力こそが問題なのである[41]。ちなみに彼は昭和研究会への参加のみならず、一九三七年に開設された慶應義塾大学亜細亜研究所(小泉信三が所長)の民族部長も務めたし、翼賛運動団体としての大日本言論報国会の理事も務め、また海軍のブレーン組織にも加わっていた[42]。

当時の経済思想史家たちの中ではそうした方向に進まなかった研究者もいたことからすると、そもそも加田の研究スタイルにそれへの弱さがなかったか。彼はアダム・スミスの研究(卒業論文)から出発したが[43]、スミスを価値・価格論において認識して、そこからマルクスへの系譜を、つまりスミスの価値論からマルクスの剰余価値論・搾取論へという系譜を主軸として捉えた。つまり、スミスにおける『道徳感情論』の「同感」の論理などに見られる市民社会論には深く入らず、資本賃労働関係の経済学的・論理的説明が重視されたのである。そのため加田は、そこで得られた自らの認識でもって、ナチズムや日本の国家社会主義が資本賃労働関係を克服しうるかどうかという問いに向かい合ったのであるが、それを扱う議論の土俵には、ある種の論理的な推論として捉えられたがゆえに比較的すんなりと登れたのではないか。それに比べて、例えば、初発からスミスを『道徳感情論』と『法学講義』を重視して捉えてそこから市民社会論のみならず市民社会そのものを密かに展望していた高島善哉(一九〇四－九〇年)の場合、政府による言論統制や教育統制が強まって市民的自由が極度に圧迫されるにつれて、そもそもそうした軍部優先の体制そのものに嫌悪感を覚えたのであり、それと関係するような仕事へと向かう志向は生じえなかった。高島は、ドイツ思想の分析を含む著書『経済社会学の根本問題――経済社会学者としてのスミスとリスト』（一九四一年）において、時流で優勢となったドイツ経済思想にもイギリス的・市民社会的なものがいかに含まれていたのか、また同時代のドイツ経済思想がそうしたものによっていかに修正されねばならないのか、という問題を提起しているのである。(44)

加田は一九四〇年ナチスの論客アルフレート・ローゼンベルク（一八九三－一九四六年）の著書を『ナチスの基礎』として監訳し、アーリア民族の優越性を唱えた原著者を「ナチス思想家の中で、最も広汎な視野を持ち、最も学問的・哲学的なもの(45)」と自ら序文で言うに至る。他方高島は、ハイデルベルク大学からスイス・バーゼル大学に移って難を逃れたユダヤ系の経済学史家エトガー・ザリーン（一八九二－一九七四年）の経済思想通史の邦訳を一九三五年『国民経済学史』として出版し、一九四四年にはその改版を『経済学史の基礎理論』として出している。まさにこの相違は両者それぞれの特性を象徴していないだろうか。

終戦後、加田は公職追放のため一九四六年に慶應義塾大学を辞職するが、一九五二年に山口大学教授、日本大学大学院講師として学界に復帰し、また同年から読売新聞論説委員となり、一九五四年には日本大学経済学部教授となった。その間に加田経済研究所長、民主社会主義会議二日会会員なども務め、一九六四年に六八歳で逝去する。(46)

3　加田『独逸経済思想史』の大構想とその難点および独自性

戦後公職追放により慶應義塾大学を去った加田哲二なので、のちには彼の戦前の著作は――少なくとも慶應義塾関係者からは――そのまま積極的・肯定的に受容・継承することがためらわれるのは当然であろうし、とりわけ軍部への傾斜とそれに伴う戦争協力的な研究傾向については当然批判的に検討されるべきである。とはいえ、上記のように一九三一年頃までの加田にはそうした傾斜は特に見られなかったのであり、なおそれ自体としてその意義を問う必要があるのではないか。例えば、マルクス主義とウィリアム・モリスの両方を高く評価して社会変革の方途を探っていた彼はどうであったか[47]。また、冒頭で述べたように、わが国で初めての包括的・本格的なドイツ経済思想通史として先駆的であった彼の『独逸経済思想史』の叙述はどうであったか。以下、この後者の点に的を絞って見ていきたい。

大構想とはいえ基盤を欠く脆弱さ

その全体構成は、次のようになっている。見事である。端緒としての官房学からスミス思想の移入、ロマン主義、社会主義、歴史学派、オーストリア学派を経て加田の時代までくまなくフォローする壮大な構想が広がっている。

中でも「カメラリズム」から始めているのは素晴らしい。ドイツ経済思想通史の古典中の古典と言いうるW・ロッシャー（一八一七 - 九四年）の *Geschichte der National-Oekonomik in Deutschland*（一八七四年）で「ドイツにおける体系的・歴史的な経済学の開始」[48]として一六世紀末～一七世紀初頭の「カメラリスト（Kameralist）」（J・ボルニッツ、Ch・ベゾルトら）の作品が挙げられているように、「およそ16世紀から19世紀初頭にかけて、ドイツ・オーストリアを支配したドイツ型重商主義」[49]たる「カメラリズム」すなわち「官房学（Kameralismus, Kameralwissenschaft）」を体系的なドイツ経済思想の端緒と見なすべきことは、研究者の一致するところである[50]。しかし、わが国では過去にも現在も官房学の研究が遅れておりその叙述は困難を極める[51]。

加田はそれを「第一章　カメラリズムの経済思想」でそつなく叙述している。初期官房学においてプロテスタント側のザクセンのV・L・v・ゼッケンドルフ（一六二六‐九二年）が強力な国家行政を主張しながらも厚生国家観の萌芽を示していたこと、カトリック側ではJ・J・ベッヒャー（一六三五‐八二年、生没年の異説あり）が三十年戦争（一六一八‐四八年）による人口の減少を回復するために農業を重視するとともに農民・手工業者・商人の調和的関係を説いたこと、P・W・v・ホルニク（一六四〇‐一七一四年）が『オーストリアは望みさえすればすべてに優る』（一六八四年）で拡張主義のルイ一四世治下のフランスに対抗すべくオーストリアの輸入制限と貨幣（金銀）獲得とを説いたこと。また後期官房学においてJ・H・G・v・ユスティ（一七一七‐七一年、生年の異説あり）が財政学を中心に社会・経済に対する国家の優位を説くとともに貨幣不足を避けるために頻繁な貨幣流通を提唱したこと、J・v・ゾネンフェルス（一七三三‐一八一七年、生年の異説あり）が人口増加を経済発展の原動力と見なして人口論を体系的にまとめたこと。これらである。[52]

　ところが、加田の叙述を追っていくと、官房学者たちの古典からの引用において出典の頁数が記されていないことや、また研究者らしき人物「アイゼンハルトがその「経済学史」の中で……としてゐる」[53]といった記述があってもアイゼンハルトの『経済学史』がその箇所にも巻末の「ドイツ経済思想史参考文献」にも挙がっていない、といったいぶかしげな事実に気づく。巻末の「ドイツ経済思想史参考文献」に「モンベルトの両書に対しては、感謝しなければならぬ」という『独逸経済思想史』全体に関する記載があるので、そこに挙がっているP・モムベルト Mombert（一八七六‐一九三八年）の著書二タイトルのうちのひとつ *Geschichte der Nationalökonomie*, Jena 1927 の官房学に関する叙述を加田の三‐三二頁（約三〇頁分！）での官房学叙述と照らし合わせてみた。すると、それはモムベルトの一五七‐一九二頁の記述をところどころ略しつつ訳しているにすぎないことが分かった。「アイゼンハルトが……」という記述はモムベルトの一七〇頁に記されており、モムベルトの末尾の文献リスト五三四頁ではそれが „H. Eisenhart, Geschichte der Nationalökonomie. 1891“ として記されている。つまり加田はモムベルトの一七〇頁の箇所を訳すだけで、H・アイゼンハルトの書物を確かめていない。ましてや官房学の古典からの引用はモムベルトからの孫引きであろうが、その旨も記されていない。加田は巻末でモムベルトのその書物を挙げて「感謝」を書いているので剽窃にはならないだろうが、自分の官房学叙述がその抄訳にすぎないことは記すべきではなかったか。(54)

これに気づいたとき、加田の『独逸経済思想史』全体においてそうした隠れた抄訳が多々あるのではないかという疑念が湧きおこった。他にも同様の抄訳を見つけた。「第二章　ドイツ資本主義の成立」の二頁目から約一五頁分、すなわちドイツ農民戦争・三十年戦争から一九世紀初頭までのドイツ経済史について書かれた三四‐五一頁は、F. Mehring: *Geschichte der deutschen Sozialdemokratie*, 4. Aufl., Bd. 1, Stuttgart 1909 の四一‐六一頁の抄訳である。(55)それまでのモムベルトに依拠した第一章とは色調が異なり、読む者に不統一観を与える。メーリングのその著書についても加田はクス主義者F・メーリングゆえそこでは「ブルジョァジイ」という表現が頻繁に見られるため、それまでのモムべ

さらには比較的小さい三頁余りの箇所であるが、末尾では「メエリングの著書も筆者大いに尊重した」(56)と書いてはいる。「ドイツ経済思想史参考文献」に挙げて、末尾では「メエリングの著書も筆者大いに尊重した」と書いてはいる。

さらには比較的小さい三頁余りの箇所であるが、ドイツ思想史において極めて重要な思想家I・カント（一七二四‐一八〇四年）についての第三章五七‐六一頁での叙述も、モムベルトの二五八‐二六〇頁を少し手を加えて訳していることが分かった。これらの箇所は加田がそれまで特に論じたわけではない事柄についての叙述である。彼は自分にとって苦手な部分については一次文献を見ないどころか、研究書の抄訳や少し手を加えたうえでの訳で済ませる――しかもそれを明記しない――といったことをしているのである。私はそれを同書全体について確かめたわけではないが、おそらく他にも多々あるであろう。

一次文献を探らないことによる問題は「第七章　ロマンチカアの社会経済思想」に如実に表れている。加田によれば、ロマン主義の政治経済思想家アダム・ミュラー（一七七九‐一八二九年）の言う国家においては「個人の幸福なるものは存せず、たゞ犠牲における幸福のみ存する」(57)とのことであるが、多種多様の集団・人格が特性を発揮して競合する中で均衡的調和が実現するというミュラーの政治・経済観において、「犠牲における幸福のみ」とい

った議論があるのかどうか疑問である。また「ミュラアは、競争賛美論を攻撃した」[58]とか、「古典派経済学の自由主義に対する批判は、ロマンチストの絶対的反対」[59]とか言われるが、ミュラーそのものを読むと、そうではなくて、むしろスミスの自由競争論がその競合の主体に旧来の集団・人格をも加えることを通じて「姿を変える」[60]といったイメージのほうが正しいのであって、そうした意味で、ミュラーはスミスへの「補完する反作用」[61]であり、「スミスを一方的にすてつゝ顧みないのではなく、却つてスミスの分析をロマン主義の社会国家観のなかへ消化しようとしてゐる」[62]のである。この最後の引用は高島善哉『経済社会学の根本問題』からのものである。高島はミュラーの古典を読んでこの認識に到達しているが、加田はミュラーを読まずして位置づけようとしており、ここでも何らかの研究書に依拠している——あるいはそれを抄訳している——のであろうが、それならどれなのか明示すべきなのにしていないから、その検証さえ困難なほど荒っぽいのである。[63]ちなみに、ミュラーの思想には旧来のツンフト的な生産における芸術的要素についての指摘がありそれはモリスとも通ずるはずであるが、加田はそうした点を知らないである。

加田の『独逸経済思想史』はわが国で初めてのドイツ経済思想通史という大業を成し遂げた画期的な書物であったが、ベースとしての個別研究が彼自身にも当時のわが国の学界においても充分になかった状況において、明示しない抄訳をはじめとする研究書への極度の依拠があり、確実でない知識や観点の不統一などが多々含まれているのである。

加田による同時代の経済思想の分析と模索

加田の『独逸経済思想史』はこうした問題を含む作品であるが、彼が独自に模索して丹念かつ説得的に叙述している箇所もある。一つは、一九世紀末から彼の時代にかけての社会主義とりわけマルクス主義の社会経済思想の新たな展開についてであり、もう一つは、価値論に注目しての同時代のドイツ経済学についてである。

（1）マルクス主義の展開

第一の点は、「第一三章　修正主義論争」から「第一四章　マルクス経済学の発展」を経て「第一五章　大戦後の社会主義」へと至る叙述である。彼自身『近代唯物的社会観の発展』（加田一九三一b）でマルクスの社会経済思想の成立史について書いているし、またその一九世紀末までの発展については彼の参照するメーリング『ドイツ社会民主主義史』（初版は一八九八年、加田が使っているのは第四版一九〇九年）があるとしても、メーリングのそれは一九世紀末の「修正主義」とそれ以降については軽くふれられているだけである。[64] 加田は『独逸経済思想史』の第一三章から第一五章でそれについて読者に分かりやすく詳述している。加田によれば、第一次世界大戦前は、E・ベルンシュタイン（一八五〇－一九三二年）の修正主義とそれへの批判、およびR・ヒルファディング（一八七七－一九四一年）による「マルクス理論の拡張又は新解釈」があった。そして大戦後は「この理論的研究から戦術的研究にマルクス主義を向かはしめ戦術と密接なる関係にある国家理論の研究を盛んならしめたのである」。[65]

第一次世界大戦前、ベルンシュタインはエンゲルスの死（一八九五年）の一年後から論文「社会主義の諸問題」（一八九六－九八年）や『社会主義の諸前提と社会民主党の任務』（一八九九年）を発表して、マルクスが『共産党宣言』で述べた社会の諸変化（有産者の少数化と中産階級の消滅、生産の集中など）がマルクスの予測したほどは進んでおらず、その一元的・決定論的な社会主義移行論は問題があるし、価値論においても労働価値説・剰余価値説は一面的であるとして、マルクス主義の「修正」を提唱した。これに対して、K・カウツキーは『ベルンシュタインと社会民主党綱領』（一八九九年）で、自分たちは『共産党宣言』の時代にはいないが、生産ならびに生産物の交換に関する経済関係の分析とそれに基づく社会変革という『共産党宣言』の「方法」が重要であるにもかかわらず、ベルンシュタインはそれを無視して、闘争にも無関心な態度をとっている、とベルンシュタインを批判する。カウツキーに加勢したローザ・ルクセンブルク（一八七一－一九一九年）は、ベルンシュタインは生産の社会化をあきらめて単なる商業の改良や消費組合を求めていると非難した（第一三章）。[66]

ヒルファディングにおけるマルクス主義の理論的発展は、彼の『金融資本、資本主義の最近の発展についての一研究』(一九一〇年)における、帝国主義的な独占資本主義の段階での資本主義の説明においてである。それは、資本家が単に労働者の剰余価値の搾取のみならず、別の資本家を犠牲にして富を集積する新状況の分析であり、その際に資本家が株式会社形式と銀行とを通じて自らを拡大させていくのであり、そのため産業の銀行への依存が強まっていくとともに、銀行資本が産業資本に転嫁されていく、という議論である。これは、マルクスの価値論の基礎に立って貨幣・信用・銀行・株式制度・カルテルなどの新現象について補足する中でマルクス経済理論を発展・拡張したものなのである(第一四章)(67)。

第一次世界大戦後になると、「欧州に於ける最大の労働者政党であるドイツ社会民主党」は「革命的要素をすて、労働者の生活改善に対する日常闘争をその主要目的とする漸進的政党」となったため、「共和制樹立という政治的革命に迄で進出した」とはいえ「ひたすら市民的政党との妥協に努め」るに至った。そのため、社会主義革命を成し遂げたレーニン率いるロシアの「ボルシェヴイキ」党との「重大なる差異」が生じてしまい、「社会主義の革命的要素を更生せしめようとする傾向」がふたとおり現れた。一つはK・リープクネヒト(一八七一―一九一九年)とR・ルクセンブルクによるスパルタクス団であり、彼らは、共産主義への移行に際しての武力革命のみならず、その成功ののちには「労働階級の武力的支配が必要である」ことを強調する中で、ドイツ共産党を結成するに至り、「ドイツに於けるボルシェヴイキ」(68)として、モスクワで設立された第三インターナショナルの勢力下に入った。もう一つはカウツキーを指導者とする独立社会民主党であり、「民主主義なき社会主義なし」という「カウツキイの立場」に基づくものである。カウツキーは、革命を否定しないが必ずしも武力革命によらなくても理想的な体制への移行が可能であると主張し、結局のところ独立社会民主党は一九二二年に社会民主党と合同した。その結果、カウツキーはレーニンによって「マルクスシズムを歪曲してブルジョワ的理論化した」者と非難された。カウツキーは「其の初期に於いては、修正主義者に対して最も革命的理論家として現はれてゐたのであるが、今や革命的立場を取るものは、レーニンであり、修正主義的立場を取るものはカウツキイ」となったのである[69]（第一五章）。

以上のような加田の叙述は、世紀転換期から加田の同時代に至るマルクス主義の経済思想・社会思想の新展開を描き出しており、加田のドイツ留学（一九二三－二六年）が功を奏していることが推測できる。とりわけカウツキーが反修正主義（反ベルンシュタイン）から逆に「修正主義的立場」へと位置づけられる状況転換の記述は詳細で実感がこもっている。ドイツ滞在は独立社会民主党が社会民主党と合同した直後であったから、当地でその熱い話題にじかにふれることができたのであろう。すでに見たように一九二二年の『国家学説と社会思想』ではその問題にふれつつも「レニン並にカウツキイの諸論を批評すべき程のマルクス通ではない」と言っていたが、いまや確信を持ってそれを説明している。加田はそうした記述によって日本の読者たちに――とりわけ社会主義路線の紛糾にとまどう日本のマルクス主義者たちに――事の成り行きを伝えるのに寄与しようとしたにちがいない。ただ、社会民主党の戦争支持に対するスパルタクス団と独立社会民主党による反対という点がそこで明記されていないことが気になる。加田はそれを知りつつ書かなかったのではないか。治安維持法（一九二五年公布）による取り締まりが強化されていく中で、日本も参戦した第一次世界大戦に反戦を唱えたレーニンを日本のマルクス主義者が支持していたとなると彼らの立場が危険になるためその点を曖昧にした、と考えられないだろうか。加田自身一九二九年にエンゲルス『住宅問題』に付した論文でレーニンへのシンパシーを表明したとも読める箇所があったから、自らの立場をも慮ったかもしれない。

（2）同時代のドイツ経済学の多様性

第二の点は、「第二二章　最近のドイツ経済学」での叙述である。加田はすでに一九二二年の『経済価値論』で、C・メンガー（一八四〇－一九二一年）からE・v・ボェーム－バヴェルク（一八五一－一九一四年）、F・v・ヴィーザー（一八五一－一九二六年）へと至るオーストリア学派の限界効用論の基本思想を描いている。さらに、そこに所収されたスマート論文邦訳を再度出版した一九二九年『経済価値概論』への加田の序論「経済価値論の史的概観」で加田は、G・カッセル（一八六六－一九四四年）の「価値無用論」についての説明も加えているが、それでもなお自分自身の「価値論終局の結論にまだ到達してゐない」として、それに至るためにはさらに①「価値論の主要潮流を徹底的に研究」することと、②「現象を自らの方法によつて、整理、統一して価値論を発見する」[70]ことという二つの方途があるとしていた。一九三一年の『独逸経済思想史』第二二章はこの二つのうちの前者に関連すると思われる（とりわけ下記の三方向のうちの前二者がそうである）。

第二二章で加田はまず最初に、メンガーの経済思想がJ・シュムペーター（一八八三－一九五〇年）とヴィーザーによってそれぞれ前者では「企業家」と「信用」に関して、後者では「社会学的要素」[71]に関して発展させられたことを、オーストリア学派の経済思想（第二〇章）への補足のようにして述べる。そのあとで、「マルクシズムに対する論難」として同時代における三方向からの新たなマルクス主義批判を次のように紹介している。

一つめはG・カッセルとR・リーフマン（一八七四－一九四一年）である。カッセルは、客観的価値論（マルクス主義）にせよ主観的価値論（オーストリア学派）にせよ価値論は「何等実益のない空理空論」であるから「除去」して、「経済学を価格論の上に建設すること」を唱えた「価値無用論」者である。リーフマンも同様に価値論を退けて価格論を重視するが、「収益概念」[72]に着目するところに特徴がある。

二つめはF・オッペンハイマー（一八六四－一九四三年）であり、彼はマルクスの労働価値論・剰余価値論を継承するにはするのであるが、剰余価値論を「地主階級及び資本家階級が労働者階級から奪取する独占利益」として説明する。これは一見すれば「マルクスの拡張又は修正」のようであるが、その場合、来るべき将来社会はもはや「集産主義的社会組織」ではなく「其の中に於いては市場と自由競争が存在しながら、尚かつ剰余価値が成立し得ない」といった「自由的社会主義的組織」と考えられることになるから、加田によればもはや「マルクス体系に対する攻撃[73]」と見なすべきものなのである。

三つめはK・ディール（一八六四－一九四三年）とO・シュパン（一八七八－一九五〇年）である。このふたりは価値論においてではなく、「唯物史観を退ける事に依つて」マルクス主義を克服しようとする。「社会的法的立場」に立つディールは「所謂経済法則を以つて普遍妥当的法則とする総ての立場を退けた」。経済現象も「法的秩序から説明」すべきであり、しかも「この法的秩序は異なれる時代において、また異なれる民族において全く異なる」から、普遍的な発展法則とされる史的唯物論などありえないことになる。他方、シュパンは経済制度を「〔①〕交換経済、〔②〕社会政策的及び類似の結合によって中和されたる資本主義、〔③〕組合的方法による部分組織に依つて、構成された経済若しくは階級経済、及び〔④〕組織的若しくは共産主義的経済」という「四つの論理的形態」に分けて論じ、そのうち「〔①〕交換経済と〔④〕共産主義経済はユウトピア」であり、あとの二つ（②と③）のみ可能とする。中でも③の「階級《シュタンド》的に結合されたる経済形態」こそ「真の全体構成の法則に適合する[74]」として、共産主義社会への発展を展望する史的唯物論を否定するのである。

以上のような諸議論を紹介したのち、加田は「ドイツの理論経済学がそのマルクス主義的経済学に於けると反マルクス主義経済学に於けるとを問はず、きわめて復《ママ》雑なる状態を示してゐる」として、その原因について「一九一八年のドイツ革命がその結果に於いて極めて不徹底であって、従ってドイツに於ける社会的勢力の状態が、極めて複雑多様である結果」と説明する。このように、不徹底な革命ののちの社会状況から学問の多様性を説明しようとする加田の姿勢は唯物論的・マルクス主義的と言えよう。彼は「マルクス経済学は勿論現代経済学中最も完成された体系を有するものには相違ない」と述べており、少なくとも経済学研究者としてマルクス主義の見地に立っていることが分かる。そして「吾々はこれを理解するとともに、これを発展せしむべき時期に到達してゐる」と言い、その際、それら多様な学問的諸潮流においては「社会学的色彩の漸次に濃厚とならんとする」のであるから、「経済学の社会学的基礎の要求」に応えることが必要であるとする。そして、「この研究の推進のためにはドイツ経済学こそ、そのよき素材である。ドイツ経済学の研究の意義は実にこゝに存するのである[75]」と言って、本文の全体を締めくくるのである。

4　むすび

『独逸経済思想史』より前の加田は、おおよそ価値論において客観価値論の到達点としてのマルクスの労働価値説と、主観価値説の到達点としてのオーストリア学派の（または他派も含めた）限界効用論との大きな二系列で経済学が論じられる、と思っていたのではなかろうか。それがドイツ経済思想の研究によって、両派のそれぞれについて、またその間隙においても実に様々な経済学説があることをあらためて実感したのであろう。ただ、ここまで多様性が分かった時点でもなお彼はマルクス経済学を「最も完成された体系」として見なして、しかもそれを発展させていこうという意欲を示しているが、多様な諸説を知ってたじろぐこともあったのではなかろうか。マルクス経済学の完成性への疑いや、その相対化へと進む意識は芽生えていなかったか。加田にとって次の段階となる、ナチズムや日本の国家社会主義の検討も初期においてはなおマルクス主義の側からそれらを批判的に検討する性格が強かったとしても、マルクス主義的な観点が徐々に弱まっていくように思われるのは、『独逸経済思想史』を書き終えてマルクス主義相対化の意識が彼の中で生じてきたからではないか。それとも、治安維持法による弾圧の中で余儀なくそうしていったのか。はたまた、同書に見られる、今日なら非倫理的とも言える方法を駆使してまで多作へと挑戦する姿勢でもって、加田は、軍国主義の側から示された盛りだくさんの課題さえも同様に次から次へと書いていったのではないだろうか。加田については、まだまだ謎が多いのである。

注

(1) 原田(一九九二)四一一頁参照。
(2) 本章では引用に際して、「獨逸」を「独逸」にするように旧字体の漢字をすべて新字体に直したが、仮名遣いはそのままにした。
(3) ちなみに榊原の著書は六六六ページの大著であるが、一九世紀初頭のアダム・ミュラーから始めている。
(4) 原田(一九九五)一七五頁参照。
(5) 田村・原田編著(二〇〇九)。編著者以外の共著者は川又祐、池田幸弘、植村邦彦、保住敏彦、八木紀一郎、雨宮明彦である。
(6) ちなみに、川合(一九九八)三九九－四〇一頁、での加田の「著作文献目録」では、「余りにも多数にのぼるので、ここでは著書の一覧にとどめる」としながらも七二点が挙げられている。
(7) 加田(一九二二)二頁(「経済価値論序文」の二頁。同書の頁付けは何度も一頁から始まるので要注意)。
(8) 川合(一九九八)三九六－三九七頁参照。なお、加田の理財科への入学年は、宇治(一九六二)一四七頁の記述においても不明である。
(9) 卒業論文そのものが残っているかどうかは不明であるが、卒業論文を提出した一九一九年に加田は加田忠臣の名で論文「アダム・スミスの価値論に就いて」(加田一九一九)を発表しているから、卒業が同年三月であることからして(宇治一九六二、一四七頁参照)、この論文は卒業論文に手を加えて発表したものと見なしてよいであろう。なお、「忠臣」が本名であることについて川合(一九九八)三九六頁、宇治(一九六二)一四七頁参照。
(10) Smith (1759), p. 83.(邦訳、上、二二三頁)
(11) それへの関心は、加田(一九二八)一一三－一一八頁でのスミス叙述でも希薄である。
(12) 加田はのちに、この後篇を──独自の論文を冒頭に付して──加田(一九二九b)として出版している。
(13) 加田(一九二二)三頁(「経済価値論序文」)。
(14) 加田(一九二二)三頁(高橋の「序」)。
(15) 加田(一九二二)四頁(小泉の「序」)。
(16) 加田(一九二二)五四九頁。
(17) 加田(一九二二)七七頁。
(18) 加田(一九二二)一一七頁。本章では、外国人名は今日の一般的な片仮名表記で記すが、引用文中では原著者の表記どおりとする。図書・論文のタイトルの仮名表記も原著者による表記のままとする。

(19) 加田(一九二三)二一九‐二二〇頁。
(20) 加田(一九二三)二三九頁。
(21) 加田(一九二三)二七頁(「国家観上の新傾向――序文に代えて」)、四八一頁。
(22) 加田(一九二三)三一三‐三一四、三一六頁。
(23) 川合(一九九八)三九七頁、宇治(一九六二)一四七頁参照。川合の「ドイツ、ベルリン」という表現は「ドイツなかでもベルリン」なのか、「ドイツのベルリン」のみなのか曖昧である。この点は当地での交流を探るうえで重要であり、今後の解明が望まれる(注54参照)。
(24) 加田(一九二四)二六四、二七三頁。
(25) 加田(一九二四)四、五頁(「序」)。
(26) 木村(一九九八)一四五‐一四六頁参照。
(27) 奥井の卒業年は一九二〇年なので、一九一九年卒の加田よりも一学年下ということになる。ただし、誕生年からすれば奥井は加田よりも二歳若い。奥田も「一九二〇年代半ば」にベルリンに留学した。藤田(一九九八)四四七‐四四八頁、川合(一九九八)三九六頁参照。
(28) 藤田(一九九八)四四七頁参照。
(29) ちなみに、同じ川合・武村編『近代日本社会学者小伝』において、加田の著作文献目録では「著書の一覧にとどめる」としても七二点が挙げられているが(川合一九九八、三九八‐四〇〇頁参照)、奥井の著作文献目録では五点挙げられているのみである(藤田一九九八、四四九‐四五〇頁参照)。奥井のそれは『奥井復太郎著作集』全八巻も一点として数えているので、それを個々に数えれば増える可能性もあるが、その各巻を一冊と数えても加田のほうがはるかに多い。
(30) 川合(一九九八)三九六頁ではそうだが、加田(一九二一)のタイトル頁にはすでに「慶應義塾大学部教授　加田哲二著」と記されている。宇治(一九六二)一四七頁には教授就任年が記されていない。
(31) 宇治(一九六二)一四七‐一四八頁参照。
(32) 加田(一九二八a)一頁、加田(一九二八b)一頁参照。
(33) 加田(一九二九a)八頁(訳者「『住宅問題』解説」)参照。
(34) 加田(一九二九a)二一九頁。
(35) 加田(一九三一b)一‐二頁。
(36) 加田(一九三三b)三頁。

(37) 加田（一九三二b）一 - 二頁。
(38) 加田（一九三二b）六〇頁。また柳澤（二〇〇八）九〇 - 九二頁参照。
(39) 加田（一九三三a）二、一五頁、加田（一九四〇a）二六八頁。
(40) そこでは、かつてのモリス論での「共住者団体」「地方的統一」「国民的統一」といった観念との関連が加田によって意識されていたのではないかと思われる。
(41) 柳澤（二〇〇八）九六 - 九八頁、酒井（一九九二）一三八 - 一四七頁、池田・三島（二〇〇一）xxviii–xxix 頁、波多野（一九八〇）三八 - 三九頁、また本書での柳澤による第12章参照。
(42) 川合（一九九八）三九七 - 三九八頁、池田・三島（二〇〇一）xxix 頁、牧野（二〇一〇）五五頁参照。
(43) 卒業論文に手を加えて出したと推測できる加田 一九一九の（三）一〇〇頁では、スミスの引用とともに「「労働はすべてのものに対して最初に支払われたる代価即ち最初の代金なり」とせるは実に英国経済学の伝統的根本思想なると共に、スミス経済学の根本思想たるなり」とされている。これは、加田が自らの研究の初発から、スミスをとりわけ労働価値説の思想家として捉えていたことを示している。Cf. Smith (1776) p. 48.（邦訳（一）、六四頁）
(44) 原田（二〇〇三）参照。
(45) 加田（一九四〇b）一頁（訳者「序」）。
(46) 川合（一九九八）三九八頁、池田・三島（二〇〇一）、xxix 頁参照。
(47) 例えば、大内（二〇一二）で示されたマルクス・モリス関係の肯定的な把握の先駆けとして、加田の議論を位置づけられないだろうか。ただし、同書、二二四 - 二三五頁での参考文献には加田のモリス論は挙げられていない。
(48) Roscher (1874) S. 183.
(49) 川又（二〇〇九）一頁。
(50) それ以前にも、体系性を欠くとはいえドイツ語圏に経済思想があったことは、ドイツ語圏に影響を与えたトマス・アクィナス（イタリア人）のスコラ哲学やエラスムス（オランダ人）の人文主義ならびにルターの宗教改革思想などでの経済論などを見れば分かるから、そこまでさかのぼることも可能ではあるが、体系性を考慮すればやはり官房学がドイツ語圏経済思想の端緒である。スコラ哲学、人文学、宗教改革思想での経済論について vgl. Roscher (1874) S. 1–167; Brandt (1992–93) Bd. 1, S. 17–33.
(51) 私たちの通史、田村・原田（二〇〇九）は、新進気鋭の官房学研究者、川又祐氏が担当することにより、それが可能となった。

（52）加田（一九三一ａ）三－三二頁参照。官房学者の生没年については、加田はモムベルト（Mombert 1927, S.157–193）に依拠しているが、ここでは、田村・原田編（二〇〇九）の「官房学」の章（川又による）でのそれを記した。
（53）加田（一九三一ａ）一五頁。
（54）このことは、わが国でのモムベルト受容という観点からしても残念である。歴史学派の末葉に位置するこの経済史家にして経済学史家については、わが国では、Ｆ・ｖ・バーダーやマルクスの見た一九世紀中頃までのドイツの下層労働者の大半が実は近代的な産業労働者ではなく古いタイプの貧民であったことを指摘する際に、彼の経済史（人口論）研究が参照されている（木村二〇〇〇、二四六－二五六頁参照）。他方、モムベルトの経済学史の側面の受容は無きに等しいように私には思われていたが、加田がすでにしていたのである。彼がそれを明示していれば、学史レヴェルでの歴史学派末葉の受容の一齣がより明確になっていたはずである。しかも、加田にとってなぜモムベルトだったのか。単なる偶然か、それとも彼の留学時代のドイツでは――例えば所属大学の指導教授（誰？）の薦めた――スタンダードの学史がモムベルトの本だったのか。これについては加田のベルリン留学期を詳しく知る必要があるが、現在のところ私はそれを知る手立てを持たない（注23参照）。モムベルトについては、vgl. Brandt1992–93, Bd. 2, S. 217, 225–226, 277, 374. なお、ブラントはモムベルトの孫弟子（モムベルトの弟子Ｗ・ヴァッフェンシュミットの弟子）である。
（55）Mehring (1909) Bd. 1, S. 41–61.（邦訳：上、三一－四五頁）
（56）加田（一九三一ａ）四三二頁。
（57）加田（一九三一ａ）一三五頁。
（58）加田（一九三一ａ）一三六頁。
（59）加田（一九三一ａ）三三四頁。
（60）Freyer (1921) S. 43.
（61）Roscher (1874) S. 763.
（62）高島（一九四一）四三九頁、『著作集』第二巻、三九八頁。原田（二〇〇二）iv－v、二五－二六、八八－八九頁参照。
（63）原田（二〇〇二）一〇六頁参照。
（64）メーリング自身の校訂による最後の版は第二版（一九〇三－〇四年）であるが、その校訂後でも修正主義の問題については詳述されていない。足利（一九六九）五七四頁参照。
（65）加田（一九三一ａ）二八六頁。
（66）加田（一九三一ａ）二六一－二七九頁参照。

(67) 加田（一九三一a）二八〇－二八六頁参照。
(68) 加田（一九三一a）二八七－二八九頁。
(69) 加田（一九三一a）二八七－二九三頁。
(70) 加田（一九二九b）三六頁。
(71) 加田（一九三一a）四〇五－四〇六頁。
(72) 加田（一九三一a）四〇九－四一二頁。なお、カッセルに関する四一〇－四一二頁の叙述は「経済価値論の史的概観」（加田一九二九b）三〇－三五頁をそのまま写したものであるが、そうであることは記されていない。
(73) 加田（一九三一a）四一三頁。
(74) 加田（一九三一a）四一三－四一五頁。引用文中のルビは原著者による。
(75) 加田（一九三一a）四一五－四一七頁。社会学の強調は、彼自身が社会学の講義も担当して教科書『近代社会学成立史』と『社会学概論』を一九二八年に上梓したこととも関連するであろう。

参考文献

（加田による訳書は、加田の諸著作を明示的に列挙するため、加田の名で配列した。他の訳書は原著の後に記した。）

Brandt, K.（1992-93）*Geschichte der deutschen Volkswirtschaftslehre*, Freiburg i.Br.
Freyer, H.（1921）*Die Bewertung der Wirtschaft im philosophischen Denken des 19. Jahrhunderts*, Leipzig.
Mehring, F.（1909）*Geschichte der deutsche Sozialdemokratie*, 4. Aufl., Stuttgart.（足利末男・平井俊彦他訳『ドイツ社会民主主義史』（上・下）ミネルヴァ書房、一九六八－六九年）
Mombert, P.（1927）*Geschichte der Nationalökonomie*, Jena.
Roscher, W.（1874）*Geschichte der National-Oekonomik in Deutschland* (1874), 2. Aufl., München, Berlin 1924.
Smith, A.（1759）*The Theory of Moral Sentiments* (1759), Oxford 1976.（水田洋訳『道徳感情論』岩波書店、二〇〇三年）
Smith, A.（1776）*An Inquiry into the Nature and Causes of the Wealth of Nations* (1776), Oxford 1976.（水田洋監訳『国富論』岩波書店、二〇〇〇－〇一年）
足利末男（一九六九）「訳者あとがき」F・メーリング（足利・平井他訳）『ドイツ社会民主主義史』（下）（前掲）。

池田幸弘・三島憲之（二〇〇二）「慶應義塾の経済学――幕末から戦後まで」池田幸弘・三島憲之編著『福沢先生没後百年記念――慶應義塾の経済学』慶應義塾図書館。

宇治順一郎（一九六二）「経済学部」慶應義塾編『慶應義塾百年史』別巻（大学編）慶應通信。

大内秀明（二〇一二）『ウィリアム・モリスのマルクス主義――アーツ＆クラフツ運動を支えた思想』平凡社。

加田忠臣（哲二）（一九一九）「アダム・スミスの価値論に就いて」『三田学会雑誌』第一三巻第六号、第七号、第八号、第九号。

加田哲二（一九二一）『経済価値論』国文堂書店。

加田哲二（一九二二）『国家学説と社会思想』下出書店。

加田哲二（一九二四）『ウヰリアム・モリス――芸術的社会思想家としての生涯と思想』岩波書店。

加田哲二（一九二八a）『近世社会学成立史』岩波書店。

加田哲二（一九二八b）『社会学概論』慶應義塾出版局。

加田哲二（訳）（一九二九a）F・エンゲルス『住宅問題――附プルウドンとマルクス』岩波書店。

加田哲二（訳および著）（一九二九b）W・スマアト（加田訳）『経済価値概論』・加田『経済価値論の史的概観』（厳密にはタイトルページに『経済価値概論　ウィリヤム・スマアト著　加田哲二訳　経済価値論の史的概観　加田哲二著』と書かれている）春秋社。

加田哲二（一九三一a）『独逸経済思想史』改造社。

加田哲二（一九三一b）『近代唯物的社会観の発展』春秋社。

加田哲二（一九三二a）『国民主義と国際主義』同文館。

加田哲二（一九三二b）『日本国家社会主義批判――（日本ファッシヅム論）』春秋社。

加田哲二（一九三三a）「ドイツ国民社会主義の経済観」『三田学会雑誌』第二七巻第三号。

加田哲二（一九三三b）『明治初期社会思想の研究』春秋社。

加田哲二（一九三四）『維新以後の社会経済思想概論』日本評論社。

加田哲二（一九三八）『人種・民族・戦争』慶應書房。

加田哲二（一九四〇a）『転換期の政治経済思想』慶應書房。

加田哲二（監訳）（一九四〇b）A・ローゼンベルク『ナチスの基礎』（＝『世界全体主義体系』第一巻）白揚社。

加田哲二（一九四〇c）『政治・経済・民族』慶應書房。

川合隆男（一九九八）「加田哲二――社会経済思想史・社会学成立史研究と民族的基本社会論の展開」川合隆男・竹村英樹編『近

代日本社会学者小伝——書誌的考察』勁草書房。

川又祐（二〇〇九）「官房学」田村・原田編『ドイツ経済思想史』（後掲）。

木村周市朗（二〇〇〇）『ドイツ福祉国家思想史』未來社。

木村正身（一九八二）「戦前ラスキン関係邦文献目録」『香川大学経済論叢』第五五巻第一号。

酒井三郎（一九九二）『昭和研究会』中央公論社。

高島善哉（一九四一）『経済社会学の根本問題——経済社会学者としてのスミスとリスト』日本評論社（復刻版、日本評論社、一九九一年）。のちに渡辺雅男責任編集『高島善哉著作集』第二巻として、こぶし書房、一九九八年。

田村信一・原田哲史編著（二〇〇九）『ドイツ経済思想史』八千代出版。

波多野澄雄（一九八〇）「「東亜新秩序」と地政学」三輪公忠編『日本の一九三〇年代』創流社。

原田哲史（一九九二）「訳者あとがき」T・リハ（原田哲史・田村信一・内田博訳）『ドイツ政治経済学——もうひとつの経済学の歴史』ミネルヴァ書房。

原田哲史（一九九五）［書評］K. Brandt: *Geschichte der deutschen Volkswirtschaftslehre*, Bd. 1, 1992, Bd. 2, 1993, Freiburg i. Br.,『経済学史学会年報』第三三号、一七五頁。

原田哲史（二〇〇二）『アダム・ミュラー研究』ミネルヴァ書房。

原田哲史（二〇〇三）「「直観的理論」から市民社会論へ」『四日市大学論集』第一六巻第一号。

藤田弘夫（一九九八）「奥井復太郎——都市社会学の創立者」川合隆男・竹村英樹編『近代日本社会学者小伝——書誌的考察』勁草書房。

牧野邦昭（二〇一〇）『戦時下の経済学者』中央公論社。

柳澤治（二〇〇八）『戦前・戦時日本の経済思想とナチズム』岩波書店。

第12章

激動の時代の経済学

――自由放任主義の終焉と国家の経済介入

柳澤治

向井鹿松
（1888–1979）

武村忠雄
（1905–1987）

加田哲二
（1895–1964）

1　はじめに

本章は、一九二〇年代末から一九四五年に至る激動の時代に活動した慶應義塾大学の経済学者を取り上げ、彼らがその時代をどのように認識し、それを自身の経済学と社会的行動にいかに関連させたかを考察する。この時期の日本は、昭和恐慌と世界恐慌、満州事変（一九三一年）、五・一五事件（一九三二年）、二・二六事件（一九三六年）、日中戦争（一九三七年勃発）、国家総動員法（一九三八年）、経済新体制（一九四〇年）、太平洋戦争（一九四一年勃発）、そして敗戦（一九四五年）と、歴史上かつてない激動の時代を経験した。欧米では、世界恐慌を背景にして、広域的な経済体制がつくり出され、一九三三年にはドイツで全体主義的なヒトラー・ナチス体制が生まれ、同じ年にアメリカ合衆国では大統領F・ローズベルトによるニューディールがはじまった。ドイツがポーランドを侵略し、第二次世界大戦が勃発したのは一九三九年であった。慶應義塾大学の経済学者たちは、激しく揺れ動くこの時代を経済学的にどのように捉え、どのように行動したのだろうか。

産業革命を経て確立した主要各国の資本主義とその自由主義的な体制は、第一次世界大戦前後から大きく転換し、一九二〇年代には自由放任主義の行き詰まりが問題とされ、それに対する修正や改良が構想された。その中で国家による経済への介入の動きが強化され、一九二九年の世界恐慌はそれを決定的なものとした。マルクス主義者はもちろん、マルクス経済学に属さない経済学者たちも、資本主義の本質である企業の営利活動がもたらすさまざまな弊害を問題とし、経済活動に対する国家的な介入と規制をめぐって活発な議論を展開した。国家的な経済介入は、戦争準備体制、さらには第二次世界大戦の戦時体制の下で強化され、こうしてそれらを集約的に表現する経済統制あるいは統制経済、さらには戦時経済体制の問題が、経済学の最も重要な課題となるに至った。

慶應義塾大学の経済学者たちも、この問題に大きな関心を向けた。中でも向井鹿松、加田哲二（忠臣）、永田清、金原賢之助、武村忠雄、気賀健三など、いずれも活躍盛りの気鋭の学者たちが、経済学の立場からこの課題に取り組み、次々にその成果を公にしていった。彼らの多くは、そのような学問的活動を経済統制や戦時経済体制の現実に関わる社会的な行動に結びつけた。本章はそれらのうちから、向井鹿松（一八八八－一九七九年）、加田哲二（一八九五－一九六四年）および武村忠雄（一九〇五－一九八七年）の三人を取り上げて、その経済学と思想の特質、さらにはそれと結びついた活動を考察する。(1)

2　向井鹿松の統制経済論――「合理化」・「統制」と「企業改造」

統制経済に関わる向井鹿松の活動

向井鹿松は、(2)商学・経営学の分野で開拓者的な研究を進め、多くの業績を世に問うてきたが、(3)その彼が自由主義的な資本主義経済の転換とその修正、経済の「合理化」と「国家的な統制」に関する全体的な議論を展開したのは、一九三三年に改造社から刊行された著書『統制経済原理』においてであった。この書物は、向井を含め当時第一級の経済学者や評論家一〇人が執筆し、(4)翌一九三四年にかけて公にされた『日本統制経済全集』全一〇巻の巻頭を飾るもので、当時最大の政策課題であった経済統制を大がかりに取り上げたこの全集の基礎となる原理論が、他の有力論者ではなく、向井によって執筆されたことに彼の高い評価が示されていた。向井がこの書物で展開した、資本主義の転換と改良、それに基づく合理化と統制についての認識は、彼が深く関与していた政府の政策過程と密接に結びついていた。

この書物刊行の三年前の一九三〇年、向井は慶應義塾大学の教授の身分で、商工省の臨時産業合理局の委員に任命されていた。この組織は、当時の最重点課題である産業合理化政策を推進するために浜口内閣の下で設置された商工省の諮問機関で、民間からも、松岡均平・郷誠之助・大河内正敏はじめ有力者が参加した。産業合理化は、当時各企業レベルで、また経済界において、さらには国家の政策問題として重要な課題となっていたが、昭和恐慌の下でこの問題は同時に、合理化とはあたかも対立する企業のカルテル的結合とそれに対する国家的統制と関連づけて論ぜられていた。向井はこの合理化と企業統制の問題を討議する統制委員会の委員として、やがて経済立法として重大な意味を持つことになる重要産業統制法（一九三一年）の策定に携わった。同委員会の会長は松岡均平（三菱）で、岸信介が幹事を務めていた。向井は、吉野信次（商工省）、高島誠一（日本経済連盟会）ら政財界の有力メンバーと並んで、法律の専門家・田中耕太郎（東京帝大）とともに、経済学分野をあたかも代表する学者として論議に参加していた。彼は、一九一九年から二二年にかけてドイツを中心に欧米に留学し、ベルリンではドイツ歴史学派の巨頭のW・ゾンバルト（Sombart）のゼミナールで学び、帰国後その成果を次々に公にした。委員に任命される直前の一九三〇年三月から九月にかけて、合理化運動の調査のために欧米を視察しており、彼は合理化と企業統制の問題の第一人者とみなされていたのである。

向井は、一九三五年には、首相直属の国策調査機関として設置された内閣調査局の専門委員に任ぜられ、さらに一九三七年に戦時動員のための総括機関であった内閣資源局の専門委員を命ぜられた。同年、彼は慶應義塾大学を退職し、名古屋商工会議所の理事に転じ、やがて一九四〇年には商業組合中央会専務理事の地位に就くのであるが、この間も引き続き商工省の諸機関に関与して、国策の策定に携わった。

彼は、このように戦前・戦時を通じて、国家的な経済統制の核心部分に関与することになったのであるが、そのような実践活動の背景には、資本主義の転換と経済統制に関する自身の全体的な認識が存在したと言ってよいだろう。ドイツでA・ヒトラーが政権を掌握し、アメリカ合衆国でニューディールが始まった一九三三年に出版された彼の『統制経済原理』は、それを集約的に示していた。

「合理化」と「統制」の原理

向井はこの書物の序で、一九世紀的な自由主義経済の終焉と、二〇世紀における拘束的・管理的経済への転換を指摘する。彼はこの転換を、経済生活と経済組織における技術的発展＝機械化の進展と関連づけ、その観点から管理経済や計画経済への傾向とその必然性を捉えるとともに、人間は機械化できないという、その限界を重視して、中央集権的・強制的な管理経済＝「純なる計画経済」ではなく、現行の統制的な経済と「純粋な計画経済」との中間形態、つまり計画的な統制経済を提起する。

向井のこのような認識の基礎にあったのが分業論と能率論である。つまり彼は生産力を決定的に重視した。当時世界的に問題とされた「科学的管理法」や「合理化」、あるいは広い意味での計画経済は、この観点から位置づけられた。向井は、この分業論・能率論を土台にして、技術的な諸条件を合理的に結合させる組織の重要性を強調する。「此の組織、結合こそは則ち今日の経営組織、経済組織改造の中心問題をなすのである。此の意味に於て今日の凡ての能率問題、例へば科学的管理法と云ふも、合理化と云ふも、又廣く計画経済と云ふも、其の根柢は何づれも此の意味の組織問題、人の組織能力の問題に帰着するのである」（向井一九三三、一二頁）。

彼は、個別経営体の発展をそれに関連づけるとともに、さらに諸個別経営の結合と集中（集団的経営）による拡大された組織体を重視し、それが産業全体の組織化に結びつくと指摘し、その上でいくつかの重要産業の結合と統一的経営の形成、それによる「全国民経済」の組織化の方向性を提示する。それが向井の構想する「計画的な統制経済」に対応する組織形態であった。

向井の統制経済論の基本的な視点は、このように分業論を土台とする能率論、そしてそれと一体になった組織論にあった。ワイマール期ドイツの合理化運動は、彼にとって自身のこの考えを具体的に表現する重要な現実であった。向井はゾンバルトの言葉、「経済上の合理主義は高度資本主義を風靡する一大現象である」を引用し、「合理化とは合理主義の意識的行使の運動および実行」にほかならないと述べ、独自な合理化論を展開する（同、第五章）。

彼は、合理化を技術面の合理化（標準化・統一化・単純化などによる能率向上、生産原価低廉化）のみに見るのではなく、上述したような組織論に関連づけた。すなわち合理化を一つの作業におけるそれだけでなく、個別的経営体における経営全体の合理化、さらには諸企業が構成する産業部門の合理化をも重視した。企業間での専業化、規格の統一、生産物の単純化・型化がそれである。それらは経営間の協議、カルテルによる協定、企業合同やトラストによって、さらには国家的に実施される。彼はそのような合理化を意識的な計画、統制の枠組みで捉えた。

向井は合理化の現代的な形態として、アメリカの科学的管理法と独・英・日の合理化運動に注目し、その展開過程を詳論し、その中で進行した「協力による共同作業」の重要性を指摘しつつ、それを自由競争に代わる「経済組織化」と「経済安定」に結びつけた。その際に注目されたのがJ・M・ケインズ（Keynes）の『自由放任の終焉』（一九二四年講演、一九二六年刊行）（Keynes 1926）であり、アメリカにおける不正競争防止の動向であった。向井はこの過程が、資本主義的企業の変質と競争原理の修正と一体となって展開したことを重視し、アメリカのゼネラル・エレクトリック社の社長G・スウォープ（Swope）の経済界組織化論[5]に積極的な評価を与えた。

重要産業統制法に至る日本の展開を、彼はこのような動向と重ね合わせる。彼は、臨時産業合理局の顧問だった中島久万吉（一九三三年時には商工大臣）と、松岡均平の思想を紹介しつつ、そこで策定された「重要産業統制に関する法律」（一九三一年四月発布）[6]を、「此等我財界指導者の人々の思想又は要望の具体化」として位置づけるとともに、それが単なるカルテル助成法としてではなく、原価計算の統一や計算カルテルの原則、労働者の保護、カルテル協定の公表、事業報告の発表、などを促進する機能を持つようになることを求めた。向井が追求した「協力による共同作業」は、企業家の単なるカルテル的結合ではなく、「経済安定」と一体となった、産業部門全体の合理化を目的とするものでなければならなかった（向井一九三二、第六章四節）。

世界経済の転換、自由経済の行き詰まりと拘束経済

合理化と統制に関する向井の議論は、資本主義の世界的な転換に関する彼のグローバルな認識と不可分の関係にあった（向井一九三三、第七章）。

向井は上述したように、自由主義経済の後退ないし終焉と統制的・計画的な経済への移行を不可避的とみなし、それを世界経済の機構的な変革に関連づけた。その画期は第一次世界大戦であった。彼はそれ以前の世界経済の前提となっていた「生産の地理的集中」（工業国＝欧米と農業国（後進国）の間の国際分業）、その資本主義組織、「貨幣制度の安定」、国際取引における「自由競争」のための機構が、農業国の工業化によって解体したことに注目する。その際向井が最も重視したのが、刊行されたばかりのゾンバルトの著作『資本主義の将来』（*Die Zukunft des Kapitalismus*, 1932）であった。

資本主義の機構的な転換に関するゾンバルトの諸論は、二つの柱から成り立っていた。そのうち第一の柱である「世界経済機構の変革」について向井は、農業国の工業化による国際分業体制の解体に関するゾンバルトの独特な認識に注目した。つまり「世界に於ける白人種の支配」（「西欧諸国の世界搾取」）の解体と「有色人種の解放」の方向性、西欧諸国における「自力自給」（アウタルキー化）、「経済ブロック化」、「農本復帰」の傾向である。他方二つ目の柱である「国民経済機構の変革」について向井は、自由競争原理の弱化、社会や団体による経済干渉、労働に対する社会的保護、国家による企業干渉、などの傾向と、その結果としての資本主義の停滞を問題にするゾンバルトの所論を肯定的に評価した。

自由競争の衰退と拘束経済への移行の問題に関して向井は、一方では拘束経済論に反対するL・E・v・ミーゼス（Mises）らの自由主義的観点に対して、他方では社会主義的な立場に立った計画経済論に対して、経営学者E・シュマーレンバッハ（Schmalenbach）の見解（Schmalenbach 1928）を対置させ、それを積極的に評価した（向井一九三三、第七章三節）。シュマーレンバッハは、カルテル・トラストなどの独占形態、国営事業、価格統制、住宅

管理、為替管理などの現象に注目し、このような経済的拘束が強まりつつある現在は、自由主義的経済から拘束的経済へ移行する転換期であると捉え、根本的な原因を経営内における固定経費の割合が増大したことに求めた。それが市場経済の自動的調節機能を失わせるとともに、経営を拡大させる要因となったというのである。向井はシュマーレンバッハのその考えに賛同しつつ、その中でつくり出された独占組織の不合理性、不経済性に対して国家の監視の必要性を説くシュマーレンバッハの主張を重視した。

新しい経済としての計画経済的統制経済と企業組織化・超株式会社

（1）部分的計画経済論

向井は、ゾンバルトとシュマーレンバッハの見解によりながら、経済の改造と新しい経済の方向性を問題にする。それが現今の経済と「純粋な計画経済」の間にある中間的な形態としての部分的な「統制経済」・「計画経済」であった（向井一九三三、第九章）。

彼は、計画経済の概念を国家が中央集権的に需要と供給を統制し、それを自由競争に代替させる経済と規定し、それが「全国的に集中管理」される場合を「全計画経済」または「純なる計画経済」と呼んだ。彼はこの全計画経済をユートピア的とみなし、より現実的な計画経済の方式として「国民経済内における特定の産業又は経済を一般の自由競争の市場」より分離して「特別の範囲に於いて計画経済」を行うこと、すなわち「部分的計画経済」を提言した。

市場経済から切り離されて、学校や道路のように国家的管理に移されるのは、民衆の「最低の生活必需品」、住宅、外国為替などの分野である。他方企業の自発的統制体であるカルテル的組織は国家権力によって統制されることになる。自由競争的市場経済と計画的経済（部分的）とを全体として包括し、国家の合理的な経済政策によって「統一計画」の下で統制する経済が「計画経済的統制経済」である。向井は述べる。「斯の如く計画経済的統制経済は多種多様の経済形式及び制度の竝存を許し、又統制手段を認めるのである。而して此等の統制手段によつて種々の経済形式及び制度を一つの新しい意義ある経済に綜合総括せんとするのが則ち計画経済的統制経済である」（同、二九七頁）。そしてそれらを立案・決定する機関として「経済参謀本部」（経済審議会・経済評議会）の設置が計画される。

向井のこの構想は、上述のようにゾンバルトやシュマーレンバッハの政策思想に依拠しつつ、同時にドイツの具体的な状況をも参考にして組み立てられた。産業を部門別・職種別、そして地域的に編成して経済自治団体をつくり、それを全国産業評議会によって総括するという、ドイツのW・メレンドルフ（Moellendorff）とR・ヴィッセル（Wissel）の構想がそれである。一九一九年に立案され、ライヒ経済省によって提案されたこの計画の背景には、電機工業の企業、AEG社のW・ラーテナウ（Rathenau）の考えが存在した。向井はそれから大きな影響を受けていたのである。(7)

（2）企業組織論・超株式会社論

国民経済の統制経済的編成に関する向井の立論において、重要な位置を占めたのは企業・経営体の縦断的・横断的な組織化であった。そのような企業の組織化と国民経済的編成の根底にあるのが「経済の担当者」たる企業である。したがって計画経済の実現のためには、「資本主義企業の修正」とその「自主化」が必要となる。自由経済の下では企業の所有者とその経営者は同一人格として結合されており、企業の営利活動は企業家の創造的活動を促し、それが「社会経済の進歩発達に貢献する」と考えられていた。しかし技術的発展は企業の規模を大経営化し、株式会社の形態が一般化した。そこでは企業の所有者＝株主の大多数は、経営活動に関与せず、「所有と経営の分離」が生じるに至った。

このような現実認識を前提にして向井は、株主有限責任、株式移転、企業所有者数の増大、経営権の重役への委譲などの株式会社制度の特質を明らかにするとともに、企業経営の大規模化に伴って経営の「官僚的機械化」が進み、創造的活力が衰退する傾向を指摘する[8]。「斯の如く株式会社の経営は其規模大となりて、所有と経営の区別を生じ、而して所有が其の経営を第三者に委譲する結果、茲に会社経営は単独経営に於けるがごとき創意と活力を失ひて、規則的事務的官僚的機械化となりて其経営能率の向上を阻止し、且つ下級役員に対する指導監督も放慢となつて事務の渋滞又は不正行為を誘発し易きに至るものである」。

そのような現実に対して向井は、一方では『自由放任の終焉』におけるケインズの株式会社の「公法人化」論[9]に、他方ではラーテナウの「自主的企業」論（Rathenau 1929a）に注目して、「資本主義的企業の修正と自主化」を提言する。株主に対する配当の確保と低率化（資本利子＋事業危険保険料）と「事業としての事業」化、「新経営者（重役）」への「受託」とその「公人化」がそれである。公人としての新経営者（重役）は、公益の立場に立って事業を運営する義務を負うことになる。この事業体は、もはや資本主義の下におけるような純粋の私企業ではなく、また私有財産を前提にしている限り社会主義的経営や公企業でもなく、いわば両者の中間的形態と言える。そしてそのような中間的形態としてのこの「自主的企業」こそが、同じく中間的な形態である「計画経済的統制経済」の組織要素となる。資本主義修正の目標はここにある。向井は次のように述べる[10]。

「新時代の事業から新経営者の経営する事業は最早資本主義の下に於ける純粋の私企業ではない。蓋し資本家の営利を第一とするものではないからである。さりとて私有財産を廃止するものでないから、社会主義の下に於ける経営でもなければ、又公企業でもない。全く社会に奉仕するための施設で、而して其の施設は其れ自体が一つの独立自主を主張し、之を維持せんと主張するものである。則ち一つの自主的経済である。而して斯の如き経営時代の出現は決して空漠たる理想でも、道徳でもない。全く生産設備の所有権に変革の起りし結果に外ならないのである」。

「現代資本主義は之から直ちに社会主義へも共産主義へも、又完全なる計画経済へも行くものでない。恐らくそれは両者の中間形体経済たる計画経済的統制経済の過程を通過するものであらう。果して然らば此の資本主義企業にも非ず又社会主義経営にも非ざる其の中間物たる自主的企業こそ同じく中間物たる計画経済的統制経済の重要なる組織要素でなければならないのである。茲に於て総合経済組織と其の組織分子の性質とは一致するのである。少なくとも次に述ぶる国営企業と共に今後重要なる役割を演ずるものでなければならぬ。今後の資本主義修正の立法の目標は此点に向けられなければならないのである」（原文は最後の二つの文章を除いてすべて傍点付）。

ケインズ、とりわけラーテナウから大きな影響を受けて組み立てられた向井のこの「自主的企業」の構想は、一九二九年に公にされた彼の書物『経営経済学総論』（千倉書房）において「超株式会社」論として展開されていた。彼はそれを統制経済論の全体的な構想の土台として配置したのである。

以上、向井鹿松の『統制経済原理』の内容を整理し、その骨格を要約してきたが、経済学上・思想上の意義を挙げるとすれば次のようになるだろう。(1)彼の全体認識の基礎を形づくっている合理化論は、今日においても読むに値する内容となっている。自らの調査に基づく合理化過程の実態とその重層性に関する彼の認識は、むしろ画期的とさえ言ってよいだろう。(2)向井は、その合理化を資本主義経済の本質とみなし、さらにそれを資本主義の修正のための統制的経済体制の基本的原理とする。合理化と国家的規制とを結合させるこの認識は、本章の対象とした「激動の時代」の日本の現実に重なり、それと深く交錯した。そして合理化重視のこの観点は、戦後日本の政策過程にも結びつく重要な論議であったと言ってよいだろう。(3)資本主義の修正に関する彼の考えは、とりわけ戦時体制の編成にとって重大な画期となった、経済新体制の論議に大きな影を落としていた。いわゆる「所有と経営の分離」に関する企画院革新官僚の構想、昭和研究会の論客笠信太郎の『日本経済の再編成』（中央公論社、一九三九年）の立論は、事実上向井の自主的事業論（超株式会社論）を大きな拠り所としていたと言っても過言ではないだろう。[11] (4)この超株式会社論の前提にある向井の株式会社論は、株式会社論の専門家晴山英夫によって次のように高く評価されている（晴山一九八一－八二（上）、一九五頁以下）。

「しかしたとえそこに多くの論理的飛躍や事実誤認があったとしても、向井の提起した理論と理念は会社支配論にとって新たなる分野を開拓したものとして高く評価されねばならない。

上田貞次郎によって示唆された所有と経営の分離の考え方は、まだごくプリミティブな形であるが、向井によってはじめて一つの理論として導入され、消化され、展開された。株式分散の意義の評価、経営者による会社支配という新たな理念の提唱、大株主と経営者の闘争に関する指摘などは、いずれも会社支配論の核心的部分に迫る認識と考察を示すものであり、その後の理論の展開と発展に大きく貢献するところがあったといわなければならない」。

3　加田哲二の時代認識——昭和研究会と経済新体制問題の中で

経済学史・社会学史の専門家加田哲二[12]は、向井とは違った形で「激動の時代」に関与した。向井は、一九三七年、五〇歳を目前に大学を退職し、名古屋商工会議所に転じた。当時四二歳だった加田は、その年、この時代の最先端をゆく学者・ジャーナリストたちを結集した、首相・近衛文麿の知的ブレーン機関、昭和研究会に加わり、「東亜ブロック経済研究会」（一九三八年委員長）、また文化研究会（当初、文化問題研究会）のメンバーとして活動することになった。前者には同僚の金原賢之助や、湯川盛夫・和田耕作・山崎靖純・猪谷善一・友岡久雄・三浦銕太郎・松井春生・笠信太郎ほか気鋭の知識人が、また後者の研究会の委員長は三木清で、委員として三枝博音・清水幾太郎・中島健蔵・菅井準一・福井康順・船山信一ら（のちに佐々弘雄・笠信太郎・矢部貞治）、有力な人材が参加した

（柳澤二〇〇八、九〇頁）。

この年七月に日中戦争が始まり、日本は国防＝戦時経済体制に移行した。そのような体制の確立をめざして一九四〇年、第二次近衛内閣の下で政治・経済・文化の「新体制」が構想された。経済の「新体制」に関しては企画院のいわゆる革新官僚（美濃部洋次・毛里英於菟・迫水久常ら）を中心に、これまでの日本経済を改造し、より計画的・統制的な経済体制へと転換する方針が打ち出された。日中戦争の遂行と、さらに総力戦の準備体制の構築を目的とするこの新体制構想は、旧来の資本主義体制を改造するとともに、対外的には満州・中国を包摂した「東亜ブロック経済」を構築することをめざしていた。昭和研究会は、そのような構想の策定を支援するために、上記のように第一級の知識人、気鋭の学者を結集して構成され、様々な面について政策や計画を準備したのである。この会に加わった加田は、この間、多くの書物を公にし、また驚異的なペースで各種の雑誌に論文を発表するが（福島・大久保共編一九九五）、それらの殆どすべてが上のような時代状況に密接に関係していた。本章ではこのような多面的な活動の背景にある加田の世界史的な転換の認識と、昭和研究会の活動と一体になった東亜ブロック経済＝東亜経済協同体論に焦点を合わせて検討することにしよう。

日本国家主義とナチズムの比較研究

同時代の多くの社会科学者と同様に、加田も「現代」がかつてない「転換期」にあると考える。「転換期」を特徴づけているのは、各国における国家主義・国民主義の拡大とブロック経済の形成であり、その国家主義相互間の対立である。その中から自由主義・国際主義を排斥する独裁政治や挙国一致政治が登場してくる。ドイツ・イタリア、さらに日本においてその傾向が顕著である。このような認識に基づき加田は、日本の国家主義とドイツのナチズムの比較研究に取り組んだ。一九三二年に刊行された『国民主義と国際主義』（同文館）と『日本国家社会主義批判』（春秋社）、さらに一九三八年の著書『日本国家主義の発展』（慶應書房）・『人種・民族・戦争』（同）および一九四〇年刊行の『転換期の政治経済思想』(同)は、この問題に関する彼の重要な成果であった。『日本国家社会主義批判』と『日本国家主義の発展』において加田は、日本の民族主義・国家主義の歴史的展開を検討し、北一輝、権藤成卿、大川周明、高畠素之、赤松克磨らの国粋主義、国家社会主義、さらには林癸未夫・石川準十郎などのその現代的形態を分析する。加田はとりわけ「満州事変以後」の国家主義が、政治的には「政党政治の打破」と「天皇政治の確立」の要求、経済的には「経済生活に対する倫理要求」と「国家統制」を特徴としていると指摘し、倫理的主観的観点に立った国家主義が「経済生活の必然性」と「その歴史的条件」に関する認識を欠落させていることを問題にし、「科学的調査」と「冷徹な批判」の必要性を強調した。彼は、それを五・一五事件、二・二六事件を含めた日本の国家主義的動向と、さらには自身をとりまく現実の全体的な政治過程に関連づけた(特に加田一九三八a、二七八頁以下)。加田の考察は、時代状況と現実過程に対する積極的な評価や批判を含む時局評論的な要素を多く含んでいたが、全体としては単なる時論の域を超えて社会科学的であり、戦前日本の国家主義運動の同時代的分析として、戦後の丸山真男の研究(『現代政治の思想と行動』一九五六年)に先行する重要な開拓者的な成果と言うことができる。

加田は日本のこの国家主義をファシズムの世界的傾向の一つと考え、イタリアとドイツにおける「新しい形態におけるナショナリズム」としての「ファシズム」を、「理解し、批判し、それによって、われわれの立場を樹立しなければならないと考えた(加田一九四〇「著者の言葉」)。ドイツのナチズムに対するその取り組みは、ヒトラー・ナチス党が政権を掌握する以前から始まっており、一九三二年の時点ですでに次のようなすぐれた認識に達していた。

①国民社会主義は、ドイツに発し、その形態はドイツ的だが、それはドイツだけの現象ではなく、世界史の現段階においては、いずれの国にも現れる可能性と必然性を持っている。ドイツのそれはこの運動の「先駆者」で

あり、「典型的形態」である（加田一九三二b、二三八頁以下）。

②ナチズムは、資本主義の行き詰まりによる諸困難を打開するための国民主義のイデオロギーであり、それは対外的には帝国主義諸国に対する政治的な対立・抗争、対内的には左翼社会主義運動との対抗、という二つの対抗局面を有する（以下、加田一九三二b、特に一八六頁以下、また六〇頁）。

③社会的な階級分化を前提としており、その運動の基礎には中間階級が存在する。ナチス党（および日本の「国家社会党」）は、自らを階級政党としてではなく、労働者・農民・インテリ・官僚を含めた「国民の党」であると主張する。

④それは単なる伝統主義ではない。資本主義に対してはある程度までは反対するが、しかしそれをあいまいにするために対外的問題が強調される。

⑤日本の場合、対内的問題より対外的問題がより顕著に現れ、対内的には資本主義反対よりも、マルクス主義打倒の方向がより強く示される。日本のファシズムの軍隊礼賛・国民主義・政党政治排斥は、日本の中堅層のイデオロギーにも対応し、その一部をなす中間層は経済的圧迫を蒙っているから、ファシズム支持者は今後ある程度まで増大するであろう。しかし上のような本質から見て新しい理想社会の建設には決して到達することができない。

加田はさらにナチス党の綱領や文献を検討し、その諸特質を確認するとともに、ナチス党の内部にある潮流を分析し、O・シュトラッサーらの「革新的国民社会主義」（少数派）と資本主義迎合的なヒトラー多数派の相違と後者の優位をいち早く指摘した。(13)

ナチス・ドイツに関するこの研究は、ナチズムを特徴づける人種主義・民族主義の全体的な考察に結びつけられた。彼はナチスの人種的民族主義を帝国主義的な対外主義として規定し、それが現代における国際的な対立関係と密接に関連すると述べるとともに、ナチズムの人種論的な民族主義、とりわけドイツ民族の人種的優秀性の認識とユダヤ人等への劣等視、その迫害における差別性や非合理性を厳しく批判した。[14]

「経済協同体」と資本主義の修正の立場――昭和研究会

加田は、このようなナチス的なゲルマン民族の優秀性の主張を、より一般的に白人種の優越論の一種として捉え、これを英仏を含めた白人列強の帝国主義的な世界支配に関連づけるとともに、そのような西欧列強による植民地・半植民地支配を強く批判した。彼は、この西欧の帝国主義的な支配体制を転換することこそ現代的な課題に他ならない、と考え、従属的な諸国が、その関係から脱出して、互恵的な関係に基づいて協同体をつくり出す必要性を説いた。いわゆる「経済協同体」の構想がそれである。

帝国主義的な支配と同時に人種的・民族的差別も否定する「経済協同体」の理念は、加田の目前で進行する世界経済のブロック経済化の現実に対応していた。彼は、諸経済の結合＝ブロック化を世界的な必然性とみなした。しかし一九三二年のオタワ会議によるイギリス帝国の広域的な経済的連繫をはじめ、列強の広域的な経済圏の形成が、主導国による支配体制の存続と結びついている状況を批判し、それに対する対抗案として提示されたものが、この「経済協同体」の構想であった。だがこの独自な理念は、単なる構想ではなく、日本のアジアへの軍事的進出、特に日中戦争の現実と不可分に結びついていた。「経済協同体」は、日中戦争を欧米の帝国主義とは異なる、アジア諸国の協同的な「東亜の新体制」の構築へと方向づける理念として構想されたのである。

この構想は、昭和研究会における加田の活動と密接に関係していた。昭和研究会は、一九三八年九月に日中戦争の「経済的側面に於ける志向目標」を確立するために「東亜ブロック経済研究会」を発足させた。加田は、上述したようにその委員長となり、週一回の会合を開いて検討を重ね、一年後にその報告書、昭和研究会著『ブロック経済に関する研究』を発表した（昭和研究会一九三九、二七七頁）。この研究会の討議の結論は第一章に集約されたのであるが、この章を執筆したのは加田哲二であり、その中で提示されたのが「東亜協同体の理念」であった。その特徴は、「指導的中枢国家たる日本国」の要求を第一に「考慮」しつつ、しかし「そのメンバーの要求、立場」を考えて、それぞれの「狭隘なる立場」を超えてブロック全体の立場をめざす点にあった。そしてそのためには、日本の「国内革新」が不可欠とされた。

加田は、この報告書の第六章「植民地的関係の改訂と経済協同体への発展」で、植民地関係の「協同体経済」関係への転換を論じ、「従来半植民地国として植民地的取扱を受けて来た諸国が、その関係から脱出して、互恵的関係において、協同体の一員たること」の意義を強調するとともに、「国内革新」について次のように述べる。「協同体経済の基礎として、経済は新しい原則の下に行はれなければならぬ。この点において、資本主義にある程度の是正を加へる必要がある。殊に私利優先の資本主義的精神が、協同体全体を綜合としての全体的協同主義に転換されねばならない」（同、二七七頁）。加田哲二のこの経済協同体＝東亜協同体構想は、上記のように同時に昭和研究会の「東亜ブロック経済研究会」の討議の「結論」でもあって、同研究会を構成する他の知識人に共有されたが、そればかりではなかった。その内容は、昭和研究会の「文化問題研究会」の成果であり、三木清が執筆した「新日本の思想原理」（酒井一九七九、「資料」）の核心部分と重なっていた。彼の構想は昭和研究会全体の考えでもあったと言ってよいだろう。

この理念が前提とした「国内革新」、すなわち「私利優先の資本主義的精神」の転換については、昭和研究会の「経済再編成研究会」において笠信太郎が中心となって検討され、資本（株主）と経営（取締役）の分離、後者による生産本位の企業経営を重視する方針がまとめられた（柳澤二〇〇八、V章参照）。

これらの構想は企画院の革新官僚によって積極的に受容され、第二次近衛内閣における経済新体制の方向に大きな影響を与えることになるのであるが、しかし同時に「国内革新」を資本主義の否定とみなす経済界と国粋主義的右翼の側からの激しい反発に直面することになり、経済新体制は、両者の妥協案の形をとって閣議決定されることになった。

以上見てきたように加田の東亜協同体論は、昭和研究会に結集した第一線の知識人によって共有され、また企画院の革新官僚に大きな影響を与える重要な構想であった。しかし日本を「指導的中枢国家」の位置に置き、その「要求」を優先させるこの考えは、彼が批判する西欧列強の経済ブロックと多くの共通点を含んでおり、しかもその構想の実現のためには、日中戦争の勝利が前提になっていた。加田の東亜協同体論は、むしろ日中戦争の現実を肯定し、それに対して理念的に積極的な意義を与えるものでもあった。著書『東亜協同体論』（一九三九年）で「支那事変」の「進歩的意義」や「世界史的意義」がくり返し強調されたのはその故である（加田一九三九、たとえば一一九頁以下）。そして太平洋戦争（一九四一年勃発）に対する彼の積極的評価もその延長線上にあった。『戦争本質論』（同、一九四二）をはじめとする加田の著作は、軍政や国粋主義への批判を含みながらも、しかし同時にこの戦争を東亜協同体の実現の目標に結びつけ、日本の総力戦体制の完成のために、より積極的な翼賛体制の確立を説くために書かれたものでもあった。第二次世界大戦の「世界史的意義」を強調する加田のこのような見方は、同時代の日本の他の有力な知識人に共通する特質でもあった。加田が戦後慶應義塾大学を自ら去ることにした理由はおそらくこのような行動への反省にあったと言ってよいだろう。

4　武村忠雄と戦争経済

慶應義塾大学の経済学者の中で日本の戦争体制に最も深く関与した人物は、加田の指導を受けた、加田より一世代年下の武村忠雄であった[15]。その第一は陸軍計理局研究班（いわゆる秋丸機関）との関係であった。陸軍は、総力戦準備のために陸軍主計中佐秋丸次朗の下に経済戦研究班を発足させ、秘かに総力戦遂行のための日本の経済力の測定と他国との比較を試みていた。武村は、有沢広巳（東京帝大、休職）や中山伊知郎（東京商大）、宮川実（立教大）、名和統一らとともに、この機関に加わり、ドイツ・イタリア班を担当した。有沢らマルクス経済学者をもメンバーとしたこの会は、政財界や東条英機（陸相）らの圧迫を受け、会の名称を変更させながら調査・研究を継続し、一九四一年に調査結果をまとめるに至った。軍首脳部への説明会においてドイツ・イタリアの「抗戦力」について報告を行ったのは武村で、英米については秋丸が担当した[16]。

他方で武村は、海軍少将高木惣吉が関与していた海軍のブレーン組織にも加わっており、板垣与一（東京商大）、大河内一男（東京帝大）、高山岩男（京都帝大）、矢部貞治（東京帝大）、谷川徹三らとともに総合研究会のメンバーとして名を連ねていた（伊藤一九八一、第四章／増井一九九五、二二二頁）。武村は敗戦後、「軍国主義的」、「積極的な国家主義的」な思想を持つ人物の「教職追放」の対象となり、慶應義塾大学を追放された。それでは武村は自らが関わったこの「激動の時代」を経済学的にどのように認識していたのであろうか。

資本主義構造変化論——段階論・再生産表式論・景気変動論

一九三三年から二年間のナチス・ドイツ、オーストリア留学から帰国した武村は、これまでの「自由主義経済論」に代えて、「統制経済段階の諸経済現象」を体系的に把握できるような「理論経済学の新体系」の樹立をめざした。一九三八年末にその成果を著書『統制経済と景気変動』（有斐閣）として公にする（武村一九三八、引用文は同書序／増井一九九五、二一三頁以下）。

四六〇頁を越えるこの書物は、翌一九三九年初めに再版、さらに五月には三版が発行されるほど多くの読者を見出した。副題の「資本主義構造変化論」に示されるように、向井や加田と同様に、武村もこの時代を自由主義的な資本主義の転換と、国家的・統制的な経済への移行として捉え、それをマルクス経済学的な再生産論と段階論および景気変動論に基づいて精緻な資本主義構造転化論に定式化した。それは、この時期の理論経済学の最高水準の一つに数えられる成果と言えた。戦争経済学に関する彼のその後の経済学的取り組みも、この研究が土台になって展

開されている。(17)

この書物で武村は、再生産過程とその波動運動＝景気変動および資本の蓄積過程の構造の変化に着目しながら、資本主義の展開を段階的に「自由資本主義」→「独占資本主義」→「統制経済」への移行過程として把握する。統制経済段階は、一九二九年世界恐慌以降の状況に対応しており、それは何よりも「独占資本主義」における「自動的回復力の止揚」と「国家財政の膨張」、さらに統制経済政策を遂行しうる「政治権力の集中化」＝「独裁的政治組織」の成立によって特徴づけられる。「市場経済」に対する国家の「反作用」、その「統制」と「均衡」の回復の進展は、再生産過程の変質と密接に関連する。それは、これまでの第一部門（生産財産業部門）と第二部門（消費財産業部門）と並んで、国家投資と結びついた第三部門、とりわけ軍需品部門の拡大となって示される。だがそれは「悪性インフレーション」を生む要因となり、ここに国民経済の「全部面」の統制に移行せざるを得ない状況が生まれる。これが一九三八年の著書における武村の認識であった。本書においてすでに軍需品への国家投資の重要性が指摘されており、次の国防経済論の準備が出来上がっていた。

国防経済・戦争経済学

武村の経済学的関心は、陸軍秋丸機関に関与する一九四〇年前後に、国防経済・戦争経済の現実に直接結びつけられた。一九四〇年刊行の著書『戦争と経済』において彼は、国民経済が一般的に国民の生存の維持・増進を目的とする「国防経済」という側面を持つことを重視し、「国防支出」の観点から「国防経済」の段階的移行を分析する。そして現今の段階＝「統制経済」は、一方では慢性的不況の克服のために景気政策的であると同時に、「経済の政治化による戦争の危機の増大、国防費の膨張」によって「国防経済的性格」を強く持つに至っていると考えた（武村一九四〇、三二二頁以下）。

武村は、「国防経済」と結びついた「国防力」が、「経済的生活圏を拡張し得る如き政治的生産力」＝「外面的強靭性」を持つとみなし[18]、そのことによって「統制経済が孕むインフレなる矛盾」が克服されると主張する（同、四〇頁）。しかし同時に彼は、「財貨の再生産」を伴わない軍需生産の拡張により、第一・第二部門の「生産財と労働力」（＝生産力）が不断に「再生産過程」から脱落すること、他方軍需部門での貨幣購買力が蓄積しているため「インフレの危機」が潜在的に拡大することを指摘し、それを「内面的脆弱性」として把握した。彼はこのような「内面的脆弱性」が一方では戦争とともに急増すると指摘しながら（同、第二章）、同時に「政治的生産力」＝「外面的強靭性」をより重視して、戦争における対外的な「経済戦」の意義を強調し、それに対応した対内的な戦時経済政策の必要性を示した（同、第三章）。

戦時体制の下での軍需部門の拡大が持つ「内面的脆弱性」（第一・第二部門の生産力減退・インフレ）を指摘しながらも、軍事力の「政治的生産力」＝「外面的強靭性」を強調する武村は、『戦争経済学入門』（一九四三年）において、「広域経済圏」としての「大東亜共栄圏の建設」を「国際経済体制の再編」、「皇道の理念の自己顕現」の目的に結びつけ、太平洋戦争（「大東亜戦争」）をそれによって根拠づけようとした[19]。「斯く共存共栄なる皇道の理念は、自由世界経済からアウタルキーを通じて共栄圏への必然的な歴史の流れに於て己を顕現する。この歴史的必然としての皇道の理念の顕現化を目指すものとして、正に大東亜戦争は輝しき勝利が約束されてゐるのである」。「東亜協同体」の理想をかかげて日中戦争・太平洋戦争を翼賛した加田哲二と同様に、武村も「外面的強靭性」＝「政治的生産力」の誤った論理に支えられつつ、「共存共栄」の「大東亜共栄圏」の理念＝「皇道の理念」の実現を戦争遂行の世界史的な「必然」に結びつけた。

5　おわりに

世界恐慌から一九四五年敗戦に至る激動の時代における日本の知識人の動向は、しばしば「転向・便乗・逃避」

をもって特徴づけられる（杉原一九九二、八五頁）。その分類に従えば、本章が取り上げた三人の経済学者は、大河内一男や中山伊知郎らと同様、時代の只中に身を置いて、戦時経済編成を含めた政策作成過程の中心部に関与し、その推進力となった点において「便乗」に属する知識人として区分することができよう。しかし本章は、彼らが単に時代状況に乗じたか否かという表面的な事情ではなく、彼らの社会科学的認識そのものに焦点を合わせ、それが現実の展開過程といかに重なり合い、交錯し合ったかを問題とし、激動の時代の日本におけるそれぞれの経済学的認識とそれに基づく各々の現実関与との内的な関連を明らかにしようと試みた。

三人の学者は、いずれも自身の経済学・思想史研究を土台にしつつ、それぞれの仕方で、この時代を自由放任主義的経済から国家的経済介入への転換期として認識した。そのような時代の転換をすぐれて「国家主義」の概念で理解する加田哲二を含めて、三人はともにこの時代の経済を「統制経済」段階とみなした。つまり「統制経済」は、単に戦争経済に特有のものではなく、国家の全面的な経済介入の段階としてすでに一九二〇年代から始まる現実と理解された。世界経済転換に関する彼らのこの認識は、社会科学上の貴重な成果として積極的に評価されなければならないであろう。

以上のような段階論的認識の背景には、それぞれの立場は異なるが、共通する問題意識があった。すなわち資本主義的営利主義がもたらす深刻な問題への認識と、それを生み出す独占的な資本主義への批判である。その観念が、上記の段階論的認識と一体となって、現実の日本の政策過程の展開に重ね合わされ、それに対するそれぞれの社会的実践を支えることになった。向井の重要産業統制法策定への関与と合理化論としての独占規制論、超株式会社論と計画的統制の構想、加田の反植民地主義・国内改革論と一体となった東亜経済協同体論、武村の「大東亜共栄圏」の理念と戦争論は、そのような問題意識を背景に持っていたと言うことができるだろう。

加田の東亜経済協同体論が日中戦争、さらには太平洋戦争の翼賛と推進の論理と結びついたように、「大東亜共栄圏」＝「皇道の理念」を最高の目標に設定し、国防・軍事的拡張を「政治的生産力」とみなす武村の戦争経済論は、日本の軍国主義と太平洋戦争を経済学的・経済思想的に支え、推進する論拠となった。われわれは、当初のすぐれた社会科学的認識が、対外的対内的な緊張が高まる中で、特定の理念と行動に結びつけられつつ改造されて、戦争の論理に転化した典型的な事例をここに見ることができる。その意味で加田の国家主義論・経済協同体論と武村の資本主義構造変化論・戦争経済論とは、総力戦体制と不可分に結合した、この時代の社会科学の特質を理解するうえで著しく重要であり、今後、同じように戦時体制に深く関与した大河内一男や中山伊知郎をはじめとする当時の日本の他の社会科学者と比較しつつ、より立ち入って検討されなければならない研究対象と言えるのである。

注

（1）戦時体制、特に総力戦体制の下で、経済学者をはじめとして当時の社会科学者は、何らかの形で時代状況への関与を求められ、多かれ少なかれ「時局」と関連した。「思想戦」を強要する当時の全体主義的体制の中で、それは事実上国家的な要請として現れた。その中で、また苛酷な言論・思想統制の下で、多くの学者の学問的営為は、可能な限り社会科学的な客観性を維持すべく努めながらも、しかし総力戦的な時代状況と結びついた翼賛的な影響を免れることはできなかった。慶應義塾の経済学者たちも同様であった。向井ら三人は、とりわけ顕著な形で時代状況に関与した。彼らは、いずれも慶應義塾大学を途中で——向井は日中戦争勃発の年に、加田・武村は、戦後間もない時期に——退職したため、戦後の慶應義塾大学の経済学の発展には直接には関係を持つことはなかった。戦争と全体主義への反省と結びついた戦後の経済学を担ったのは、この三人以外の学者たちであった。したがって戦後の慶應義塾大学の経済学の発展という観点から見れば、この三人ではなく、それ以外の「激動の時代」を生きた学者たちの学問的営為と戦後経済学へのその関連が重要となることは言うまでもない。それらの学者については本書における他の諸章を参照いただければ幸いである。

（2）向井については、慶應義塾創立百年記念・慶應義塾大学経済学会編（一九五九）、Tsutsui（1998）p. 128、柳澤（二〇〇八）Ⅰ、Ⅱ章、Yanagisawa (2015) chap. 1, 2 参照。

（3）本書、第9章（平野隆）、参照。本章の対象とする時期にも、向井はこの専門分野に関して研究成果を発表し続けている。たとえば向井（一九三四）、同（一九三八）ほかである。商業・経営学に関するこれらの研究が、向井の慶應義塾大学退職後の名古屋商工会議所や商業組合中央会での活動や、商工省での商業・物価関係に関わる時局的な仕事と関連し、またそれが統制経済の現実と深く結びついたであろうことは推測に難くない。しかし本章ではその関連については立ち入らず、彼の統制経済論そのものに対象を限定する。

（4）向井以外の筆者と書名は次のとおり。第二巻笠信太郎著『通貨信用統制批判』、第三巻河合良成著『価格統制論』、第四巻井藤半彌著『統制経済財政論』、第五巻高橋亀吉著『日本経済統制論』、第六巻有沢広巳著『産業動員計画』、第七巻土方成美著『統制経済政治機構』、第八巻小島精一著『日満統制経済』、第九巻猪俣津南雄著『統制経済批判』、第一〇巻向坂逸郎著『統制経済論総観』。

（5）商工組合（trade association）による経済界の組織化に関するスウォープの構想（いわゆるスウォープ・プラン）について、向井は、向井（一九三三）第一四章で詳しく紹介している。

（6）この法律に関する同時代学者の分析として有沢（一九三七）がある。

（7）向井（一九三三）、八六頁以下、二九七頁、四三八頁。Rathenau (1929b). 向井の経済参謀本部構想は、一九一九年ワイマール憲法（第一六五条）の経済評議会・労働者評議会、フランスの全国経済審議会（一九二五年）、ロシアの国家計画委員会（ゴスプラン）などの検討に基づいてまとめられた。向井一九三三、第一三章。

（8）向井（一九三三）第一二章、三六八頁。この認識は晩期資本主義論におけるゾンバルト（Sombart 1932）の見方と一致する。

（9）Keynes（1926）, Keynes（1931, 1973）p. 287. 宮崎訳（一九八一）三四四頁以下。

（10）向井（一九三三）三八九頁以下。向井の考えは、同時代の論客小島精一やマルクス経済学者向坂逸郎によって批判されるが、詳細は柳澤（二〇〇八）Ⅰ、Ⅱ章参照。

（11）経済新体制をめぐる論議については、柳澤（二〇〇八）Ⅴ章参照。

（12）ドイツ経済思想史分野に関する加田の研究については、本書第11章（原田哲史）参照。本章が取り上げる時期の加田の活動に関しては、増井（一九九八）一〇一頁以下。加田の東亜協同体論については、波多野（一九八〇）三八頁以下、高橋（一九八〇）、上久保（二〇〇三）参照。

（13）その成果は、加田（一九四〇）に収録された。

（14）これらの認識は加田（一九三八b）、同（一九四〇）に示されている。

（15）第二次世界大戦中の武村については、増井（一九九五）参照。

（16）秋丸著・指宿編（一九八八、一九九二）一四頁、二〇頁以下、土井監修・大久保ほか編（一九八五）九五頁以下。後者によれば武村は「財政力」の担当となっている。秋丸は上記の書物で次のように回顧している。「茨の道を歩きつつも、一六年七月になって一応の基礎調査が出来上がったので省部首脳者に対する説明会を開くこととなった。当時欧州で英仏を撃破して破竹の勢いであった独伊の抗戦力判断を武村教授（当時、召集主計中尉として勤務中）が担当し、次いで私が英米の総合武力判断を蔭の人有沢教授に代って説明した。説明の内容は、対英米戦の場合経済戦力の比は、二〇対一程度と判断するが、開戦後二カ年間は貯備戦力に依って抗戦可能、それ以降はわが経済戦力は下降を辿り、彼は上昇し始めるので、彼我戦力の格差が大となり、持久戦には堪え難い、と云った結論であった。既に開戦不可避と考えている軍部にとっては、都合の悪い結論であり、消極的平和論には耳を貸す様子もなく、大勢は無謀な戦争へと傾斜したが、実情を知る者にとっては、薄氷を踏む思いであった」（同、二一一頁）。

（17）武村（一九四〇、一九三八）。なお当時の日本における再生産論をめぐる論議については、柳澤（二〇一三）第二部第四章を参照されたい。

（18）F・リストの考えが引用されている。武村（一九四〇）四頁。増井（一九九五）二一六頁も参照。

（19）武村（一九四三）第四章第一節。武村の「政治的生産力」論に基づく南方侵攻論については、柳澤（二〇一三）第二部第四章四一五頁以下参照。

参考文献

Keynes, John Maynard（1926）*The End of Laissez-faire*, London.

Keynes, John Maynard（1931, 1973）*The Collected Writings of John Maynard Keynes*, Vol. 9, Cambridge.（宮崎義一訳（一九八一）『ケインズ全集』第九巻、東洋経済新報社）

Rathenau, Walther（1929a）Von kommenden Dingen, in : *Gesammelte Schriften*, Bd. 5, Berlin.

Rathenau, Walther（1929b）Die neue Wirtschaft, in: *Gesammelte Schriften*, Bd. 5, Berlin.

Schmalenbach, Eugen（1928）Die Betriebswirtschaftslehre an der Schwelle der neuen Wirtschaftsverfassung, in : *Zeitschrift für handelswissenschaftliche Forschung*, Jg. 22, H. 5.（土岐政蔵・斉藤隆夫共訳（一九六〇）『回想の自由経済』森山書店、付録）

Sombart, Werner（1932）*Die Zukunft des Kapitalismus*, Berlin-Charlottenburg.

Tsutsui, William M.（1998）*Manufacturing Ideology: Scientific Management in Twentieth-Century Japan*, Princeton.

Yanagisawa, Osamu（2015）*European Reformism, Nazism and Traditionalism: Economic Thought in Imperial Japan, 1930–1945*, Frankfurt a. M.

秋丸次朗著・指宿千任編（一九八八、一九九二）『朗風自伝』（非売品）。

有沢広巳（一九三七）『日本工業統制論』有斐閣。

伊藤隆（一九八一）『昭和十年代史断章』東京大学出版会。

加田哲二（一九三二ａ）『国民主義と国際主義』同文館。

加田哲二（一九三二ｂ）『日本国家社会主義批判』春秋社。

加田哲二（一九三八ａ）（初版、三版）『日本国家主義の発展』慶應書房。

加田哲二（一九三八ｂ）『人種・民族・戦争』慶應書房。

加田哲二（一九三九）『東亜協同体論』日本青年外交協会。

加田哲二（一九四〇）『転換期の政治経済思想』慶應書房。

加田哲二（一九四二）『戦争本質論』慶應書房。

上久保敏（二〇〇三）『日本の経済学を築いた五十人――ノン・マルクス経済学者の足跡』日本評論社。

慶應義塾創立百年記念・慶應義塾大学経済学会編（一九五九）『日本における経済学の百年　上・下』日本評論新社。

酒井三郎（一九七九）『昭和研究会』ＴＢＳブリタニカ。

酒井三郎（一九九二）『昭和研究会――ある知識人集団の軌跡』中公文庫。

昭和研究会（一九三九）『ブロック経済に関する研究――東亜ブロック経済研究会研究報告』生活社。

白井厚編（一九九六）『大学とアジア太平洋戦争――戦争史研究と体験の歴史化』日本経済評論社。

白井厚ゼミナール（一九九九、二〇〇九）『太平洋戦争と慶應義塾』慶應義塾大学出版会。

杉原四郎（一九九二）『日本の経済学史』関西大学出版部。

高橋誠一郎（一九七三）『回想九十年』筑摩書房。

高橋久志（一九八〇）「「東亜協同体論」――蠟山政道・尾崎秀実・加田哲二の場合」三輪公忠編『日本の１９３０年代』創流社。

武村忠雄（一九三八）『統制経済と景気変動――資本主義構造変化論』有斐閣。

武村忠雄（一九四〇）『戦争と経済』（現代経済新書・第三部）慶應出版社。

武村忠雄（一九四三）『戦争経済学入門』慶應出版社。

土井章監修・大久保達正ほか編（一九八五）『昭和社会経済史料集成』第一〇巻（海軍省資料（一〇））大東文化大学東洋研究所。

『日本統制経済全集』全一〇巻（一九三三‐三四）改造社。

波多野澄雄（一九八〇）「「東亜新秩序」と地政学」三輪公忠編『日本の１９３０年代』創流社。

晴山英夫著（一九八一－八二）「わが国における株式会社支配論の展開（上）（下）」『政経論集』第一六巻三・四号、第一七巻二・三号。

福島鋳郎・大久保久雄編（一九八二）『戦時下の言論』日外アソシエーツ。

牧野邦昭（二〇一〇）『戦時下の経済学者』中央公論新社。

増井健一（一九九五）「ひとりの経済学者の思想と行動――第二次世界大戦と武村忠雄」『近代日本研究』（慶應義塾福沢研究センター編）一二。

増井健一（一九九八）「昭和12－15年の三田経済学部の先生たち」『近代日本研究』（慶應義塾福沢研究センター編）一五。

三輪公忠編（一九八〇）『日本の１９３０年代』創流社。

向井鹿松（一九二九）『経営経済学総論』千倉書房。

向井鹿松（一九三三）『統制経済原理』（『日本統制経済全集』第一巻）改造社。

向井鹿松（一九三四）『産業組合経営論――組合配給の研究』東洋出版社。

向井鹿松（一九三八）『日本商業政策』千倉書房。

柳澤治（二〇〇八）『戦前・戦時日本の経済思想とナチズム』岩波書店。

柳澤治（二〇一三）『ナチス・ドイツと資本主義――日本のモデルへ』日本経済評論社。

第13章

新古典派の台頭と経済学の制度化・国際化

川俣雅弘

小泉信三
(1888–1966)

福田徳三
(1874–1930)

福岡正夫
(1924–)

千種義人
(1911–2000)

1　新古典派経済学とは

慶應義塾における新古典派経済学の展開を振り返るとともに，それを新古典派経済学全体の展開と比較対照することにより，慶應義塾の経済学に何らかの特徴を見出すことができるのか考察することが本章の目的である。新古典派経済学は，もともとＡ・マーシャルの経済学を指す用語であるが[1]，現在では，一般均衡理論，すなわち合理的な経済主体の行動と市場の完全競争メカニズムにもとづいてさまざまな経済変数間の相互依存関係を分析する枠組みにおける経済分析を指していると言ってよい。ただし，新古典派経済学における未解決問題がゲーム理論にもとづいて解決されていることもあり，それらは明らかに異なる研究計画であるが，完全競争メカニズムを特殊なゲームのルールとみなせば，より広い視点からは，ゲーム理論と新古典派経済学は同系統の理論とみなせる。

経済学は，一八七〇年代，イギリス古典派から新古典派にパラダイム転換したとみなされている。いわゆる限界革命である。イギリス古典派経済学は，地主，資本家および労働者から構成される階級経済と資本家の利潤追求によって推進されるマクロ経済成長の理論である。新古典派経済学は，経済成長の結果到達した定常的経済環境における資源配分の効率性や所得分配の公平性を分析する，基本的に合理的個人と完全競争市場を仮定するミクロ経済学である。このパラダイム転換は，イギリスのマンチェスターとケンブリッジ，スイスのローザンヌ，オーストリアのウィーンの各大学で独立に生じた。その先陣を切ったマンチェスターのＷ・Ｓ・ジェヴォンズ（Jevons 1965/1871）はイギリス古典派経済学に対するかれの限界理論の革新性を強調して古典派経済学と激しく対立したが，マーシャルは自己の経済学をイギリス古典派経済学を継承するものと考えていた。新古典派という名称はマーシャルの意図を汲んだものである。

慶應義塾の経済学について考察するということは，新古典派経済学全体の展開，あるいは他の個別研究機関の経済学と比較して特筆すべき学問的特徴があるか否かが問題となるだろう。本章においては、新古典派経済学の展開を背景として、慶應義塾における新古典派経済学の系譜を振り返り、その学問的成果に焦点を当ててその特徴に迫ることにする。

2　新古典派経済学の展開

慶應義塾における新古典派経済学の位相をより正確に把握するために、新古典派経済学全体の展開を概観しておこう。

限界分析は、W・S・ジェヴォンズ（一八三五－一八八二年）、C・メンガー（一八四〇－一九二一年）、L・ワルラス（一八三四－一九一〇年）らによってほぼ同時期に経済学に導入されたが、それぞれ個別経済主体の合理的行動と自由競争市場における配分の性質について考察し、それぞれ協力ゲームの理論、最適資源配分の理論、価格メカニズムの理論に結実する理論にもとづいて異なるアプローチを試みた。ジェヴォンズは体系性の欠落と早逝のため学派を形成するには至らなかったが、メンガーの経済学はF・v・ヴィーザー、E・v・ベーム－バヴェルクによって継承され、オーストリア学派が形成され、ワルラスの一般均衡理論はV・パレート、E・バローネによって展開され、ローザンヌ学派が形成された。A・マーシャル（一八四二－一九二四年）はより実践的な経済分析を行うために、所得の限界費用一定の法則を仮定して、部分均衡分析を正当化した。マーシャルはこの部分均衡分析の枠組みにおいて費用便益分析を導入し、費用逓減産業や外部性といった市場の失敗要因があるときの経済分析を展開した。マーシャルの経済理論とシジウィックの規範理論を統合して「厚生経済学」という分野を確立させたのはピグーである。こうしてケンブリッジ学派が形成された。

限界革命の理論は基本的に自由放任思想にもとづいており、それは厚生経済学の基本定理として定式化され、証明されている。適切な条件を満たす経済環境においては、完全競争均衡はパレート効率的配分であり、どんなパレート効率的配分も適切な所得の再分配により完全競争均衡により達成できる。ただし、市場には所得分配の公平性を是正する機能がないため、公平性を達成するためには所得の再分配政策が必要になることは知られていた（Walras 1874-77/1952, lecture23, section223）。ところが、マーシャルが指摘したような費用逓減産業や外部経済性などの市場の失敗要因がある経済環境においては、完全競争均衡がパレート効率的であるためには適切な公共政策が必要になる。厚生経済学はこのような公共政策について分析する分野である。

L・ロビンズ（Robbins 1935）は、ローザンヌ学派やオーストリア学派の経済学を取り入れて、経済学を一般均衡理論と序数主義にもとづいて最適資源配分について考察する科学として再定義し、序数主義にもとづいて厚生分析を行う新厚生経済学という研究計画を提案した。序数主義は合理的選好順序から導出される序数的効用関数と個人間の効用比較不可能性を仮定する規範分析である。J・R・ヒックス（Hicks 1946）はロビンズの方針に沿ってケンブリッジ学派の部分均衡分析と厚生経済学、オーストリア学派の資本理論などを序数主義的一般均衡理論にもとづいて統合を試みた。同様の作業はP・サミュエルソン（Samuelson 1947）によっても遂行された。ヒックスやN・カルドアの補償原理、バーグソン＝サミュエルソン流の社会的厚生関数の概念は、新厚生経済学において有効な政策判断を行うためのアイデアである。序数主義は一九三〇年代後半から一九八〇年代まで共有された考え方であり、A・アトキンソンとJ・スティグリッツ（Atkinsin and Stiglitz 1980）は公共経済学（一般均衡理論と厚生経済学にもとづく公共政策の分析）における代表的な研究であるが、経済分析が一般的すぎるため明確な政策提言に結びつかないことが問題であった。実際、一般的な社会状態・経済環境において序数主義にもとづいて適切な政策判断を行うことは不可能であることがK・アロー（Arrow 1951/1963）によって指摘されている。新古典派経済学は、ある意味では、一般均衡理論と序数主義にもとづくさまざまな経済分析であると言える。この意味において、限界革命以降展開されたミクロ経済学の大部分は新古典派経済学によって包括されていると言える。

限界革命以降経済学は数学という言語にもとづいて記述されるようになり、経済理論の構造が持つ数学的問題が未解決であることが指摘されるようになる。一九三〇年代以降、経済学は数学基礎論における形式主義の影響を受けて公理化され、経済学を記述する言語である数学を通して経済学の定理の厳密性が詳細に検討されるようになった。一般均衡解の存在、安定性、一意性そして効率性といった問題はその典型である。経済学の公理化を促したのは、二〇世紀初頭のウィーンの数理論理学を背景に持つゲーム理論の登場とG・ドゥブリューを中心とするブルバキ流の数理経済学の発展である、という認識は共有されていると思われる（Weintraub 2002）。J・フォン・ノイマン＝O・モルゲンシュテルン（von Neumann and Morgenstern 1944）によって構築されたゲーム理論は、ナッシュ均衡（Nash 1951）の導入により非協力ゲームの理論が発展し（神取一九九四）、経済分析の手法として利用されるようになった。ゲーム理論の歴史については例えば岡田（二〇〇七）を参照されたい。また、均衡解の存在証明は、ドゥブリュー（Debreu 1959）、W・ヒルデンブラント（Hildenbrand 1974）、A・マス－コレル（Mas-Colell 1985）らによってより一般的な経済環境に拡張された。

二〇世紀前半における経済学の重要な進展の一つは、情報の非対称性に起因するメカニズムの耐戦略性の追求である。その源泉は二つある。一つはK・ヴィクセルによって指摘された公共財の最適問題を解決したリンダール均衡の理論におけるただ乗り問題である。リンダール均衡においては公共部門が提示する公共財供給量に対し個々人がその評価＝負担額を申告し、公共部門の公共財生産費＝個人の負担総額、となる供給水準で最適公共財供給量が決まる。そこで、個人が虚偽の申告を行い、まったく費用を負担しなくても、公共財が供給されてしまえば、その利用を排除することはできないから、ただ乗りが可能になる。個人の本当の評価は公共部門にはわからないので個人の申告を受け入れざるを得ない。もう一つは社会主義経済計算論争である（Hayek 1935）。一九二〇年L・v・ミーゼスにより、社会主義経済において資本主義的市場経済の価格メカニズムが機能するか否かという問題が提起され、完全競争メカニズムと計画経済メカニズムのいずれの性能が優れているかについて社会主義経済計算論争が行われた。見解は割れたが、O・ランゲはワルラスのタトンマンを資源が共有される社会主義経済に適用してランゲの資源配分メカニズムを考案し、社会主義経済においては中央当局が個人情報を集約できるから、計画経済メカニズムの方が市場経済の価格メカニズムより優れた性能を持つと指摘した。こうした議論には、完全競争市場や計画経済の特徴をどう捉えるかに依存して、多様な帰結をもたらしうるが、F・ハイエク（Hayek 1945）によって、より本質的な指摘が行われた。すなわち、個人情報には本人は知っているが他人が知ることはできないという情報の非対称性という性質がある。このときには、個人が虚偽の情報を提供することにより、戦略的に、資源配分メカニズムの結果がその個人にとって有利になるように操作する可能性を排除することができない。

この経済問題はL・ハーヴィッチ（Hurwicz 1960）によって誘因両立性の問題として定式化され、個々人の合理的行動と社会的利益が両立する資源配分メカニズムの設計を行うメカニズム・デザインという経済分野が確立され、E・マスキン（Maskin 1977/1999）によって基本的に解決され、R・マイヤーソンによって拡張された。この研究は一九九七年ノーベル記念経済学賞を受賞した。

二〇〇〇年に *Quarterly Journal of Economics* 誌上では、二〇世紀の経済学の展開について回顧している。そのテーマは、ミクロ経済学、マクロ経済学、計量経済学、ワルラスの経済学、経済学帝国主義、情報の経済学である。これらの経済学の大半は新古典派経済学に属すものと言ってよい。情報の非対称性に関する経済分析は契約理論として展開されている（伊藤二〇〇七）。

3　戦前の研究

慶應義塾大学の経済学の全体像は『三田学会雑誌』一〇〇巻を記念する特集によって垣間見ることができるが、ここでは、新古典派経済学に関する研究に焦点をしぼって、その展開を概観しよう。この時代の慶應義塾における理論経済学研究を展望した福岡（二〇〇七）にしたがって、一九七〇年代までの慶應義塾の新古典派経済学の展開について紹介する。慶應義塾の新古典派経済学について語るときには、福田徳三（一八七四‐一九三〇年）とかれの門下生である小泉信三（一八八八‐一九六六年）から始めるのが適切であろう。福田徳三は一九〇四年に東京高等商業学校（現一橋大学）から休職を命じられ、一九〇五年慶應義塾に迎えられる。慶應義塾ではマーシャルの『経済学原理』を教科書に用い、その解説書として『経済学講義』を執筆した。福田は当時の最重要な経済学としてマーシャルの経済学とG・v・シュモラーを中心とする歴史学派の経済学を挙げている。当時の経済学の評価としては適切であると思われる。福田自身も、東京高商に復帰した後、歴史学派の衰退やマルクシズムの興隆を目にして、ワルラスを初めとする数理経済学の研究を弟子には強く推奨したことが、中山伊知郎によって述懐されている（西沢二〇〇七）。実際、一九三〇年代以降新古典派経済学は一般均衡理論にもとづいて再構築され始め、その論理的妥当性を追求するために、数理経済学が台頭する。新古典派のさまざまな経済学説がワルラスの一般均衡理論の枠組みにもとづいて解釈され、新古典派経済学は一般均衡理論にもとづいて書き直されたと言ってよい状態になった。

新古典派に限らず、この時代の経済学研究の特徴は古典研究にある。経済学に本格的な教科書が登場する以前には、古典や重要な論文を収集したReadingsが教科書に代わる役割を果たすことになる。日本の理論経済学研究は、A・スミス、D・リカード、R・マルサス、J・S・ミル、J・B・セー、J・H・v・チューネン、A・A・クルノー、H・H・ゴッセン、ジェヴォンズ、メンガー、ワルラス、マーシャルなどの古典研究から始められたと言ってよい。実際、第二次世界大戦前の『三田学会雑誌』にはこれらの古典研究がしばしば掲載されている。

小泉信三は後のリカード研究が有名であるが、初期の研究対象は新古典派経済学の先駆的貢献であった。「社會價値の概念」（一九一〇）は*Quarterly Journal of Economics*に掲載されたJ・シュンペーターの同名論文の翻訳であり、そこで指摘されている、「方法論的個人主義」が経済学の基本原理であるというシュンペーターの主張を支持する福田の指示によって翻訳された。福岡（二〇〇七、六頁）は、「こうしたシュンペーターの意見が「大髄に於て動かし難きもの」として福田によって受け入れられ、それが小泉に継承されたことは、のちの本塾の経済理論の進路を決定する上においても、きわめて重要な起点であったと考えられる」と述べている。「ヘルマン・ハインリッヒ・ゴッセンと其學説」（一九一二）と「主観的價値論沿革の一節」（一九一二）において、小泉は価値学説の発展史として生産物の価値を費用にもとづいて説明する費用説から、それを効用にもとづいて説明する効用説への変遷を論じた後、ジェヴォンズ、メンガー、ワルラスの限界効用理論が価値理論に革命をもたらした事情に言及し、ゴッセンの理論とかれらの理論を比較対照することが「最もインストラクティヴの業」であると考え、「就中最もゴッセンに近しと云はるゝジェヴォンズの『經濟學理論』を取りて之とゴ氏の著作の比較を試み」ることが、つづく小泉の考察の中心課題とされる。この方針の下で限界効用逓減の法則、限界効用均等の法則、ジェヴォンズの交換方程式について説明した後、生産理論についてはゴッセンではなく、チューネンの限界生産性理論と比較対照すべきであると指摘している。チューネンについては、後に小泉門下の寺尾琢磨による「Johann Heinrich von Thünen の自然賃銀論に就いて」（一九二五）において、賃金の公式「$w = \sqrt{ap}$」の導出手続きを含めて限界生産性理論にもとづくチューネンの賃金理論の概要が紹介されている。

小泉の研究は、ヨーロッパ留学を経てリカードに移行する。小泉は、一連の研究論文を『三田学会雑誌』に掲載し、『リカァドオ研究』（一九二九）にまとめ上げている。一九二八年には『経済学および課税の原理』の翻訳を出版している。リカードは労働価値理論を構築し、後の版で、一般に生産部門によってそれを生産する労働と固定資本の比率、固定資本の耐久期間、労働を雇用するための流動資本の回転率などが異なるから労働価値理論を修正する必要があることを認めながらも、労働価値理論を放棄することはしなかった。リカードが想定する最も一般的な枠組みにおいては労働価値理論が妥当でないのは明白であり、小泉は労働価値理論を放棄して、短期的には需給均衡によって価値が決定され、長期的には生産費が重要な価値決定要因となるという立場からリカードの理論を解釈している。価値が効用によって決まるか生産費によって決まるかを議論するのは、紙片を切るのはハサミの上刃か下刃かと争うのと同じように不合理であり、価値に及ぼす影響は、考察対象の期間が短ければ需要要因の方が重要であろうし、期間が長ければ生産費の要因が重要であろう、というマーシャル（Marshall 1890/1920, 第 5 編第 3 章第 7 節）の有名な指摘を引用していることからも、小泉の意図は明白である。すなわち、小泉のリカード研究はリカード理論の新古典派的解釈なのである。

大正から昭和へ年号が移行した一九二五年頃、小泉に師事した寺尾琢磨（一八九九‐一九八四年）、永田清（一九〇三‐五七年）の理論的論説が登場する。寺尾は後に統計学の担当者となったが、はじめ小泉の指導の下にジェヴォンズを研究し、後に「天体的景気理論の二つの基型」（一九二七）、「W・S・ジェヴォンズの『石炭問題』」（一九四二）を執筆した。永田は後年財政学とフランス経済思想史を担当したが、はじめは小泉の指導の下でワルラスを研究し、「ローザンヌ學派創設者レオン・ワルラス」（一九二七）、「價値論と平衡論――「價値論の價値」から見たるワルラスよりパレエトへの経済的平衡論の発展」（一九二七）などを執筆した。かれは、測定可能な効用の概念に代えて無差別曲線アプローチを採用するという意味の「価値無用論」を「正鵠を得たり」と評価している。これは、一般均衡理論を尊重し、その特殊ケースについて考察するときには、その特殊性を正当化する仮定の妥当性を厳しく問うという姿勢を反映している。福岡（二〇〇七、一〇頁）は「顧みるに、一般均衡論を尊重する気風は、すでに師小泉にもまた窺われるところ」であると述べ、一般均衡理論の研究が慶應義塾の学問的伝統の一つであることを指摘している。

福岡（二〇〇七、一一頁）が「当時本塾の理論経済学研究においては、このG・カッセルの価値無用論がかなり議論の対象とされた模様で」と指摘しているように、小泉の「價値論の價値」（一九二六）をはじめ、永田の「ワルラスとカッセル――主として理論経濟學上に於ける両者の關係に就て」（一九二八）、気賀健三（一九〇八‐二〇〇二年）の「價値學説無用論と限界効用理論」（一九三一）を含む一九三〇‐一九三一年の論文三編、千種義人（一九一一‐二〇〇〇年）の「カッセル價値學説無用論概説」（一九三八）を含む一九三八‐一九三九年の論文六編がカッセルの価値無用論を論じている。カッセルはワルラス体系から消費者行動の理論と生産者行動の理論を排除し、経験的に観察される生産物および生産要素の社会的需要関数と社会的供給関数から出発する理論を構築している。この時代には、経済学を科学として確立させるために、価値判断を含む仮定を経済理論から排除すべきだという考え方があり、経済主体の合理的行動原理を仮定することが経済学に価値判断を紛れ込ませるかのように考えられていた時期があった。この時代のカッセルの理論に関する議論はそうした認識不足にもとづくものであると思われる。消費者の効用最大化原理と限界効用理論、生産者の利潤最大化原理と限界生産性理論は、それぞれ生産物と生産要素の需要関数と供給関数を導出する経済主体の行動仮説であり、経済学のミクロ的基礎づけを行う、経済理論にとって不可欠な公理である。気賀は経済学のミクロ的基礎づけを支持しているが、千種の議論はカッセルの考え方に好意的な議論を展開している(4)。新古典派経済学がカッセルの方法とは異なり、ミクロ的基礎づけにもとづいて展開されたことは言うまでもない。

オーストリア学派について、小池基之の「カアル・メンガアと價値心理學」（一九三二）は、メンガーの価値理論に影響を与えたと考えられる価値心理学説を議論した上で、心理的・主観的叙述は本質ではなく、限界効用の法則こそが価値理論にとって本質的である、と指摘している。また、小池の「フリイドリッヒ・フォン・ウィーザアの歸算理論」（一九三二）は、分配理論の本質は資本主義社会の分析であるのに対し、オーストリア学派の経済分析は社会主義的経済において抽象化され、普遍化された分析であると論評している。これは、経済学において事実解明的分析と規範的分析が明確に区別される以前の認識であり、オーストリア学派はロビンソン・クルーソー経済における合理的行動を考えることにより、社会における最適資源配分について分析しているという厚生経済学的な視点が欠けているが、このことは当時の学問的背景に照らし合わせてやむを得ないだろう。

経済学史上、定常状態において利子率は０であるか正であるかというシュンペーターとベーム‐バヴェルクの論争は有名であるが、小池「歸算理論と分配論――墺太利學派の分配論に就いての一考察」（一九三二）が、完全な均衡状態において利潤は0であるから、利子も0になると主張してシュンペーターを支持しているのに対し、気賀健三「利子動態説の回顧」（一九四六）は、定常状態においても資本を維持するための資本の供給は必要であり、そのためには利子率は正でなければならないと主張し、ベーム‐バヴェルクの議論を支持している。これらの理論はそれぞれ異なる認識にもとづいた単独では論理的に妥当な理論であり、相互に両立不能であるが、一方に軍配を上げるのは困難である。

一八三八年に出版されたクルノーの主著『富の理論の数学的原理に関する研究』の公刊一〇〇周年を記念して、寺尾琢磨「クールノー『富の理論』の出版百年に際して」（一九三八）および三邊清一郎「アントアンヌ・オーギュスタン・クールノーの片影」（一九三九）が『三田学会雑誌』に掲載されている。クルノーの主著はJ・S・ミルの『経済学原理』より一〇年早く、微積分を用いて限界分析を展開し、独占均衡において限界収入＝限界費用が成り立つことを示している。寺尾は需要法則、独占論および外国貿易論を評価して、この書を「不朽の名著」、「數理經濟學の聖典」と呼んでいる。現代的観点からは、ナッシュ均衡の原点であるクルノーの複占均衡や生産者数が無限大になると複占均衡は自由競争均衡になることを指摘した極限定理が評価されているが、これらの観点には言及されていない。

4 経済学の制度化と国際化

二〇世紀初め頃、現在もランキングの高い専門誌が創刊される。*American Economic Review*（1911–）, *Econometrica*（1933–）, *Economic Journal*（1891–）, *Journal of Political Economy*（1892–）, *Quarterly Journal of Economics*（1891–）, *Review of Economic Studies*（1933–）, *Review of Economics and Statistics*（1920–）などである。経済学研究はこれら専門誌に掲

載された論文を通して発展していくことになる。一九五〇年代になると、経済学研究も本格的に制度化・国際化が始まる（佐和一九八二）。一九三〇年代から一九七〇年頃までは新古典派経済学の展開において、一般均衡理論が数学によって記述され、それによって明確になった一般均衡理論の理論的問題が次々と解決されていった。また、経済学の数学化により言語の障壁が低くなり、日本人経済学者が国際舞台で活躍するようになる。実際、一九九六年に *Economic Studies Quarterly* から名称変更した *Japanese Economic Review* の Honorary Board に、畠中道雄、稲田献一、根岸隆、二階堂副包、篠原三代平、宇沢弘文、の六氏の名が挙がっているが、これらの人に都留重人、森嶋通夫、市村真一の各氏ら何人かを加えた日本の経済学者が上記の専門誌に論文を発表し、国際的に活躍し始めたのは、一九五〇年代から一九六〇年代にかけてである。

慶應義塾においては、一九五三年に（永田清監修）気賀健三・千種義人・鈴木諒一・福岡正夫・大熊一郎訳のピグー『厚生経済学』（東洋経済新報社）が出版され、『三田学会雑誌』には訳者による厚生経済学に関連する論説がいくつか掲載されている。

戦前の帝国大学ではマルクス経済学者は少数派だったが、戦後、戦前に右翼系であった経済学者が戦争責任を問われる形で大学を追われ、その後任に左翼系学者が選ばれることになったため、旧帝国大学の経済学部はマルクス経済学者によってほとんどの職位が占められることになった。戦前戦中に大学を追われていた左翼系の経済学者が大学に戻るケースも多かった。

そのため戦後の一時期「マル経の東大、近経の慶應」と対比されることがあった慶應義塾の経済学ではあるが、(5) ベルリンの壁崩壊以前は学部教員のほぼ半数がマルクス経済学に基礎を置く研究者であり、一九七〇年代のスタグフレーションによってケインズ経済学の権威が失墜するまでは、「マルクスかケインズか」という時代が長く続き、非マルクス経済学者の中でも、財政、金融、国際あるいは政策などの応用分野の研究者が多く、純粋に新古典派経済学を研究していた経済学者は一九七〇年以前にはわずかであったと言うべきだろう。その中で、千種の門下であり、サミュエルソンの指導を受けた福岡正夫（一九二四-）は紛れもなく新古典派を代表する経済学者であった。福岡は「比較静学・極値条件と安定条件」（一九四九）、「消費者均衡の純粋理論」（年報一九六八）、「生産者均衡の純粋理論」（一九六九）、「競争均衡の存在」（年報一九七〇）、「市場均衡の安定性Ⅰ-Ⅳ」（一九七三-七六）、「均衡体系の変化の法則」（一九七六）など一般均衡理論に関するテーマについて一連の論説を執筆し、自らの貢献について「永田によって先鞭をつけられた塾での一般均衡理論の研究がワルラス＝パレートの世界からヒックス＝サミュエルソンの世界へ、そしてさらにアロー＝ドブリュー＝ハーヴィッチの世界へと前進したことを示している」と指摘している（福岡二〇〇七）。これらの研究は福岡（一九七九）にまとめられている。かれは、その他にも、投入産出分析（一九五五）、線形計画論（一九五六）、ゲーム理論（一九五六）、コアと競争均衡（一九七一）、ワルラス均衡とシャプレー値（一九九九）などについて論文を発表し、慶應義塾大学経済学部において新古典派経済学研究が花開く素地を築いた。このように福岡は、自らの貢献だけでなく、次世代の研究者に重大な影響を及ぼしたという意味においても、慶應義塾において重要な役割を果たした。

5　基礎理論の確立と経済諸問題への応用

一九七〇年代には新古典派経済学のパラダイムである一般均衡理論において均衡解の存在、安定性、一意性などの基本的問題がほとんど解決された（Arrow and Hahn 1971）。Malinvaud（1977）, Varian（1978）などの教科書が刊行され、新古典派経済学が基礎的分析道具として定着し、さまざまな経済問題に応用されていった。すなわち、この頃には新古典派の基礎的な理論研究は一段落し、新古典派の研究者は基礎理論にもとづいてさまざまな応用問題の解決に取り組むようになる。

日本では、一九六〇年以降日米安全保障条約をめぐる闘争が大学にも及び、一九六九年東大紛争のため入試が中止されるに至った。こうした学園紛争によって研究環境の悪化した日本からアメリカを中心とした国外に研究環境を求める若手研究者が多くなった。かれらがアメリカで習得したのは一般均衡理論を中心とする新古典派経済学であり、かれらが日本で活躍するようになると新古典派経済学とともにそれにもとづく業績評価が重視されるようになる。研究費を効率的に配分するためには、研究者や研究機関の生産性を正確に評価することが必要である。そのための指標として研究業績の引用度が用いられ、それによって個々の論文や、専門誌のランキングが作成され、こうした評価システムが制度化されていった。Hawkins et al.（1973）, Liebowitz and Palmer（1984）, Laband and Piette（1994）によって一〇年ごとにランキングが発表された。また、一九七〇年代には専門論文による業績評価が制度化されていくとともに、応用分野を中心に専門誌の数が急速に増大していく。ランクの高い代表的な専門誌として、*Bell Journal of Economics, International Economic Review, Journal of Economic Theory, Journal of Econometrics* があり、応用分野のランキングが高い専門誌としては、*Journal of Finance, Journal of Financial Economics, Journal of Industrial Economics, Journal of International Economics, Journal of Law and Economics, Journal of Mathematical Economics, Journal of Monetary Economics, Journal of Money Credit and Banking, Journal of Public Economics, Journal of Urban Economics* などがある。これらの専門誌に発表された論文の多くは新古典派経済学に基礎を置くもの、その影響下にあるものであった。応用分野の専門誌が急増したもう一つの理由は、新古典派経済学の基礎理論が確立し普及したことを受けて、奥野（二〇一三）が指摘しているような、経済学全体の方向転換があったからである。すなわち、抽象的一般的モデルから、多少のモデル上の特殊性はあっても経済学的含意を重視するモデルを構築し、有意義なモデルの頑健性を模索するという方針である。

ゲーム理論において、非協力ゲームにおけるさまざまな均衡概念が、ゲームのルールを詳細に記述することにより、ナッシュ均衡にもとづいて統一的に記述できそうだという見通しがつき（神取一九九四）、情報の非対称性を持つ経済現象について分析道具としてゲーム理論が効果的に利用されていったのが一九八〇年代であった（伊藤二〇〇七）。

この時期、一九七〇年代から二〇〇〇年頃までに慶應義塾において活躍した新古典派の代表的研究者は、大山道広（一九三八-）、川又邦雄（一九三九-）、長名寛明（一九四二-）であり、少し若い世代に丸山徹（一九四九-）がいる。この世代から国際的研究水準で貢献することが慶應義塾新古典派の標準とみなされるようになった。大山はロチェスター大学でPh.D.を取得、川又はミネソタ大学でPh.D.を取得、長名はアローとL・ハーヴィッツの下で研究した。丸山もカリフォルニア大学バークレー校で研究している。大山道広の代表的な論文は、"Trade and Welfare in General Equilibrium," *Keio Economic Studies*（1972）, Vol. 9, pp. 37–73, Reprinted in J. P. Neary ed., *International Trade*（The International Library of Critical Writing in Economics 59）, An Elgar Reference Collection, 1995, pp. 109–145, である。国際貿易理論において重要な貢献を行い、『国際貿易』（伊藤元重と共著、岩波書店、一九八五）、『国際経済学』（培風館、二〇一一）などの教科書を執筆している。川又邦雄は福岡正夫に師事し、次善理論の分野で重要な貢献をした。代表的な論文は、"Price Distortion and Potential Welfare," *Econometrica* 42（1974）, pp. 435–460, "Price Distortion and the Second Best Optimum," *Review of Economic Studies* 44（1977）, pp. 23–29, であり、『市場機能と経済厚生』（創文社、一九九一）や教科書『ゲーム理論の基礎』（培風館、二〇一二）を執筆している。長名寛明は、外部性があるときの公共政策とメカニズムデザインにおいて貢献し、*Journal of Economic Theory*, *The Review of Economic Studies*, *Econometrica*, *Review of Economic Design* などに論文を発表している。それらの研究は『資源配分機構の設計と外部性』（勁草書房、二〇一〇）に集約され、教科書『ミクロ経済分析の基礎』（知泉書館、二〇一一）を執筆している。丸山徹は、経済分析に現れる数学的諸問題について重要な貢献をしている。特に、最適成長理論や投資理論などと密接に関わる変分問題に関する研究は注目に値する。代表的な著書に『数理経済学の方法』（創文社、一九九五）がある。

経済学の国際化は、慶應義塾の出身で国外に活躍の場を求める研究者を生み出した。宮尾尊弘（一九四三-）は、

ＭＩＴで経済学 Ph.D. を取得し、南カリフォルニア大学、筑波大学の教授を歴任した。専門は都市経済学であるが、慶應義塾の助手時代には一般均衡理論や最適成長理論などの新古典派経済学の貢献がある。市石達郎（一九四三－）は、カリフォルニア大学バークレー校で数学修士と経済学博士を取得し、カーネギーメロン大学助教授、アイオワ大学准教授、オハイオ州立大学教授、一橋大学大学院教授を歴任した。企業内の資源配分メカニズムと市場の資源配分メカニズムの同時作用の分析を追求した。その後も、慶應義塾は国内外の研究機関で活躍する多数の研究者を輩出している。これらの貢献は一般均衡理論の枠組みにおいて序数主義にもとづいて市場の失敗を解決する新厚生経済学、新古典派経済学にもとづく応用経済学の展開、ゲーム理論、特に非協力ゲームによる経済分析など、新古典派経済学に連なる主な展開に沿ったものであると言える。

6　新古典派の台頭とマルクス経済学の衰退

こうした新古典派の台頭と経済学の制度化・国際化は、日本の大学や慶應義塾大学の経済学部に大きな変化をもたらした。新古典派経済学の制度化・国際化によって近代経済学の研究者が国際的に活躍するようになる一方で、マルクス経済学の権威が揺らぎ、著しく退潮していった。その理由として、橘木（二〇〇九）は、日本経済が資本主義の下で高度成長したこと、マルクス経済学派内での対立、社会主義経済の崩壊などの要因を指摘している。東京大学経済学部における新古典派の台頭とマルクス経済学の退潮について橘木（二〇〇九）が指摘していることは、慶應義塾の経済学部についても当てはまる。

経済学の国際化により、アメリカで博士号を取得した研究者によるアメリカ標準の業績評価が持ち込まれ、モデルにもとづく論理的妥当性の証明や、実証分析による理論の経験的妥当性の裏づけといった新古典派経済学が共有する分析手法を用いることがパラダイムの構成要因となる。一九九〇年以前にはマルクス経済学を礎とする研究者が学部定員の半数に迫る勢力を誇っていたが、一九八九年前後ソ連崩壊やベルリンの壁崩壊に象徴されるようにマルクス主義の権威が失墜し、制度化され国際化された評価基準に沿ってマルクス経済学者によって占められていたポストは世代交代とともに新古典派経済学者によって補充されていく。ところで、採用人事は基本的に学部のカリキュラム――カリキュラム自体は時代によって変化する――を円滑に編成するために行われる。もとより、経済学部のカリキュラムを構成する多様な科目を慶應義塾内出身者だけで都合よく補充できるとは限らない。一九九〇年以降は他大学で活躍していた慶應出身者を呼び戻したり、他大学から有能な人材を求めて募集・招聘が行われるようになった。同時期に、研究助手制度が開始され、それまでの東大や阪大と同じように、すべての院生がいったん他大学に就職するようになった。具体的には、一九九〇年吉野直行（ジョンズ・ホプキンス大学 Ph.D.、金融財政政策の実証的研究）、一九九四年木村福成（ウィスコンシン大学 Ph.D.、国際貿易論・開発経済学）、一九九七年中山幹夫（ゲーム理論）、赤林英夫（シカゴ大学 Ph.D.、労働や教育などのミクロ経済分析）、一九九八年津谷典子（シカゴ大学 Ph.D.、人口統計学・社会人口学）、瀬古美喜（土地・住宅問題の理論的・実証的分析）、一九九九年土居丈朗（財政学・公共経済学）らが就任した。瀬古以外は塾外出身で、アメリカの大学院で博士号を取得し教育・研究に携わった経験を持つ研究者が目立つ。これらの研究者の専門分野はカリキュラム構成科目を反映して多様であるが、いずれも新古典派経済学にもとづく経済分析である。これらの人事は、経済学部の選択行動の結果であり、新古典派経済学の台頭を明確に反映していると考えられる。

慶應義塾の特徴は他大学の研究者の方が強く感じているかもしれない。奥野（二〇一三）は、在職時慶應義塾出身の経済学部教員の中でも国際的知名度の高かった長名の著作（長名二〇一二）の書評において、「全体的に数学的な論証を大切にしていて、直感的な理解には深く立ち入らない傾向がある」と指摘している。本章で言及した福岡より若い世代の研究者には筆者自身指導を受ける機会があったが、考察する問題について可能な限り一般化された枠組みを想定し、その枠組みの中で分析に用いられる枠組みがどのような条件の下で正当化されるかを特徴づける、ということにこだわりがあったように思われる。経済学が用いている分析手法の特徴が一般的経済環境のどのような条件の下で正当化されるかについて理解を深めようとする姿勢である。しかし、一般均衡理論やゲームの理論が持つ学問の特徴からいって、それが慶應義塾に固有のものとは言えないだろう。

7　大学の学問的アイデンティティ

科学の世界において研究機関は固有の特徴を持つであろうか。限界革命において学派が形成されたのは学問環境が孤立していたことに基因している。当時は、研究者集団が相互に孤立しており、迅速な情報交換は不可能であった。それぞれの学派は、完全競争均衡、最適資源配分、コアといった異なるアプローチにもとづいて経済分析していたことが学派の特徴を形成した。それらの概念は比較的一般的な条件の下で相互に密接な関連を持つという関係にあったため、その後一般均衡理論を中心に統合され、新古典派が持つ普遍的な特徴のために学派は個性を失っていく。そもそも学派のような学問的アイデンティティを確立するためには、独創性・オリジナリティが必要である。少なくとも個別分野を主導する立場になければ、その個性が注目されたり尊重されたりすることはない。こうした水準を維持すること自体至難の業である。

研究機関が個性を持つ理由は少なくとも二つ考えられる。まず、経済学には規範的分析があり、社会が目指すべき目標とそれを実現する制度設計はその社会が選択できる。これらには複数の代替的選択肢が存在するので、それらのいずれを選ぶかによって学派の特徴が生まれる可能性がある。次に事実解明的分析に関連して、学問的な競争と分業の結果生まれる学問の棲み分け現象として現れる可能性があるように思われる。科学研究が生産的・効率的に行われるためには競争が必要である。より生産性の高い研究活動を行うには同じ分析手法、同じ研究分野などの研究者集団を形成し、規模の経済性を利用することが有効である。このとき、各研究機関は分析手法や研究分野を比較優位を持つものに特化して、競争相手との競争からはじき出されないようにしなければならない。同じ競争的条件で規模の経済性を発揮しつつ、分業を行うからこそ個別研究機関の特徴が生まれるのである。具体的な分析についでは別の機会に譲らざるを得ないが、学派とはそのために生じる研究集団の特徴であると考えられる。アメリカではそうした研究環境が存在するように思われる。経済学ではシカゴ学派は有名である。しかし、日本の研究環境はそれとはまったく異なっていた。研究資金は一部の旧帝大系国立大学に集中し、競争的な状況にはなかった。これは学問を輸入し急いで先進国の水準に追いつくために必要な体制であったかもしれないが、独創的な研究を生み出す環境とは言えないだろう。

慶應義塾の新古典派経済学は、新古典派経済学全体の流れに沿って展開されており、他の個別研究機関の研究と比較して特筆すべき特徴はないと言える。しかし、少なくとも日本の学問水準に照らし合わせて、慶應義塾の経済学研究はそれぞれの時代において常にフロンティアの一翼を担ってきた、と言ってよいだろう。研究機関の個性は、研究成果の特徴ではなく、研究に取り組む姿勢にあるという見解も説得力がある。その研究には別のアプローチが必要である。

注

（1）「新古典派」という用語はT・ヴェブレン（Veblen 1900）によってはじめて使用された。

（2）慶應義塾における新古典派経済学の展開について紹介するには、慶應義塾の経済学とは何かについて定義する必要があるが、ここではそれには深入りせずに議論を進めることにしたい。ちなみに本章で調査対象となる研究者のほとんどは、慶應義塾で学び慶應義塾で教えた人々である。あるいは、それは属人的なものでなく世代を超えて受け継がれる伝統であるかもしれない。

（3）この辺の事情については西沢（二〇〇七）が詳しい。福田は日本の経済学においても最重要人物の一人であり、日本の経済学の出発点であるとみなされることもある（池尾二〇〇六）。福田は、一八九〇年高等商業学校（現一橋大学）入学、一八九四年に卒業して、神戸商業学校教諭となる。一八九五年教諭の職を辞して、高等商業学校研究科入学。一八九六年同卒。一八九八年ドイツに留学し、ライプツィヒ大学でK・ビュッヒャー、ミュンヘン大学でL・ブレンターノに師事、ブレンターノと共著で『労働経済論』を執筆。一九〇〇年ミュンヘン大学から『日本における社会的経済的発展』で博士号を取得。一九〇一年に帰国して一九〇四年まで東京高等商業学校（現一橋大学）で教えるが、一九〇四年休職処分となり、一九〇五年から一九一八年まで慶應義塾大学教授。慶應では高橋誠一郎、小泉信三らを育てた。一九一九年東京高等商業学校（一九二〇年より東京商科大学）に復帰し、中山伊知郎らを指導した。

（4）千種の研究はその後ケインズ理論に関する考察が続く。千種自身はそれぞれの時代の重要な話題をとらえて論説している。

（5）東大に新古典派経済学者が増えたのは、一九六〇年代に館龍一郎、浜田宏一、根岸隆、岡野秀行、宇沢弘文らが助教授に就任してからである。東大経済学部における学派の勢力とその変遷については橋木（二〇〇九）を参照されたい。

参考文献

Arrow, Kenneth Joseph（1951/1963）*Social Choice and Individual Values*, New Haven: Yale University Press, 2nd edition.（長名寛明訳『社会的選択と個人的評価』日本経済新聞社、一九七七年）

Arrow, Kenneth Joseph and Frank Hahn（1971）*General Competitive Analysis*, San Francisco: Holden Day.（福岡正夫・川又邦雄訳『一般均衡分析』岩波書店、一九七六年）

Atkinson, Anthony B. and Joseph E. Stiglitz（1980）*Lectures on Public Economics*, New York: McGraw-Hill.

Debreu, Gerard（1959）*Theory of Value: An Axiomatic Analysis of Economic Equilibrium*, Wiley.（丸山徹訳『価値の理論』東洋経済新報社、一九七七年）

Hawkins, R. G., L. S. Ritter and I. Walter（1973）"What Economicsts Think of their Journals," *Journal of Political Economic*, Vol. 81, pp. 1017–1032.

Hayek, Friedrich A. von（1935）*Collectivist Economic Planning*, Routledge and Kegan Paul.（迫間真治郎訳『集産主義計画経済の理論』実業之日本社、一九五〇年）

Hayek, Friedrich A. von（1945）"The Use of Knowledge in Society," *American Economic Review*, Vol. 35, pp. 519–530.

Hicks, John Richard（1946）*Value and Capital*, Oxford: Clarendon Press, 2nd edition.（安井琢磨・熊谷尚夫訳『価値と資本』岩波書店、一九六五年）

Hildenbrand, Werner ed.（1974）*Core and Equilibria for a Large Economy*, Oxford: Clarendon Press.

Hurwicz, Leonid（1960）"Optimality and Informational Efficiency in Resource Allocation Processes," in Kenneth Joseph Arrow, S. Karlin and P. Suppes eds., *Mathematical Methods in the Social Sciences*, Stanford: Stanford University Press, pp. 27–46.

Jevons, William Stanley（1965/1871）*The Theory of Political Economy*, Reprints of Economic Classics: Augustus M. Kelley, 5th edition.（小泉信三・寺尾琢磨・永田清訳『経済学の理論』日本経済評論社、一九八一年）

Laband, D. N. and M. J. Piette（1994）"Equity, Envy, and Efficiency," *Journal of Economic Literature*, Vol. 32, pp. 640–666.

Liebowitz, S. J. and J. P. Palmer（1984）"Equity, Envy, and Efficiency," *Journal of Economic Literature*, Vol. 22, pp. 77–88.

Malinvaud, Edmond（1977）*Leçons de théorie microéconomique*, Paris: Dunod.（林敏彦訳『ミクロ経済理論講義』創文社、一九八九年）

Marshall, Alfred（1890/1920）*Principles of Economics*, London: Macmillan, 8th edition.（馬場啓之助訳『経済学原理』東洋経済新報社、一九六五－六七年）

Mas-Colell, Andreu（1985）*The Theory of General Economic Equilibrium: A Differentiable Approach*, Cambridge University Press.

Maskin, Erik（1977/1999）"Nash Equilibrium and Welfare Optimality," *Review of Economic Studies*, Vol. 66, pp. 23–38.

Nash, John F.（1951）"Non-cooperative Games," *Annals of Mathematics*, Vol. 54, pp. 286–295.

Neumann, John von and Oscar Morgenstern（1944）*Theory of Games and Economic Behavior*, Princeton: Princeton University Press.（銀林浩・橋本和美・宮本敏雄監訳『ゲームの理論と経済行動』東京図書、一九七八年）

Robbins, Lionel C.（1935）*An Essay on the Nature and Significance of Economic Science*, London: Macmillan, 2nd edition.（中山伊知郎監修・辻六兵衛訳『経済学の本質と意義』東洋経済新報社、一九五七年）

Samuelson, Paul Anthony（1947）*Foundations of Economic Analysis*, Massachusetts, Cambridge: Harvard University Press.（佐藤隆三訳『経済分析の基礎』勁草書房、一九六七年）

Varian, Hal R.（1978）*Microeconomic Analysis*, Norton.（佐藤隆三・三野和雄訳『ミクロ経済分析』勁草書房、一九八六年）

Veblen, Thorstein（1900）"Preconceptions of Economic Science," *Quarterly Journal of Economics*, Vol. 10, pp. 240–269.

Walras, Léon（1874–77/1952）*Éléments d'économie politique pure*, R. Pichon et R. Durand-Auzias.（久武雅夫訳『純粋経済学要論』岩波書店、一九八三年）

Weintraub, E. Roy（2002）*How Economics Became a Mathematical Science*, Durham: Duke University Press.

池尾愛子（二〇〇六）『日本の経済学——20世紀における国際化の歴史』名古屋大学出版会。

伊藤秀史（二〇〇七）「契約理論——ミクロ経済学第3の理論への道程」『経済学史研究』第四九巻第二号、五二—六一頁。

岡田章（二〇〇七）「ゲーム理論の歴史と現在――人間行動の解明を目指して」『経済学史研究』第四九巻第一号、一三七‐一五四頁。

奥野正寛（二〇一三）「書評――長名寛明『ミクロ経済分析の基礎』知泉書館、二〇一一年九月、四七六頁」『三田学会雑誌』第一〇五巻第三号、一二三五‐一二三九頁。

長名寛明（二〇一一）『ミクロ経済分析の基礎』知泉書館。

神取道宏（一九九四）「ゲーム理論による経済学の静かな革命」岩井克人・伊藤元重編『現代の経済理論』東京大学出版会、一五‐五六頁。

佐和隆光（一九八二）『経済学とは何だろうか』岩波書店。

橘木俊詔（二〇〇九）『東京大学――エリート養成機関の盛衰』岩波書店。

西沢保（二〇〇七）「福田徳三の厚生経済・社会思想とその国際的環境」『マーシャルと歴史学派の経済思想』岩波書店。

福岡正夫（一九七九）『一般均衡理論』創文社。

福岡正夫（二〇〇七）「慶應義塾における理論経済学の伝統」『三田学会雑誌』第一〇〇巻第一号、五‐三〇頁。

第14章

三田の計量経済学

宮内環

寺尾琢磨

（1899–1984）

1　はじめに

本章では、慶應義塾における経済学研究について計量経済学の観点からその特徴を論じ、その特徴の成立の背景について可能な限り具体的に述べようと思う。慶應義塾の計量経済学研究は主に三田キャンパスを中心にこれまで行われてきたことから、これを「三田の計量経済学」と呼んで差し支えないであろう。本章では以後この呼び方を用いることにする。

まず、三田の計量経済学の学問的特徴として、次の三点を指摘しておこう。

特徴①　理論構成と観測方法の対応を重視する。
特徴②　測定する経済学と、測定しない経済学、の区別をしない。
特徴③　新古典派経済学を中心に、ケインズの体系やマルクス経済学と新古典派経済学との関係を、原理から定理を演繹して導く体系において位置付けようとする。

以上の①から③の特徴を一言で表せば、三田の計量経済学は市場の科学としての経済学を目指していると言える。本章第2節においてこれらの特徴について詳述する。

次に主に右記①の特徴である理論と観測の対応付けを重視するに至る上で、強い影響を与え同時にその方法論的基礎を与えたところの、統計学の導入も、見逃すことはできない。特に、福沢諭吉の訳書『万国政表』（一八六〇）による統計的記述法の導入、次いでその著書『文明論之概略』（二〇〇二）（初出一八七四）の「スタチスチク」における統計的規則性の認識、さらに寺尾琢磨著『統計学の理論と方法』（一九三九）による数学的確率論に基礎を置いた確率分布の導入は重要である。統計学の導入については本章第3節で述べる。

最後に、三田の計量経済学においては、構造の把握に重点が置かれるが、構造概念の導入や構造把握を重んじるに至る上で、海外の学会からの影響を見落とすことはできない。本章第4節では、The Econometric Society の Haavelmo（1944）による「経済関係式の自律性（the autonomy of an economic relation）」の概念の導入、および The Cowles Commission for Research in Economics の Marschak（1950）による「構造（structure）」概念の導入について述べる。本章最後の第5節では結語を述べる。

2　三田の計量経済学——市場の科学としての経済学

前述のごとく三田の計量経済学を、市場の科学としての経済学として位置付けることができるが、これに先立ち、経済学を含む経験科学の一般的方法を確認しよう。

経験科学の一般的方法

小尾（一九七二）の第二章「法則把握の理法」では経験科学の計量的分析の手続きとして、手続①「観測事実の蒐集と整理」、手続②「観測事実の発生の仕組みを説明できるような理論の設定」、手続③「理論の具体化」、手続④「理論の検証」（手続①から手続④の「　」内、同、一九頁）、の四つがあると記されている。以下にこれら手続きにおける理論の意味、さらに手続③理論の具体化、手続④理論の検証、そして手続①から手続④の全体について説明する。

まず理論の構成は、少数個の無矛盾の原理から演繹という操作により多数の定理を導く体系（これを以後「原理—定理体系」と呼ぶ）により行われる。[1] 一般に数学の体系はこの原理—定理体系である。少数個の原理から多数の定理を導く原理—定理体系により、互いに異なるように見える複数の命題が、同一の原理から演繹される定理として示される場合があり、この場合には、そうした複数の命題相互の関係を明らかにすることが可能となる。経験科学では原理―定理体系としての数学的モデルが用いられる主たる理由がここにある。

次に理論の具体化とは、理論に含まれる係数が先験的な演繹のみによって定めることができない場合に、観測によってこの値を定めることである。例えば物体の自由落下の方程式における重力加速度係数 g の値を実験によって求めることである。理論に含まれる未知係数が定められれば、具体化された理論による条件付き予測が可能となる。条件付き予測とはある条件を与件とした下での予測である。例えば物体の自由落下の方程式 $v = g \cdot t$ において、重力加速度係数 g の値が定められていれば、自由落下を始めてからの一定時間 t を条件として与えた場合に、その下での物体の速度 v を予測することができる。

さらに理論の検証とは、一定の条件を与件とした下での条件付き予測による予測の結果と、当該の与件とされた条件の下での観測事実とを付き合わせ、これら両者がよい一致を示していれば、理論は検証を通過した（厳密に言えば、理論は観測事実により「反証されなかった」）と結論付け[2]、反対に両者のよい一致が得られなければ、理論は反証され検証を通過しないことになる。理論が反証された場合には、理論の改良や観測方法の検討を行わなければならない。

最後に上記の手続①から手続④の全体について二点の補足を述べる。第一に、理論の検証において当該の理論が反証されずに検証を通過した場合を考える。この場合にはさらに異なる条件の下での観測結果と当該の理論との付き合わせを繰り返し行い（これを一般に「追試」と呼ぶこともある）、この理論が新たな観測結果とよい一致を示すかを確認する必要がある。当該の理論が繰り返し新たな観測結果とよい一致を示し検証を通過するのであれば、この理論を当面の「法則」として受け入れることにする。第二に、理論の検証において当該の理論が反証され検証を通過しなかった場合について。この場合には手続①や手続②に戻り、理論および観測方法について検討と改良を行い[3]、続いて手続③、手続④の作業を当該の理論が検証を通過するまで反復して行うのである。

三田の計量経済学の特徴

以上の経験科学の一般的方法を踏まえ、先に述べた特徴①から特徴③の三田の計量経済学の特徴について詳しく述べよう。

（1）理論構成と観測方法の対応

特徴①「理論構成と観測方法の対応を重視する」は、理論の構成のあり方[4]と、何をどのような方法で観測するか[5]が互いに独立ではなく、相互に制約し合う、あるいは相互に影響を与え合う、そのような関係の重視を意味する。例えば経済学における労働量という変数は、伝統的な新古典派理論によれば人員数と一人当たりの労働時間の積である人・時（man-hour）単位で示される。労働量は供給量と需要量のいずれにおいても定義できるが、いま考察を労働供給の側面に限定しよう。新古典派理論ではまず、労働供給量の決定は個人の余暇—所得の選好場における最適余暇需要時間の選択として記述される。一方、最適労働供給時間は処分可能な総時間から最適な余暇時間を差し引いて求められ、さらに社会全体の労働供給量は、人員数と一人当たり労働供給時間の積として示される。この図式は就業機会が自営就業のように労働時間を自由に選択できる場合には適切であるが、雇用就業のように労働時間が多くの場合需要主体により指定されており、供給主体によって自由に選択できる余地の少ない場合には適切であるとは言えない。なぜならば、雇用就業の需要主体により指定される労働時間が、供給主体の選ぶ最適労働時間と一致しているという保証がないからである。従って新古典派理論の最適労働供給時間により示された人・時単位の総労働時間を雇用の需要主体が指定した労働時間で割って得た人員数という変数は、雇用機会に応募する人員数の観測値に一般に対応しない。この理由により、需要主体によって労働時間が指定されている雇用機会に応募する人員数を記述する理論は、最適時間を記述する人・時単位ではなく、指定された労働時間を与件とした下での人員単位の労働供給量を記述するようにこれを構成する必要がある[6]。

以上は観測に対応した理論構成の選択について述べたが、反対に観測方法の選択が理論に基づいて行われる必要もある。例えば人員単位による労働供給の観測事実においてはかねてよりダグラス＝有沢法則が知られている。[7]この法則によれば労働供給の主体は個人ではなく、所得の中核的稼得者である核所得者と、その他構成員である非核構成員から成る家計であることが示唆され、さらに核収入のより低いグループの非核構成員の人員単位の労働供給量はより多くなることが示される。従って、ダグラス＝有沢法則と整合的に構成する労働供給理論を具体化および検証するための観測の方法として、まず個人を観測の単位とするのではなく家計を単位とし、次に家計の有業率については構成員全体の有業率ではなく非核構成員の有業率を観測することが必要である。さらに非核構成員の労働供給に関する意思決定が核所得者のそれと同時決定ではなく核収入を与件として行われるとする仮説を検証するのであれば、非核構成員の有業率を、核収入および非核構成員が稼得する収入を合算した実収入階層ではなく、核収入階層ごとに観測する必要がある。[8]このようにダグラス＝有沢法則の観測事実と整合的となるように仮説としての理論を構成し、当該の理論がその基礎を置くところの、非核構成員の就業選択は核収入を与件として行われる、という因果の序列に関する仮説と整合的に観測方法が選択されている点に注目されたい。三田の計量経済学はこうした理論と観測の緊密な対応を重視するのである。

（2）理論の構成と測定が一体となった経済学

特徴②「測定する経済学と、測定しない経済学、の区別をしない」について述べよう。これはすでに述べた特徴①の延長線上にあるが、例えば「測定する物理学と、測定しない物理学、の区別をしない」と言い換えれば自ずとその意味は明らかとなろう。すなわち物理学において理論の具体化およびその検証のためには測定が必須であって、物理学の分野において測定を行う物理学と行わない物理学を区別する必要も意義もない。この点は物理学に限らず経済学など経験科学一般にあてはまることであって、「計量物理学」という言葉がないのと同様に「計量経済学」

という言葉が死語となることが望ましい。

特徴②について付言すれば、三田の計量経済学は、検証すべき理論を、先に述べた手続①から手続④の経験科学の計量的分析を繰り返して行う理論の改良作業の過程において見出そうとする。これとは対照的に、今日のEconometricsに関する書物の大多数においては、検証の対象とすべき数学的モデルは与件とされ、従って数学的モデルの改良には立ち入らず、専ら理論の具体化と理論の検証における適切な統計学的方法の選択に議論を限定している。一方、三田の計量経済学は、理論の構成とその具体化および検証のいずれも不可分の作業として行い、この作業の反復の中で理論を磨き上げ、検証を通過する可能性の高い理論を見出そうとする点が、今日のEconometricsとは異なる。

（3）一貫した原理——定理体系の構成の試み

最後に特徴③「新古典派経済学を中心に、ケインズの体系やマルクス経済学と新古典派経済学との関係を、原理から定理を演繹して導く体系において位置付けようとする」の点について。経済学を市場の科学として位置付けたとき、注意すべき点は、市場における資源配分の結果について、複数の学説が並立しているものの、それら学説間の関係が必ずしも明確ではないことである。

労働市場に着目してこの点を考察する。周知の通り、新古典派経済学の数学的モデルにおいては、失業は政府の介入がなくとも労働市場の自律的賃金調整機能により必ず解消するという帰結を得る。一方、ケインズの体系においては失業が存続し、失業の解消のためには政府による有効需要拡大政策を要するという、新古典派のそれとは異なる帰結を得る。さらに新古典派経済学の数学的モデルは労働市場に限らず一般にすべての市場においてパレート最適の資源配分が同時に達成されるという帰結を導く。これに対し、マルクス経済学は、賃金について「労働力の価値は、その所有者の維持のために必要なる生活手段の価値」（マルクス著、向坂訳、一九六九、第一巻、二九七頁）

に等しく市場において定められ、「労働日の変化は、肉体的および社会的限界の内部を動く」（同、第二巻、九五頁）という労働時間について「資本家は、労働日をできるかぎり延長し」（同、第二巻、九九頁）、その結果、賃金は労働の再生産が可能な最低水準に張り付き、労働時間は肉体的および社会的限界まで延長される、という新古典派経済学におけるパレート最適とは対照的な資源配分の帰結を導く。

経済学を市場の科学と位置付けたとき、新古典派経済学、ケインズの体系、マルクス経済学のいずれにおいても、各々の帰結と観測事実との間に矛盾がないかが検証基準となる。ここで確認すべきは、それら帰結のどれ一つを取り上げても当該の帰結と矛盾のない観測事実が見出されている点で、観測事実をもってこれら帰結のいずれかが誤りであることを明確に主張することができないことである。例えば景気拡大期においては新古典派経済学が主張するように観察される失業率はゼロに近づくことが経験される(9)一方で、景気後退期においては高水準の失業率が継続して観察され、ケインズ体系が示すように、新古典派が主張する労働市場の自律的賃金調整機能が作動していないように見える場合も経験される。同様に、景気拡大期では賃金の上昇が観察され、新古典派経済学のパレート最適の状態が実現しているように見えることも経験され、他方、景気後退期には賃金が下落し、社会保障水準未満の賃金を受け取りながら就業を続ける雇用者層が観察され、マルクス経済学の賃金に関する主張がもっともらしく見えることも経験されるところである。こうした経験により、新古典派、ケインズ、マルクスのいずれの経済学の主張も、観測事実とは明らかな矛盾を示すとは断言できず、従って、これらいずれかが誤った主張であると、経験される事実をもってして断言することができない。

真の問題は、新古典派、ケインズ、マルクスのいずれの経済学も、原理から演繹により定理を導く科学の理論としてこれらを眺めたとき、これら理論から導かれ互いに矛盾しているように見える各々の帰結相互の関係が明確ではない、という点である。

これら三者の経済学の相互の関係が明示されないとすれば、理論と観測事実との間の関係はどのようなものになるであろうか。いま、同一の市場において観察される失業率や賃金の時間経過に伴う変化、あるいは空間的に離れた市場間や社会階層間において観察される失業率や賃金の状態に関して恒常的な差異が確認された場合を考えよう。失業率や賃金の変化および差異は広く経験されるところである。観測者は、まず、失業率や賃金水準について観察される事象をもっともらしく説明できそうな理論を、観測事実に応じて選ぶであろう。しかし、もし失業率や賃金率の状態について上述の時間経過に伴う顕著な変化が観察された場合には、最初に選んだ理論を捨て、別の理論を選ばなければならない。空間的に離れた複数の市場あるいは複数の異なる社会階層の各々において失業率や賃金に関し、互いに異なる恒常的な状態が観察される場合は、その状態に応じてもっともらしく説明できる理論を新古典派、ケインズ、マルクスの経済学のメニューから市場ごとにあるいは社会階層ごとに一つずつ選び当てはめることになる。すなわち三者の経済学の間の関係を知らなければ、観察者はいつまでも観察事象に対して受動的にもっともらしい説明を、三者の経済学の中から取捨選択する以外に方法を知らず、何がそうした変化や差異をもたらすかを知ることができない。その結果として観察者は観察対象である失業率や賃金の状態を能動的にコントロールするすべを知ることができない、という立場に陥ることになる。(10)

これに対し三田の計量経済学は、新古典派経済学の原理—定理の体系を維持しながら、一貫した原理—定理の体系の下で条件の相違により、そうした様々に異なる状態の帰結を導こうと試みる。新古典派経済学の体系においてケインズおよびマルクスの経済学を位置付けようと試みるのは、これら三者のうち新古典派経済学が最も精緻な原理—定理の数学的体系を有しており、現代の科学的知見はすでに述べたごとく理論の構成における数学的体系の採用により獲得されたからである。

ケインズ体系における失業の発生を新古典派経済学の体系において位置付けること

新古典派の体系における労働市場の自律的な賃金調整機能による失業の解消、一方ケインズの体系における有効需要政策を待たねば存続し続ける失業。これら帰結に対し小尾（一九七八、一九八三）は、新古典派の体系に「労働の選択順位指標」Gおよびその分布の概念を導入することにより、失業に関して新古典派とケインズの間で矛盾するように見える各々の帰結を同一の原理からの演繹により記述しようとする。労働の選択順位指標Gとは、労働の潜在的な供給主体ごとが持つ指標で、その指標の値が大きい主体ほど需要主体（企業）から優先的に需要される。新古典派における失業解消の帰結は、ここでは選択順位指標Gが分散を失い（分散がゼロ）、その分布関数が退化（degenerate）した特殊な場合において導かれる。一方、労働の選択順位指標Gが正の分散を持つ場合にケインズ体系の帰結である失業の存続を導く。従ってGの分散に関する条件の違いに応じて、新古典派およびケインズの各々が導く失業に関する相異なる帰結を、同一の原理からの演繹において得るのである。言うまでもなく当該の数学的モデルは仮説の一つにすぎず、観測による検証の対象とされねばならない。しかし仮にこの数学的モデルが検証を通過し続け、法則として共有された場合、労働の選択順位指標Gの分布関数に間接的にせよ操作を加える方法が見出されれば、当該の数学的モデルの知見が失業のコントロールのための新たな方法に途を開くことになる。

新古典派における失業の自律的解消という帰結が、いかにして特殊ケースとして位置付けられるかの概略を述べておこう。まず図14－1および図14－2には、横軸に労働量、縦軸は原点0から上に向かって賃金w、原点0から下に向かって労働の選択順位指標Gが描かれている。労働の選択順位指標Gは潜在的な供給主体ごとにある値をとる確率変数であり、その区間は［0,1］であるとする。大きい値を持つ（潜在的な）供給主体ほど需要主体から優先的に需要される。ここで労働の選択順位指標Gの分布関数vを$v(g)=\mathrm{Prob.}(G \geqq g)$と定義する。ただしProb.は（）内の事象が生じる確率を示し、gは区間［0,1］の任意の実数定数である。いま労働市場における潜在的供給主体の総人員数をNとすると、g以上の選択順位指標を持つ潜在的供給主体の人員数は$Nv(g)$で与えられる。

図14－1は、労働の選択順位指標Gが正の分散を持つ場合で、その確率分布が一様分布であるとした時に直線となる$Nv(g)$を第4象限に線分abとして描いてある。いま企業の生産量が有効需要により与えられ、企業が費用最小

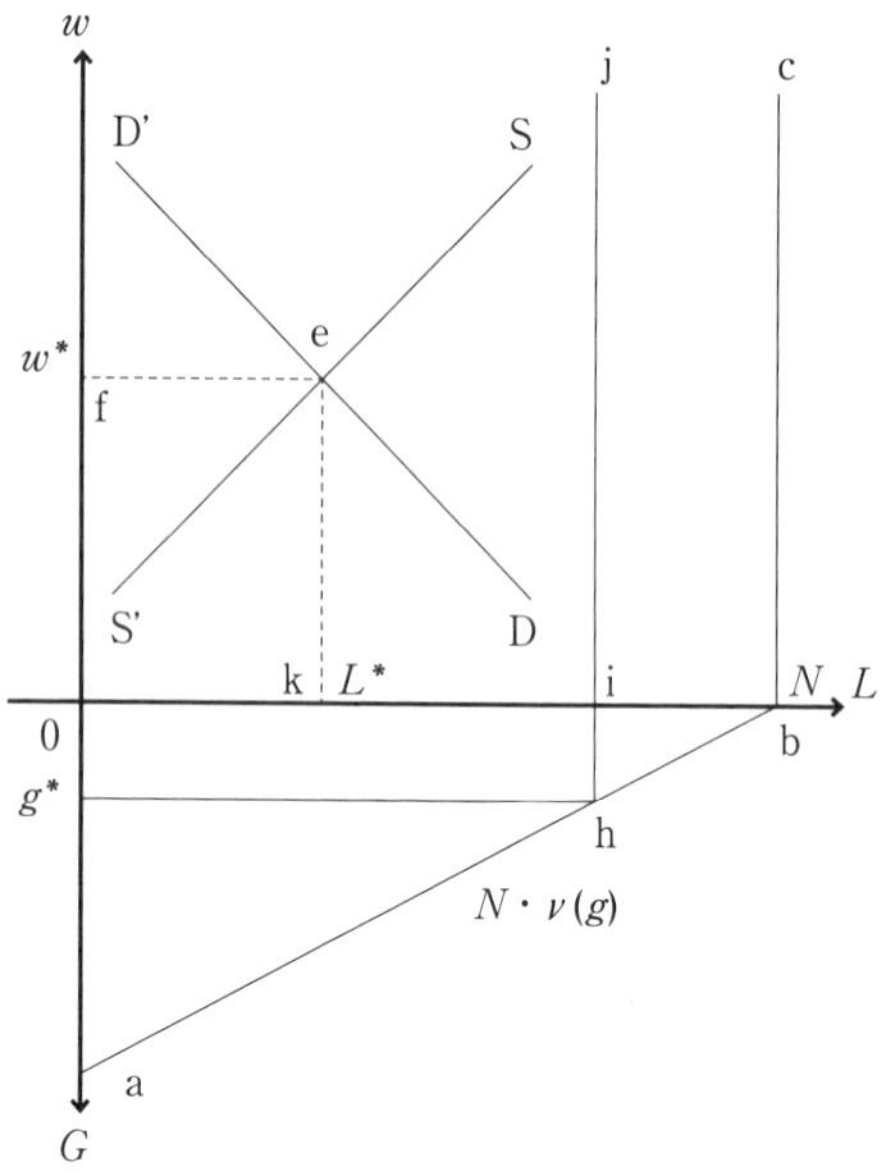

図 14-1　労働の選択順位指標分布 ν と ib 領域における失業の発生

化により労働の選択順位指標の最低限を g^* としたとき、市場において g^* 以上の選択順位指標を持つ潜在的供給主体の人員数は $N\nu(g^*)$ であり（これを「適格人員数」と呼ぶ）、これは図14－1の線分 g^*h、あるいは原点0から横軸上のi点までの長さで示される。企業が雇用するのは適格人員数 $N\nu(g^*)$ についての供給曲線SS'と、需要曲線DD'の交点eから下ろした垂線の足kまでの原点からの長さ L^* である。労働供給確率関数 μ が賃金率 w のみの関数で $\mu(w)$ と表されるとすると、$L^*=N\nu(g^*)\mu(w^*)$ である。ここでは L^* の決定に、労働市場全体の N 人の潜在的供給者の供給曲線ではなく、そのうちの g^* 以上なる選択順位指標を持つ潜在的供給主体の供給曲線が関わる点に注意されたい。すなわち、g^* 未満の選択順位指標を持つ図14－1の線分ibの長さで表される潜在的供給主体の人員数は、企業にとっての「適格人員数」から排除されているのである。この場合、交点eで定まる賃金 w^* の就業機会からの失業量は、垂線ijと垂線bcの間に描かれる非適格人員とされた潜在的供給主体の供給曲線（図14－1には描いていない）と交点eから引いた水平線との交点から横軸上

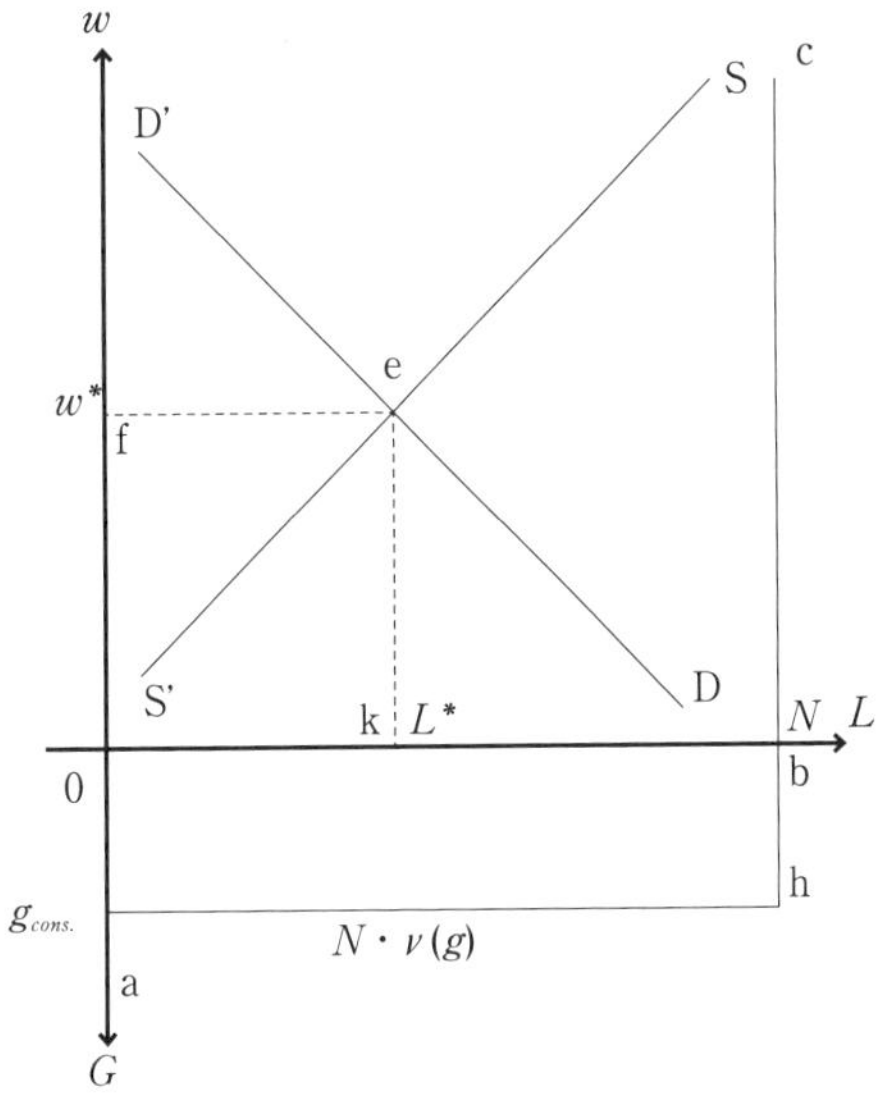

図 14-2　労働の選択順位指標分布 v が $g_{cons.}$ において退化した場合

に下ろした垂線の足と点iの長さにより示され、この人員数は $N[1-v(g^*)]\mu(w^*)$ である。(11) この時、垂線ijの位置は、企業がその生産量を与件として決定した労働の選択順位指標の最低限 g^* の値により決まるので、有効需要の拡大がなされない限り、（労働市場の自律的な賃金調整機能が作動したとしても）垂線ijと垂線bcに挟まれた領域は消滅せず、失業が存続し続けることになる。

図14-2は、図14-1の特殊ケースとして、N人の潜在的供給主体のすべてにおいて労働の選択順位指標Gが $g_{cons.}$ という一定値をとり、従って分布関数 $v(g)$ が退化した場合を描いてある。この時 $Nv(g)$ は、a $g_{cons.}$ hb という折れ曲がった曲線で示される。この場合、企業は労働の選択順位指標の最低限の値を選ぶ余地がなくなり、図14-1で示した垂線ijは、図14-2において垂線bcに一致してしまい、図14-1において失業が発生していた領域が図14-2においては消滅することになる。これが従来の新古典派における労働市場の姿であると言える。以上についてのより詳細な議論は小尾（一九七八）、あるいは小尾・宮内（一九九八）の一八-一九頁を参照されたい。

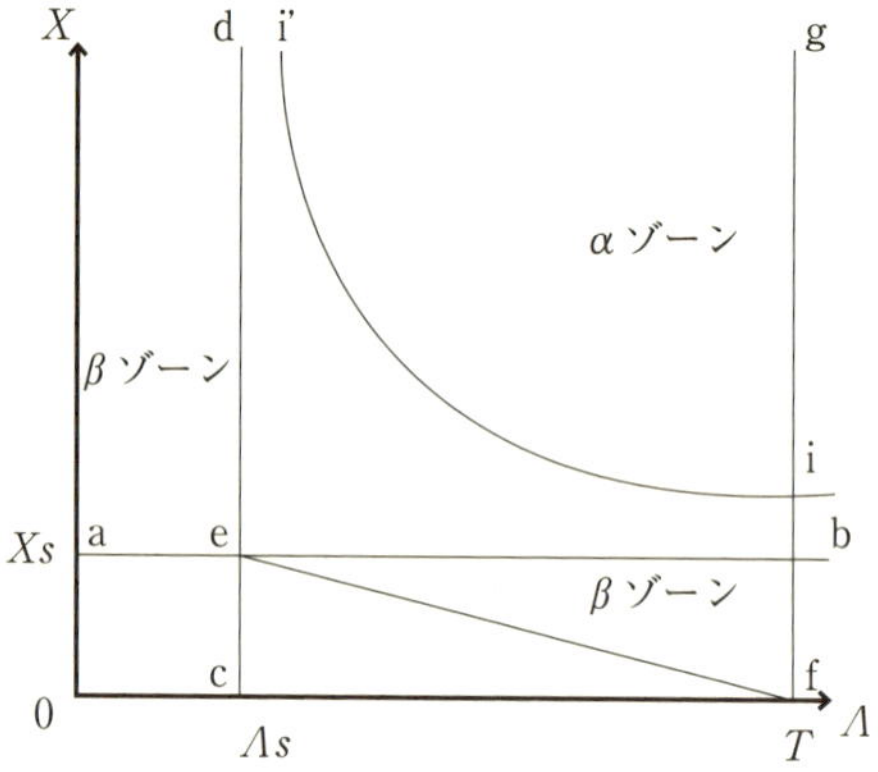

図14-3　所得と余暇の各々の最低必要臨界量 Xs, Λs がある
ふち付きエッジワース・ボックス

マルクス経済学における賃金と労働時間の決定を新古典派経済学の体系に位置付けること

周知の通り、新古典派経済学においては一般均衡体系の下で、各市場で価格と取引量が同時に定まり、その結果としてパレート最適が各市場で成立し、労働市場もその例外ではない、との帰結を得る。一方、マルクス経済学では賃金は労働の再生産に必要な最低水準に張り付き、労働時間は限界まで引き延ばされる、との帰結を得る。これらの帰結について、辻村（一九七七）は「最低必要臨界量」（同、一四一頁）の概念を導入し「「エジワースの箱」の一般化」（同、一四三頁）を行い、交換の初期条件である各主体が有する初期保有量が最低必要臨界量を超えるか否かの条件により、資源配分における新古典派、マルクスの経済学のいずれの帰結も導くことを示した。労働供給の場合を取り上げて以下にその概略を述べる。

図14－3は縦軸に所得X、横軸に余暇時間Λをとり、余暇―所得の選好場を描いてある。原点から縦軸上のa点までの高さは所得の最低必要臨界量Xs、原点から横軸上のc点までの長さは余暇時間の最低必要臨界量Λsを示す。観測の単位期間内に入手可能な余暇時間には限りがあり、この余暇時間の上限値をTとして原点から横軸のf点までの長さで示す。労働供給の理論においては、余暇時間はTから労働時間を差し引いた分であるから、横軸上のf点から左側に座標を読めば労

働時間、原点から右側に座標を読めば余暇時間となる。縦軸上のXsの水準にある水平線abと横軸上の$Λs$の水準にある垂線cdで囲まれた右上の領域（$X≧Xs$かつ$Λ≧Λs$）を「αゾーン」（同、一四四頁）と呼ぶ。さらに所得Xあるいは余暇時間$Λ$の一方のみについてその最低必要量未満である領域（$X<Xs$または$Λ<Λs$の領域から「$X<Xs$かつ$Λ<Λs$」の領域を差し引いた残り）を「βゾーン」（同、一四五頁）と呼ぶ。一定の観測期間内においては、所得Xおよび余暇時間$Λ$の各々について、それら最低必要臨界量Xs、$Λs$以上の量を得なければ労働供給の主体は働き続けることができないから、余暇―所得の無差別曲線はαゾーンの内部にのみ存在する。βゾーン内に留まる主体は働き続けることができない。いま労働供給の主体として職人Aと職人Bがともに唯一の親方Cに自己の労働を売り渡し、それと交換に賃金を得る雇用契約を結ぶ場合を考えよう。

第一のケースとして、職人はA、Bともに雇用される他に所得を得る手段を持たず、両者の交換の初期点はともに図14－3横軸上のf点であるとする。いま職人Aが職人Bよりも先にdeb線上を除くαゾーンの内部において親方Cと雇用契約を結び、職人Aを雇い入れた親方Cにとっては追加的に別の職人を雇い入れる利点がないとする。なお、職人Aはαゾーン内に存在する無差別曲線と交換の初期点fから左上がりの賃金線（図14－3には描いていない）との接点に位置する（点fから引いた賃金線の傾きは時間あたり賃金率である）。この時、職人Bは親方Cと雇用契約を結ばねばβゾーンに留まり、生存が危うくなる。職人Bがβゾーンから脱出するにはどうすればよいか。それは、職人Aが結んだ雇用契約よりも親方Cにとって有利な条件を提示し、職人Aから職を奪うしか方法がない。親方Cにとり有利な条件とは、より安い賃金（率）で、より長時間働く、という雇用契約を結ぶことである。職人Bのこうした行動により職を奪われた職人Aはβゾーンに落ちてしまうので、今度は職人Aが親方Cにとってより有利な条件を提示して職人Bから職を奪い取ることによりαゾーンに戻ろうとする。こうして二人の職人の間で賃金切り下げの競争が続くことになる。二人の職人のこの賃金切り下げ競争は、しかし、賃金と労働時間の組み合わせが図14－3のe点に至って終わることになる。なぜならば、e点よりも低い賃金、あるいはe点よりも短い余暇時間では、いずれの職人も働き続けることができないからである。この結末は、マルクス経済学における労働市場の賃金と労働時間に関する帰結と符合することを確認したい。なお、少なくともe点の近傍においては、より低い賃金（率）には、より長い労働時間が対応するため、労働量をman-hour単位で表した労働の供給曲線は右下がりとなり、このために供給曲線と需要曲線との交点において成立した需給の均衡が不安定となり、賃金の一方的下落が生じる可能性がある。この場合、賃金決定を労働市場にのみ委ねることができず、最低賃金などの政策的介入が必要となる。

第二のケースとして、二人の職人の交換の初期点がf点ではなく、αゾーン内のi点であったとしよう。[12] 図14－3のαゾーン内にはi点を通る無差別曲線ii'を描いてある。無差別曲線ii'よりも上位の無差別曲線に移ることができる雇用機会が提示されれば当該の雇用契約を締結するであろう。一方そのような雇用機会がなければi点に留まればよい。なぜならばいずれの職人もi点に留まったままでも生活を続けることが可能であるからである。さらに交換の初期点がi点である場合には、少なくともi点の近傍においては雇用機会の賃金率が下がるほど、労働時間は減少し、man-hour単位で労働量を表した供給曲線は右上がりとなり、労働の需給均衡の安定条件を満たすから、賃金決定を労働市場に委ねてよい。

第一のケースにおける「賃金切り下げ」競争をもたらす原因を、第二のそれと比較して考察しよう。まず交換の初期点がαゾーン内のi点である第二のケースにおいても第一のケースと同様に、職人間で賃金の切り下げ競争は起こりうるが、第二のケースであるαゾーン内における賃金切り下げ競争は、二人の職人がともにより上位の無差別曲線へ移ろうとすることにより引き起こされ、従って賃金切り下げの範囲は交換の初期点iを通る無差別曲線の右上の領域に限られる。これに対し、第一のケースであるβゾーン内に交換の初期点がある場合の賃金切り下げ競争は、労働し続けるための生活が維持できないβゾーンから抜け出すための、いわば生存をかけた競争である。[13]

以上に述べたように、辻村（一九七七）は最低必要臨界量の概念を導入し、交換の初期点がαゾーン内にあるか否かの条件により、新古典派のパレート最適の帰結[14]と、マルクスの賃金と労働時間に関する帰結のいずれもが、図14－3のふち付きエッジワース・ボックスから導きだされることを示したのである。言うまでもなく、この試みは仮説にすぎず、観測事実により検証の対象とされねばならない[15]。しかし、ここで重要なのは、市場がもたらす帰結についての新古典派とマルクスの帰結の各々を、同一の主体均衡論を踏まえて演繹により導いている点である[16]。

3　統計学と三田の計量経済学

一般に計量経済学において統計学が重要な位置付けを得るが、三田の計量経済学を理解する上で、福沢閲・岡本訳（一八六〇）の統計的観察法、福沢（二〇〇二）（初出一八七四）における「スタチスチク」の大量観察による統計的規則性概念[17]、さらに寺尾（一九三九）において確率的変動を伴う観測事実を記述するために必要とされた確率分布の導入の影響は見逃せない。

ここで、今日の統計学には大別して二つの源流があることを述べておこう。一つはZehrfeld（1926）によれば一七世紀中頃に北ドイツでH・コンリングにより講義されたシュターテンクンデ（Staatenkunde）である。これは国の地理・人口・産業・財政などの状況を比較可能な形式で記述する学問で、国勢学に相当すると考えてよい。もう一つは大量観察により見出される統計的規則性、さらに確率論に基礎を置く統計的事象の解析で、Bernoulli, translated by Sommer（1954）（初出Bernoulli, 1738）の効用に基礎を置いた不確実な損失に関する解析的研究や、ケトレー著、高野校閲、平他訳（一九三九－四〇）（初出Quetelet, 1835）の社会的現象への確率論の導入が代表的である。

福沢閲・岡本訳（一八六〇）は、福沢諭吉事典編集委員会編（二〇一〇）によれば「日本における西洋の統計書のもっとも古い翻訳。一八五四年刊行の原著の表題は、直訳すれば「国名、地積、政体、首長、その地を含む、地球上の全土に関する統計表」の意」（同、八六頁）とのことで、Staatenkunde の流れを汲むものである。福沢閲・岡本訳（一八六〇）は、観測事実を統計的記述として比較可能とする観察法をわが国に初めて導入したもので、この統計的観察法は三田の計量経済学に限らず[18]、広く三田の研究方法に影響を与えている。

他方、統計学の第二の源流である大量観察における統計的規則性についての言及を、福沢（二〇〇二）に見出すことができる。まず「文明は一人の身に就て論ずべからず、全国の有様に就て見るべきものなり」（同、八〇頁）と文明の気風について触れ、続いて「人の心の変化を察するは人力の及ぶ所に非ず、到底その働は皆偶然に出て更に規則なきものと云うて可ならんか。答云く、決して然らず。文明を論ずる学者には自からこの変化を察するの一法あり。（中略）蓋しその法とは何ぞや。天下の人心を一体に視做して、久しき時限の間に広く比較して、その事跡に顕わるるものを証するの法、即是れなり」（同、八五‐八六頁）と述べた後に「斯くの如く広く実際に就て詮索するの法を、西洋の語にて「スタチスチク」と名く」（同、八九頁）と結論付けている。さらに続けて「譬えば英国にて毎年婚姻する者の数は穀物の価に従い、穀物の価貴ければ婚姻少なく、その価下落すれば婚姻多く、嘗てその割合を誤ることなしと云えり」（同、八九頁）と社会科学における大量観察により発見される統計学的規則性について述べている[19]。

さらにこの統計的規則性の概念を数学的確率論に基礎を置いた確率分布としてわが国の統計学に導入したのが寺尾（一九三九）である。寺尾琢磨（一八九九‐一九八四年）は統計学のほかに、ジェヴォンス著、小泉・寺尾他共訳（一九四四）に代表される新古典派経済学や、マルサス著、伊藤・寺尾共訳（一九二九‐三〇）に代表される人口論の分野の三田の研究者である。寺尾（一九三九）は、偶然に支配され、個々の観察事象の予測し難く無秩序に見える振る舞いについて、経験科学が規則性を見出し得るか、との問いに対し次のように述べる。「現在の数学的確率論は偶然に関する唯一の科学的理論であって、（中略）経験科学が（中略）何らかの方法によって数学的確率論と結びつく事でなければならぬ」（同、二一‐二二頁）、「これを結びつけるものこそ、所謂「統計的大数法則」（Statistical Law of Large Numbers）に外ならぬ」（同、二二頁）と、大量観察の下で経験される統計的規則性に根拠を求め、偶然に支配された観察事象について、経験科学が数学的確率論を基礎としてそれを記述の対象とし得る、と主張する。続けてその統計的規則性について「この法則によって（中略）個別的の経験事象については妥当せずとも、少なくとも大なる集団については数学的確率論の適用される可能性のあること、従って科学的に偶然事象を処理する手段の与えられている事が明らかにされたのである」（同、二二頁）と述べる。すなわち経験科学が行う記述が、個々の偶然事象を対象とせず、観察事象の「大なる集団」を対象とするのであれば、経験科学は数学的確率論の適用により「大なる集団」の振る舞いを記述する方法を手に入れることができ、その方法に根拠を与えるのが「大なる集団」が見せる統計的規則性である、と述べる。さらに「統計的大数観察の結果が概して驚くべき正規性を示す事実は、統計学の成立以来、あらゆる統計学者の認めたところである」（同、二三頁）として大量観察の結果として一般に標本分布の正規性が確認されることを指摘し、この経験的事実を踏まえ「ケトレーはこの正規性に基づいて、社会科学を自然科学の域に高めんと試みた」（同、二三頁）と述べる。すなわち正規性を示す標本分布を生み出すところの母集団概念としての正規分布の理論への導入が、[20] 社会科学をして数学的確率論に基礎を置く経験科学として成立ならしめ得ると主張する。

寺尾（一九三九）のこの認識は、確率分布の概念を介する事により、偶然事象としての側面を持つ観察事実と経験科学の理論の両者を初めて対応せしめ得ることを示している。一般に観測事実は偶然事象としての側面を持つ。このため、観測事実を叙述し得る理論には、あるいはこれと同義であるが、観測事実との付き合わせによる検証を通過する可能性のある理論には、少なくとも偶然事象の確率分布を導く構成が与えられる必要がある。この確率論的な理論構成も、三田の計量経済学の際立った特徴である。[21]

4　海外の学会と三田の計量経済学

三田の計量経済学における理論構成の特徴として、最後に、より安定した経済関係式を求めるために高い「経済関係式の自律性（the autonomy of an economic relation）」（Haavelmo 1944, pp. 26–39）を志向する点、およびこれと密接に関連するが、より広範囲の予測のために「構造（structre）」（Marschak 1950, pp. 7–8）の具体化を志向する点を述べよう。

経済関係式の自律性は、経済関係式がより安定するための必要条件に関する概念である。その意味は、ある特定の関係式を導く演繹の上流にある他の関係式の多さの程度、と言ってよい。当該の関係式を導く演繹の上流にある他の関係式が少ないほど、当該の関係式について「経済関係式の自律性が高い」と表す。そしてHaavelmo（1944）は経済学の理論について「経済学の理論の主要な使命は、可能な限り高い自律性を有すると期待されるであろう関係式を構築することである」[22]（Ibid., p. 29）と述べる。

例えば新古典派経済学における消費者の主体均衡理論は、第一に経済主体の嗜好は効用関数で表現される、第二に経済主体は収支制約の条件の下で効用指標を最大化する、との二つの原理から出発し、演繹により余暇や財・サービスの需要方程式を導く。この時、演繹のより下流にある需要方程式はそれより上流にある効用関数や収支制約条件に比べ低い自律性を持ち、従って需要方程式は効用関数や収支制約条件に比べ破れやすい。なぜならば、需要方程式は効用関数と収支制約条件を連立して導かれ、このため効用関数あるいは収支制約条件のいずれか一方が破れただけで、需要方程式が破れるからである。

新古典派経済学の原理―定理の体系において、最も高い自律性を持つ関係式は何であろうか。それは消費者の主体均衡理論においては先に述べた効用関数と収支制約式であり、生産者の主体均衡理論においては生産技術を表す生産関数と利潤の定義式である。

三田の計量経済学は、新古典派経済学における最も自律性の高い方程式に対し、特定の解析的な形を与えることを、その主たる出発点とする。特定化されたこれら方程式から演繹により需要方程式や供給方程式などの行動方程式を導いて測定の対象とする。この方法は主に次の二つの利点を持つ。消費者行動について述べれば、第一は、仮に制約条件に変化があった場合でも、効用関数を測定しなおすことなく予測が可能となることである。例えば余暇—所得に関する効用関数を測定しておけば、雇用市場において労働時間の制限が緩和されるといった制度の変更があった場合、当該の変更の下での労働供給の予測はすでに測定した効用関数を用いて行うことが可能である。[23] 第二の利点として、理論が内包する先験的情報を用いて関係式の検証を行うことが容易になり、（統計学的な検証基準に加え）理論的な検証基準がより豊富に得られる点が挙げられる。理論的な検証基準とは、例えば所得を外生変数とする消費者の主体均衡理論における財・サービスの需要方程式は、価格および所得に関してゼロ次同次性を満たさねばならない、などである。[24]

次にMarschak（1950）の「構造（structure）」（Ibid., p. 8）の概念は、経済学やその周辺諸科学の理論により得られる先験的情報の体系に、ある特定のパラメータセットの値が付与されたところの体系を示し、一般に係数の値が与えられた連立方程式の体系となる。構造の外生変数と内生変数が定められる場合、その連立方程式を内生変数について解いた方程式を「誘導形（reduced form）」（Ibid., p. 9）と呼ぶ。ここで構造変化がなければ、予測は誘導形の情報のみにより可能であり、構造の情報は不要である。しかし、構造変化が起きた場合には、構造変化前に測定した誘導形は、構造変化後の予測に用いることはできない。これに対し、構造変化前の構造を測定しておけば、構造変化について具体的な情報があった場合には、その情報を用いて構造変化後の構造を知ることが可能であり、従ってこれに基づく予測が可能である。Marschak（1950）は（確率的な構造の推定についても同様の議論が可能であるが）非確率的な構造の決定（determination）における政策的に意図された構造変化の下での政策上の利得（gain）について、

「(現に存する) 構造の決定が、考え得る構造変化がいかに多様であろうと、(将来において) 予測される構造に関する知見へ、そしてその下での代替的な(政策の結果として得られるであろう社会厚生上の種々の) 利益の算定へと途を開くマスターキーを与えるのである」[25] (Ibid., p. 13) と述べる。一方で構造を知るには「識別 (identification)」(Ibid., pp. 14–17) の問題の克服という費用が必要であると述べている。しかし、構造の把握にはこの費用に見合う意義があると言える。

構造の変化は常に経験するところであるから、構造の把握は予測において本来必要不可欠である。こうした認識に立ち、三田の計量経済学は、識別の問題を可能な限り克服しようと試みながら構造の把握を志向する。[26]

5　おわりに

第2節で三田の計量経済学の特徴として①理論と観測の対応、②測定と理論を一体とした経済学、③ケインズ、マルクスが導いた帰結について新古典派の体系における位置付けを試みる、の三点を詳述した。次いで第3節では統計的観測方法および確率分布を経験科学にいち早く取り入れたこと、さらに第4節では最も自律的な効用関数や生産関数の具体化と、これら構造の具体化を志向する点を述べた。読者諸氏は、これらが相互に関連し、一体となって三田の計量経済学を形成していることに気づかれたと思う。周知の通り、経済学の分野では自然科学の分野に比べ統御実験が困難な場合が多い。この困難は、理論の構成および測定・検証においてより周到な準備を要求し、観測者は、理論が観測事実に照らして反証可能であるか、観測資料をもたらした観測方法および統計的方法は適切であるか、という点を常に問い続ける必要がある。この時、観測者である我々の道標は、これまでに検証に耐えてきた理論であると言ってよい。経済学においては、観測の方法の選択において、理論の果たすべき役割が自然科学の場合に比べ大きくならざるを得ない。

今日、通信技術とその社会的基盤の整備に伴い、日々発生する直接的な観察事象を統計モデルにより説明する方法が一層の流行を見せている。しかし我々の経験が示すところでは、そうした表面的な事象の説明は多くの場合すぐに破れてしまうであろう。なぜならば統計的方法は単に事象における変数間の相関関係を明らかにするに過ぎないからである。三田の計量経済学は表面的な観察事象を追うのではなく、そうした事象を生み出し、事象の背後に潜む原理に絶えず目を向けてきたことを忘れてはならない。

注

（1）福沢（二〇〇二）の第一章「議論の本位を定る事」では、「都て事物を詮索するには枝末を払てその本源に遡り、止る所の本位を求めざるべからず。斯の如くすれば議論の箇条は次第に減じてその本位は益確実なるべし」（同、一〇頁）として少数個の原理に遡ることが事物の探求に必須であることを述べ、さらに「定則とは即ち道理の本位と云うも可なり。若し運動の理を論ずるに当て、この定則なかりせばその議論区々にして際限あることなく、船は船の運動を以て理の定則を立て、車は車の運動を以て論の本位を定め、徒に理論の箇条のみを増してその帰する所の本は一なるを得ず、一ならざれば即ち亦確実なるを得ざるべし」（同、一一頁）として、もし原理に遡らなければ、船の運動、車の運動といったように個々の事物の表面的な現象の数だけ異なる説明を用意せねばならないと述べている。

一方で、人類が事物の少数個の原理から演繹により定理を導く原理―定理体系によってその知識の集積を試みたのが、約五千年の文明の歴史において今から数百年ほど前から現代にいたるまでの僅かな期間に過ぎない。仮に原理―定理体系による経験科学上の知識集積がコペルニクス著、矢島訳（一九五三）（初出 Copernicus 1548）に始まるとすれば、その歴史は五〇〇年に満たないことになる。

ここで人類が原理―定理体系を採用する以前における知識集積がどのようであったかを概観し、原理―定理体系の意義を、次に述べる二点について確認しておこう。その第一の意義とは、与件となる条件の下での一般的な予測（これを「条件付き予測」と呼ぶ）が可能となることである。近藤（二〇一二）によれば、ナイル河流域のかつての古代エジプト文明においては、現代の太陽暦の七月下旬頃に定期的に起こるナイル河の洪水を、「おおいぬ座のα星であるシリウス（Sirius）は、（中略）薄明の東天にはじめて姿を現す現象はヘリアカル・ライジング（heliacal rising）の名で呼ばれ（中略）ナイル河の増水に先立ち、シリウス星のヘリアカル・ライジングが見られた」（同、六－七頁）ことにより知ることができたとのことである。しかし問題は、彼らのこの知識を、当時のその他の地域の河川氾濫の予測、あるいは今日において河川氾濫の予測に適用することができない、という点である。なお、現代ではヘリアカル・ライジングが見られるのは太陽暦の八月上旬から中旬にかけてであり、古代エジプト時代の頃よりも数週間遅くなっている。言うまでもなく、現代における洪水予測は、雨滴の生成に関する原理—定理の体系により構成される気象学的モデルに基づいて行われる。換言すれば、地形などの地理的諸条件などの下でこれらモデルによる雨量に関する条件付き予測を踏まえ、場所や時代を問わず洪水発生の予測を行うことが、この原理—定理体系により可能となるのである。原理—定理体系の第二の意義は、本質的にはその第一の意義の延長線上にあるが、これまでに人類が経験したことのない条件の下での予測を可能とすることである。一例として一九六九年七月二〇日に飛行士が初めて月面に降り立ち、その後地球に帰還したアポロ計画を取り上げよう。アポロ計画では地球と月の間を往復した宇宙船は僅かな燃料を積んでいたのみであった。この宇宙船が地球と月の間を往復できたのは、太陽、地球そして月などの太陽系の天体の重力を推力として用いたからである。こうした運行が可能となったのは、一般に質量を持つ物体の間に働く力（引力）に関する原理を人類がすでに知っていたからである。この原理に基づき地球・月・太陽などから受ける引力の作用の下で宇宙船の軌道を事前に計算することができたのである。福沢（二〇〇二）の先の引用が述べるように、船の運動や車の運動の各々に個別の説明を与える方法では、人類が地球と月との間で初めて運行する宇宙船がいかなる運動をするのかを事前に予測することは不可能である。以上の点に原理—定理体系の意義があることを確認したい。

（2）検証を通過した理論でも、新たな観測事実により反証される可能性はいつでもあるので、理論が検証を通過することは、当該の理論が正しいことと同義ではない。観測者の認識に従えば、検証を通過した理論について、未だ発生していないすべての観測事実に対して当該の理論が検証を通過できるか否かは不明である。従って観測者は検証を通過した当該の理論について、新たな観測事実により反証される可能性を常に留保し、現に発生し経験された観測事実が理論と矛盾しなかったことを認めるに過ぎない。

（3）理論の改良は以下の注（4）で述べる「数学的モデル」の改良および注（5）で述べる「実験計画」の改良を共に含む。

（4）現代の経済学においては数学的モデルが多用される。この数学的モデルとは、少数個の無矛盾の原理から誤謬のない演繹により多数の定理を導く体系を意味する。ここでいかなる内容を持った定理を導くかは、誤謬なく演繹がなされる限りにおいて、演繹の主体である我々が選択することになる。この文脈における理論構成とは、この選択し導かれた定理、その元となる原理、さらにその演繹操作、の三者の総体を示す概念と言ってよい。ただし経済学のような経験科学においては、導かれた定理は検証に付されなければならず、当該の数学的モデルが検証において反証可能である必要がある。この意味において（反証可能な）理論とは、原理、演繹、定理の三者の総体である理論構成に加え、次の注（5）で述べる「実験計画」を含んだ概念である。なお反証可能性については、ポパー著、大内・森共訳（一九七一－七二）（ドイツ語の初出 Popper 1934）を参照されたい。

（5）数学的モデルに登場する変数や方程式、あるいは数学的モデルが妥当する期間や空間的な範囲などについて、観測とどのように対応付けるかの指定を「実験計画（design of experiment）」と呼ぶ。二例を挙げ説明する。第一例として、数学的モデルに時間当たり賃金率 w という変数が登場する場合、時間当たり賃金率の観測値は職種、経験年数などにより異なるので、これら観測値を数学的モデルに登場する w にどのように対応させるかを指定する必要がある。同様に労働量 L という変数が数学的モデルに登場する場合、これを「人員」という次元で観測する、あるいは自営就業におけるごとく各主体が行う最適余暇時間の選択を通じて発生する労働時間が各主体間で異なる場合には「人・時（man-hour）」という次元で観測する、などを指定する。この例が示すように、実験計画は数学的モデルの理論構成と必ずしも独立に選択されるものではない。さらに w や L の観測方法が明示して指定されない場合、数学的モデルが同一でも、w や L についていかなる観測方法を採用した場合に当該の数学的モデルが検証を通過し、あるいは通過しなかったのかが不明となり、数学的モデルの検証結果の解釈に困難をきたすことになる。第二例として、市場における需給均衡を叙述する数学的モデルについて、その均衡が金融市場における需給均衡のように瞬時に達成されるものであるのか、あるいは労働市場における需給均衡のように一年などといったより長い一定期間を要するのか、この点が数学的モデルには明示されていない（あるいは明示できない理論構成を採用している）場合も多い。こうした場合、市場均衡に関する数学的モデルが妥当するであろう「観測の単位期間」を指定する必要がある。仮に労働市場において観測の単位期間が指定されておらず、無限期間において労働市場の需給均衡が達成されるとの解釈が成り立つ場合を考えよう。労働市場の数学的モデルは、労働市場において失業、すなわち労働の超過供給が発生した場合には賃金の引き下げが生じ、この賃金の引き下げは労働の超過供給がゼロ、すなわち労働の需給が均衡した時点で終わる、と述べている。問題は、この均衡がいかなる期間において成立するかが明示されていない、という点である。一方、観測事実として失業の拡大が継続的に観察された場合であっても、この観測事実をもって当該の数学的モデルが誤っているとは主張できない。なぜならば労働市場において需給均衡が成立する期間が明示されていなければ、「実際の労働市場は当該の数学的モデルが示す通り、労働の需給均衡に向かいつつある過程にある」という解釈が失業の拡大の継続期間の長短に関わらず成り立つからである。このように数学的モデルと観測との関係を考えた時、経済学のような経験科学においては、理論が反証可能な命題でなければならない。理論が反証可能であるためには、ある一定の観察事実が得られた場合に当該の理論が反証されたとする、そのような観察事実の範囲を確定できる必要がある。このためには、実験計画を、原理、演繹、定理の三者の総体である理論構成に付すことが必要である。

（6）労働量の測定単位と理論の構成についてのより具体的な議論は小尾（一九六八、一九六九）、小尾・宮内（一九九八）、第一章五節「家計構成員の労働供給確率理論の図式」を参照されたい。

（7）ダグラス＝有沢法則は、Douglas（1934）および有沢（一九五六）により各々米国と日本において独立に見出された家計の人員単位の労働供給量に関する法則性で、後に辻村他（一九五九）により「ダグラス―有沢の法則」（同、六六頁）と名づけられた。ダグラス＝有沢法則の主要な法則は第一に「世帯主収入が大である階層ほど世帯内有業率が低い」（同、六六頁）、第二に「世帯主収入が一定のばあい、家計補助的労働供給はそれ自身に対する需要賃金と正方向の関係をもつこと、すなわち需要賃金が上れば労働供給が増加し、需要賃金が下れば供給は減少する」（同、六六頁）というものである。これらは小尾・宮内（一九九八）においては「第1法則：家計には核構成員、すなわち家計の中核的収入稼得者（「家計調査」の世帯主に相当）があり、非核構成員（核以外の家計構成員）の入手可能な就業機会（賃金率と指定労働時間）を所与とするとき、核収入のより低い家計グループの非核構成員の有業率はより高い」（同、五三－五四頁）、「第2法則：核収入を一定とするならば、非核構成員に提示された就業機会の好転は、非核有業率を上昇させる」（同、五四頁）と、家計について核構成員と非核構成員の概念を導入し、非核構成員の雇用機会の諾否の選択について記述している。

（8）こうした観測の方法は本章の注（5）で述べた「実験計画」に該当する。より詳細な議論は小尾（一九五八）の2.1節を参照されたい。なお、ダグラス＝有沢法則によれば核所得者の有業率はその賃金率および非核構成員の賃金率に対して非弾力的であることが併せて示されている。この観測事実は、核所得者の就業に関する意思決定は同一家計内の非核構成員の就業に関する意思決定には依存せず、従って核構成員の就業選択行動は、核収入に応じて就業選択を行う非核構成員の行動とは対照的であることを示すと理解される。

（9）新古典派経済学では、労働市場における情報の不完全性や、労働移動（空間的移動、職種間・業種間などの移動を含む）に要する費用の導入により発生する「摩擦的失業」を導き、労働市場が競争的であったとしても正値をとり続ける自然失業率を定義する場合もある。さらに注（5）でも述べた通り、新古典派経済学では労働市場における賃金調整に要する期間が明示されていないために、失業が継続的に観察されたとしても、その事実をもってして新古典派経済学が主張するところの、労働市場の賃金調整機能の作動による失業の解消、という帰結を反証することが原理的にできない。

（10）この観察者の立場は、注（1）に述べたナイル河の増水の時期をヘリアカル・ライジングの事象を観察することにより予知し得たが、当時の別の地域あるいは現代においてヘリアカル・ライジングの事象をたとえ観察することができたとしても、その事象の観察をもって当時の別の地域の河川あるいは現代のナイル河の増水を予知できない古代エジプト人の立場になんと似ていることであろう。

（11）この $N[1-v(g^*)]\mu(w^*)$ 人の層をケインズの体系における失業量と解釈することが可能である。ケインズ（一九八三）は「賃金財の価格が貨幣賃金に比してわずかに上昇した場合に、現行の貨幣賃金で働こうと欲する総労働供給と、その賃金における総労働需要とがともに、現在の雇用量よりも大であるならば、人々は非自発的に失業しているのである」（同、一五－一六頁）と述べ、失業の存在については定義しているが、失業量を明確に定義することはしていない。

（12）政府による所得移転により線分ifの長さに等しい社会保障給付がなされる場合などである。

（13）職人をβゾーンからαゾーンに引き上げる社会保障給付などの政策は、単なる慈善的意義を持つに留まらず、労働市場における賃金の下支えの手段として、極めて経済学的な背景を持った政策であると言える。

（14）新古典派経済学におけるパレート最適の成立は、余暇および全ての財・サービスの最低必要臨界量がゼロ以下である、あるいは、交換の初期点がすべての最低必要臨界量以上の点に位置する、という特殊な場合を記述していると理解できる。

（15）辻村（一九八一）の第二章および第三章では、最低必要臨界量の測定に関する研究報告がなされている。

（16）三田の計量経済学における新古典派経済学の数学的モデルを踏まえたマルクス経済学の帰結へのこうした関心は、ドイツ歴史学派のLujo Brentanoとの共著『労働経済論』、その後に単著『経済学講義』を著し三田で新古典派経済学の講義を行った福田徳三（一八七四－一九三〇年）、その弟子で、訳書『経済学及び課税の原理』のリカード研究や河上肇（一八七九－一九四六年）らとの数々の論争を通じてマルクス経済学の批判的導入を行った小泉信三（一八八八－一九六六年）の影響があるのではないかと、筆者は感じている。この点については稿を改めて論じたい。なお福田徳三および小泉信三については各々本書の別の章に詳論があるので参照されたい。

（17）この頃は「統計」という言葉は一部の例外を除いてまだ一般には使われておらず、森（一八八九）は「統計」という言葉を用いることに反対意見を述べている。

（18）三田の経済史の研究においても、例えば速水（一九八八）は「宗門改帳」の資料から江戸時代の人口動態の統計的解析を行い、わが国の経済史研究に新たな方法を導入した。

（19）福沢（二〇〇二）の英国における婚姻の頻度と穀物価格との関係についての論及はBuckle 1903-04の“It is now known that marriages bear a fixed and definite relation to the price of corn; and in England the experience of a century has proved that, instead of having any connexion with personal feelings, they are simply regulated by the average earnings of the great mass of the people”（Ibid., vol.1, p. 27）の周辺の記述を引用しているものと思われる。同じく福沢（二〇〇二）の「スタチスチク」（同、八九頁）についての記述はBuckle（1903-04）のchapter 1を参照したものと思われる。

（20）数学的確率論に基礎を置く母集団概念は、すでに発生した全部の観測値の他に、未だ発生していない潜在的な全ての観測値をも含む無限個の観測値の集団を指している。すなわち有限な大量観察の下で統計的規則性を示す標本から出発し、大量観察という操作について無限に向かう延長線上の極限に母集団概念を位置付ける。この時母集団分布は統計的規則性の極限として変動しない一定の確率分布を持つ。変動しない確率分布は一定の法則を表すと理解される。数学的確率論に基づく統計学は、母集団が生み出した標本を手がかりに法則たる母集団の姿を推測する学問であると言える。

（21）小尾（一九六九）は、主体間で確率的に分布する確率変数の性質を持つ効用関数を特定化し、雇用機会についての余暇—所得の無差別曲線群の限界代替率が主体間で散らばるという効用関数のパラメータを導入することにより、余暇—所得の制約条件の下で「臨界核所得の分布」（同、二七頁、(28)式）を演繹により導く。この臨界核所得分布より、定義した母集団における雇用就業確率を導き、これを観測した標本における雇用就業率の理論的対応物として、理論の検証を行っている。

（22）原文は、以下のとおり。"The principal task of economic theory is to establish such relations as might be expected to possess as high a degree of autonomy as possible."

（23）雇用市場における労働供給確率を記述するためにHeckman（1979）におけるようにプロビット・モデルが広く用いられる。このプロビット・モデルの導出は形式的に次の手順を踏む。まず余暇—所得の効用関数を特定化せず、これと制約条件から形式的に労働供給確率方程式を導き、これに解析的な形を与えたものと理解される。このため測定されたプロビット・モデルがどのような解析的形と係数の値を持つ効用関数から導かれたものであるのかが一般に不明である。いま雇用市場において労働時間が自由に選択できるといった制度変更により余暇—所得の制約条件が変わった場合を考えよう。この場合、制度変更前に測定されたプロビット・モデルにより制度変更後における労働供給確率についての予測を行うことは一般に不可能である。なぜならば測定されたプロビット・モデルに対応した効用関数の具体的形が不明であるからである。

（24）効用関数や生産関数を特定化せずに形式的な演繹により測定の対象とする方程式の一般形を導き、その段階で測定する方程式の解析的形を特定化する方法は、現代の計量経済学的な分析において広く行われている。例えば女子の労働供給行動について所得効果と価格効果の分析を行ったAshenfelter and Heckman（1974）がその典型である。その理論的な検証基準は、実際の観測値の近傍において展開された余暇需要方程式に関するスルツキー式に関する条件に限られ、主体均衡論における安定条件などに関して効用関数が備えるべき一般的性質についての情報は得られない。

（25）原文は、以下のとおり。"Structural determination provides a master key for predictive determination, and for the calculation of alternative gains, for any of the various possible structural changes."

（26）尾崎（一九六九）は生産物市場の一般均衡体系を具体化したレオンティエフ体系における物量的な投入産出に関する技術について構造の観点から考察を行っている。

参考文献

Ashenfelter, O. and J. Heckman (1974) "The Estimation of Income and Substitution Effects in a Model of Family Labor Supply," *Econometrica*, 42 (1), pp. 73–85.

Bernoulli, D., Translated by L. Sommer (1954) "Exposition of a New Theory on the Measurement of Risk," *Econometrica*, 22 (1), pp. 23–36. (Translation of Bernoulli, D., "Specimen Theoriae Novae de Mensura Sortis," *Commentarii Academiae Scientiarum Imperialis Petropolitanae*, Tomus V [*Papers of the Imperial Academy of Sciences in Petersburg*, Vol. 5], pp. 175–192, 1738)

Brentano, L., 福田徳三（1899）『労働経済論』同文館

Buckle, H. (1903–04) *History of Civilization in England*, vol.1–3, London: Grant Richards.

Haavelmo, T. (1944) "The Probability Approach in Econometrics," *Econometrica*, 12 supplement, pp. iii-iv, 1–118.

Heckman, J. (1979) "Sample Selection Bias as a Specification Error," *Econometrica*, 47 (1), pp. 153–161.

Marschak, J. (1950) "Statistical Inference in Economics: An Introduction," in T. Koopmans ed., *Statistical Inference in Dynamic Economic Models*, New York: John Wiley and Sons Inc., pp. 1–50.

Zehrfeld, R. (1926) *Hermann Conrings (1606–1681) Staatenkunde: Ihre Bedeutung für die Geschichte der Statistik unter besonderer Berücksichtigung der Conringschen Bevölkerungslehre*, Berlin: Walter de Gruyter.

尾崎巌（一九六九）「レオンティエフ体系における技術構造」寺尾琢磨教授退任記念特集号研究ノート『三田学会雑誌』第六二巻第八号、一六六－一七五頁。

小尾恵一郎（一九五八）「賃金・雇用分析の計量的基礎——家計の労働供給機構の計測と理論」『三田学会雑誌』第五一巻第八号、二九－五六頁。

小尾恵一郎（一九六八）「労働供給の理論——その課題および帰結の含意」『三田学会雑誌』第六一巻第一号、一－二五頁。

小尾恵一郎（一九六九）「臨界核所得分布による勤労家計の労働供給の分析」『三田学会雑誌』第六二巻第一号、一七－四五頁。

小尾恵一郎（一九七二）『計量経済学入門』日本評論社。

小尾恵一郎（一九七八）「労働市場のモデル」『三田学会雑誌』第七一巻第四号、一－三一頁。

小尾恵一郎（一九八三）「ケインズ一般理論における失業の計測と賃金較差形成機構」『三田学会雑誌』第七六巻第四号、九三－一一五頁。

小尾惠一郎・宮内環（一九九八）『労働市場の順位均衡』東洋経済新報社。

ケインズ、J著、塩野谷祐一訳（一九八三）『雇用・利子および貨幣の一般理論』ケインズ全集7、東洋経済新報社。（Keynes, J., *The General Theory of Employment, Interest and Money*, London: Macmillan, 1936 の翻訳）

ケトレー、A著、高野岩三郎校閲、平貞蔵・山村喬訳（一九三九－四〇）『人間に就いて――人間とその能力の発達とについて、もしくは、社会物理学論』（上）（下）、岩波文庫。（Quetelet, A., *Sur l'homme et le développement de ses facultés, ou Essai de physique sociale*, Paris: Bachelier, 1835 の翻訳）

コペルニクス、N著、矢島祐利訳（一九五三）『天体の回転について』岩波書店。（Copernicus, N., *De revolutionibus orbium coelestium*, 1543 の翻訳）

近藤二郎（二〇一二）『エジプトの考古学』改訂版、同成社。

ジェヴォンズ、W著、小泉信三・寺尾琢磨・永田清共訳（一九四四）『経済学の理論』日本評論社。

辻村江太郎（一九七七）『経済政策論』筑摩書房。

辻村江太郎（一九八一）『計量経済学』岩波全書、岩波書店。

辻村江太郎・佐々木孝男・中村厚史（一九五九）『景気変動と就業構造』経済企画庁経済研究所シリーズ、第二号。

寺尾琢磨（一九三九）『統計学の理論と方法』有斐閣。

速水融（一九八八）『江戸の農民生活史――宗門改帳にみる濃尾の一農村』日本放送出版協会。

福沢子囲閲、岡本約博卿訳（一八六〇）『万国政表』。

福沢諭吉（二〇〇二）『文明論之概略』慶應義塾大学出版会（初出は一八七四年）。

福沢諭吉事典編集委員会編（二〇一〇）『福沢諭吉事典』慶應義塾。

福田徳三（一九〇九）『経済学講義』第四版、大倉書店。

ポパー、K著、大内義一・森博共訳（一九七一－七二）『科学的発見の論理』（上・下）恒星社厚生閣。（Popper, K., *The Logic of Scientific Discovery*, London: Hutchinson & Co.,1959 の翻訳、初出は Popper, K., *Logik der Forschung*, Vienna: Verlag von Julius Springer, 1934）

マルクス、K著、向坂逸郎訳（一九六九）『資本論』岩波書店。

マルサス、T著、伊藤秀一・寺尾琢磨共訳（一九二九－三〇）『マルサス人口論』経済学古典叢書（上・下）岩波書店。

森林太郎（一八八九）「統計ノ訳語ハ其定義ニ負カズ」『東京医事新誌』六〇五、東京医事新誌局。

あとがき

本書は、慶應義塾大学で二〇一四年度春学期に行われた、「慶應義塾の経済学」と称する一連の講義に端を発するものである。講師陣のお名前と講義タイトルを以下に記しておく。一三名の講師のうち、六名は慶應義塾で教鞭をとるものが担当した。そして残る七名については外国人研究者を含めて、私どもがこのタイトルで現在お願いするのにもっともふさわしい方々にご出講を依頼した。幸い、どの方々も企画に理解を示されご快諾いただいた。

福沢諭吉の経済思想　小室正紀
小幡篤次郎と洋学の導入　西澤直子
お雇い外国人の時代：G. Droppers と D. Vickers　リッキー・カースティン
自前経済学者の育成：気賀勘重　ギュンター・ディステルラート
自前経済学者の育成：堀江帰一　上久保敏
福田徳三：東京商科大学＋慶應義塾　西沢保
秩序ある進歩の経済思想：小泉信三　池田幸弘
慶應義塾における経済史学の発展　斎藤修
統制経済論と慶應経済学　柳澤治

向井鹿松：商学思想の萌芽　平野隆
知られざる経済学者：加田哲二とドイツ経済思想　原田哲史
新古典派の台頭と慶應経済学　川俣雅弘
計量経済学と慶應経済学　宮内環
ラウンドテーブル　小室正紀＋池田幸弘

講義は多くの学部学生そして院生の参加を得て行われた。講義の水準には——こういうことを記すのは招聘側としては失礼にあたるかもしれないが——きわめて高いものがあり、そのまま学会報告としても通用しそうなものがほとんどであった。本書は基本的にはこの講義に依拠しながら、各講師陣に、自由に慶應義塾の経済学者について語っていただいたものである。種々の都合から、すべての講義をここに再現できなかったのは残念である。また、本書所収の論考のうち、つぎの二論文は既発表論文の再掲である。武藤秀太郎氏は、今回の一連の講義には出講されなかったが、高橋誠一郎の慶應義塾や理財科における重要性に鑑み、とくにご論文の再掲をお願いしたというのが経緯である。これらの二論文については基本的な趣旨に変更はないものの、論文タイトルや文章表現そのほかの点で、改定が加えられている。再掲を認めていただいた、日本経済思想史学会ならびに慶應義塾福沢研究センターには感謝したい。

池田幸弘「ギャレット・ドロッパーズの経済学——ギャレット・ドロッパーズとドイツ歴史学派」『近代日本研究』第一四巻、一九九八年、二八二－二五六頁。
武藤秀太郎「高橋誠一郎の『協同主義』論」『日本経済思想史研究』第一四号、二〇一四年、三三－四九頁。

また、本書の視点を示し、また各章の理解を助けるために、小室正紀氏による序論を加えた。

もともと西欧の政治経済思想を専門にする私が日本について関心を持つに至ったのは、二〇〇一年一月に行われた丸善株式会社社屋での展示、「慶應義塾の経済学」にさかのぼる。この展示は、慶應義塾大学図書館が毎年開催しているもので、その展示については各学部のスタッフが協力する。私はたまたまこの展示にかかわることになり、お受けすることになった。ただし日本についてのずぶの素人が一人でやるのは荷が重いので、専門家の三島憲之氏に協力を仰いだ。これが、個人的にいえば、私にとっての日本経済思想史研究事始めである。当時、図書館長をなさっていた飯田裕康名誉教授のご理解も忘れがたい。

この展示の前後だと思う。当時慶應義塾図書館におられた加藤好郎氏に声をかけられ、ライブラリアンと研究者のコラボレーションができるような企画を考えてほしいとのことであった。おそらくは、氏としては専門的な、つまり何かの領域に長《た》けた欧米にはよくいるようなライブラリアン育成ということが頭にあって、お声がけをいただいたものと思う。私は、この企画にかかわることになり、多くのライブラリアンや若い研究者の方々の協力を得て始めたのが、Bibliographical Database of Keio Economists、つまり、訳すれば、慶應義塾の経済学者の書誌的データベースである。このデータベースは、当該学者の履歴、そして論文や著書、さらにはその学者について書かれた参考文献リストなどからなる。この企画は、慶應義塾図書館（メディアセンター）の協力はもちろんのこと、その継続にさいしては、経済学部、経済学会の予算措置とご理解をいただいた。このことについても、関係各位に深く感謝したい。

このデータベース作成事業は、一応二〇一三年度をもって終了した。そのおりに、本書のもとになった寄附講座、二〇一四年度未来先導チェアシップ講座へのアプライをお勧めいただいたのが、中村慎助経済学部長である。本論集もまた中村学部長のお勧めによるものである。中村学部長には、この機会をお借りして感謝申し上げる次第である。また、講座開講のさいに、あるいは本書がなるについては、歴代の経済学部長秘書、堀田麻由子、岩崎明美、笠井雄太郎の三名にお世話になった。さらに、企画の段階から、ご相談にのっていただき、各著者との連絡、編集作業をこなしていただいたのは、慶應義塾大学出版会の喜多村直之氏である。これらの方々にも感謝したい。最後になったが、上記の寄附講座の寄附者である、株式会社大和証券グループ本社にたいしては、心からお礼申し上げる次第である。本書の公刊自体も、この寄附講座の基金による。寛大な資金提供なしには、寄附講座を立ち上げ、本書として結実するのは困難であった。

池田幸弘

た行

【事項索引】

あ行

か行

【人名（漢字）】

索引

【人名（カタカナ）】

あ行

か行

さ行

た行

は行

執筆者紹介

池田幸弘（いけだ　ゆきひろ）慶應義塾大学経済学部教授〔編者、はじめに、第3章、第5章訳、第7章、あとがき〕
小室正紀（こむろ　まさみち）慶應義塾大学名誉教授〔編者、序章、第1章〕
西澤直子（にしざわ　なおこ）慶應義塾福沢研究センター教授〔第2章〕
上久保敏（かみくぼ　さとし）大阪工業大学工学部教授〔第4章〕
ギュンター・ディステルラート（Günther Distelrath）ボン大学講師〔第5章〕
西沢保（にしざわ　たもつ）帝京大学経済学部教授／一橋大学名誉教授〔第6章〕
武藤秀太郎（むとう　しゅうたろう）新潟大学経済学部准教授〔第8章〕
平野隆（ひらの　たかし）慶應義塾大学商学部教授〔第9章〕
斎藤修（さいとう　おさむ）一橋大学名誉教授／日本学士院会員〔第10章〕
原田哲史（はらだ　てつし）関西学院大学経済学部教授〔第11章〕
柳澤治（やなぎさわ　おさむ）首都大学東京名誉教授〔第12章〕
川俣雅弘（かわまた　まさひろ）慶應義塾大学経済学部教授〔第13章〕
宮内環（みやうち　たまき）慶應義塾大学経済学部准教授〔第14章〕

近代日本と経済学
——慶應義塾の経済学者たち

2015年 9月15日 初版第1刷発行
2015年11月30日 初版第2刷発行

編著者————池田幸弘・小室正紀
発行者————坂上 弘
発行所————慶應義塾大学出版会株式会社
〒108-8346 東京都港区三田2-19-30
TEL〔編集部〕03-3451-0931
〔営業部〕03-3451-3584〈ご注文〉
〔 〃 〕03-3451-6926
FAX〔営業部〕03-3451-3122
振替 00190-8-155497
http://www.keio-up.co.jp/
装 丁————後藤トシノブ
印刷・製本——萩原印刷株式会社
カバー印刷——株式会社太平印刷社

Printed in Japan ISBN 978-4-7664-2244-3

慶應義塾大学出版会

文明のサイエンス
人文･社会科学と古典的教養

慶應義塾大学編　古典から現代を学ぶ。世界で活躍する人文・社会科学者 10名が、最先端の知見から、文明を語り、古典と教養の意義を問い直す。「表象と文化」「古典によむ思想」「歴史のなかの経済学」といった多角的な切り口から、文明の諸相に迫る。

◎2,800円

近代日本と福澤諭吉

小室正紀編著　福澤諭吉の生涯とその思想を、「男女観」「教育思想」「外交論」等多彩な切り口から、それぞれの専門家が分かりやすく解説する。福澤諭吉に初めてふれる初学者から関連著作を読みこんだ方まで、読みごたえ充分の入門書。　◎2,400円

表示価格は刊行時の本体価格(税別)です。